개울가로 물러난 **퇴계**

이동원 지음

교육과학사

| 머리말 |

인류의 큰 스승, 지도자 중에 아버지 없이 자란 인물이 많았다. 공자는 2살 때, 아버지가 돌아가셨고, 아리스토텔레스도 아주 어릴 때, 아버지를 잃었다. 이슬람의 창시자 무함마드는 어머니 뱃속에 있을 때, 아버지가 돌아가셨다. 유복자였다. 근대 미국의 최초 흑인 대통령 버락 오바마는 2살 때, 케냐인이던 아버지와 헤어져 얼굴도 모른 채 외할머니 손에 자랐다. 그런데 퇴계 이황이 바로 그러하였다. 2살 때, 아버지가 돌아가셨다. 옛날 나이 계산으로 두 살이고 실제로는 일곱 달 만에 아버지가 사망하니 퇴계는 아버지 가르침이라곤 한 번도 받아보지 못한 채 자랐다.

퇴계는 흙수저는 아니었지만, 금, 은수저도 아니었다. 가난한 양반집 팔 남매 막내였다. 편모슬하이고, 한부모 가정에서 자랐다. 자라면서 병치레가 많았으며, 퇴계의 병은 평생 그를 따라다니며 괴롭혔다. 가난한 탓으로 서당도 못 다녔고 과외 교사도 없었으며, 큰 스승을 모시고 배우는 것은 언감생심이었다. 과거 시험에도 19세부터 내리 몇 번 낙방하고 조선시대 합격자 평균 연령에 해당하는 34세에 합격하였다. 소위 천재형이 아니었다. 19세 되기까지 예안과 안동을 한 번도 벗어나 본 적이 없었다. 우물 안에 갇혀 사는 듯 하였다. 거기다가 가정적으로는 크고 작은 불행이 연속적으로 일어났다. 놀라지 않을 수 없었다. 부모나 세상을 원망하거나, 자신의 처지를 한탄하고 자포자기도 몇 번 하였을 수도 있는 힘든 환경이었다.

이토록 겹치는 악조건에서도 퇴계는 어떻게 오늘날 우리가 알고 있는 큰 스승이자 학자로 우뚝 설 수 있었을까? 높은 봉우리 같은 학문과 난초 향기 같은 인품, 높은 벼슬은 한사코 거절하는 공직관, 사화와 권력의 횡포에도 화를 피한 처세관, 토론과 만학의 아버지, 끊임없는 자기반성과 제자 교육 등 모든 면에서 조선시대에는 물론 오늘날까지도 존경받는 인물로 남아있는 퇴계, 그는 과연 어떤 인물인가? 어떻게 살았을까?

이 책은 바로 위와 같은 질문에 답하고자 엮은 것이다. 퇴계가 자란 환경이 결코 요즘 젊은 세대에서 말하는 헬 환경, 이생망으로 자조할 정도까지는 아니었지만, 당시 어려운 악조건에서도 우뚝 설 수 있었던 까닭에 대해 심해의 바닥까지 한번 알고 싶었다. 이런 이유로 이 책에서는 퇴계의 모든 분야들 중에서 일상의 소소한 스토리를 중심 내용으로 삼고자 하였다. 독자는 학생들과 일반 시민들을 대상으로 하였다. 따라서 내용은 기초적이고 개략적인 수준이다. 또한, 깊은 학문보다 고고한 인품을 들여다보고 싶었다. 그리고 내용 하나하나마다 관련 자료를 찾아 객관적인 사실 기록에 노력하였다.

책은 1, 2부로 구성하였다. 1부에서는 퇴계의 요람에서 무덤 이후까지 5개 분야 20개 영역에서 200개의 질문을 만들고 그 질문에 대답하는 방식으로 기록하였다. 퇴계 선생에 대해 누구든지 물어볼 수 있는, 가끔 내게도 주변에서 물어오는 그런 궁금한 이야기들이다. 어찌 보면 시시콜콜한 것일 수도 있지만, 나는 그런 것들을 오히려 더 빠뜨리지 않고자 하였다. 2부에서는 내가 그동안 이런저런 곳에 요청받고 실었던 퇴계 관련 원고 6편을 실었다. 이 역시 학술적인 논문보다 일반적인 이야기 수준이다. 퇴계를 아는 데 도움이 되지 않을까 생각되어 담아 놓았다.

저자의 생각을 쓰는 것이 아니라, 인물사적 사실을 기록하는 글이어서 쓰는 과정이 마치 고난의 행군 같았다. 을사년 여름의 유별난 폭염 속에서 수도승이 수행하는 마음으로 기록하였다. 울릉도 사동 우거(寓居)에서 구월 한 달간 바다를 보며 살면서 출판사와 마지막 교정을 주고받았다. 완벽하지 못함을 알며, 오류도 적지 않을 듯하다. 앞으로 계속 보완하고자 한다. 팔순이 되는 해에 퇴계 저서 한 가지 남기고 싶은 나의 작은 꿈이 에너지가 되어 이 책을 엮었으나, 선생께 누가 되지 않을까 두렵다. 다만, 이 책이 퇴계를 이해하고, 배우고, 우리가 길을 찾고자 할 때, 작은 오솔길이라도 될 수 있기를 바라 마지않을 뿐이다. 끝으로 부족한 원고를 좋은 책으로 만들기 위해 노고를 아끼지 않은 교육과학사 이정호 편집실장님과 이주표 부장님께 마음을 다하여 감사의 인사를 드린다.

2025년 10월
대구 몽천재에서
이동원 삼가 씁니다.

차례

제1부.
퇴계, 200 문답으로 찾아가다

태산은 평평해질 수 있고
돌은 닳아 없어질 수 있지만
나는 아노라, 선생의 이름은
천지와 더불어 영원할 것을!

– 고봉 기대승이 쓴 퇴계 지석문에서 –

제1장. 도산에 샛별 떠오르다

1. 출생과 가계

(1) 퇴계 선생은 언제, 어디에서 태어났는가?

1501년 신유년(닭띠) 11월 25일(음력) 진시(오전 7시~9시)에 아버지 식(1463~1502)과 어머니 춘천 박씨(1470~1537) 사이에서 8남매 중 막내로 태어났다. 양력으로 계산하면 1502년 1월 3일에 해당한다. 춘천 박씨는 꿈에 공자와 그 제자 일행이 대문으로 들어오는 태몽 꿈을 꾸고 퇴계를 낳았다고 하였다. 훗날, 이 이야기를 전해 들은 퇴계의 제자 학봉 김성일(1538~1593)이 그 대문을 '성인이 들어오신 문'이라는 의미인 성림문이라고 이름 지었다. 지금 도산 온혜리에 퇴계가 태어났던 노송정 종택 큰 솟을 대문에는 성림문 현판이 걸려 있다. 퇴계 선생이 태어난 방은 당시 모습 그대로 보존되어 있으며, '퇴계선생태실' 현판이 있다.

그리고 이 해가 조선 제10대 왕인 연산군(1476~1506)이 왕이 된 지 7년째 되는 해이다. 퇴계와 같은 1501년에 태어난 조선의 역사적 인물은 같은 해 유월에 경남 합천 삼가현에서 태어난 남명 조식(1501~1572)과 조선 13대 명종의 어머니인 문정왕후(1501~1565)가 있다. 율곡의 아버지 이원수(1501~1561)와도 생년이 같아서 모두 동갑내기이다. 또한 퇴계는 첫째 부인 김해 허씨(1501~1527)와도 동갑이다.

퇴계가 태어난 당시 주소는 경상도 예안현 온계리 마을이다. 집은 할아버지 노송정 이계양(1424~1488)이 건축한 집이었으며, 현재 진성이씨 온혜파 종택으로, 조부의 호를 따서 노송정 종택으로 불리고 있다. 지금은 국가민속문화재로 지정되어 있다.

(2) 퇴계의 시조와 조상 계보는 어떻게 되는가?

퇴계는 진성이씨(혹은 진보이씨) 7대손이다. 시조는 고려 말에 청송군 진보현에서 현리로 있던 이석(李碩)이다. 이석은 뒤에 성균 생원과 진사 시험에 합격하여 현리직을 벗었다. 뒤에 아들 자수(子脩)가 현달하여 봉익대부밀직사로 추증되었다. 진성이씨 시조 묘소와 기곡재사[1]는 현 경상북도 청송군 가람실길에 있으며, 파천면 이촌(李村)에 진성이씨 시조 유허비가 있다.

진성이씨 이석에게는 자수와 자방 두 아들이 있었다. 첫째 아들인 2세 자수는 고려 충목왕 때인 1330년에 문과급제하여 뒤에 판전의시사가 되었고, 1361년(공민왕 10년) 홍건적 토벌에 공을 세워 안사공신에 책록되고, 송안군에 봉해졌다. 3세에는 통정대부 공조 참의를 역임한 운구, 중훈대부 군기시 부정을 역임한 운후 형제가 있으며, 둘째 운후의 아들 4세 정이 선산 부사를 역임하였다. 4세 정의 세 아들이 우양(의성 현감), 흥양(훈련원 참군), 계양(진사)이 있으며, 셋째, 계양이 퇴계 선생의 조부이다.

---

1) 진성이씨 기곡재사는 경상북도 민속문화유산으로 지정되어 있었는데, 2025년 3월 15일 의성, 청송 지역 대형 산불로 완전 소실되었다. 당초 재암으로 건립되었는데, 임진왜란 때 소실되어 1740년(영조 16년) 중건했다. 1787년(정조 11년)에 화재로 또 소실되었고, 1849년(헌종 15년)에 현재의 위치로 이건하기 시작하여 1851년(철종 2년)에 준공하였다.(네이버 지식백과, 두산백과에서 참조)

(3) 퇴계의 조부는 어떤 분인가?

조부 이계양(1424~1488)은 1424년에 안동 주촌에서 태어났다. 결혼 후 예안 부포로 분가하였으며, 단종 1년(1453년)에 진사 시험에 합격하여 봉화현 훈도로 활동하던 선비였다. 그러나 세조가 일으킨 계유정난을 보면서 부도(不道)한 정권을 개탄하며 벼슬을 버리고 고향으로 돌아왔다. 한 해 뒤인 1454년 부포에서 온혜리로 이주하여 집을 짓고 학문과 자제 교육에 전념하면서 집안을 일으켜 나갔다. 학문과 덕이 깊고 절의 또한 높았던 학자, 선비였던 이계양은 단종이 영월로 쫓겨나 죽임을 당하게 되자 집 뒤쪽 국망봉 마루에 단을 쌓고 영월을 향해 슬퍼하며 이후 과거를 단념하였다.

영양 김씨(1430~1522)와 결혼하여 두 아들 이식(1463~1502)과 이우(1469~1517)를 두었다. 두 아들이 집에서 멀지 않은 용수사 절에서 추운 겨울에 공부하고 있을 때, 권학시[2]를 지어 보내어 추위 속에서 공부에 매달려 애쓰는 자식들을 격려하면서 애틋한 사랑과 관심을 보여주었다. 이러한 퇴계 조부의 자상한 가르침으로 맏아들 이식은 진사가 되고, 둘째 아들 이우는 문과급제하였다. 퇴계 조부는 후에 아들 이우가 현달하여 증이조판서가 되었다. 퇴계 조부가 두 아들에게 써 보낸 권학시는 현재 노송정 종택 마당에 시비로 새겨져 있다.

이 시비 옆에 약 100여 년 후에 퇴계의 손자 안도(1541~1584)

---

2) 이식의 권학시: 세월이 빨리 흘러 어느덧 한 해도 저물어 가는데, 눈 덮인 산들이 깊은 절간 문 앞을 감싸고 있겠지, 차가운 절간 창 아래 너희들 힘든 학업을 생각하니, 맑은 꿈이 때때로 너희들 곁으로 달려가네.

가 같은 용수사에서 공부할 때, 퇴계가 조부(계양)의 시를 차운하여 손자의 공부를 격려하는 권학시가 나란히 새겨져 있음을 볼 수 있다. 퇴계 가문의 가슴 뭉클한 가학의 전통을 보여주는 감동 스토리이다.

퇴계는 할아버지, 아버지의 얼굴을 모르지만, 어린 시절 할머니 무릎에서 할아버지의 절의 정신과 학문 전념, 자녀 교육 등 훌륭한 인품을 들으면서 자랐고, 할머니의 무릎 교육은 퇴계의 인성에도 영향을 주었을 것으로 보인다. 퇴계의 할머니 영양 김씨는 92세까지 장수하였다.

(4) 퇴계의 아버지는 어떤 분인가?

퇴계의 아버지 이식은 자가 기지이며, 성품이 고고하고, 학업에 열정이 넘친 분이었다. 처가[3]의 수많은 서책을 물려받아 책을 구하기 어려운 여건에서도 다행히 경전을 비롯한 많은 책을 읽을 수 있었다. 과거에는 운이 없다가 40세(1501년)에 진사 시험에 합격하였다. 그러나 안타깝게도 진사 시험에 합격한 이듬해 8남매를 남겨두고 이른 나이에 사망하였다. 이식은 첫째 부인인 의성 김씨(1460~1488)와 사이에 2남 1녀를 두었고, 둘째 부인인 춘천 박씨(1470~1537)와 사이에 5남을 두어 모두 7남 1녀를 두었다. 이식은 자녀들에게 글공부에 힘쓸 것을 독려하면서 다음과 같이 가르쳤다.[4]

3) 이식은 의성(문소) 김씨에 장가들었는데, 장인인 예조정랑 김한철이 일찍 세상을 떠나자, 장모인 공인 남씨가 집에 있던 수많은 서책을 자식들이 가까이 하지 않자, 학문을 좋아하는 사위 이식에게 넘겨주었다.(고봉 기대승이 작성한 이식공의 묘갈명 참조)

4) 진성이씨온계파세보 권지일, '이식공 행장'(아들 이황 지음) 참조.

나는 책에 대해서 밥을 먹을 때에도 함께 보고, 잠을 잘 때에도 함께 꿈을 꾸며, 앉을 때도 같이 앉고, 길을 걸을 때도 함께 가지고 다녀서 일찍이 잠시라도 내 마음에 잊은 적이 없었는데, 너희들은 끝내 이처럼 세월을 허송한다면 어찌 성취할 가망이 있겠느냐?

퇴계 아버지 이식은 퇴계가 2세 되던 해(1502년) 6월 13일에 별세하였다. 퇴계는 신유년(1501년) 11월 25일에 태어났기 때문에 달로는 7개월 만에 아버지를 여의고 홀어머니 슬하에서 자라게 된다. 이러한 까닭에 퇴계가 어릴 때, 집안 경제 사정은 매우 궁핍하였다. 퇴계의 아버지가 41세를 마지막으로 돌아가실 때 퇴계의 어머니 춘천 박씨(1470~1537)는 겨우 33살이었다. 8남매 중 맏아들만 결혼하였을 뿐 나머지 7남매는 아직 어렸다. 남편 없이 홀로 여러 자식을 키우면서 농사, 길쌈 등 살림을 여자 혼자 꾸려가기란 예나 지금이나 쉽지가 않았을 것이기 때문이다. 이식은 넷째 아들 해(瀣)와 다섯째 아들 퇴계가 벼슬과 명망이 높아져 세상에 널리 드러났으며, 특히 퇴계의 벼슬이 높아짐에 사후 증숭정대부좌찬성겸판의금부사에 추증되었다.

(5) 퇴계 형제, 남매들의 이름은 무엇인가?

제일 맏형부터 차례로 잠(潛, 1479~1536), 하(河, 1482~1544), 딸, 서린(瑞麟, 요절), 의(漪, 1494~1532), 해(瀣, 1496~1550), 징(澄, 1498~1582), 황(滉, 1501~1570)의 순서로 8남매가 출생하였다. 형제들

의 이름은 모두 외자(한 글자)이고 한자 이름에는 모두 물수변(水)을 부수로 하고 있는 점이 특징이다. 자세한 내용은 다음과 같다.

첫 부인 김씨는 2남 1녀를 낳고, 둘째 부인 춘천 박씨는 사정 박치의 딸로 5남을 낳았는데, 모두 정경부인에 추증되었다. 큰아들 이잠은 충순위이고, 둘째 아들 이하는 예천 훈도이고, 셋째 아들 이서린은 어린 나이에 죽었으며, 넷째 아들 이의는 유학을 하였으나 일찍 죽었다. 다섯째 아들 이해는 1528년(중종 23년), 과거에 급제하여 예조 참판, 충청도 관찰사, 대사헌을 역임하였다. 뒤에 이기의 모함을 받아 고문을 받고 귀양을 가다가 도중에서 죽었다. 여섯째 아들 이징은 제원 찰방이고, 일곱째 아들은 바로 퇴계 선생이다. 셋째였던 딸은 예천에 사는 신담에게 시집갔다.[5] 퇴계의 형제, 자매가 몇 남매인가 질문을 듣는데, 8남매가 정답이고, 셋째가 일찍 죽었기 때문에 7남매로 말하는 것도 틀린 것은 아니다. 8남매 중 4남 온계 이해와 막내아들 퇴계 이황 두 분이 문과급제하고 학문과 인품으로 이름을 떨쳐 가문을 크게 일으켰다.

(6) 퇴계의 어머니 춘천 박씨는 어떤 분인가?

정부인 춘천 박씨(1470~1537) 친정의 선조는 강원도 춘천에서 살았으나, 춘천 박씨의 고조부 때, 춘천에서 경상도 용궁현 대죽리로 옮겨 살았다. 용궁에서 박치의 딸로 태어난 춘천 박씨는 전처와 2남 1녀를 두고 상처한 이식과 결혼하였다. 부인은 나이 33살 때, 남편 이식공이 별세하자, 전처소생 맏아들만 장가들었을

5) 고봉 기대승이 지은 '이식 묘갈명'.(네이버 지식백과, 국역 국조인물고)

뿐, 연로한 시어머니(이때, 72세였다)를 모시고 아직 어린 여섯 남매를 데리고 살림을 꾸려나갔다. 남편의 삼년상을 마친 뒤에 제사를 맏아들에게 맡기고 그 옆에 작은 집을 지어 살며, 농사와 누에치기에 전념하여 연산군 갑자사화(1504) 전후에 혹독한 세금으로 사람들이 가산을 폐업하고 떠돌이로 살아가는 일이 수두룩할 때조차 조세 부담과 어려움을 해결하고 가세를 지켜나갔다고 퇴계는 어머니 묘갈에서 증언하고 있다.

훗날, 퇴계가 지은 춘천 박씨 묘갈에서, '두 아들(온계와 퇴계)이 벼슬에 오르는 것을 보고, 기뻐하기보다 항상 세태가 위태로움을 걱정하였다'라고 회상하였음을 볼 때, 매우 지혜로운 여성이었음을 알 수 있다. 춘천 박씨가 사망하고 약 10여 년 후 이러한 걱정이 아들 온계 이해가 부당한 무고로 희생당하는 사태가 나타남을 볼 때, 시골 아낙으로서 시대를 뚫어보는 예지가 얼마나 깊은지를 감탄하게 된다. 또한, 춘천 박씨는 비록 아녀자로 태어나 글을 배우지 못한 문맹이지만, 남편 옆에서 어깨너머 공부로 사리를 터득한 듯하며, 마음씨가 아름답고 굳어 자식들에게 부귀영화보다 몸가짐과 작은 벼슬에 만족하는 지혜를 가르친 진정한 현모양처의 모습을 보여준 분으로 생각된다.

(7) 퇴계는 어머니께 어떻게 대하였는가?

퇴계는 아직 아버지 얼굴도 모르던 갓난아기 때 아버지를 여의었으니, 요즘 시대 용어인 이른바 '한부모 가정'에서 자랐다.

아버지 없이 자라면서 어린 퇴계는 어머니 말씀을 잘 따랐다. 어릴 때부터 퇴계는 천성이 착하고 예의가 반듯하였다. 또한 뜻이 굳고, 책을 좋아하고 공부에 몰두한 그런 어린이였다. 특히, 연세 많은 할머니와 홀어머니에 대한 효도를 으뜸으로 삼았으며, 막내로서 많은 형님들과도 우애가 깊었다. 둘째 형이 칼에 손을 베었을 때, 어린 퇴계가 옆에서 걱정되어 울었다는 이야기가 전해지고 있다. 여러 아들 중에서 어머니로서는 걱정할 것이 없는 그런 아들이 퇴계였다. 자라면서 어머니 봉양하기를 매우 조심스럽게 하여, 어머니 앞에서는 언제나 얼굴빛을 부드럽게 하였으며, 어머니 뜻에 순종해서 거스르는 일이 없었다.

퇴계가 과거에 응시한 것은 집안이 가난하여 어머니를 봉양하기 위해서라는 것도 한 가지 이유이다. 아버지가 일찍 돌아가시고 홀몸이 되신 33살의 어머니가 위로는 늙으신 할머니를 모시고, 아래로는 어린 팔남매를 키우며 농사와 길쌈으로 어렵게 살림을 꾸려 가시는 모습을 어린 퇴계는 보며 자랐다. 그런 어머니를 위해서라도 공부를 열심히 하여 과거에 합격하여 불쌍하신 어머니를 잘 모셔야겠다고 다짐한 소년 퇴계이었다.

어머니가 1537년 68세로 돌아가시자 장례 기간 중에 슬픔을 이기지 못하여 몸이 극도로 쇠약해져 자칫 목숨이 위태할 정도였다고 한다. 어머니가 돌아가신 후, 자식들이 퇴계의 생일날에 생일상을 차리려고 하면 못 하게 하였다. 퇴계는 "내가 어머니 살아 계실 때, 그렇게 해 드리지 못했는데, 내가 지금 생일상을 받을 수 없다"고 하며 사양하였다.

(8) 퇴계의 어머니는 자식들을 어떻게 가르쳤는가?

퇴계의 어머니 춘천 박씨는 상처한 남편의 계취 부인으로 시집을 왔다. 앞의 부인이 2남 1녀를 두고 있었으며, 춘천 박씨는 다섯 아들을 낳았다. 그러나 안타깝게도 결혼한 지 약 10년쯤 되는 33살 젊은 나이에 남편을 여의었다. 노령의 시어머니와 8남매 양육을 홀로 책임을 져야 했다. 춘천 박씨는 조선 시대 대부분의 여성들처럼 글을 배우지 못했지만, 매우 지혜로운 여인이었다. 여러 가지 자료들을 통해서 퇴계 어머니의 자녀 교육법을 아래와 같이 정리할 수 있다.

첫째, 자식들에게 인자하면서도 한편으로는 엄하게 키웠다. 남편이 세상을 떠날 때, 전처소생인 맏아들과 둘째 아들은 겨우 장성하였으나, 자신이 낳은 아이들은 모두 10살 미만이었다. 춘천 박씨는 모든 자식들에게 언제나 조용히 타이르고, 자상하게 보살피며 키웠다. 그러나 아버지 없이 자라면서 여러 자식들이 혹시 서로 부딪치거나 도리에 어긋날 때면 퇴계 어머니는 엄격하게 단속하고 가차 없이 훈계하였다.

둘째, 남보다 백배 더 노력하도록 가르쳤다. 자식들에게 글을 배울 수 있도록 하였다. 이웃집 노인에게라도 보내어 천자문을 가르쳤고, 시동생이 진주 목사로 근무하는 곳으로 자식을 보내어 배우게 하였다. '언제나 간절히 경계하시기를 세상에서는 과부의 아들은 배움이 없다고 말하니, 너희들이 백배의 노력을 하지 않는다면 이러한 비웃음을 어찌 면할 수 있겠는가'[6]라고 가르쳤다. '남이 열 번 노력하면 나는 천 번을 노력한다.'는 사자성어가 인십기천(人十己千)이다. 퇴계의 어머니는 자식들에게 그러한 각오로 노력해야 함을 가르쳤다.

셋째, 몸가짐을 조심하도록 가르쳤다. 퇴계의 어머니는 자식들에게 공부만 강조하지 않았다. 공부도 열심히 하도록 하였지만, 그보다 더 중요하게 가르친 것은 착하고 바른 인성이었다. 집안에서 자식들을 앞에 앉혀 두고 언제나 훈계하시기를 '너희들은 다만 문예에만 힘쓸 것이 아니라 몸가짐을 삼가는 것이 중요하다.'고 가르쳤다. 퇴계의 어머니가 자식에게 공부만 강조하였다면, 과연 오늘날 우리가 아는 퇴계 선생이 나타날 수 있었을까 생각해 본다.

넷째, 사물에 알맞은 비유로써 가르쳤다. 사례를 들어 가르쳤고, 비유를 하여 알게 하였다. 형제가 맛있는 것을 더 먹으려고 하는 것이 짐승들이 먹이를 두고 서로 다투는 것과 다를 것이 없음을 비유하여 가르쳤다. 이처럼 비록 글을 배운 바는 없는 여인이지만 매우 현명하고 학식과 깨우침이 사군자와 다를 바 없었다고 한다. 퇴계 선생의 고매한 인품은 글 모르는 어머니의 가르침이 그 바탕이 되었다.

다섯째, 높은 벼슬을 삼가도록 가르쳤다. 퇴계의 어머니는 자식들에게 '출세하라', '성공해라'라고 가르치지 않았다. 타고난 성

---

6) 퇴계 선생이 지은 '춘천박씨 묘갈' 참조.

품에 맞는 벼슬을 하라고 가르쳤다. 학봉 김성일에 의하면, 춘천 박씨는 아들 퇴계가 뜻하는 바가 높고 깨끗해서 세상과 합하지 않는 것을 살피고, 일찍이 말하기를, "너의 벼슬은 주(州)나 현(縣)이 마땅하니 높은 벼슬에 나아가지 말라. 세상이 너를 용납하지 않을까 두렵다."라고 가르쳤다.[7] 퇴계는 이러한 어머니에 대해 훗날 "나에게 가장 큰 영향을 주신 분은 나의 어머니이다"라고 하였다. 퇴계는 어머니의 이러한 가르침을 실천하였다. 장관급인 판서 벼슬을 세 번이나 사양하고 받지 않았던 것이 그 한 예이다.

(9) 퇴계의 아명, 관명, 호, 자, 시호는 무엇인가?

퇴계의 아명은 서홍이고, 정식 이름(관명)은 황(滉)이다. 자는 경호이며 호는 퇴계(退溪), 퇴도(退陶)를 주로 사용하였고, 도수(陶叟) 혹은 청량산인이라는 호도 간혹 사용하였다. 사망 후 5년 만인 1575년에 문순(文純)이라는 시호를 받아서 모두 5개의 이름이 있다.

중국이나 조선시대에는 벼슬이나 학문이 높은 사대부나 양반에 속하는 인물은 이름이 최고 다섯 가지 있었다. 첫째는 아명으로 태어나서 유아기에 부르는 이름이다. 둘째는 관명이다. 관명은 관례, 즉 15세가 되어 성인식을 치르고 어른이 되면서 지은 이름이다. 공문서 등에 사용하는 정식 이름이다. 셋째는 자(字)인

7) 퇴계집, 퇴계선생언행록 2권, 유편, 가정생활.

데, 자는 결혼을 하여 성인이 된 뒤에 본이름 대신에 부르는 이름이다. 보통 친구나 윗사람만이 부를 수 있다. 넷째는 호이다. 호는 아명, 자, 관명 외에 부르기 위해 지은 이름이다. 스스로 짓거나, 스승이나 친구가 지어주기도 한다. 호는 남녀노소, 빈부귀천에 구별 없이 누구나 부를 수 있는 이름이 호이다. 호를 지을 수 없는 일반 평민은 부인이 태어난 곳, 즉 처가의 지명을 따서 택호를 지어서 불렀다. 호가 없다면, 친구의 자식이나 며느리, 손자 손부 앞에서도 친구 이름을 부르게 되는 민망한 지경을 겪을 수 있으니, 조상들의 지혜에 감탄하게 된다. 마지막으로 시호가 있는데, 시호는 왕, 재상, 성현이나 당상관 이상 벼슬을 한 관리에게 사후에 국왕이 내려 주는 이름이다. 따라서, 다섯 가지의 이름은 성장 시기, 부르는 사람, 상황 등에 따라 부를 수 있는 이름이 각각 달랐다. 이것은 중국, 조선 같은 나라의 전통사회 사대부 가문에서는 꼭 지켜야 할 예법이었다.

(10) 퇴계가 태어난 집은 언제, 누가 지었는가?

퇴계가 태어난 집은 지금의 도산면 온혜리 노송정 종택이다. 이 집은 1454년에 조부 이계양공이 지었다. 이계양은 봉화 훈도로 재직할 때, 거주지 예안 부포 마을에서 봉화로 다니면서 온혜 마을을 자주 내왕하였다. 어느 날 온혜리의 아름다운 풍광을 보며 쉬는 중 우연히 중을 만났는데 그 중이 집터 한 곳을 지정해 주며 여기에 살면 마땅히 귀한 자손을 낳을 것이라고 말하여 집터로 삼아 집을 짓고 거주지를 옮겨 살게 되었다. 그 당시에는 온혜에는 오직 민가가 한 채만 있었다고 한다.[8]

(11) 퇴계가 태어난 집이 명당이라고 하는데, 왜 그런가?

퇴계 조부 이계양공이 이 집을 지을 때, 집터를 잡아 준 어느 스님이 그렇게 말하였다고 전해오고 있다. 실제 이 집에서 태어난 퇴계의 숙부 송제공 이우(1469~1517), 넷째 형 온계 이해(1496~1550), 그리고 퇴계 선생 모두 세 분이 대과에 급제하였으니 한 집안에서 양대에 걸쳐 숙질간 세 분의 과거급제자가 배출되었다는 것은 그 당시뿐만 아니라, 오늘날의 기준으로 보아도 대단한 성공 사례가 아닐 수 없다. 명당이란, 후손에게 좋은 일이 생긴다는 집터나 묏자리를 말하는데, 이 집이 바로 퇴계 선생과 같은 대성현을 배출한 집이 되었으니, 천하의 명당이란 말이 전해져 오고 있는 듯하다.

(12) 퇴계의 본관은 진보인데 왜 진성이씨로 쓰는가?

본관이란 시조의 고향이며, 관향이라고도 한다. 본관은 시조가 살았던 지명이나 땅의 이름을 따서 지었다. 중국, 한국, 일본은 성씨에 본관이 모두 있으며, 본관을 통하여 나의 뿌리 근원, 존재에 대한 인식, 혈족의 계통과 단합, 동본 금혼 규칙 등의 정신문화를 확립할 수 있었다.

---

8) 진성이씨온계파세보 권1, 퇴계 선생이 지은 '행 성균지사 휘 계양 부군 사적', 대보사, 2017, 189쪽.

퇴계의 본관은 청송군 진보현이다. 퇴계의 시조 이석은 청송군 진보현에서 현리로 지내다가 후에 진사 시험에 합격하여 진사가 되었다. 퇴계가 지은 퇴계의 증조부 묘갈지에는 '공의 휘는 정(禎)이니 진보현 사람이다'로 기록되어 있고, 신용개(1463~1519)가 지은 퇴계 조부 묘갈명에 '공의 휘는 계양이요, 자는 달보로 진보현 사람이다'로 되어 있다.[9] 그리고 퇴계가 지은 아버지 행장에 '선부군의 휘는 식이요, 자는 기지이니 그 선조는 진보현인이다'로 기록하고 있다. 퇴계의 형 온계 이해의 행장, 묘갈에서도 모두 본관을 진보로 기록하고 있음을 볼 수 있다. 또한 조선시대 과거 급제자 명부인 국조방목에서 퇴계와 형 온계(이해) 두 사람 모두 대과 합격할 당시 본관은 진보로 기록되어 있다.[10]

그런데 언제부터인가 퇴계는 진성이라는 본관을 사용하기 시작하였다. 이를테면 1554년 영천 선비 노수가 임고서원에 비치할 서적을 구하러 서울에 퇴계를 찾아갔을 때, 퇴계는 성리군서 책을 주면서 책 뒷면에 책을 주게 된 사연을 기록하고 서명을 하였는데, 여기에 '갑인년(1554년) 4월 16일 진성(眞城) 이황(李滉) 근서' 라고 날짜와 이름을 적었다. 그리고 1556년에 다시 볼 수 있는데 숙부 송재공 이우의 묘갈명에서이다. 권오봉에 의하면,[11]

9) 진성이씨온계파세보 권1, 186쪽, 191쪽.

10) 국조방목에서 퇴계는 중종 29년, 갑오삼월식년방(甲午三月式年榜), 온계(이해)는 중종 23년 무자사월 십삼일식년방(戊子四月十三日式年榜)에 각각 본관이 진보로 기록되어 있다.

11) 권오봉, '예던길'(퇴계 선생의 생활 실사), 우신출판사, 1988, 2쪽. / 퇴계선생 일대기, 교육과학사, 2013, 16쪽.

퇴계는 1556년에 숙부 송재공의 묘갈명을 새로 고쳐 짓고 다시 세웠다. 비문의 본관은 진보라 쓰고, 비전면에다 '송재선생진성이공지묘'라고 하였다. 퇴계가 기, 서, 발, 명 등 글을 지어서 자서할 때는 꼭꼭 진성(眞城)이라고 했다.

이어서 퇴계가 서세하고 퇴계 묘비 앞면에는 유언에 따라 '퇴도만은진성이공지묘'로 적고 있다. 그리고 1600년에 발간된 족보 책 이름을 진성이씨족보로 하여 이후 오늘날 세칭 본관을 진성이씨로 쓰고 그렇게 부르고 있다. 다만, 진성이씨는 호적에 지금도 진보로 공식 본관을 쓰고 있다.[12]

(13) 진성이씨에서 진성은 어떤 의미인가?

진성이씨의 진성(眞城)이 무엇을 의미하는지에 대해서는 정확한 기록이 전해지지 않는다. 퇴계가 진성을 사용하면서 구체적으로 설명을 하지 않았기 때문이다. 진성이씨가 진보와 진성 두 개의 관향을 사용하고 있는 것에 대해 한국향토문화전자대전에 따르면[13] 두 가지 설이 있다. 첫째, 신라 때 진보현의 별호나 별칭으로서 통일신라 때와 고려 초의 진보성(眞寶城)에서 유래했다는 설이 있다. 둘째, 퇴계 조부 노송정 이계양이 둘째 아들 이우가 중종반정의 공신이 되고 현달하여 진성군(眞城君)으로 추증받게 되어 여기에서 유래되었다는 설이 있다. 전자에 의하면, 진성

12) 권오봉, '퇴계선생 일대기', 교육과학사, 2013, 16쪽.

13) [네이버 지식백과] 진성이씨[眞城李氏]. (한국향토문화전자대전)

은 지명을 의미하고, 후자에 의하면 인물을 의미한다. 그러나 진보성에서 진보와 진성을 두 관향으로 사용한다는 설보다는 퇴계 조부의 군호 진성군에서 유래되었다는 설이 정설인 듯하다. 권오봉은[14] '진성은 조부 계양이 숙부의 공훈으로 진성군에 봉군된 것에 기인한다'라고 한 사실로 확인되고 있다. 또한 다른 자료에서도 '진성이라는 호칭이 붙게 된 계기로는 여러 가지 설이 있지만, 6세손 우가 중종반정공신으로 청해군에 봉군되면서 그의 부친인 5세손 계양이 진성군에 추봉되었는데, 이때부터 진성이씨로 불렸다는 게 유력하다.'[15]라고 설명하고 있다. 따라서 진성이씨의 '진성(眞城)'은 퇴계 조부의 군호임을 알 수 있다.

2. 성장과 공부

(14) 퇴계는 몇 세에 공부를 시작하였는가?

퇴계는 생후 7개월에 아버지를 여의었고, 숙부는 벼슬길에 나가 있었으니 따로 글을 배울 수 있는 조건이 되지 못한 듯하다. 기록상으로는 퇴계는 6세에 처음으로 글을 읽을 줄 알았다는 기록이 있다.[16] 또한, 퇴계 선생 연보에는 '이웃에 어떤 노인 한 분이 제법 천자문을 알고 있었으므로, 선생이 가서 배웠다. 아침이면 반드시 세수하고 머리를 빗고 가서 울타리 밖에서 가만히 전

14) 권오봉, '가서로 본 퇴계의 삶과 사상', 삼보문화재단, 2020, 80쪽.
15) 나무위키, 진성이씨.
16) 퇴계집, 퇴계 연보 1권.

날 배운 것을 여러 차례 속으로 외어 본 후에 들어가서, 엎드려 배우기를 마치 엄격한 스승에게 하듯 하였다.'라고 전하고 있다. 그러니까 천자문을 6세에 배운 것이다. 사대부 가문에서 보면 다소 늦은 나이라고 볼 수 있다.

(15) 퇴계는 어릴 때, 누구에게 배웠는가?

퇴계는 공식적으로는 스승이 없었다. 퇴계는 아버지가 계시지 않는 편모슬하이자, 형제들이 많은 가난한 집안 형편으로 스승을 모시고 배우지 못하였다. 공식적인 스승 없이 오로지 독학으로 학문을 한 노력형 인물이었다. 다만, 6세 때, 이웃집 노인에게 천자문을 배웠다. 12세 때, 넷째 형 해와 함께 숙부로부터 논어를 배워 13세에 마쳤다. 숙부의 가르침은 매우 엄하였는데, 퇴계는 후일 자신이 학문을 게을리 하지 않게 된 것은 숙부의 가르침과 독려 덕분이라고 하였다. 숙부 옆에서 제대로 배운 것은 이것이 끝이었다. 15세 때, 청량산에 따라가서 암자에서 공부하였으나, 자세한 기록이 없다. 숙부는 벼슬길에 있었고, 거기다가 17세 때, 숙부가 안동부사로 재직 중 돌아가시면서 더는 가르침을 받을 수 있는 사람이 없어 거의 학문하기를 포기할 생각까지 하였다. 따라서 숙부는 퇴계에게 부모이자 스승이었으나, 계속 관직에 있었고, 그마저도 퇴계가 본격적으로 학문할 수 있는 나이인 17세에 사망하여 더 깊이 배울 수가 없었다.

(16) 퇴계는 주로 어디에서 공부를 하였는가?

퇴계가 태어나서 과거 합격하는 34세까지의 공부한 장소를 중심으로 알아보고자 한다. 퇴계는 15세에[17] 숙부 이우공이 청량산 유람을 가는 데 따라갔다가 그 산의 절에 머물면서 글을 읽었다. 같은 해 겨울에 숙부가 안동부사로 발령받아 갈 때, 같이 따라가서 공부하다가 곧 돌아왔다. 그리고 16세 봄에 안동 서후 봉정사에서 사촌 동생 수령과 또 다른 두 사람(권민의, 강한)과 함께 글을 읽었다.[18] 17세에 김안국(1478~1543)을 만났다. 당시 경상도 관찰사이던 김안국이 온혜리를 지나다가 형 해와 퇴계 형제를 불러서 만났으며, 김안국은 책과 식량을 주면서 칭찬을 아끼지 않았다.[19] 18세에 안동 향교에 유학하였다. 이때, 농암 이현보가 안동부사로 있으면서 향교에 선비들을 불러 학문을 장려하고 인재를 기를 때, 퇴계도 가서 배웠다. 19세에 영천(지금의 영주)에 있는 의원에 친구와 함께 가서 공부하였는데, 이때의 공부는 의학 서적을 읽고 약방제조의 기초적 내용을 배우는 공부였다.

20세에 온혜의 운곡에 있는 용수사에서 주역을 읽었는데, 이때 공부에 너무 전념하여 병을 얻어 평생 고생하였다. 여기까지 보면

---

17) 권오봉이 쓴 '가서로 본 퇴계의 삶과 사상'(127쪽)에서는 퇴계가 13세에 형들과 함께 청량산에 가서 책을 읽었다고 기록되어 있으나, 역시 권오봉 교수가 집필한 '퇴계선생일대기'(21쪽)에는 15세로 기록되어 있다. 퇴계가 55세에 청량산에 올라 어릴 때 숙부를 따라 청량산에서 배유하였던 일을 회상하며 지은 시 2수 제목에서도 을해년(1515년)에 따라왔다는 것을 볼 때, 15세가 맞는 기록이다.

18) 정석태, 퇴계선생년표월일조록 1권, 퇴계학연구원, 2005, 51쪽. / 권오봉, '가서로 본 퇴계의 삶과 사상' 상권, 127쪽 참조.

19) 지성용, '단양과 퇴계 이황', 단양문화원, 2008, 16쪽.

퇴계는 6세에 천자문을 배우면서부터 22세까지 16년간 온혜 집과 주변 절을 찾아다니며 공부하였으며, 가장 멀리 유학한 곳이 겨우 안동 관아였던 것을 알 수 있다. 초중고대학 시기를 예안 안동을 벗어나 본 곳이 없었다. 23세 겨울에 성균관에 처음으로 유학하여 약 두 달간 공부하다가 이듬해 24세 봄에 귀향하였다. 그리고 10년 후 33세에 성균관에 다시 유학하였다. 이때, 하서 김인후를 만났다.

이상이 퇴계가 집 밖에서 공부한 공간과 장소이다. 요약하면, 청량산(15세) – 안동 관아(15세) – 봉정사(16세) – 안동 향교(18세) – 영주(19세) – 예안 용수사(20세) – 성균관(23세) – 성균관(33세) 순서로 공부하였으며, 과거 시험 때까지 모두 8곳을 다니면서 공부하였음을 알 수 있다.

(17) 퇴계의 어릴 때, 공부하는 모습은 어떠하였는가?

퇴계는 복습을 철저히 하였으며, 배운 글이나 책을 완전히 외웠다. 글자와 문장의 의미를 깊이 파고드는 정독과 궁리하기를 좋아하는 타입이었다. 6세에 이웃 노인에게 천자문을 배울 때, 노인 집 담벼락에서 반드시 전날 배운 것을 완전히 외어 본 뒤에 들어갔다. 이웃 노인이지만, 스승을 대하듯 깍듯이 받들었다.

퇴계가 어릴 때, 방에서 책을 읽을 때는 아무리 더워도 문을 닫고 정좌를 하며 읽었다. 어느 더운 여름날 형이 나무를 해 와서 집에 와보니 아우인 퇴계가 문을 닫고 책을 읽고 있었다. 형은 "아무도 보는 사람도 없는데 이 무더운 여름에 왜 문을 닫고 옷을 다 입고 책을 읽느냐?"라고 물었다. 어린 퇴계는 "하늘이 보고 있고, 사방 벽이 보고 있는데 어찌 아무도 보는 이가 없겠습니까?"라고 대답하였다. 어릴 때부터 퇴계의 공부하는 모습이 이러하였다.

(18) 어릴 때, 형제 우애와 어른 대하는 자세는 어떠하였는가?

형제 우애가 매우 두텁고 친밀하였다. 퇴계가 8살 때, 어느 날, 둘째 형 하(河)가 칼에 손이 베이고 피가 나고 있었다. 이를 본 어린 퇴계가 형의 손을 감싸면서 할반지통[20]의 심정으로 울었다고 한다. 그러자 어머니가 "너의 형은 손을 다쳤는데도 울지 않는데, 네가 왜 우느냐?" 하니, 대답하기를, "형은 울지 않으나, 피가 저렇게 흐르는데 어떻게 손이 아프지 않겠습니까?" 하였다.

퇴계는 어린 나이 때부터 온순하고 공손하며 겸손하고 우애가 있었다. 훗날 벼슬이 판중추부사로 높아졌을 때도 다른 형들은 이미 모두 죽고 고향 온혜리에 형제 중 홀로 남은 다섯째 형 찰방 징을 형님 이상으로 깍듯이 모시며 지냈다. 존장자를 대할 때에는 감히 태만한 모습을 보인 적이 없었고 밤중에 깊이 잠들었다가도 어른이 부르면 곧 깨어나서 바로 대답하고 매우 조심하였다.[21]

---

20) 할반지통(割半之痛): 제 몸을 쪼개는 아픔. 형제간의 지극한 우애를 나타내는 말로 쓰인다.

21) 퇴계집, 퇴계연보 1권, 8세 기록 참조.

3. 결혼과 가정

(19) 퇴계는 누구와 결혼하였으며, 아들과 손자는 누구인가?

퇴계는 21세 되던 해인 1521년에 경남 의령의 김해 허씨 진사 묵재 허찬(1481~1535)의 첫째 따님인 허씨 부인(1501~1527)과 결혼하였다. 부인과는 동갑내기이었다. 진사 허찬은 의령 사람이지만 장인 창계 문경동(1457~1521)이 영주에 살고 있어 허찬 역시 영주 처가에 와서 살고 있었다. 여기서 허씨 부인은 퇴계 선생과 결혼하였다.

퇴계는 허씨 부인과의 사이에 아들 둘을 두었다. 차례로 준(1523~1583), 채(1527~1548)이다. 맏아들 준은 퇴계 23세 10월에 출생하였고, 둘째 아들 채는 27세 10월에 태어났다. 맏아들 준은 다섯 살에 어머니가 돌아가시고 아버지는 재혼, 성균관 유학, 대과시험 준비, 그리고 관료로 출사하는 등으로 아들 준에게 체계적인 공부를 가르치지 못한 듯하다. 퇴계가 아들 준에게 학문을 게을리 하는 점, 과거 시험을 보지 않는 점 등에 대해 꾸중하는 편지가 남아 있다. 준은 음사로 벼슬에 나아가 봉화 현감, 의성 현령을 지냈으며, 60세에 사망하였다. 준은 3남 2녀를 두었다. 둘째 채는 태어난 지 한 달 만에 어머니 허씨 부인이 사망하여 할머니 슬하에서 자랐으며, 경남 의령의 외종조부(허경, 곽재우 장군의 외조부) 집에 가서 농사일을 보살피며 외손 봉사를 겸해 지내고 있다가[22] 22세 되던 해 경남 의령 외가에서 약혼한 상태에서

22) 권오봉, 상게서, 30쪽.

죽었다.

퇴계의 맏아들 준은 세 아들을 두었는데, 차례로 몽재 이안도(1541~1584), 순보 이순도(1554~1584), 동암 이영도(1559~1637)이다. 퇴계의 맏손자 안도는 할아버지 퇴계로부터 학문을 배워 성리학에 조예가 깊었으며, 21세 때, 생원시에 합격하였다. 음서로 사온직장으로 근무하다가 아버지 준의 사망으로 귀향하여 부친상을 지내던 중 44세로 사망하였다. 퇴계연보초기, 퇴도선생집초본 등을 저술하였으며, 퇴계 문하의 여러 명유들과 교유하였다. 몽재문집 2권이 전해지고 있다. 안도는 퇴계의 적손으로 후사가 없어 셋째 아우 영도의 둘째 아들 이억(李嶷, 1596~1636)을 양자로 들였다.

둘째 순도 역시 31살의 젊은 나이로 부친상을 지내다가 죽었다. 첫째, 둘째 모두 부친의 상중에 젊은 나이로 사망하여 삼부자가 동시에 사망하는 초유의 사태가 발생하게 되었으며, 퇴계 가문에 큰 인재 손실을 초래하였다. 셋째 이영도는 충재 권벌의 손녀와 결혼하였으며, 음보로 관직에 진출하여 여러 벼슬을 거치며, 명관으로 이름을 남겼다. 청송 부사, 영천 군수, 군기 감정 등을 역임하였으며, 일찍 타계한 두 형을 대신하여 1600년에 퇴계문집, 진성이씨족보 제작 등 가문과 퇴계학 전파에 힘을 쏟았다. 퇴계의 위 세 손자가 차례로 진성이씨 상계파, 의인파, 하계파를 이루었다.

(20) 허씨 부인은 언제 사망하였는가?

허씨 부인은 결혼 6년 차이던 27세 때인 1527년 11월에 사망하였다. 허씨 부인은 10월에 둘째 아들 채를 출산하였는데, 아들을 낳은 지 한 달 만에 산후병으로 사망하였다. 의료 기술이 없던 옛날에는 안타깝게도 산모가 출산 중에 사망하는 사례가 허다하였으며, 초기 출산이 여성의 죽음을 넘나들게 하는 공포의 문고리였다. 이 때문에 남자들은 재혼이 다반사였다. 퇴계는 부인과의 혼인 생활 6년 만에 사별하여 큰 슬픔에 빠졌다. 퇴계 선생의 초취 부인 김해 허씨의 묘소는 친정이 있는 영주시 이산면 신암리 사금 마을에 있다. 비석에는 '정경부인김해허씨지묘'라고 새겨져 있는데, 이 길은 퇴계가 도산에서 한성으로 다니는 길목에 있어서 퇴계는 서울을 오가며 허씨 부인의 묘소를 자주 찾아 슬픔을 달래었다.

(21) 퇴계는 허씨 부인에게 어떻게 대하였는가?

제자 오운에 의하면,[23] 선생은 21세 때 부인 김해 허씨를 맞이하여, 서로 공경하기를 손님처럼 대하는 상경여빈의 법도에 따라 아내를 대하였다. 부인은 퇴계에게 물건을 건넬 때는 소반에 담아서 공손히 올려 이른바 거안제미[24]의 예로 남편을 깍듯이 공경

23) 퇴계집, 언행록 2권, 유편, 자기제어 참조.

24) 거안제미(擧案齊眉): 부인이 남편에게 밥상을 들고 갈 때, 눈높이까지 공손히 받들어 들고 가는 모습으로 남편을 지극히 공경한다는 의미를 담고 있다. 성당에서 미사 중에 사제가 성체를 모실 때, 성체 그릇을 두 손으로 받들어 눈높이까지 높여서 공손히 들고 가는 모습이 거안제미의 경우이다.

하였다. 퇴계는 거처도 서로 달리하여 남들은 부부 사이가 좋지 않을 것으로 의심하였으나, 나중에야 부부간의 정이 깊은 것을 알았다. 퇴계의 집안은 가난하고 허씨 부인의 친정집은 부유하였다. 퇴계는 가끔 가족을 처가에 맡기고 도산에서 내왕하기도 하였다.[25)]

(22) 퇴계는 언제, 누구와 재혼하였으며, 자식은 몇인가?

허씨 부인 삼년상이 끝나고 퇴계 나이 31세 되던 해인 1531년 6월에 재혼하였다. 계취 부인은 당시 예안으로 귀양 와있던 사락정 권질(1483~1545)의 따님이다. 이분이 둘째 부인인 권씨 부인(?~1546)이다.

퇴계는 1545년 12월에 장인 권질이 사망하자 이듬해 2월에 휴가를 얻어 장인 묘소에 문상차 고향으로 왔다가 문상 후 병으로 서울로 돌아가지 않고 토계 동암에 양진암을 짓기 시작하였는데 특별 휴가 후 복귀하지 않아 5월에 관직에서 해임되었다. 그러는 사이 서울에 남아 있던 권씨 부인이 7월 2일 서울에서 사망하였다. 권씨 부인은 남편이 병으로 서울로 올라오지 못하는 사이 출산을 하다가 별세하였으며, 그때, 태어난 아이도 며칠 지나지 않아서 사망하였다.[26)] 퇴계는 이 소식을 듣고 맏아들 준과 둘째 채를 서울로 보내어 분상케 하였다. 넷째 형 온계 이해가 서울에서 장례를 치르고 수로로 고향으로 운구하였다. 퇴계는 부인의 시신

---

25) 정석태, 상게서 1권, 67쪽.

26) 정석태, 상게서 1권, 533쪽.

을 충주까지 나아가 맞이하여 집에서 가까운 예안현 하계의 동쪽 백지(柏枝)[27]에 장사 지냈다. 권씨 부인과는 약 15년간의 결혼 생활을 하였는데 두 분 사이에는 자식이 없다.

(23) 퇴계는 정신이 온전치 못했던 둘째 부인을 어떻게 대하였는가?

퇴계는 손자 안도가 결혼할 때, 부부는 서로 공경하기를 손님 대하듯이 한다는 상경여빈의 예를 가르쳤다. 그리고 자신도 언제나 이러한 마음으로 부인을 대하였다. 정신이 온전치 못하다는 계취 부인에게도 항상 그러하였다. 조상 제삿날 둘째 부인이 정신이 온전치 못한 탓으로 제사상의 과일을 집어 먹는 일이 있었다. 퇴계의 형수들이 손아래 동서를 크게 나무랐다. 그때, 퇴계는 형수들에게 "제가 잘 타이르겠습니다." 하고는 부인을 옆방으로 데려와 "앞으로 과일이 먹고 싶으면 내게 말하시고, 제사상의 과일은 제사 지내기 전에는 손대지 마시라."고 조용하게 타일러 주었다. 퇴계는 이처럼 부족한 부인에게도 존중하고 삼갔다.

퇴계가 제자 천산재 이함형[28]에게 보낸 편지에서 자신이 아내

27) 안동 도산면 하계리 당시 백동서당(柏洞書堂) 근처의 지명.

28) 이함형은 퇴계의 만년 제자이다. 1569년 5월 13일~9월 16일 도산서당에서 배웠으며 뒤에도 스승과 가까웠던 제자였다. 이함형은 평소 부부 사이가 좋지 않았다고 한다. 이를 안 퇴계는 고향 순천을 다녀오려는 제자에게 편지 한 통을 써 주면서, 이 편지는 길에서 절대 보지 말고, 집에 도착하여 보라고 하였다. 편지 내용은 퇴계가 자신의 재혼 부인과의 결혼 생활이 힘들었지만, 한 번도 부인을 심하게 대하거나, 무시하지 않았다고 하면서 제자에게 부부애를 되찾도록 설득하였다. 이 편지를 읽은 이함형은 크게 뉘우치고 부인과 다시 금슬 좋은 부부가 되었다고 한다. 위 편지는 그때 편지의 일부이다.

로 인한 결혼의 어려운 점을 토로한 바가 있는데, 다음의 일부를 인용한다.

> 내가 일찍이 겪은 일을 말한다면, 나는 재혼을 했으면서도 참으로 불행했네. 그렇지만 나는 감히 댁을 박대하려는 마음을 가져본 적이 없었고, 잘 대접하려고 수십 년 동안 갖은 노력을 다했네. 그사이 때로는 마음이 흔들리고 번거로워 참기가 힘겹고 민망한 때도 있었지만, 어떻게 정을 돌릴 수 있는가? 인간이 지켜야 할 중대한 인륜을 저버리고 혼자 계신 어머니와 나에게 맡긴 처부모에게 근심을 끼칠 수 있는가? (후략)[29]

이러한 편지를 통해 보면 퇴계는 계취 부인과 결혼 생활에서 적지 않은 어려움이나 정신적 갈등을 겪은 것으로 짐작된다. 그러나 인륜을 생각하였고, 딸을 맡긴 처부모의 입장을 생각하였다. 퇴계는 평생 부족한 부인을 박대하거나, 야박하게 대하지 않았음을 알 수 있다.

퇴계는 권씨 부인이 사망한 후에도 지극한 예를 갖추어 대하였다. 권씨 부인이 1546년 7월 2일 서울 서소문에서 죽자, 그때 장인 빈소에 문상차 고향에 내려와 있던 퇴계는 '죽은 부인을 두 아들을 시켜 분상케 하고 계모이지만 친생모와 같이 적모복(적실 부인의 상례에 입는 상복)을 입게 했으며 시묘도 시켰다.'[30]고 할 정도로 생시나 사후에도 권씨 부인에게 부부의 도리를 다하였다.

---

29) 권오봉, 전게서, 84쪽.
30) 권오봉, 전게서, 106쪽.

(24) 권씨 부인이 정신이 온전하지 못한 것이 사실인가?

권씨 부인이 정신이 온전하지 못하다고 알려진 것은 정확한 기록이 없이 구전으로만 전해지고 있다. 부인의 정신이 온전하지 못한 것이 사실이라면, 거기에는 다음과 같은 슬픈 집안의 역사가 있다. 둘째 부인의 친정집은 안동권씨로 안동 풍산 가일(佳谷) 마을에 있으며, 서울에서 대대로 높은 벼슬을 해오던 명문 집안이었다. 안동권씨는 조선시대에 과거 급제자 수가 많기로 이름난 가문이었다. 또한, 안동권씨는 1476년(성종 7년)에 '안동권씨성화보'라는 족보를 우리나라에서 최초로 만든 것으로도 유명하며, 조선 제1대 대사헌이었던 성리학자 권근(1352~1409)의 본관이 안동권씨이기도 하였으니, 권씨 부인의 친정 가문은 대단한 벌족이었다.

권씨 부인의 할아버지 화산 권주(1457~1505)는 24세인 젊은 나이에 과거에 급제하고 벼슬이 도승지, 경상도 관찰사, 참판에 이르렀을 뿐만 아니라 인품이 훌륭하고, 문학과 중국어에 능통하여 대명 외교에도 큰 역할을 하던 분이었다. 그러나 갑자사화(1504) 때, 과거에 연산군의 생모 폐비 윤씨에게 사약을 들고 갔다는 이유로 평해로 유배되었다가 귀양지에서 사약이 내려지고, 부인은 스스로 목숨을 끊었다.

권씨 부인의 친정 아버지(권질)와 작은 아버지(권전)도 귀양을 가게 되는데 훗날 아버지와 숙부가 중종반정으로 귀양에서 풀려났으며, 이때 권씨 부인이 태어났다. 집안은 다시 평온을 찾은 듯하였으나, 권씨 부인의 숙부 권전(1490~1521)이 기묘사화(1519)에 연루되어 파직되었다가, 신무사옥(1521)에 다시 체포되어 형벌을 받고 죽었으며, 아버지도 다시 예안으로 귀양을 가게 되었다. 이러한 집안의 참혹한 일을 직접 겪으면서 그 충격으로 나이 어린 권씨 부인은 그만 정신이 혼미해지더니 영영 회복하지 못하였다고 한다.[31]

(25) 권씨 부인은 어떻게 퇴계 선생과 결혼하였는가?

권씨 부인의 아버지 권질은 고향인 안동 풍산현 가일 마을에서 멀지 않은 같은 안동의 예안에서 귀양을 살고 있었다. 연이은 사화로 피해를 거듭 당한 권질의 집안이 멸문의 지경에 이르게 되자 서울에 살던 권질의 부인인 정선 전씨는 정신이 온전치 못한 딸을 데리고 예안으로 와서 생활하였다. 약 9년의 귀양살이를 하는 중에 권질의 딸은 혼기에 다다랐다. 그러나 권질은 자신의 집안이 죄를 입어 풍비박산에 처해 있고, 자신은 십년 가까이 귀양살이하고 있는 처지에 놓여 있으며, 거기다가 정신이 온전하지 못한, 하나 남은 딸에게 마땅한 혼처를 구해 주지 못하고 있어 몹시 애태우고 있었다. 죽기 전에 하나 남은 딸에게 좋은 배필을 찾아 주고자 하는 부모 마음은 예나 지금이나 다를 바 없지만, 옛 시대 문화에서는 딸자식 가진 부모의 첫째 숙제이고 임무였다. 그렇게 노심초사하던 권질은 어느 날 퇴계가 상처하고 막 삼년상을 마쳤다는 것을 알고 퇴계를 만나 자신의 딸을 맡아 달

31) 권오봉, 전게서, 104쪽.

라고 부탁하였다. 아마도 권질은 퇴계의 삼년상이 빨리 끝나기를 기다리고 있었을지도 모르며, 들어서 알고 있는 퇴계의 인품이라면 자기 딸을 받아주지 않을까 생각하였던 것 같다.

퇴계 역시 비록 귀양을 살고 있지만, 억울하게 죄인 집안이 된 가일 안동권씨 명문가의 권질 어른을 익히 잘 알고 존경해 오던 터였다. 퇴계는 어머니께 여쭈어 허락을 받고는 권씨 부인과 재혼을 하였다. 이 결혼은 쉽게 결정하기 어려운 혼사이었다. 몇 번의 사화에 거듭 연루되어 죄인의 집안으로 낙인찍힌 몰락한 집안의 사위가 되는 것이기 때문이다. 연좌제가 엄격한 그 시대의 상황으로 볼 때, 혼반의 큰 걸림돌이 될 수 있었다. 실제로 몇 년 뒤 퇴계가 과거에 합격하고 첫 발령 받을 때, 당시 권력자 김안로가 퇴계의 임명을 방해하였는데, 실제 이유는 자신을 찾아오지 않은 데 대한 괘씸죄였지만, 표면상의 이유는 죄인의 사위라는 점을 내세운 점에서도 알 수 있다. 불의의 사화를 거듭 입은 귀양 온 죄인의 딸, 정신이 정상적이지 못한 규수라는 두 가지 조건에도 퇴계가 결혼을 결정한 이유를 생각해 본다.

퇴계는 자신의 입장보다 상대방의 입장을 먼저 생각한 것이 아니었을까? 앞날의 예상되는 나의 어려움보다 지금 장인과 규수가 처한 힘든 입장을 깊이 생각하였던 것으로 보인다. 몰락한 집안을 힘겹게 안고 딸을 걱정하는 아버지 권질의 부정(夫情), 아무런 죄도 없이 굴곡진 역사의 피해자가 된 처녀, 퇴계는 오직 그 순간 이 두 부녀의 입장만을 생각한 것이다. 퇴계의 높은 정신세계를 보여주는 스토리가 아닌가 생각한다.

(26) 퇴계에게 측실 부인이 있었는가?

퇴계에게는 측실 부인이 한 명 있었다. 퇴계 몇 세에 측실 부인이 있었는지는 분명치 않으나, 이장우에 의하면,[32] '허씨 부인의 두 아들이 갑자기 생모를 잃었을 때, 이미 이 집에 들어와서 이 두 아들을 거두어 키워주기 시작했다.'라고 한 점을 참고할 수 있다. 측실 부인에게는 아들이 하나 있으며 이름은 적(1531~1608)이다. 첫째 허씨 부인이 죽을 때, 첫아들 준은 5세, 둘째 채는 갓 태어난 아기였다. 31살 재혼할 때까지 두 아들을 측실 부인이 보살폈을 것으로 보이며, 둘째 권씨 부인과 결혼하던 해에 측실 부인이 아들 적을 출산하였다. 퇴계의 어머니는 이때, 60세로 7년 뒤에 사망하며, 둘째 부인은 퇴계를 따라 한성에서 지내게 되므로 측실 부인은 실질적으로 어린 아들 둘과, 자신의 아들, 노모 봉양, 그리고 집안 안살림의 궂은 일들을 도맡았을 것으로 보인다. 측실 부인은 퇴계 사후 68세까지 살았으며, 서자 이적(李寂)은 네 아들을 두었고, 그 후손은 오적파(烏赤派)를 이루어 예안과 도산 일원에 퍼져 살았다.[33] 퇴계 선생께서 측실 부인에게 보낸 언문 편지가 약 9통[34]이 있으나, 내용은 전해지지 않고 있다.

퇴계 선생께서는 돌아가실 때, 아들 준에게 유언을 하면서 측실부인 모자를 위해 집 한 칸 지어줄 것과 그들이 가난하니 잘 돌

---

32) 이장우, 전일주, 해제 번역, 선조유묵 가서, 한국국학진흥원, 2011, 28쪽.

33) 정석태, '도산서원의 위상 정립과 퇴계 후손의 역할', 한국국학진흥원, '도산서원을 통해 본 조선 후기 사회사', 새물결, 2014, 169쪽.

34) 권오봉, '가서로 본 퇴계의 삶과 사상' 상권, 삼보문화재단, 2020, 36쪽.

보아 주도록 당부하였다. 퇴계 선생의 어진 인품을 보여주는 사례이다.

(27) 둘째 아들 채는 결혼하였는가?

채는 약혼은 하였으나, 결혼은 없었다. 채는 태어난 지 한 달 만에 어머니를 잃고, 어머니 사랑을 모른 채 할머니 손에 자라며 퇴계 측실의 보살핌을 받았다. 퇴계 선생이 34세에 과거 급제한 후 서울로 벼슬을 나아가면서 두 아들을 데려가지 않고 첫아들은 처가살이하였고, 둘째 아들 채는 외가가 있는 경남 의령의 작은 외할아버지 댁에 가서 봉사(奉祀)와 농감을 하면서 시양손 역할을 하고 있었다. 이장우는[35] '채는 단성에서 외종조부 시양손으로 살다가 1542년 16세 때, 역시 단성에 살던 류씨 댁에 장가까지 들게 되었으나, 자식이 없이 22세에 작고'한 것으로 기록하고 있다. 그러나 권오봉은[36] '채는 혼인을 정한 후 혼례를 치르기 전에 죽었고, 규수는 혼인 전 처녀로서 다른 데 시집을 갔다. 신부에게 보낸 폐백이 되돌아왔기 때문에 이로써 확실히 알 수 있다.'라고 하였다. 또한, 1554년(갑인년)에 퇴계가 아들 준에게 보낸 편지에 보면, '또 단계(산청 단성) 류씨 집안의 (개가한) 일이 밝혀져 여러 사람이 평을 하고 있다고 하니 또한 대단히 부끄럽고 가슴 아픈 일이다. 어찌 하고 어찌 하리요! 일마다 이와 같으니 내가 무

35) 이장우, 전일주, 상계서, 9쪽.

36) 권오봉, 퇴계선생일대기, 교육과학사, 2013, 133쪽.

슨 얼굴로 사람들을 보겠느냐?'[37](갑인년 납월 초6일, 아버지)라고 하였다.

둘째 아들 채에 대해서는 약혼한 사이, 결혼한 사이, 며느리 개가 등 구구한 억설이 많으나, 이와 같은 자료들로 볼 때, 약혼은 하였으나 결혼하지 못하고 죽었다는 것이 정설이다. 그의 무덤은 의령 고망봉 마을 외할아버지 묘소 아래에 묻혀 외가 쪽 후손들의 보호를 받으면서 지금도 그곳에 있다.

(28) 퇴계 선생의 가족 관계는 어떠한가?

퇴계 선생 직계 가족 관계는 위로는 퇴계의 조부와 아래로 손자 대까지 모두 다음과 같다. 조부(이계양), 조모(영양김씨), 부(이식), 모(전모 의성 김씨, 친모 춘천 박씨), 형제(잠, 하, 여식, 의, 해, 징, 황〈퇴계〉), 아들(준, 채, 적), 손자(안도, 순도, 영도), 손녀 2명이다. 서자 적에게 손자 4명이 있었다. 다음은 고봉 기대승이 1570년 퇴계 선생 서거 당시 쓴 퇴계 선생의 묘갈에 기록된 가족 관계이다.

> 조부 휘 계양은 성균 진사로서 이조판서에 증직되었고, 예안 온계리로 이주하여 살았으며 부인은 정부인 김씨이다. 부친 휘 식(埴)은 성균 진사로서 여러 번 추증되어 숭정대부 의정부좌찬성이며 부인은 의성 김씨와 춘천 박씨인데 아울러 정경부인으로 추증되었다. 〈중략〉 선생은 재취하셨는데 먼저 김해 허씨 진사 찬의 따님을 맞이하여 2남을 낳았고, 후에는 안동권씨 봉사 질의

37) 이장우, 전일주, 상게서, 71쪽.

따님을 맞이하였는데 모두 정경부인에 추증되었다. 아들은 셋이며, 맏아들 준은 봉화 현감이고, 둘째 아들 채는 결혼을 앞두고 죽었으며, 측실에게 아들 적이 있다. 손자가 세 사람인데 안도는 신유년(명종 16, 1561년)에 생원시에 합격했고, 다음 순도와 영도이다. 딸이 둘인데 맏이가 선비 박려에게 시집갔다.

4. 재산과 노비

(29) 퇴계가 첫 결혼 후 분가할 때, 재산은 얼마나 받았는가?

21세에 혼인한 뒤 바로 분가하지 않고 부모의 집에서 그대로 살았다. 이때, 재산을 분재 받았는데, 온혜동 367번지의 1, 2, 3 세 필지 6마지기의 논을 상속받았다. 이 논은 진성이씨 상계파(퇴계선생 직계 후손파)의 문답으로 지금까지도 상속되고 있다.[38] 퇴계의 아버지 이식은 41세에 사망하여 33세의 어머니가 집안을 꾸려 나갔기에 살림이 넉넉하지 못하였으며, 또한 퇴계는 7남매 막내이기에 분재 받은 재산이 논 여섯 마지기에 불과하였을 것으로 짐작된다.

(30) 퇴계 선생의 노후 재산은 어떠한가?

성종실록(1490년)에서는 '조선시대 사족은 노비와 땅으로 가문을 보존하였다'고 하였다.[39] 사대부 양반가와 재지사족에서는 이

---

38) 권오봉, '퇴계선생일대기', 교육과학사, 2013, 29쪽.

39) 마르티나 도이힐러, 김우영, 문옥표 옮김, 조상의 눈 아래에서, 너머북스, 2018, 247쪽.

처럼 토지와 노비가 많았다. 계승범은 '사림의 상징으로 잘 알려진 김굉필, 정여창, 김일손, 이황, 이이 등 대부분의 사림 거두들은 서울과 지방에 막대한 노비와 전택을 보유한 부호'라고 하였다.[40] 그에 의하면, 퇴계의 재산은 전답으로 '예안, 봉화, 영천, 의령, 풍산 등지에 걸쳐 논은 1,166마지기, 밭은 1,787마지기'를 소유하였다.[41] 오늘날의 토지 단위로 환산하면, 논은 한 마지기가 약 150~300평, 밭은 100~400평으로 보아 최소 단위로 논, 밭이 각각 약 17만 평으로 합계 약 34만 평을 소유하였다.[42] 또한, 마르티나 도이힐러에 의하면, 퇴계의 아들 준이 1583년에 죽은 후, 1586년과 1611년에 그의 세 아들과 두 딸에게 토지와 노비를 분배해 준 것을 보면, 합쳐서 3,000마지기가 넘는 토지와 노비 367명, 집 4채, 집터 하나였다고 하였다.[43] 이를 볼 때, 퇴계의 만년 때, 재산은 적지 않았던 것으로 보인다.

(31) 퇴계에게 노비는 몇 명이 있었는가?

퇴계가 소유한 노비는 367명이었다.[44] 그리고 이장우는[45] 퇴계 가서에 등장하는 남녀 종들의 이름이 150명 정도 된다고 하였다. 조선시대 양반가의 사노비는 솔거노비와 외거노비 두 종

---

40) 계승범, 우리가 아는 선비는 없다, 역사의 아침, 2011년, 67쪽.
41) 계승범, 전게서, 68쪽.
42) 계승범, 전게서, 68쪽.
43) 마르티나 도이힐러, 전게서, 275쪽.
44) 계승범, 전게서, 68쪽.
45) 이장우, 전일주, 상게서, 28쪽.

류가 있었다. 솔거노비는 주인과 함께 살거나 혹은 가까운 곳에 살면서 노동을 전담하는 데 비해, 외거노비는 먼 지역에 흩어져 있는 주인의 땅을 맡아 농사를 짓는 노비이다. 16세기 조선에서는 사노비 가운데 솔거노비가 거의 85%에 달하였다고 한다.[46] 이렇게 보면 퇴계 가(家)의 솔거노비는 전체 노비 367명 가운데 312명으로, 외거노비가 55명으로 추정해 볼 수 있다.

퇴계는 평소 집안 노비 관리에 대해서 아들에게 편지를 통해 매우 세심하게 지시하는 것을 볼 수 있다. '너그럽게 다루어야 할 때는 휴식을 주고 건강을 보살폈으며, 엄하게 다루어야 할 때는 종아리를 때려가며 엄하게 하였음'을 볼 수 있다. 퇴계는 천민들에게도 온화하게 타이르며 대하였지만, 노비들에게 상황에 따라 다르게 대하여 집안의 기강과 법도를 바로 세우고자 하였다.

노비 문제와는 다르지만, 퇴계는 명종 때, 서자와 얼자 출신들이 과거를 통해 사회에 진출할 수 있는 '서얼허통' 정책에 대한 어전 논의에서 반대하는 입장을 취하였다. '국속'을 갑자기 변경할 수 없고, 대장(예법)을 갑자기 허물 수 없기에 서얼허통은 불가하다고 명백하게 반대하였다.[47] 이처럼, 퇴계는 서자를 관리로 등용하는 것은 기존 질서와 체제의 급격한 변화를 초래하고 사회에 큰 문제가 야기되므로 반대하는 강력한 소신을 나타내고 있다. 당시 조선 사회 지배층의 생각은 대부분 퇴계와 같았다.

---

46) 마르티나 도이힐러, 상게서, 248쪽.

47) 명종실록 15권, 명종 8년 10월 7일, 1553년. 영의정 심영원 등이 서얼 방금법 등에 대해 의논한 법 개정을 결정하다.

(32) 퇴계의 재산 형성은 어떻게 이루어졌는가?

7남매 중 막내인 퇴계는 21세에 결혼하고 분가할 때, 여섯 마지기를 분배받았다. 이 당시 16세기까지 조선에서는 재산 분배는 장자 우선이 아니라 딸, 아들 구별 없이 균등 분배가 이루어졌을 때였다. 여섯 마지기로 출발한 퇴계의 재산이 사망 당시 적지 않은 재산으로 형성된 것은 대부분 부인 두 사람의 처가 재산을 물려받은 것에 기인하고 있다. 퇴계의 초취 부인 김해 허씨의 친정아버지 허찬은 고향인 의령에서 당시 영주에 있던 장인 문경동(文敬仝)을 모시기 위해 영주에 와 있었다. 문경동에게는 딸만 둘 있어 많은 재산이 두 딸에게로 분배되어 허찬의 재산은 고향 의령과 경북 영주 일대에 많았다. 이 재산이 사위 퇴계에게 또한 분배되었다. 퇴계의 재취 부인이던 안동권씨 부인의 친정집은 풍산 가일의 벌족이었으며, 처가인 거창에도 재산이 있었으므로 역시 딸에게로 재산이 분배되어 퇴계의 재산이 풍산과 의령, 예안, 영주 일대에 많이 형성되었다.

(33) 퇴계는 가사와 가정 경제에 어떻게 대처하였는가?

일반적으로 학문하는 선비는 가정의 경제 문제에 무관심하다는 세평과는 달리 퇴계는 '학문은 까맣게 잊고 오로지 재산에만 매달리는 것은 농부들의 방식이자 촌사람들의 행실이다.'라고 아들에게 가르치면서도, 한편으로는 '사람들은 재산 관리 같은 문제에 신경을 쓸 수밖에 없다.'라고 하면서 '나라고 해서 그 문제를 완전히 피할 수 있었겠느냐?'라고 하였다. 이처럼 선비는 일차적으로는 학문 도야에 집중하되, 부차적으로 치산에도 가끔 주의를 기울여야 한다고 가르쳤다. 따라서 퇴계는 경제적 문제를 경멸하거나 소홀히 하는 학자가 아니었다.[48]

퇴계는 가정 경제와 집안 대소사 관리에 매우 세밀하고, 직접적으로 관여하였다. 그가 아들, 손자, 조카 등 집안 사람들에게 주고받은 편지, 즉 가서(집안 편지)에서 여러 곳에 흩어진 전답을 관리하고, 농사와 추수, 세금 등에 대해 세밀하게 지시하거나 조처하였다. 조상 제사와 문중의 대소사, 멀리 의령의 처가 쪽의 제사와 집안 문제까지도 예에 소홀하지 않도록 치밀하게 챙기는 선비이자 학자이었다. 퇴계 선생께서 집안 대소사에 대해 아들에게 보낸 편지 일부를 읽어보고자 한다.

> 준에게
> 소식이 막힘이 요즈음 들어 이전보다 더 심하구나. 조카 굉이 서울에 이르러 충이가 편지를 전해주어 비로소 고향의 일가 사람들이 다 별 탈 없고 또 비가 온 뒤로 농사도 역시 잘되어 간다 하니 기쁜 마음 한량없다. 그러나 아직도 상세한 소식은 듣지 못하였구나. 굿동이와 명복이는 어찌 이렇게 오랫동안 오지 않느냐? 보리는 얼마나 수확하였느냐? 논밭은 묵히지나 않았느냐? 영주의 파종은 또한 어떠하냐?
> 그저께 공간의 편지를 받았는데 장모님의 종기가 심상치 않다니 매우 걱정이 되는구나. 치료할 약을 김수량에게 세 차례나 사서

48) 마르티나 도이힐러, 전게서, 274쪽.

부쳤는데 지금쯤 나았는지 어떠신지 알지 못하겠구나. 농사철에 먼 곳에 네가 가서 뵙고 오기도 어려울 것이니 더욱 죄송스럽구나. 어찌하랴? 공간의 편지를 함께 보낸다. (중략)

또 너의 서모 일은 법에 의하면 마땅히 시정으로 분간되어야만 하나, 그것을 문서로 입안해 두는 것은 본 고을의 법률 담당자가 찾아서 주는 데 있기 때문에 늦손이를 오늘 창원으로 보내어서 입안해서 가져오게 하고, 아울러 의령에 가서 문안하라고 보내었다.

부채 두 자루를 보내니 하나는 몽이(퇴계의 맏손자 안도)에게 주어라. 마침 남은 것이 없어 응훈(몽의 외삼촌) 형제에게는 보내지 못하게 되어 섭섭하다. (후략)

계축년(1553년) 5월 22일 아버지가

위 편지를 보면 퇴계가 53세에 서울에 있을 때이다. 이 해에 추만 정지운을 만나 그가 지은 천명도를 설명 듣고 수정해 주던 해이다. 아들 준에게 보낸 편지에 집안 일가 소식, 농사 현황, 의령의 장모님 병환 걱정, 측실 부인의 면천[49] 문제, 의령에 병문안, 손자에게 부채 보냄 등 대여섯 가지의 집안 대소사를 처리, 지시하고 있다. 옮겨 적으면서 중간 줄인 내용 4가지까지 계산하면 퇴계는 서울에 벼슬로 와 있으면서도 편지 하나에 열 가지의 집안일 처리를 관리하고 있다. 퇴계는 이토록 세심하고 치밀하게 가정 대소사를 직접 지시하고 관리하였다.

49) 면천(免賤): 조선시대에 천민의 신분을 면하고 평민이 되는 것.

5. 과거 시험

(34) 퇴계는 몇 세에 대과급제 하였는가?

퇴계는 중종(29년) 1534년 4월 26일(음 3월 8일)에 실시된 과거 시험 식년시에서 을과 1위(전체 4위)로 합격하였다. 합격자 발표는 이튿날 하였으며, 이때 갑과 3인, 을과 7인, 병과 16인 모두 26명을 뽑았다.[50] 식년시는 3년마다 정기적으로 시행하는 정기시험으로 자(子), 묘(卯), 오(午), 유(酉)가 드는 해를 식년으로 하였다.[51] 식년시의 문과급제 정원은 33명이었으나, 문과 대과 복시 합격자 중 강경[52]에 통과한 인원이 26명에 그쳤기 때문이었다.[53] 때로는 지켜지지 않을 때도 있었다. 참고로 조선시대 식년시 시험 횟수는 163회, 급제자는 6,063명이었고, 전체 대과시험 횟수는 744회, 급제자 수는 14,620명이다. 이들 급제자의 평균 연령이 대략 34세 전후인 것을 보면, 퇴계는 합격자 평균 연령에 대과에 합격한 것을 볼 수 있다.

---

50) 한국역대인물종합정보시스템, 한국학중앙연구원, 국조방목, 卷之六. / 중종실록 77권, 중종 29년 3월 9일 을해 1534년 '문과 시험을 보여 유학 김희성 등 26인을 뽑다'.(강경〈講經〉)한 사람의 수가 이뿐이기 때문에 33인을 못 채운 것이다.)

51) 한국민족문화대백과사전, 식년시, 참조.

52) 강경: 조선시대에 과거의 강경과에서 시험관이 지정하여 주는 경서의 대목을 외우는 것.

53) 정석태, 퇴계선생연표월일조록 1권, 149쪽.

(35) 시험 문제와 동반 급제자는 누구인가?

시험 장소는 경복궁 근정전이었으며, 중종 임금이 직접 참석하였다. 시험 문제는 부(시짓기), 표(작문), 책문(임금이 출제하는 논술) 등이었다. 이 시험에서 퇴계의 예안 친구이자 농암 이현보의 아들 이중량(1504~1582)이 동반 급제하였다. 또한 퇴계와 평생 가깝게 지냈던 영의정을 지낸 권철(1503~1578)은 을과 3등으로, 이조판서가 된 송기수(1507~1581)는 병과 6등으로 동반 급제하였다.[54] 훗날 병조판서를 지낸 이윤경(1498~1562)도 퇴계와 함께 이 시험에서 합격하였다.

(36) 퇴계는 과거 시험을 몇 회 보았는가?

퇴계는 생애에 모두 10회의 과거 시험을 보았다. 19세부터 34세까지 15년간 시험을 보았다. 이 중, 지방에서 응시한 것은 21세 진사 초시 1회, 27세에 경상도 향시에서 진사 시험과 생원 시험 각 1회, 그리고 33세에 경상좌도 향시 1회로 모두 4회이고, 나머지 6회는 모두 서울에서 시험 본 것이다. 자세한 내용은 다음과 같다.[55]

(1차, 19세) 1519년 9월 15일 전후 조광조가 실시한 현량과[56]에 응

54) 국조방목(國朝榜目), 卷之六 〈중종 29년 갑오 3월 행(行) 식년방(式年榜)〉 참조.

55) 정석태, 상게서, 60~149쪽 참조.

56) 조선 중종 때, 조광조의 과거제도 혁신책으로 대과 응시자를 천거받은 자와 1차 시험 합격자를 대상으로 한 특별한 과거 시험. 1519년에 처음 실시되었으나, 몇 달 후 발발한 기묘사화 이후 폐지되었다.

시하기 위해 생애 최초로 서울에 올라갔으나 실패하고 이듬해 20세에 귀향하였다.

(2차, 21세) 진사 초시에 응시하였다.

(3차, 24세) 서울에 올라가 과거에 응시하였으나, 낙방하였다. 이번까지 과거에 세 번 낙방하기는 했으나, 합격 여부에 마음을 두지 않아 크게 상심하지 않았다.

(4차, 27세) 경상도 향시에 응시하여 진사시에 1등을 하였다.

(5차, 27세) 위와 같은 경상도 향시 생원시에서 2등을 하였다. 생원시의 답안지는 지금도 남아 있다.

(6차, 28세) 무자년(1528년) 봄에 사마복시(회시)에 응시했다가 2등으로 합격했으나, 발표 명단이 나붙기를 기다리지 않고 시골로 돌아왔다. 한강을 건너기 전에 발표가 되어 합격되었다는 소식을 듣고도 남행길을 계속하였다.

(7차, 32세) 서울에 올라가 문과 별시 초시에 2위로 합격 후 고향으로 돌아왔다.

(8차, 33세) 경상좌도 향시에 응시하여 1등으로 합격하였다. 이 시험에 제출한 책문[57]은 현재까지 남아 전해지고 있다.

(9차, 34세) 1월에 서울로 와서 윤이월에 대과 회시에 2등으로 합

57) 책문(策問): 조선시대 과거 시험 합격자 33명을 대상으로 임금이 직접 출제한 국가 운영 등의 문제에 대해 자신의 생각과 구상을 논술로 적는 최종 시험이다. 대과의 마지막 관문으로, 최종합격자 33명의 등수를 정하고, 여기서 답을 못하면 낙방하는 시험이다.

격하였다. 이 시험은 대과 응시를 위해 거쳐야 하는 향시이기에 합격한 퇴계는 내년의 대과 대비를 위해 청량산으로 들어가서 책을 읽었다. 이때, 남명 조식(1501~1572)은 경상우도 향시에서 2등으로 합격하였다.

(10차, 34세) 3월에 대과 문과에 급제하였다.

(37) 퇴계는 과거에 떨어진 적이 있는가?

퇴계는 24세가 될 때까지 연거푸 세 번이나 과거에 낙방하였다. 19세 현량과, 21세 진사 초시, 24세 서울에서 과거 시험 낙방 등이다. 그 외 7번의 시험에서는 모두 우수한 성적으로 합격하였다. 초기에 연속 세 번 낙방한 이유는 퇴계 자신이 벼슬에 큰 뜻을 두지 않은 탓에 과거에 필요한 공부를 하지 않았기 때문으로 보인다. 과거 시험을 보기 위해서는 순수학문과는 다르게 시나 글을 짓는 기교와 요령이 필요한데 퇴계는 그러한 공부에 집중하지 않았다.

퇴계의 과거 경력을 보면 숙부 송재공이 어릴 때부터 칭찬하였듯이 영민하고 총명하였으나, 퇴계는 천재형, 수재형이라기보다는 노력형, 학구파에 속하며, 소년 등과형 인물이 아니라, 대기 만성형 학자라고 할 수 있다.

(38) 퇴계가 과거에 관심을 가지게 된 계기는 무엇인가?

퇴계 선생이 과거를 통한 출사를 결심하게 된 계기는 세 가지라고 본다.

첫째, 퇴계는 선비가 학문하여 출사하고 나라와 백성을 위해 뜻을 펼치는 것은 마땅한 도리라고 생각한 듯하다. 그 증거로 비교적 어린 나이인 19세에 조광조가 실시한 현량과에 추천받아 한양에서 과거에 응시하였고,[58] 21세, 24세에 연이어 응시하였다. 이는 타의에 의한 응시가 아니고 거의 자의적 과거 응시로 볼 수 있다.

둘째, 어머니와 바로 위 형의 권유도 있었다. 특히 넷째 형인 온계 이해는 자신이 먼저 대과 급제한 후, 아우 퇴계의 실력을 높이 보았기에 과거를 권유하였다. 또한 퇴계의 어머니 춘천 박씨 역시 남편을 일찍 여의고 홀로 키운 자식 7형제 중 넷째와 다섯째(퇴계)가 재주가 출중하여 과거 보기를 권하였다. 퇴계는 28세에 사마 복시에서 2등 합격 후 더 이상 과거는 포기하고 학문의 길로 내심 마음을 정하고 있었다. 그러나 넷째 형의 권유와 어머니의 명을 받아 다시 과거 시험을 계속 준비하게 되었으며, 34세 대과에까지 이르게 되었다.

셋째, 한 가지 계기는 다음과 같다. 24세에 서울에 올라가 과거 시험에 낙방하고 돌아온 뒤 '어느 날 고향 집에 있는데 밖에서 누군가가 찾아와 "이 서방, 이 서방" 하고 불러 퇴계는 자신을 부르는 줄 알고 자세히 살펴보니 늙은 종을 찾는 소리였다. 그 순간 퇴계는 자신도 모르게 한숨을 쉬면서 '내가 아직 이루어 놓은

58) 이장우, '퇴계 부자와 과거 시험, 가서를 중심으로', 대동한문학, 제38집(2013.6.), 47~78쪽.

것이 없어 이런 욕을 당하는구나 하는 생각이 들었다'[59]고 하였다. 이 일로 퇴계는 과거에 합격해야겠다는 결심을 하게 되었다.

(39) 과거에 대한 퇴계 선생의 입장은 무엇인가?

퇴계는 과거 공부에 대하여 상반된 견해를 보여주었다. 한편으로는 과거제도는 국가의 필요에 의해서 시행되는 것인데, 그것이 배우는 사람에게 해를 끼치는 것은 아니라는 입장이고, 다른 하나는 선비들이 과거 공부에만 몰두하는 것이 오직 높은 벼슬과 이름을 내기 위하고자 하는 데 있어 참다운 공부가 아님을 개탄하였다. 학자로서 퇴계는 "세간의 허다한 영재들이 세속의 학업에 섞이어 골몰하니 다시 어떤 사람이 있어서 이 과거라는 절구통에서 도망쳐 나올 수 있겠는가?"[60]라고 하면서 세상의 젊은이들이 학문보다는 과거 시험에 골몰하는 세태를 비판하였다.

그러나 다른 한편으로는 고향 어른으로서, 그리고 부모로서 고향의 후학들과 집안 자제들의 과거 합격을 염원하기도 하였다. "우리 고을 사람들이 근년에 과거 시험에 많이 떨어져서, 혹자들은 이제 예안 선비들은 학업을 게을리한다는 말을 하니, 내 이 말을 듣고 까끄라기를 등에 지고 있는 것 같았습니다."[61]라고 하며 걱정하는 모습을 보여주었다. 그리고 조카 재가 병오년(1546년)에 사마시에 합격했을 때, 손자 안도가 신유년(1561년)에

59) 정석태, 퇴계선생연표월일조록 1권, 사단법인 퇴계학연구원, 2001, 79쪽.
60) 홍승윤, 이윤희 공역, 퇴계선생언행록, 퇴계학연구원, 2007, 247쪽.
61) 조목, 사문수간, 안동문화원, 2008, 13쪽.

경시[62]에 합격했을 때, 퇴계는 더없이 기뻐하고[63] 즐거워하였다. 또한 제자 정사성(1545~1607)이 진사 시험에 급제하고 과거에 대비하여 경전을 외우는 것이, 학문과는 거리가 멀어 걱정하자, 퇴계는 '나라에서 과거제도를 만든 것이 선비들이 학문하지 못하게 하려고 하는 것이 아니므로 내외 경중에 대한 판단만 분명히 한다면 경전을 외우는 것도 학문이 될 것'[64]이라고 과거를 격려하기도 하였다.

퇴계는 본래 과거에 관심이 없었으나, 어머니와 형의 권유에 의해 타의적으로 과거에 나아갔다는 말은 반은 맞고 반은 틀리다고 보아야 한다. 어머니와 형의 권유가 큰 영향을 미친 것은 맞지만, 그것만이 퇴계로 하여금 과거와 벼슬길로 나가도록 하지는 않았다. 퇴계는 당시 선비들이 학문하고, 배운 것을 나라와 백성을 위해 활용하는 것이 마땅한 도리라고 여기고 출사의 길을 따랐다고 본다. 또한 당시 조선시대에 사대부 양반 집안에서는 가문을 일으키고, 신분을 유지, 상승하기 위해서는 과거를 통한 출사가 유일한 통로이었기에 조선 500년간 선비, 유자들은 모두 과거에 매달리지 않을 수 없는 시대적 배경도 무시할 수 없었을 것이다. 그것이 퇴계로 하여금 19세부터 34세까지 10회의 과거에 집중하게 하는 에너지였던 것으로 보인다.

퇴계는 과거의 폐단을 비판했지만, 그것은 과거 자체의 좋은

62) 경시: 3년마다 한 번씩 한양에서 치루는 소과의 초시.

63) 권오봉, 가서로 본 퇴계의 삶과 사상, 2020, 597쪽.

64) 정석태, 전게서, 209쪽.

기능을 부정한 것까지는 아니었다. 따라서 퇴계는 과거 시험을 통해 출사하여 가문의 입지와 치국에 봉사하는 선비의 길을 권하되, 과거 자체에만 매몰되어 자신의 인격적 완성을 저버리고 남에게 돋보이기 위한 공부, 즉 위인지학에만 치중하고자 하는 세태를 걱정하였다고 볼 수 있다. 이것이 퇴계의 과거관이라고 볼 수 있다.

6. 벼슬살이와 진퇴

(40) 퇴계가 과거 시험에 합격한 후 첫 발령받은 관직은 무엇인가?

퇴계의 첫 발령은 1534년 4월 8일(음력)이었으며, 외교문서를 담당하는 승문원의 부정자 직책이었다. 이 직책은 권지라는 임시직이었다. 그리고 열흘 후인 4월 18일 곧바로 정식 직위로 발령이 났다. 임금의 말이나 명령을 기록하는 예문관의 검열과 정사를 기록하는 춘추관의 기사관이었다. 예문춘추관이라고도 하는 곳으로 두 가지 직책을 수행하는 겸직 발령이 일반적인 인사이었다. 검열과 기사관은 정구품으로 대표적인 청요직이다. 그런데 이상하게도 이틀 후, 예문관 검열에서 갈리어 24일 다시 처음 임시직으로 받았던 승문원 부정자로 발령되었다. 승문원은 외교문서를 다루는 곳이지만, 부정자는 종9품으로 최하급직이다. 이틀만에 정구품 청직에서 종구품 한직으로 명백한 강등과 좌천을 당한 것이었다.

(41) 왜 퇴계는 첫 발령에서 좌천과 강등을 당하였는가?

당시 대사헌이면서 권력자이던 희락당 김안로(1481~1537)가 임금에게 "검열 이황은 권질의 사위이니 사관이 될 수 없으며, 그를 천거한 자도 역시 옳지 못한 자입니다."라고 진언하여 퇴계는 처음 직책으로 되돌아갔으며, 그를 천거한 예문관 사람들도 함께 파면되었다.[65] 김안로는 이듬해 우의정, 좌의정까지 올랐으나, 1537년 유배되었다가 사사되었다.

(42) 대사헌이 왜 미관말직인 퇴계의 사관 임명을 막으려 하였는가?

여기서는 퇴계 선생의 둘째 부인인 권씨 부인의 친정에 대한 이해가 좀 필요하다. 퇴계의 장조부가 되는 화산 권주(1457~1505) 선생은 갑자사화에 연루되어[66] 사약을 받았고, 장인 권질도 거제도에서 귀양을 살았다. 그 뒤, 신원이 회복되었으나 신사무옥(1521년) 때 권질의 아우 권전(1486~1521)이 옥에 갇혀 죽고, 장인 권질이 예안에서 또다시 귀양살이를 하게 되었다. 이렇게 권씨 부인의 친정집이 거듭 참화를 당하게 되고, 억울하게 죄인 집안이 되어 버렸다. 당시 권력자이던 김안로는 이러한 죄인 집안의 사위인 퇴계가 사관이 될 수 없다는 것이었다. 그러나 이는 표면적 명분이었고, 대사헌이라는 국가 권력자가 이제 막 공직 생활

---

65) 정석태, 퇴계선생연표월일조록 1권, 사단법인 퇴계학연구원, 2001, 151쪽.

66) 화산 권주는 성종 13년(1482년) 승정원 주서로 재직 중 연산군 생모 폐비 윤씨에게 사약을 들고 갔다는 죄명으로 23년 뒤인 1504년 갑자사화 때, 유배되었다가 이듬해 사사되었다.

을 시작하는 9급 공무원에 불과한 신참 말직의 직책을 막는 실제 이유는 다른 데 있었다.

김안로는 퇴계가 사는 예안에서 가까운 영천(영주) 출신이다. 그런데 퇴계의 처가(첫째 부인 허씨 친정)가 영주에 있었다. 김안로는 퇴계를 동향 사람으로 여겨 자신을 찾아와 깍듯이 인사도 하고 청탁도 해주기를 내심 기다리고 있었다. 그러나 끝내 퇴계는 김안로를 찾지 않았으며 이에 김안로는 괘씸하게 생각하고 원한을 품고 있다가 퇴계의 첫 발령에서 갑질 횡포를 부린 것이다. 이 일로 퇴계는 벼슬살이 초기 몇 년 동안 제대로 인정받지 못하는 수모를 겪어야 했으나, 퇴계는 전혀 동요하지 않았다.

퇴계 선생은 의(義)가 아니면 행하지 않았다. 권력자에게 볼일 없이 찾아다니며 청탁하거나 교제하는 것을 제일 싫어하였다. 만약 이때, 김안로를 찾아가 어울렸다면, 3년 뒤 김안로가 사약을 받고 죽을 때, 어떻게 되었을까 생각해 보면 퇴계 선생의 처세관이 참으로 무서울 만큼 엄정하였음을 알 수 있다.

(43) 퇴계의 초기 10년간의 벼슬길은 어떠하였는가?

퇴계는 34세 과거 급제 후 관료 사회로 출사한 후 70세 사망 때까지, 원하지 않는 숱한 관직이 그를 따라다녔다. 그러나 퇴계가 관료로서 열정과 사명감으로 복무한 것은 34세부터 43세까지 약 10년간으로 볼 수 있다. 43세 이후의 벼슬살이는 몸은 관직에 있고, 마음은 고향에 두고 있는 그런 상황이었다. 이에 퇴계의 초기 10년의 관직 경력을 알아보는 것은 의미 있는 일이라고 판단하여 다음과 같이 매 2년 단위로 기록하였다.

(34세~35세) 퇴계는 두 달 후인 6월 승문원 정자로 승진되고, 10월에 승문원 저작으로 승진되었다. 그리고 10월 21일부터 11월 1일까지 문신들을 대상으로 하는 정시[67]가 시작되었는데, 퇴계는 첫날 1등을 하여 그 상으로 품계가 통사랑에서 계공랑으로 승진되었다. 또한 12월에 품계는 무공랑에서 승문원 박사로 승진되었다. 과거 급제 후, 첫 발령으로부터 8개월 사이 4차례나 승진을 하였다.

(36세~37세) 36세에 선무랑에 임명되었으며, 6월에 성균관 전적 겸 중학 교수[68]로 승진되었고, 9월에 호조 좌랑에 임명되었다. 이때, 벼슬은 점점 높아가고 있었다. 37세 4월에 품계가 선교랑으로, 5월에 승훈랑으로, 그리고 9월에 승의랑에 임명되었다. 37세 때, 어머니의 삼년상을 치르기 위해 2년간 고향에 머물렀다.

(38세~39세) 39세 12월 21일 홍문관 부수찬에 임명되었다가 당일에 홍문관 수찬, 지제교 겸 경연 검토관으로 승진되었다. 이때, 김안로가 실각하였기 때문에 홍문관 관원으로 선발될 수 있었다. 홍문관은 사헌부, 사간원과 함께 조선시대 청요직(중요한 자리)의 상징으로서 옥당이라고도 하며, 정승, 판서 등 고위 관리들은 거의 예외 없이 이곳을 거쳐 갔다.

---

67) 정시: 조선시대 나라에 경사가 있을 때, 대궐 안에서 보던 과거 시험.

68) 중학 교수: 중학(中學)은 조선시대 성균관 산하 사부학당 중 중앙의 학당을 말한다. 교수는 종육품직 벼슬로 경학에 밝고 덕망이 높은 인물로 임명하였다.

(40세~41세) 40세 1월 18일 사간원 정언(正言)에 임명되었다. 2월 봉훈랑으로 임명 후 곧 봉직랑으로 승진되고, 3월 승문원 교검을 겸임하였다. 4월 4일 지제교를 겸임하였다. 4월 30일 사헌부 지평, 지제교 겸 승문원 교리에 임명되었다. 이로써 3사를 고루 거치게 되었다. 6월에 형조좌랑으로 전보되었다. 6월 19일 파직되었다.[69] 파직된 원인은 성세창, 이준경 등과 함께 집단으로 김안로의 옥사 때, 죄를 입어 귀양 간 사람들의 죄를 감하여 주자는 상소를 올린 이유 때문이었다. 7월에 서용되어 부사직에 임명되었다. 9월에 다시 형조 정랑 겸 승문원 교리에 임명되었다가 곧 홍문관 부교리 겸 시독관, 춘추관 기주관에 임명되었다. 10월 8일 홍문관 교리로 승진되었다. 11월 18일 통선랑에 임명되었으며, 12월 다시 사간원 정언을 겸직 발령받았다.

41세 3월에 동호 독서당에서 사가독서를 하였다. 4월 25일 사헌부 지평, 지제교 겸 승문원 교리에 임명되다. 5월 2일 홍문관 수찬, 지제교 겸 경연 검토관, 춘추관 기사관, 승문원 교리에 임명되다. 5월 초(5.1~6.14) 성절사[70] 홍춘경(1497~1548)의 수행 부관이 되어 의주로 출장을 갔다. 이때, '의주잡제십이절' 시를 지었다. 5월 15일 홍문관 부교리, 지제교 겸 경연 시독관, 춘추관 기주관, 승문원 교리에 임명되다. 6월에 맏손자 안도가 예안 온혜 집

69) 중종실록 93권, 중종 35년 6월 20일 경진 3번째 기사 1540년, 남효의 등이 성세창의 파직을 아뢰니 이를 허락하다.

70) 성절사(聖節使): 조선시대 중국의 황제, 황후의 생일을 축하하기 위하여 파견하던 사신.

(지산와사)에서 태어났다. 9월(9.6~9.24)에 경기도 재상어사[71]에 임명되었다. 10월에 세자시강원 문학을 겸임하다. 11월 8일 사헌부 지평, 지제교 겸 승문원 교리에 임명되었다. 12월 초, 병으로 사임하였다. 이것이 퇴계 벼슬살이에서 최초의 사직이었다. 그러나 19일 성균관 전적, 지제교 겸 승문원 교검에 임명되고, 26일 형조 정랑, 지제교 겸 승문원 교리에 임명되었다.

(42세~43세) 42세 2월 10일 홍문관 부교리, 지제교 겸 경연 시독관, 춘추관 기주관, 승문원 교리에 임명되었다. 42세 3월 19일 충청도 구황적간어사[72]로 임명되다. 4월 23일 의정부 검상, 지제교 겸 승문원 교리, 세자 시강원 문학에 임명되다. 5월 3일 통덕랑에 임명되었다. 5월 18일 의정부 사인으로 승진되었다. 윤오월 26일 사직원을 제출하였다. 6월 6일 두 번째 사직서를 제출하다. 8월 21일(8.21~9.6) 재상어사(災傷御史)로 임명되어 강원도 영서 지역으로 출장가다. 12월 2일 체직되어 사헌부 장령, 지제교 겸 승문원 교감(校勘)에 임명되다. 42세에 두 차례 사직서를 제출하였다.

43세 1월 25일 병으로 사직서를 제출하다. 2월 2일 다시 사직원을 제출하다. 2월 4일 병으로 체직되어 종친부 전전, 지제교 겸 승문원 교감에 임명되다. 2월 19일 다시 사헌부 장령에 임명되다. 2월 28일 전설사 책임자로 임명되다. 6월에 조봉대부로 임명되

71) 재상어사: 가뭄이나 홍수 등 재난의 피해를 조사하기 위해 파견하는 어사.

72) 구황적간어사: 흉년으로 기근이 들었을 때, 굶주리는 백성들을 구제하고 실태 파악을 위해 파견하는 어사.

다. 7월 18일 성균관 사예, 세자시강원 필선에 임명되다. 8월 5일 조산대부에 임명되다. 8월 10일 사간원 사간, 지제교 겸 승문원 참교에 임명되었으나, 병으로 취임하지 못하다. 8월 11일 사복시 검정, 지제교 겸 승문원 교감에 임명되다. 10월 11일 성균관 사성(司成)에 임명되다. 〈휴가로 고향 다녀오다〉 11월 29일 예빈시 부정에 임명되었으나, 부임하지 않았다. 이때부터 퇴계는 물러날 뜻을 굳히고 실제로 물러나기 시작했다. 12월 27일 봉렬대부에 임명되다. 43세에 사직서 2회, 병으로 체직 1회, 부임 불이행 2회 등 마침내 벼슬에 물러나기 시작하는 모습을 드러내고 있다.

이상의 기록이 퇴계가 34세 벼슬 이후 43세 벼슬에서 물러나기로 결심한 해까지 10년간의 관료 생활 이력이다.[73] 이 초기 십년 사이 모두 51회의 임명, 승진이 있었으며, 파직 1회, 병으로 인한 체직이 1회이다. 어사 출장이 3회, 기타 출장이 3회(동래, 의주, 영남)이다. 동호 독서당에서 사가독서 1회이며, 사직서 제출이 5회이다. 퇴계의 관료 생활에서 최초의 사직원은 41세 12월에 병으로 제출하였으나, 수락되지 않았다.

위와 같은 기록으로 볼 때, 퇴계의 벼슬 초기 10년간은 관료로서 책임감과 사명감을 갖고 매우 적극적으로 공직에 봉사하였으며, 문책이나 좌절이 한 차례도 없었다. 파직 1회는 자신의 과오가 아닌 집단 대상에 포함된 것으로 한 달도 안 되어 복직되었다.

73) 정석태, 퇴계선생연표월일조록 1권, 사단법인 퇴계학연구원, 2001, 146~356쪽 참조.

(44) 퇴계의 43세 이후 주요 관직 이력은 어떠한가?

위 43번 문항에서는 퇴계가 과거 급제 후 10년간의 관직 경력에 대해 소상하게 살펴보았으나, 여기서는 43세 이후 임명받은 관직 이력을 정비석(1911~1991),[74] 정석태[75]의 자료를 참고로 직위만 간략히 인용, 소개하고자 한다.

- 45세: 내섬시 첨정, 군자감 첨정, 통례원 상례
- 47세: 예빈시정, 홍문관 응교, 의빈부 경력
- 48세: 단양 군수
- 49세: 풍기 군수
- 52세: 성균관 대사성
- 56세: 부제학
- 58세: 성균관 대사성
- 58세: 공조참판
- 66세: 대제학, 자헌대부 · 지중추부사, 공조판서
- 67세: 예조판서, 용양위대호군 겸 지중추부사, 동지경연 · 춘추관사
- 68세: 숭정대부 의정부 우찬성, 판중추부사, 대제학 겸임
- 69세: 숭정대부 이조판서 겸 지경연 · 춘추관사

위와 같은 경력을 보면, 퇴계는 50세 이후부터는 공조참판, 대

74) 정비석, '퇴계소전', 국제퇴계학회경북지부, 1978, 85~86쪽.

75) 정석태, 상게서, 1~4권 참조.

사성, 공조판서, 예조판서, 우찬성(종1품), 이조판서 등의 고위 행정직을 제수 받았으나 곧바로 사직하였다. 조선시대 당시 판서 벼슬은 정승 바로 아래의 벼슬로 정이품 대감이었다. 오늘날의 장관과 같은 높은 벼슬이었으나, 퇴계는 세 번의 장관 임명을 하루도 근무하지 않고 모두 사양하였다. 임금이 몇 번이나 반려해도 끝내 받아들이지 않았다. 낮은 벼슬에서는 사양함이 적었는데, 높은 벼슬, 권력이 있는 자리는 왜 그토록 피하려고 하였을까? 퇴계의 공직관을 엿볼 수 있는 대목이다.

퇴계는 그 대신 부제학, 성균관 대사성, 대제학 등 오늘날로 보면 비권력 기관, 명예직이라고 할 수 있는 연수원장, 대학교 총장 같은 주로 인재 양성을 전담하는 교육직에만 종사하였음을 알 수 있다. 이 벼슬도 사양하였으나, 허락을 받지 못하자 하는 수 없이 몇 달, 몇 년 근무하는 정도이었다.

(45) 퇴계의 관직 생활 중 지방 출장은 몇 회인가?

퇴계의 공직 생활 중 지방 출장은 모두 6회이다. 첫 번째 출장은 35세 초임 때이고, 나머지 5회는 모두 41세와 42세 때이다. 출장 내용은 다음과 같다.

- 1차: 35세 6월에 왜인 호송관으로 차출되어 동래까지 출장을 갔다가 7월 초에 귀경하였다.
- 2차: 41세 4월에 안태사[76] 종사관이 되어 영남에 다녀왔다.[77]

76) 조선 시대 때, 임금이나 왕자의 태를 태실에 안치하던 관원.

77) 이해 지음, 황신기 옮김, 온계선생일고, 76쪽, '경호가 안태사의 일로 떠남을 전송하

- 3차: 바로 한 달 뒤 41세 5월(5.1~6.14)에 홍문관 수찬으로 있으면서 성절사 홍춘경 사절단의 자문점마관이 되어 의주에 출장을 다녀왔다. 의주를 다녀오면서 지은 시를 모아 관서행록을 엮었다.
- 4차: 41세 9월(9.1~9.24)에 경기도의 재해 피해 상황을 살펴보기 위한 재상어사로 출장을 다녀왔다.
- 5차: 42세 3월과 4월(3.19~4.4) 사이 충청도에 흉년과 기황의 실태와 구황을 살펴보기 위한 구황적간어사로 다녀왔다.
- 6차: 마지막 출장은 42세 가을(8.21~9.6)에 강원도 재상어사로 관서 지역을 다녀왔다.

(46) 퇴계가 충청도 재해 시찰을 다녀와서 어떤 보고를 하였는가?

퇴계는 42세(1542년) 3월 19일 충청도 지역의 흉년을 시찰하고 구휼하기 위한 구황적간어사 임명을 받았다. 이날, 퇴계를 비롯하여 4명이 어사 임명을 받아 4도로 내려갔다. 중종은 험한 마을도 빠뜨리지 말고 샅샅이 다녀서 구체적 상황을 살피도록 지시하였다.[78] 3월 19일은 비바람이 심한 날이었다. 그럼에도 퇴계는 바로 출발하여 4월 4일 서울로 돌아와 4월 6일 임금에게 출장 보고를 하였다. 16일간 약 27개 고을을 다녔다.[79] 하루에 두 개 고

며' 참조.

78) 중종실록, 1542년, 3월 19일자, '임열, 이황, 김저, 민전을 어사로 파견하였다'.

79) 정석태, 전게서 1권, 255~263쪽 참조.

을을 다니기도 하였음을 볼 때, 당시의 교통수단 등을 고려하면 이 출장 업무 수행은 강행군이었다. 업무를 대충하지 않는 퇴계의 성품으로 미루어 보면, 여간 무리한 출장이 아닐 수 없었다. 퇴계는 4월 6일 다음과 같이 보고하였다.

> 임금이 인견하여 흉년 구제 상황을 물으니, 선생이 아뢰기를, "옛사람이 말하기를, '나라에 3년을 지탱할 저축이 없으면 나라 꼴이 되지 않는다.' 하였습니다. 이제 한 해 흉년이 들었다고 공사 간에 군색하고 결핍됨이 이러하니, 금년에도 만일 농사일이 실패된다면 흉년 구제는 모양새를 이루지 못할 것입니다. 보통 때에 경비를 절약해서 저축하여 두어야 예상치 못한 재해가 있더라도 군색하고 급히 서두를 걱정이 없을 것입니다." 하고, 또 아뢰기를, "공주 판관 인귀손은 못되고 탐욕스러우며, 흉년 구제를 잘 수행하지 않았으니 그 죄를 다스리소서." 하여, 임금이 그대로 따랐다.[80]

퇴계는 평소 인자하고, 겸손하며 후덕한 인품의 학자이었다. 그러나 어사로 출장 간 현장에서 직접 확인한 결과, 직무에 충실하지 않고 탐욕스럽기만 한 공직자에 대해 파면하도록 가차 없이 건의하고 그대로 실현시켰다. 퇴계의 공무 수행과 공사 구별에 대한 엄격한 기준을 잘 보여주고 있다.

---

80) 퇴계선생문집, 퇴계선생연보 1권, 42세 참조.

(47) 퇴계의 첫 사직과 본격적인 사직은 언제부터인가?

퇴계의 첫 사직은 41세 12월, 병으로 당시 직책이던 사헌부 지평에서 사직원을 제출하였으나, 받아들여지지 않았다. 42세 윤오월 26일 의정부 사인에서 두 번째 사직원 제출, 같은 해 6월 6일 세 번째, 43세 1월 25일 병으로 네 번째, 2월 2일 다시 다섯 번째 사직 상소를 제출하는 등 41세 12월부터 43세 2월까지 약 1년 3개월 사이 연이어 5회의 사직서를 제출하였다. 퇴계가 벼슬에서 물러나기로 결심한 것은 43세부터이다.

퇴계가 본격적인 사직을 하고자 한 1543년 이듬해 1544년 12월에 중종이 승하하고, 임금이 된 인종이 8개월 만에 승하하여 1545년 명종 임금이 11세의 나이로 들어서는 등 한 해 사이에 임금이 세 번 바뀌는 어수선한 정국이었다. 아니나 다를까, 명종이 들어서자마자 바로 을사사화(1545)가 일어나고, 다시 2년 뒤 양재역 벽서 사건(1547)이 발생하여 수많은 이름있는 관리와 학자들이 죽고 귀양 가는 선비 수난의 시대이고 도가 무너진 살벌한 시대이었다. 퇴계의 넷째 형 온계 이해도 이때, 피해를 당해 1550년에 옥사로 사망하기까지 하였다. 당시 사람들은 퇴계가 마치 다가오는 암흑의 세상을 예상이라도 한 듯이 거듭 물러나고자 하여 광기의 시대를 잘 헤쳐 나온 선견지명과 권력과 명예를 탐하지 않는 공직관에 놀라워하였다.

(48) 퇴계는 왜 단양 군수로 내려왔는가?

퇴계는 43세에 휴가로 고향에 내려온 이후 임금이 벼슬을 내리며 불러도 잘 나아가지 않았으며, 나아가도 오래 있지 않고 곧 물러났다. 1545년 을사사화가 일어나고, 1547년에는 명종의 외삼촌인 윤원형 일당이 회재 이언적을 비롯한 반대파들을 제거하기 위하여 꾸민 '양재역 벽서 사건'이 발생하여 무고한 선비들이 거듭 희생당하는 사건이 일어나자, 그렇지 않아도 벼슬을 버리고 학문에 몰두하고 싶었던 퇴계는 벼슬자리가 자신이 머물 곳이 되지 못함을 절감하고 여러 차례 사직소를 올렸다. 그러나 사직 허락은커녕 벼슬이 거듭 내려지게 되자 장차 고향에 쉽게 돌아갈 계책으로 외직에 보내주기를 요청하여 마침내 1548년 정월에 단양 군수로 임명되었다. 퇴계가 피폐한 지방으로 외직을 나가고자 한 것은 중앙 조정에서의 환멸과 더불어 산수가 아름다운 곳에서 수양과 학문을 함과 동시에 장차 물러나기 쉽게 하기 위한 징검다리 삼아 외직을 신청한 것이라 볼 수 있다.

퇴계는 관직 초기인 36세 때(1536년) 3월 8일에 지방 고을 수령을 원했으나 김안로가 저지하였다.[81] 44세 때(1544년), 강원도 고성군의 군수로 나가기를 자원했으나, 역시 뜻을 이루지 못하고, 45세(인종 원년) 6월에 청송 부사 자리가 비어서 그 자리에 임명되기를 원하였으나 이 역시 뜻대로 되지 않았다. 이때 벼슬은 홍문관 응교였다. 48세 1월에 병으로 다시 청송 군수직을 희망하였다.

81) 지성룡 편저, '단양과 퇴계 이황', 단양문화원, 2008, 55쪽.

그러나 당시 실권자이자 간신 진복창(?~1563)에게 한 번 찾아가지 않은 데 대한 앙심으로 청송이 아닌 단양으로 발령을 받아 나가게 되었다. 퇴계는 청송 대신 단양으로 발령받은 소회를 이렇게 표현하였다. '푸른 솔에 흰 학은 비록 연분이 없으나, 푸른 물 붉은 산은 과연 인연이 있구나(青松白鶴雖無分 碧水丹山信有緣)'

(49) 퇴계는 단양 군수로 얼마나 근무하였는가?

약 10개월 근무하였다. 퇴계는 48세 되던 해 1548년 1월 14일 단양으로 부임하였다. 당시 조정에서는 퇴계를 단양으로 발령을 내린 후 다시 조정에 두어야 한다는 논의가 있었다.[82] 퇴계는 이 소문을 듣고 혹시라도 임명이 번복될까 봐 부랴부랴 단양으로 내려갔다. 단양은 산악 지대로 전국의 고을 중에서도 가난하고 피폐한 지방에 속한 군이었다. 퇴계는 부임하자마자 단양의 피폐한 경제와 농민들의 어려운 살림을 구휼하기 위해 곳곳을 순시하고, 보를 쌓는 일을 구상하는 등으로 바쁜 시간을 보냈다. 그러나 퇴계는 단양 근무 10개월 만에 이웃 고을인 경상도 풍기 군수로 이동되었다.

퇴계는 4월이 되어서야 비로소 여가를 내어 도담을 구경하고 시를 두 수 남겼다. 5월에는 공무로 출장 다니면서 청풍, 단구협, 구담, 화탄, 옥순봉 등을 이틀에 걸쳐 다녔다. 이때, 구담 일대의 이름 없는 명승지에 이름을 붙였는데, 옥순봉, 채운봉, 현학봉,

82) 명종실록(명종 3년 1월 13일) 참조.

오로봉 등이다. 이때, 다니면서 본 단양 일대의 승경을 이미 이전에 탁영 김일손(1464~1498)이 지은 이요루기와 전 군수 임제광(?~?)이 지은 기행문 '단양산수가유자기'에서 다소 빠진 곳과, 부족한 부분이 있어 자신이 다시 기록하여 '단양산수가유자속기'를 지었다.

퇴계는 단양에 있으면서, 7월에 1회, 9월에 2회 등 모두 세 차례 병으로 사직원을 제출하였으나, 허락받지 못하고 9월에 성묘를 위한 휴가를 얻어 고향을 다녀갔다.[83] 넷째 형 이해도 휴가를 얻어 고향으로 오다가 단양에 들러 이틀을 묵었다. 퇴계가 단양 군수로 재직 중에 방문한 인물은 소고 박승임(1517~1586), 매헌 금보(1521~1584), 다섯째 형 이옹 징(1498~1582)이며, 아들 내외와 측실 부인과 아들 적, 그리고 손자 안도가 단양에 잠시 함께 거주하기도 하였다.

퇴계는 단양 군수로 재임하는 10개월 사이 지은 시들을 모아 '단양관우산수제영록'을 짓고 짧은 발문을 지었다. 그러나 책은 전해지지 않고 시 일부는 퇴계문집에 남아 있다.

(50) 퇴계는 왜 풍기 군수로 옮겼으며, 얼마나 근무하였는가?

1548년 1월 10일 단양 군수로 부임하였으나, 10월 21일 넷째 형인 온계 이해(1496~1550)가 충청 감사로 부임하게 되어 형제가 같은 지역에서 함께 근무할 수 없는 상피[84] 제도에 따라 단양 근

83) 지성룡 편저, 상계서, 138~145쪽.

84) 상피: 조선 시대에 형제 등 친족이 같은 곳에서 근무하는 것을 피하는 제도.

무 약 10개월 만에 충청도 단양에서 경상도 풍기 군수로 이동하게 되었다.

퇴계는 1548년 11월 초순 풍기 군수로 부임하였다. 군수로 근무하던 중 병으로 인하여 이듬해 49세 되던 해 9월 6일, 9월 19일 연달아 사직원을 제출하였으나, 감사는 사표 수리는 불가하니 휴가를 다녀오도록 하였다. 그러다가 12월 연말경 병으로 감사에게 세 번째 사직원을 제출하고는 회답도 기다리지 않고 고향으로 돌아왔다. 따라서 풍기 군수 근무는 약 1년이었다. 이 일로 퇴계는 근무지 무단이탈 죄로 두 계급 강등당하는 벌을 받았으나, 물러날 수 있게 되어 오히려 기뻐하였다.

퇴계의 단양 군수 근무지는 원하지 않던 곳이었으나, 풍기 군수 발령은 오히려 퇴계에게는 개인적으로 전화위복이 되는 큰 계기가 되었다. 바로 전임 군수 주세붕이 지은 백운동 서원을 퇴계의 주도로 소수서원이라는 조선 최초의 사액서원으로 허가를 받게 되는 역사적 업적을 남길 수 있게 되었기 때문이다. 이때부터 퇴계는 사림의 실질적 리더로 부상하게 된다.

(51) 퇴계는 판서 벼슬을 하였는가?

퇴계 선생은 판서 벼슬에 세 번 임용되었으나, 세 번 모두 사직하고 하루도 근무하지 않았다. 첫 번째 임명은 1566년 2월이었다. 명종 임금의 부름을 받은 퇴계가 1월에 서울로 가던 도중 병이 나서 영주에 머물면서 벼슬에서 물러나기를 청하였으나, 임금은 오히려 공조판서 벼슬을 내리면서 올라오도록 지시하였다. 퇴계는 병든 몸으로 직을 수행할 수 없다고 하면서, 사직하며 판서 벼슬을 받지 않았다.

두 번째 판서 임명은 한 해 뒤인 1567년 7월이다. 다시 명종 임금의 부름을 받고 서울로 올라갔으나, 명종 임금이 갑자기 승하하고 말았다. 새 임금은 퇴계 선생을 예조판서로 임명하였다. 그러나 퇴계는 예조판서 자리는 자기 능력 밖의 일이라고 생각하였다. "벼슬이라는 것은 어디까지나 남을 위하는 것이니, 만약 남에게 이롭게는 하지 못하고 자신의 우환만 더하게 된다면 할 수가 없는 것입니다."[85] 하면서 기어코 사양하고 벼슬을 받지 않았다. 이때, 율곡 이이가, "선생께서 조정에 계시면 설사 아무것도 하시는 것이 없더라도 위(임금)의 마음이 든든하게 의지하고, 사람들의 인정이 기뻐하여 믿게 될 것이니, 이것 또한 그 이익됨이 남들에게 미치는 것이라 할 것입니다."라고 말씀드렸으나, 퇴계는 끝내 예조판서 벼슬을 하지 않았다.

세 번째 판서 발령은 1569년 1월이다. 어린 나이로 새로 임금이 된 선조가 고향으로 돌아가고자 하는 퇴계를 이조판서로 임명하였으나, 퇴계는 능력이 모자란 자신이 할 수 있는 직이 아니라고 하면서 사양하고 물러났다. 이조판서는 여섯 판서 가운데 가장 선임 자리였고 인사권을 가진 자리였다. 그만큼 권력이 붙고, 사람들이 몰려드는 자리였다. 그리고 이조판서 다음에는 우의정

85) 홍승균, 이윤희 공역, 퇴계선생언행록, 퇴계학연구원, 2007, 143쪽.

정승으로 승진하는 것이 거의 정해진 코스였다. 퇴계는 충분히 그렇게 될 수 있는 명망과 조건임에도 이조판서 벼슬을 사양하고 고향으로 돌아왔다.

조선시대 관료는 임금 아래 세 정승이 있었다. 영의정, 좌의정, 우의정이 삼정승이며 정1품 최고위직이었다. 그중에 영의정이 제일 높은 벼슬로 오늘날의 국무총리와 같다. 삼정승 아래에는 육조의 책임자로서 이조, 호조, 예조, 병조, 형조, 공조의 책임자가 판서이었다. 판서는 정2품으로 오늘날의 장관 벼슬과 같았다. 흔히 대감으로 불리는 벼슬이었다. 오늘날에도 장관 직위에 오르는 것은 개인과 집안의 영예인데, 조선시대에는 판서 자리가 6개밖에 없어서 판서 한 번 하기가 하늘의 별 따기와 같이 어려웠고, 그만큼 영광스러운 벼슬자리였다.

퇴계는 왜 그렇게 영광스러운 판서 벼슬을 세 번이나 임명받고도 기어코 사양하고 말았는가? 정승으로 승진을 예약하는 것과 다름없는데 왜 판서 벼슬을 하지 않았을까? 두 가지 이유로만 요약하고자 한다. 첫째, 어릴 때부터 어머니의 가르침이 있었다. 퇴계의 어머니는 어릴 때부터 퇴계의 성품이 맑고 고결함을 알아보고는 그런 점이 세상에 맞지 않을 것을 생각하여, 일찍부터 "네가 벼슬을 하려면 고을살이를 하는 것이 좋으며, 고관이 되는 것은 적합하지 않겠다. 세상이 너를 용납하지 않을까 염려스럽구나."[86]라고 가르쳤다. 퇴계는 어머니의 가르침대로 따랐다. 어

86) 홍승균, 이윤희 공역, 전게서, 90쪽, 제자 김성일의 기록 참조.

머니의 가르침을 가슴에 새긴 퇴계 선생의 효심과 각오도 대단한 일이지만, 문맹에 가까운 어머니의 이 가르침은 참으로 위대한 교훈이 되었다. 실제 당시 수많은 엘리트 관료, 학자들이 권력의 횡포와 농간에 화를 입었던 사례가 많았으나, 퇴계 선생은 화를 당한 일이 단 한 차례도 없었던 것을 보면 그 어머니에 그 아들, 시모시자(是母是子)가 아닐 수 없다.

퇴계 선생이 높은 벼슬을 극구 사양하고자 한 가장 큰 이유는 자신은 높은 벼슬을 맡을 적임자가 아니라는 판단 때문이었다. 판서 벼슬 세 번 받을 때가 66세, 67세, 69세이었다. 자신은 늙고 병든 몸이기도 하거니와 능력이나 그릇으로는 장관인 판서 벼슬을 맡는 것은 나라의 녹만 축내고 임금이나 백성을 위해 전혀 도움이 되지 않는다고 생각했기 때문이다. 높은 자리를 좋아하고, 탐을 내는 사람이라면 어떻게라도 자리를 얻으려 하겠지만, 퇴계는 능력과 자질이 아닌데도 헛된 명성과 이름이 나서 이런 자리에 오르는 것은 곧 자신을 속이고 남을 속이며, 임금을 속이는 일이기에 결코 받을 수 없다고 사양하였다. 퇴계는 이때, 고봉 기대승에게 보낸 편지에서 자신이 판서 벼슬을 받지 못하는 이유가 어리석음, 질병, 헛된 명성, 잘못 알고 있는 임금 은혜 네 가지 때문이라고 하였다.[87] 이것이 퇴계가 높은 판서 벼슬을 모두 사양하고 받지 않은 이유이었다. 퇴계의 공직관을 오늘날의 공직자들도 한 번쯤 새겨볼 가르침이 아닌가 생각한다.

87) 퇴계선생문집, 퇴계선생연보 2권, 1567년 목종 융경 원년(정묘) 67세 2월 참조.

(52) 퇴계의 관료 생활 중 휴가는 몇 회였는가?

(1차) 34세 7월 첫 휴가를 받아 고향을 다녀갔다.

(2차) 36세 7월 휴가를 받아 고향의 노모를 찾아뵈었다.

(3차) 37세 10월 어머니상을 당하여 고향에서 시묘하다.

(4차) 42세 12월 둘째 아들(채)의 혼사 문제로 휴가를 받아 경상도 단성을 다녀오다.

(5차) 43세 10월에 휴가를 얻어 고향에 성묘 다녀오다.

(6차) 44세 9월에 고향에 휴가 다녀오다.

(7차) 46세 2월에 장인묘소 참배로 휴가를 받아 고향에 다녀오다.

(8차) 47세 9월에 단양 군수로 부임 중 휴가를 받아 고향에 다녀오다.

(9차) 58세 9월에 상경하였다가 59세 2월에 분황을 이유로 휴가를 받아 내려왔다. 이것이 마지막 휴가이다.

이후 퇴계는 67년까지 도산에 머무르며, 67세에 1회, 68세에 1회 왕명으로 서울로 가서 벼슬을 임명받았으나, 사직하고 나아가지 않았다. 위 자료에 의하면, 퇴계는 초기 10년간(34세~43세) 어머니의 별세로 특별 휴가 1회를 포함하여 5회를 받았고, 44세 이후 4차례 휴가가 있었다.

(53) 퇴계가 선조 임금에게 올린 무진육조소는 무엇인가?

퇴계는 1568년 선조의 부름을 받고 8월에 서울에 올라왔다. 선조는 그 전해인 1567년 17세의 나이로 조선 제14대 왕이 되었다. 명종이 후사 없이 승하하자 선조는 방계 출신으로 왕위에 오른 조선 최초의 왕이 되었다.[88] 적통성이 약하였던 어린 선조는 학덕이 높고 사림의 추앙과 존경을 받는 퇴계를 옆에 모셔 두고 싶어 하였다. 퇴계는 새로운 왕의 부름을 받고 올라와 이듬해 1월 이조판서 임명을 사직하면서 3월에 고향으로 내려왔다. 이 7개월 사이 퇴계는 새 임금 선조에게 두 가지 역사적인 글을 올렸다. 하나는 정책 방향 제시를 한 무진육조소이고, 다른 하나는 성군이 되는 학문인 성학십도를 지어 올린 것이다.

무진육조소는 무진년(1568년)에 올린 여섯 가지 조항 7,400자로 된 장문의 상소문이다. 왕으로서 국정을 다스리는 여섯 가지 정책 건의 상소이다. 내용으로는 첫째, 나라를 다스림에 계통을 중히 하여 인효를 온전히 펼치는 것이라고 하였다. 이는 방계에서 들어와 대통을 이어받은 선조 임금이 친부모를 섬기는 일보다 왕위 계승자로서의 지위를 우선시하여야 함을 강조하였다. 둘째, 참소와 이간을 막아서 '양궁(兩宮)'[89]을 친근하게 해야 하며, 셋째, 성학을 돈독히 하여 정치의 근본을 확립하여야 하고, 넷째, 도술을 밝혀 인심을 바로 잡아야 하며, 다섯째, 복심에 맡기

88) 하성군(河城君)이고 본명이 이연이었던 선조는 중종의 서자 아들인 덕흥대원군의 셋째 아들로 명종에게는 먼 조카이었다. 명종의 외아들인 순회세자가 13세로 죽자, 명종의 총애를 받게 되고 명종이 34세로 갑자기 승하하자 임금이 되면서 조선 최초의 방계 출신 임금이 되었다.

89) 양궁: 세자와 세자빈을 함께 이르는 말.

고 이목을 통하게 하라고 하였다. 복심은 대신이며, 이목은 대간이다. 즉, 권력을 대신에게 분산하고, 사헌부, 사간원 언관들의 언론을 열어두어야 한다는 가르침이다. 여섯째, 수양과 반성을 성실히 하여 하늘의 권애(돌봄과 사랑)를 받는 것이 중요하다고 하였다.

무진육조소 여섯 조목을 보면, 체계가 보인다. 첫째, 둘째 조항은 제가이다. 친가와 왕가, 양궁의 다스림은 곧 집안부터 다스리는 것임을 알 수 있다. 셋째, 넷째, 다섯째는 치국이다. 정치의 근본, 백성의 인심을 편안하게 하며, 권력 분산은 곧 국가 운영이다. 마지막은 수신이다. 수양하고 반성함을 강조하였다. 수신을 제일 뒤에 놓은 것은, 실제는 왕이 지킬 조목으로 제일 중요함을 강조하기 위함이다. 주자가 정리한 대학에서 정치 요목으로 제시한 수신-제가-치국을 퇴계는 강조의 수단인 도치법을 써서 제가-치국-수신으로 무진육조소를 지어서 바쳤다. 평천하 조항이 없는 것은, 세 가지 조목을 잘하면 평천하는 따라오는 것이기 때문이다.

퇴계는 스스로를 늙고 병든 몸이어서 벼슬을 맡을 수 없는 죄인의 심정으로 이 상소문을 지어 어린 선조에게 국정 운영의 큰 틀을 간곡하게 고해드린 것이다. 이 글은 읽는 사람마다 감탄하는 명문이다. 노령의 철학자 퇴계가 생애 마지막 시기에 자신이 평생 전념한 학문의 지혜, 관료 경험, 세상 경륜을 집약하고 간추려 토해낸 글이고, 사상이다. 어린 나이에 새로운 권력의 자리에 오른 임금에게 주는 절절한 가르침이었다.

(54) 퇴계가 서울에서 벼슬할 때, 어디에서 살았는가?

퇴계는 1534년 과거 급제 후, 서울에서 벼슬살이할 때, 줄곧 서소문 건천동에서 셋집을 빌려 20여 년간 사용하였다. 퇴계의 장인(권질) 집이 서울 서소문에 있었는데, 장인은 그 집을 사위 퇴계에게 주려고 하였으나, 퇴계는 받지 않고 장인 집이 있는 서소문 근처 동네에 셋집을 얻어 거처하였다. 지금 서울특별시 중구 서소문동 한산빌딩(산업은행) 앞에 이황 집터(李滉家址) 표지석이 세워져 있는 것을 볼 수 있다. 이 표지석에는 '조선 성리학의 대가 퇴계 이황(1501~1570)이 젊은 시절 서울에서 관직 생활을 할 때, 살던 집터'라고 설명이 붙여져 있다.

(55) 퇴계가 생애에 걸쳐 고향 도산과 서울을 왕복한 귀향은 몇 회인가?

퇴계는 19세에 현량과 과거 시험 응시 차 서울을 처음으로 다녀온 이후, 69세 3월에 선조 임금의 허락을 받고 마지막 귀향을 하기까지 모두 18회 도산-한성을 왕복하였다.[90] 18회 도산 한성을 왕복할 때, 퇴계가 택한 길은 두 가지였다. 하나는 서울에서 남한강 물길을 따라 죽령 재를 넘어오는 동쪽 방향 길로서 퇴계는 이를 동귀(東歸)라고 표현하였다. 배를 타고 이동하기 때문에 편리한 길이었다. 다른 하나의 길은 서울에서 육로를 택하여 문경새재(조령)를 넘어서 문경, 예천, 풍산을 거치는 길로서 이 길

90) 퇴계 선생이 21세에 초시를 보았는데, 장소 등 자세한 기록이 없어서 제외하였다. 만약 21세 초시를 서울에서 보았다면, 퇴계의 귀향은 19회가 된다.

을 남행(南行)이라고 불렀다. 18회 중 동귀길은 15회이고, 나머지 3회는 남행길을 걸었다. 퇴계 귀향의 자세한 내용은 본서 제2부 '퇴계에게 귀향이란 무엇인가?' 글에서 참조할 수 있다.

7. 주택 건축

퇴계는 생애 모두 다섯 차례 집을 지었다. 서당 건축은 두 차례이었다. 31세 때, 최초로 지은 지산와사 집을 시작으로 57세에 지금 계상학림(溪上學林)에 있는 한서암을 서쪽에서 동쪽으로 이건하여 지은 이른바, 동가(東家)까지 모두 5회이다. 아래에서 차례대로 살펴보고자 한다.

(56) 집은 언제 처음 지었는가?

퇴계는 31세 때 권씨 부인과 재혼을 하고, 온혜 남쪽 양곡에 조그마한 초가집을 짓고 집 이름을 지산와사(芝山蝸舍)라고 하였다. 지산이란 마을의 영지산 이름으로 자신을 영지산인이라고 부르던 이름에서 따온 말이다. 와사는 달팽이 집이라는 뜻인데 말 그대로 달팽이 껍질을 엎어놓은 듯 작고 보잘것없는 집이란 뜻으로 가난한 서민들의 집과 다름없었다. 퇴계가 평생 검소하고 자족하는 삶으로 일관한 모습을 이미 최초의 주택 건축에서도 보여주고 있었다. 이 집에서 둘째 권씨 부인과 함께 살며 신혼기를 보냈다. 지산와사에 한 시가 남아 있다.

(57) 지산와사에는 언제까지 살았는가?

퇴계는 46세 전까지 이 집에서 생활하였다.[91] 그러나 실제로는 31세부터 약 3년간 거처하였다. 34세에 과거 급제 후 봄부터 벼슬하여 서울에서 살았으며, 그 뒤 13년간 서울의 셋집, 그리고 단양, 풍기 등의 관가에서 거처하였다. 관직에 있는 동안 이곳 지산와사 집에는 아들이 살았고, 손자 안도가 이 집에서 태어났다. 그 뒤, 아들 준은 결혼과 함께 오천(외내) 봉화금씨 처가 집에서 처가살이하였고, 이 집은 조카사위 이국량에게 주었다.[92] 현재 도산 온혜리 노송정 종택에서 바라보이는 남쪽 영지산에 지산와사 집터가 있으며, 도로변에 유허비와 지산와사 시비가 세워져 있다.

(58) 퇴계가 결혼 후 지산와사를 짓기까지 어디에서 살았는가?

퇴계가 첫 번째로 지은 집이 31세에 재혼하면서 지은 지산와사이다. 퇴계는 21세에 장가들고 분가를 하였는데, 분가한 살림집은 온혜 동네의 어느 집이었다고 하는데, 기록이 없어 알지 못한다. 분가하여 약 5년 후인 26세 때, 노송정 옆에 있는 넷째 형 온계가 성균관에 유학을 가게 되어 어머니를 모시기 위해 온계 형님 집으로 들어가서 31세에 집을 지을 때까지 5년간을 살았다. 이때, 가까운 영주에 처가가 있었지만, 허씨 부인은 친정에 자주 있었으며, 퇴계는 가끔 가기는 하여도 처가살이는 하지 않았다.

---

91) 정석태, 퇴계선생연표월일조록 1권, 사단법인 퇴계학연구원, 2001, 102쪽.
92) 권오봉, 상계서, 29쪽 참조.

(59) 두 번째로 지은 집은 언제, 어디인가?

퇴계는 46세 되던 해 4월에 장인의 장례 참석차 휴가를 얻어 고향으로 왔다.[93] 장인의 장례가 있는 1월에 휴가를 얻었으나 병 때문에 내려오지 못하고 3월 1일경 서울을 출발하여 16일경 장인 산소에 참배하였다. 휴가가 끝나 서울로 귀경하던 중 병이 나서 영주에서 사직서를 올리고 집(지산와사)으로 되돌아와서 요양하고 있었다. 5~6월경에 자하산 자락 하명동 동암(동바위)에 터를 잡고, 집을 지어 양진암이라 이름을 붙이고 11월에 완공, 입택하기 시작하였다. 퇴계는 지산와사가 비좁고 고요하지 못해서 새로 집을 지었다고 기록하고 있다. 벼슬에 더 나아가지 않고 고향에서 살겠다는 결심에서 지은 건축이었다. 이때, 집 앞의 작은 시내의 이름이 토계였는데, 이름이 고상하지 못하다고 하면서 자신의 호인 퇴계로 고쳤다.[94] 여기서 글을 읽으며 일생을 마칠 뜻을 밝힌 시 '동암언지'를 지었다. 7월에 서울에 있던 부인 권씨가 별세하였다. 이 양진암이 있던 자리에 양진암 표지석이 있고, 바로 뒷산 중턱에 퇴계 묘소가 있다. 이듬해 1547년 8월 홍문관 응교로 소환될 때까지 양진암에서 1년간 거처하였다.

---

93) 퇴계의 장인 권질은 1545년(을사년) 12월 2일 풍산 가곡(가일) 고향에서 사망하였으며, 장례일은 1546년(병오년) 1월 22일이다.

94) 정석태에 의하면, 퇴계가 퇴계(退溪)라는 호를 사용한 것은 계묘년(1543년, 퇴계 43세) 2월경이라고 밝히고 있다. 그리고 46세에 양진암을 짓고 나서 앞 개울 이름 토계(兎溪)를 자신의 호 퇴계로 고쳤다고 사실 관계를 밝히고 있다.(퇴계선생연표월일조록 1권, 540쪽 참조)

(60) 세 번째로 지은 집은 언제, 어디인가?

양진암에서 1년을 산 후 다시 부름을 받고 서울로 올라갔다. 47세 가을에 안동부사 벼슬이 내려졌으나 받지 않으니 다시 홍문관 응교로 임명하면서 임금이 직접 불러올려 가지 않을 수 없었다. 이때, 상경하는 도중 양재역 벽서 사건이 터지면서 친구 규암 송인수(1499~1547) 등이 사약을 받고, 사림의 거유 충재 권벌(1478~1548), 회재 이언적(1491~1553) 등 수십 명이 유배당하는 소식을 들었다. 어떤 일들이 벌어질지 모르는 난세와 흉흉한 소문에 불안하였으나, 하는 수 없이 한양으로 가서 벼슬을 다시 시작하다가 이듬해 48세 정월에 단양 군수, 48세 10월에 풍기 군수를 하다가 49세 10월에 물러나 고향으로 돌아왔다.

퇴계는 양진암에서 살면서 서울로 올라가기 전인 47세 봄에 꿈에서 본 새로운 터를 찾아 양진암에서 낙동강 쪽으로 조금 내려간 자하산 하명동에 집을 다시 짓기 시작하였다. 그러다가 이곳이 임금에게 바칠 낙동강 은어를 관리하는 지역임을 알게 되어 중단하게 된다. 아이들이 은어잡이 철인 여름에 강에서 물놀이하며 놀다가 자신도 모르게 법을 어기고 은연중 은어를 잡을 수 있는 곳이어서 자손을 기를 곳이 못 된다고 여기고 금방 공사를 중단하였다. 그리고 다시 온계 방향으로 오는 길 오른쪽 산속으로 쑥 들어간 대골(竹同)이라는 곳에 집을 짓기로 하고 준비하다가 서울로 올라가게 되었다. 47세 9월에 서울에서 죽동의 집 설계도를 그리면서 돌아갈 생각이 깊었다. 그러나 벼슬에서 물러나지를 못하게 되자 맏아들 준에게 편지를 보내 설계도에 따라 집을 짓도록 하였다. 죽동집이 언제 완공되었는지는 기록이 없어 알 수 없다. 그러나 퇴계가 무신년(1548년) 6월 30일 지은 시 '발서주경유제김계진시첩후'에 '죽동서간병옹'이라고 자호를 쓴 것으로 보아 48세 5월에는 완공된 것으로 보인다.[95] 이 집이 생애 세 번째로 지은 죽동집이다.

(61) 네 번째로 지은 집은 어디인가?

퇴계는 50세 1월에 다시 집을 옮기기로 계획을 세웠다. 죽동집은 지어 놓고 보니 골짜기가 협소하고 시내가 없어서 옮기고자 한 것이라고 한다. 농암 이현보가 이 소식을 듣고 집을 자주 옮긴다고 시를 지어 놀리자, 퇴계는 집을 자주 옮기는 사연을 고하는 내용을 써서 농암 선생에게 부쳤다.[96] 대골 밖으로 나와 다시 온계 쪽으로 더 올라오는 지점인 서쪽 산기슭에 새로이 살림집과 한서암을 지었다. 한서암은 계장(溪庄)이라고도 하였으며, 당호는 정습으로 지었다. 이 한서암이 계상서당의 전신이라고 할 수 있다. 이때부터 제자들이 찾아와 배우기 시작하였다. 이때가 50세 5월 8일이며 네 번째 집이다. 이 자리는 현재 퇴계 종택 북쪽 100m 지점에 한서암 구지 표석이 세워져 있다.

방 둘, 부엌 한 칸인데 방은 정습당이라 이름 붙였다. 길을 내

95) 정석태, 전게서 1권, 48세 항목 참조.

96) 정석태, 전게서 2권, 25쪽.

고 못을 파서 광영당[97]이라 하였고, 못가에 자연석은 탄금석이라 하였으며, 거문고를 얹어 두는 바위를 횡금석으로 불렀다. 정원을 만들어 솔, 대, 매화, 국화, 참외 다섯 종류의 식물을 심었고, 각각에 대해 시를 지었으니 곧 종송, 종죽, 종매, 종국, 종과이다. 그리고 길가에는 버들을 심어 세 오솔길(삼경길)[98]을 만들었다.

퇴계의 넷째 형 온계는 퇴계가 자주 집을 옮겨 지어서 경제적으로 어려울 것으로 여겨 경비를 도와주겠다고 하였고, 퇴계는 50세에 감사의 편지(6월 17일자)를 보냈다. 그러나 평생 의지하고 우애가 깊었던 넷째 형 이해가 8월 하순 사화에 얽혀 사망하여 퇴계는 큰 슬픔에 잠겼다. 맏아들(준)의 장인이 사망하기도 한 이 1550년은 퇴계 선생에게는 개인적, 사회적으로 큰 변곡점이 되는 의미 있는 한 해였다.(2월에 소수서원 사액 허가, 한서암 건축, 온계 형님 사망, 계상서당 건축, 제자 입문, 사림 종사 부상 등)

(62) 다섯 번째로 지은 집은 어디인가?

퇴계는 57세에 다시 집을 짓는다. 이번에는 집을 옮겨 짓는 다섯 번째의 건축이다. 퇴계는 위 4차 건축에서 보듯이 50세 2월(1550년, 경술년), 죽동에서 계상 서쪽으로 옮겨 살림집을 짓고, 한서암을 지었었다. 그러다가 아들과 함께 살게 되고 손자가 장성하게 되자 살림집이 비좁아 원래 살던 계상 서쪽의 살림집은

97) 주희(朱熹)의 '관서유감' 시 2구 '천광운영공배회'에서 광영 이름을 가져왔다.

98) 도연명이 귀거래사를 읊으며 전원으로 돌아와 집 앞에 소나무, 대나무, 국화 세 가지를 심고 '세 갈래길(三逕)'을 만들었다.

아들에게 주고, 자신은 계상 동쪽에 다시 살림집을 지었는데 이 것이 동가(東家)이다.[99) 100) 101)] 아래는 퇴계 선생께서 건축한 주택을 표로 정리한 것이다.

〈퇴계가 건축한 주택〉

차례	당호	연령	위치	시	현재
1차	지산와사	31세	영지산 북쪽 양곡	지산와사 2수	현재 도산 '웅부중학교' 앞 도로에 시비 있음
2차	양진암	46세	자하산 자락 하명동(동암, 동바위)	하명오 시와 동암언지 2수	양진암구지 표석이 있음
	〈중도 포기〉	47세	자하산 하명동 강가		나라에 바치는 은어 잡는 어량이 있어 중도에 포기함
3차	죽동집	48세	죽동(도산면 서부리) 일명 대골(맏아들 준이 공사 대행)	죽동서간병옹 호사용	대골 집은 원형은 없고, 현재 기와집으로 남아있음
4차	한서암 당호, 정습	50세 2월	도산면 서부리 개울 서쪽 퇴계 종택 북쪽 100m 위치	'초가집을 개울 서쪽으로 옮겨 한서암이라 하다' 2수, 퇴계 시	한서암구지 표석 있음
5차	동가	57세 2월	개울 동쪽, 계상서당 위쪽		현재 한서암

99) 정석태, 퇴계선생연표월일조록 2권, 사단법인 퇴계학연구원, 2001, 427~428쪽.
100) 몽재선생문집 권2, 퇴계학자료총서, 8, 465쪽.
101) 권오봉, 가서로 본 퇴계의 삶과 사상, 中, 삼보문화재단, 2020, 444쪽.

8. 서당 건축

(63) 계상서당은 언제 지었는가?

권오봉에 의하면,[102] '퇴계는 한서암을 지었던 50세 연말에 시내 건너 북쪽 산기슭에 계상서당을 지었다.'고 하였다. 또한 정석태에 따르면,[103] '51세 되던 1551년(신해년) 2월에 계상 서쪽에 있던 한서암(正習)을 철거하여 계상 동북쪽(현재 위치)으로 옮겨 계상서당을 지었으며, 21일에 완공하였다.'고 하였다. 따라서 계상서당은 50세 연말에 개울 서쪽의 한서암(정습)을 옮기는 공사를 시작하여 51세 2월에 완공한 것으로 보아야 한다. 그러므로 개울 서쪽에 살림집과 함께 지었던 한서암이 계상서당의 전신이라고 보아야 한다.

계상서당은 한서암에 비해 훨씬 적은 방 한 칸, 마루 반 칸짜리 집이다. 이로써 살림집은 개울 서쪽, 서당은 개울 동쪽으로 구분되었다. 이곳에서도 매화, 대나무, 소나무, 국화, 연 다섯 가지를 심고 자신을 포함하여 육우원이라고 하였다. 그 옆에 봉화인 금보가 가까이서 스승을 뵙고 가르침을 받고자 계상서당 옆에 두어 칸 되는 계재를 지어 머물렀다. 퇴계는 57세에 서쪽의 살림집을 아들에게 주고, 자신의 살림집을 다시 이곳 계상서당 위쪽에 세웠으며, 이것이 동가(東家)이다.[104] 이로써 동가(현재 한서암), 계상서당,

102) 권오봉, '퇴계선생 일대기', 교육과학사, 2013, 162쪽.
103) 정석태, '퇴계선생연표월일조목' 2권, 34쪽.
104) 정석태, 전게서 2권, 427쪽.

계재 세 건물이 삼각형 모양으로 완성되었고, 이곳은 2001년 퇴계 선생 탄신 오백 주년 기념행사 때 그 자리에 옛 모습대로 복원되어 있으며, 후학들은 이곳을 계상학림으로 부르고 있다.

(64) 계상서당은 왜 지었는가?

퇴계를 비롯한 옛 선비들은 대개 선비가 학문하여 출사하고 나라와 백성을 위해 올바른 정치를 펼치는 것은 의무이고 도리라고 생각하였다. 물론 처음부터 관직에 나가지 않고 산림처사로 살아가고자 한 선비 또한 적지 않았다. 과거 급제 후 초기 10년간 퇴계는 책임감과 열정을 다 하여 관료로서 성실히 소임을 다 하였다. 그러나 10년이 지난 43세 이후 이러한 자신의 소망이 헛된 꿈에 불과하다는 생각을 갖게 되었다. 특히, 1545년 을사사화, 1547년 양재역 벽서 사건 등의 난세를 거치면서 자신의 형 온계를 비롯하여 어진 대현들이 죽거나 귀양 가는 것을 목도하면서 벼슬살이에 대한 환멸과 귀향에 대한 갈망에 젖어 있었다. 단순히 귀거래사를 읊으며 돌아가 쉬는 것이 아니라 뚜렷한 목표가 있었다. 그것은 곧 교육을 통한 인재 양성이었다. 관료로 국가에 봉사하는 것보다 교육을 통한 인재 양성이 자기에게 더 적합한 봉사의 길로 여겼다. 이에 서당이 필요하였고, 계상서당은 그래서 탄생하였다.

퇴계는 벼슬에서 물러나기로 한 결심을 실행에 옮기고자 하였다. 권모술수가 난무하는 중앙 관계를 벗어나고자 한 퇴계는 48

세 1월에 충청도 단양 군수로 발령을 받았다가 다시 풍기 군수로 옮겼다. 여기서 약 1년간 근무하다가 사직서를 세 차례 던지고 물러나 버렸다.

50세에 한서암을 짓고 고향에 머물면서 퇴계는 자신의 평생 꿈이고 소망이었던 착한 사람이 많아지는 세상을 위해 교육 사업에 매진하기 시작하였다. 그는 자신의 이러한 포부를 '나의 일(吾事)'이라는 시로 표현하였고, 이어서 오사를 오업(나의 사업)으로 바꾸어 제자 교육을 통한 선인다(善人多) 세상을 구현하기 위해 계상서당을 건축하게 되었다. 퇴계는 '퇴계(退溪)' 시에서 '내 할 일은 높은 벼슬도 산림에 숨어 사는 것도 아니니, 조용히 고향 마을에서 살아가리라. 소원은 착한 사람 많이 만들어, 천지의 기강을 바로 잡는 일'이라고 자신의 심중을 읊었다.

(65) 계상서당에 입문한 대표적 제자는 누구인가?

대표적 인물은 학봉 김성일(1538~1593)이다. 학봉은 19세 되던 해인 1556년 9월 아우인 남악 김복일(1541~1591)과 소수서원에서 공부하던 중, 옳은 학문을 배우고자 그 길로 걸어서 계상서당으로 찾아와 제자로 입문하였다. 퇴계는 그 뒤부터 학봉의 공부하는 자세와 인품을 보고 그의 그릇이 남다름을 알고 마음속으로 깊이 그를 사랑하였으며, 또한, "김사순(사순은 학봉의 字)은 행실이 높고 학문이 밝으니, 나는 그에 비길 만한 사람을 보지 못하였다."라고[105] 칭찬하였다. 학봉은 24세 되던 해인 1561년 11월

105) 학봉집 부록 제1권, 연보.

퇴계 선생의 회갑 일에 찾아뵙고 그대로 머물면서 대학과 태극도설을 읽었다.[106)]

퇴계는 66세 때, 학봉이 29세 1월에 도산서원에서 공부하다가 집으로 돌아갈 때, 그에게 병명(屛銘)[107)]을 써 주었다. 이는 아마도 퇴계가 세상을 떠나기 5년 전에 자신의 학맥 연원을 학봉에게 부탁하고자 하는 은밀한 뜻이 있었지 않나 생각해 볼 수 있게 해준다.

계상서당에 찾아와서 가르침을 받은 다른 인물 중에 율곡 이이(1536~1584)가 있다. 퇴계 선생 58세 되던 해 1558년 율곡은 23세 나이로 퇴계 선생을 뵈러 찾아왔다. 율곡은 그 전해인 22세에 결혼을 하였는데, 경북 성주에 있는 처가에 세배 드리러 갔다가 강릉 외갓집으로 돌아가면서 도산에 퇴계 선생을 뵈러 온 것이다. 이때가 음력 2월 6일인데 3일간 머무르면서 가르침을 받고 떠나갔다. 율곡은 집지 제자는 아니지만, 이때의 방문과 그 뒤의 퇴계와의 관계 등으로 도산급문록에는 제자로 등재되어 있다.

(66) 퇴계는 율곡에게 어떤 가르침을 주었는가?

율곡은 도산의 계상서당에 도착하자 퇴계 선생에게 '예안을 지나며 퇴계 선생(황)을 방문하고 율시 한 수를 드리다.'[108)]란 긴

106) 학봉집 부록 제1권, 연보.

107) 병명: 퇴계가 학봉에게 유학의 연원과 그 학맥을 요흠순공(堯欽舜恭)으로부터 연원정맥(淵源正脈)까지 모두 80자를 손수 써 준 것이다. 이는 퇴계의 뒤를 학봉에게로 이어지게 하려는 의도로 해석되고 있다.

108) 율곡전서 권1 목록, '과예안알퇴계이선생(황)잉정일률'.

제목을 붙이고 보통 계분수사(溪分洙泗)로 불리는 시를 지어 드리면서, '선생께 도를 배우고자 합니다'라고 하였다. 58세의 대학자 퇴계는 23세 어린 율곡이 자신을 과도하게 치켜세우는 시를 받고 금방 답하지 않고, 율곡이 떠날 때, '서로 치켜세우기는 하지 말고, 각자 공부와 친하게 지내도록 합시다.'라고 학문을 권면하는 시 '이수재견방계상우유삼일'을 지어주었다. 그만큼 퇴계는 나이와 신분을 초월해서 사람을 대하고 공경하는 모습을 볼 수 있다. 퇴계 선생과 율곡이 주고받은 시가 11수, 편지가 14통이 지금 남아 전해지고 있다.[109]

율곡이 떠나면서 퇴계 선생에게 가르침이 되는 말씀을 부탁하자, 퇴계는 자신은 그럴 사람이 못 된다고 하며 몇 차례 사양하였으나 거듭된 율곡의 간청이 있자, '마음가짐은 자신을 속이지 않는 데 두어야 하고, 조정에서는 일 만들기를 좋아함을 경계해야 한다.'[110]고 가르침을 주었다. 퇴계는 율곡이 머리가 뛰어난 수재이며 장차 조정에서 많은 일을 할 인재가 될 것임을 내다보고 있었던 듯하다. 흔히 재주가 남다르고 엘리트 의식이 강한 관료가 공명심에 부풀어 현실을 생각하지 않고 이상에 치우친 많은 정책을 펼칠 가능성이 있다고 보았던 것이다. 엘리트의 그러한 공명심의 발로는 곧 백성에게 고스란히 전해지므로 퇴계는 그런 점을 젊은 천재 선비 율곡에게 두 마디 글귀로 가르침을 주었다.

109) 이광호, 퇴계와 율곡 생각을 다투다, 홍익출판사, 2013, 19~21쪽.
110) 지심귀재불기, 입조당계희사(持心貴在不欺, 立朝當戒喜事).

(67) 퇴계는 왜 도산서당을 지었는가?

51세에 지은 계상서당에서 찾아오는 제자들을 가르쳤다. 퇴계 선생께서 벼슬에서 물러나 도산으로 와 계신다는 소문이 퍼지면서 많은 사람들이 계상서당으로 배움을 원하고, 제자가 되고자 찾아왔다. 방 한 칸이 전부인 계상서당으로는 더 이상 비좁아서 맞이할 수가 없게 되었다. 뿐만 아니라 퇴계가 52세 4월 4일 홍문관 교리에 임명되고 바로 조정으로 돌아오라는 소명에 따라 곧바로 서울로 올라갔으며, 55세 2월에 사직하고 고향으로 돌아왔다. 약 3년간 계상서당을 비워둔 탓에 그사이 문짝을 도둑맞기도 하고(54세 10월), 비바람에 허물어지기도 하여 내려가면 자하봉 기슭에 새로운 정사를 짓고자 계획하였다.[111]

서당을 옮길 터를 찾고자 여러 곳을 살피다가 현재의 도산서당 자리를 구하였다. 퇴계 자신은 "내가 처음에 계상에 터를 잡고 시내를 굽어 집 두어 칸을 얽어서 책을 간직하고 양졸(수양함)하는 곳으로 삼았으나, 번번이 비바람에 허물어졌다. 그리고 계상은 너무 한적하여 포부를 넓히기에 적당하지 않아 다시 옮기려고 작정하고 도산 남쪽에서 이 땅을 얻었다."[112]라고 하였다. 포부는 앞에서 언급한 나의 사업(오사 혹은 오업)을 말한다. 즉, 착한 사람이 많은 세상을 만드는 자신의 과업을 위해서는 계상서당의 크기나, 위치, 풍광 등이 맞지 않다고 판단하고 새로이 도산서당을 다시금 지었다.

111) 정석태, 상계서 2권, 268쪽.
112) 퇴계 선생 저, 도산잡영, 도산기, 도산서원, 2013, 11쪽.

(68) 도산서당은 언제, 어디에 지었는가?

도산서당은 퇴계 선생 57세인 1557년부터 시작하여 61세인 신유년(1561년) 가을에 완성하였다. 건축 설계는 퇴계 선생이 직접 하였고, 집 짓는 공사는 법련 스님이 짓다가 다 짓지 못하고 죽게 되자, 다시 정일 스님이 이어서 완성하였다. 위치는 당시 퇴계 선생의 자택인 한서암과 서당인 계상서당에서 산등성이를 하나 넘은 곳으로 낙동강을 내려다보는 산 구릉이었다. 현재 도산서당은 지을 때, 위치 그대로 500년 동안 한 차례도 옮기지 않은 채 퇴계 선생의 건축 당시 그 모습 그대로 자리 잡고 있어서 서당 뜰에서 보면 마치 퇴계 선생이 계시는 듯한 신비스러운 느낌과 영감을 받을 수 있는 서당이다. 도산서당은 유학에서뿐만 아니라 건축학적으로도 매우 중요하고 가치 있는 건물[113]로 인식되고 있다.

(69) 도산서당 건립은 몇 년이 걸렸는가?

제자들이 터를 찾기 시작한 해가 1557년 정사년 3월이었다. 퇴계는 직접 서당 설계도를 그리고 준비하던 중 1558년 명종의 부름을 받고 서울로 올라가게 된다. 또한 건축 공사를 맡았던 승려 법련이 갑자기 죽으면서 공사는 미루어졌다. 서당 건립 공사는 서당 자체만 보면 1560년 7월에 시작하여 11월에 완성되어 정확히 4개월이 소요되었다. 도산서당 건립에 관하여 제자 성재 금난수(1530~1604)가 쓴 기록 일부를 참고로 인용해 본다.[114]

113) 김동욱, 『도산서당, 선비들의 이상향을 짓다』, 돌베개, 2012.

114) 금난수, '도산서당을 건립한 일에 대한 기록[陶山書堂營建記事]' 참조.

경신년(1560년) 7월에 일을 시작하여 11월에 서당이 완성되었다. 서당은 모두 세 칸인데, 암서헌, 완락재라 하고 합해서 도산서당이라는 편액을 걸었다. 서당 서쪽에 정사 여덟 칸을 짓고 관란헌, 시습재, 지숙료라 하고, 합하여 농운정사라고 편액을 걸었다. 서당의 방위를 굳이 정남향으로 한 것은 예를 행하기 편리하기 때문이었고, 서재는 반드시 서편으로 울안의 밭을 마주 보게 하였는데 아주 그윽하고 운치가 있다. 그 나머지 방과 부엌, 창고와 문에 모두 의미를 담았고 걸은 편액은 모두 선생이 직접 쓴 글이다. 경재잠, 백록동규, 명당실기를 또한 벽에 걸고 이로부터 또 호를 도옹(陶翁)이라고 하였다.

(70) 도산서당의 방 완락재에 있는 서쪽 반침 공간은 무엇인가?

도산서당을 방문한 사람들은 대부분 완락재 방 안 서쪽 벽에 나무로 반침 공간이 있는 것을 보고는 그 용도에 대해 궁금해한다. 서가 같기도 하고, 침구를 올려놓기 위한 공간 같아도 보인다. 그러나 이곳은 한 사람이 겨우 누울 수 있는 공간으로 바로 퇴계 선생께서 잠자는 곳이다. 퇴계는 방 북쪽 벽에 서책을 쌓아두고 있는데, 성현이 계시는 서책을 등지고 누워 있을 수 없다는 뜻에서 그 공간을 만든 것이다. 다시 금난수의 기록을 인용해 본다.

암서헌 방위와 지세가 남향이다. 세 칸의 제도를 써서 삼면은 툇기둥을 세우고 동편은 부섭지붕(벽이나 물림간에 기대어 만든 지붕)을 덮어서 아주 산뜻하다. 방 안에는 서북쪽 벽에 서가를 만들고 서쪽은 반침[115]으로 공간을 띄워 그 가운데를 비웠다. 내가 연침(평소 거처하는 방)에 서가를 두지 않은 것이 의미가 있는지를 묻자, 선생이 "이곳은 내가 잠자는 곳이며 기거하는 장소이다. 경서의 가르침이 뒤에 있게 되어 등지는 것이 마음에 편치 않아서 이렇게 했을 뿐이다."라고 하였다.

퇴계는 책을 소중히 다루었다. 타 넘거나, 책을 베개 삼아 베고 눕거나 하는 것은 물론이고 방 안에서 책을 등지고 앉는 것조차 삼가고 조심하였다. 특히 유교 경전인 경서에는 성현이 남긴 말과 가르침이 기록되어 있기 때문에 경전은 곧 성현으로 보았고 따라서 책 앞에서는 더욱 삼가고 조심하였다. 금난수의 기록 증언에 따르면 퇴계는 방 안 북쪽의 경전들을 등지고 누워 자는 것을 피하고자 방 서쪽에 몸 하나 겨우 들어가 누울 수 있는 작은 공간을 별도로 만들었던 것이다. 퇴계는 방안에 반침 공간을 만들어 공부하는 학생, 학자들이 책을 어떻게 대하여야 하는가에 대해 이렇게 몸으로 가르쳐 주고 있다. 왜 퇴계가 큰 스승으로 추앙을 받는지를 이해할 수 있는 사례이다.

(71) 도산서당의 규모는 어느 정도인가?

퇴계가 도산서당을 지을 때는 벼슬은 대사성을 지냈으며, 재산도 처가에서 물려받은 것이 많아 경제적으로도 여유가 있을 때이다. 이른바 사회경제적 지위와 명성이 무척 높을 때이다. 그러

115) 반침(半寢): 방 옆에 붙여 방처럼 만들어 물건을 넣어 두는 조그마한 방.

나 명성에 비해 도산서당의 규모는 의외로 작고 소박하다. 방 한 칸 반, 마루 한 칸, 부엌 반 칸의 세 칸 건물인데, 마루에 한 칸이 안 되는 줄마루(살평상)를 더 달고, 부엌은 뒤에 반 칸을 덧붙여 모두 대략 4.5칸의 건축물이다. 그러나 보기에는 엄연한 세 칸짜리 건물이어서 퇴계의 건축 설계 기술이 뛰어남을 엿볼 수 있다. 퇴계는 이 작은 서당을 지으면서도 혹시나 크지 않을까 세심하게 주의를 기울였다. 그런데 자신의 뜻과 달리 광대한 집이 되었다고 부끄러워하면서 제자 이덕홍에게 다음과 같이 말하였다.[116]

> 원래는 작은 집을 지을 계획이었다. 내가 현장을 떠나 분암[117] 재실에 있었을 때, 승공(僧工)이 자기 마음대로 광대한 집으로 바꿔 버렸다. 매우 부끄러운 일이다.

도산서당을 한 번이라도 본 사람이라면, 그 건물이 과연 광대한 집이라고 할 수 있을지 모르겠다. 퇴계의 청빈, 검소한 의식세계가 어떤 경지인지를 잘 보여주는 증언이 아닐 수 없다.

(72) 도산서당의 건물에 붙인 이름들은 무엇인가?

도산서당의 마루는 암서헌, 방은 완락재, 사립문은 유정문, 마당의 연못은 정우당, 그리고 동쪽 담 밖의 정원은 절우사로 각각 이름 지었다. 암서헌은 바위에 깃들어 지낸다는 의미로 소박

---

116) 사단법인 도운회, 퇴계선생언행록 1권, 보고사, 2021, 146쪽.
117) 분암: 무덤 옆에 세운 재실 또는 여막.

한 자연 속에서 자신의 뜻을 펼쳐 나간다는 뜻이다. 완락재는 퇴계가 주로 머무는 공간으로 유교 경전 수천 권을 갖추고 그 속에서 만 권 책을 읽으며 즐거움을 누린다는 의미이다. 유정문은 그윽하고 곧은 문으로 주역에 있는 이도탄탄 유인정길(履道坦坦 幽人貞吉)에서 따왔으며, 사립문을 달아 한없이 낮추고 검소하게 사는 모습 그대로 보여주고 있다. 정우당은 깨끗한 벗으로 삼는 연을 심어서 제자들과 더불어 맑고 깨끗한 군자의 삶을 실천하고자 하는 의미이며, 절우사는 절개가 있는 친구로 소나무, 대나무, 국화, 매화를 심어 함께 벗하고자 하였다. 이 각각의 공간마다 절구시를 지어 자신의 포부를 밝히고 있다.

(73) 도산서당 제자들을 위한 기숙사는 무엇인가?

퇴계는 도산서당에서 공부하는 제자들을 위해 기숙사도 함께 건립하였는데, 그 이름은 농운정사이다. 도산서당 서쪽에 지었다. 농운정사는 건물 구조를 공(工) 자 모양으로 건축하여 그곳에 머무는 제자들이 공부(工夫)에 열중하여 주기를 바라는 소망을 담았다. 이 건물도 역시 퇴계 선생이 직접 설계하였다. 동쪽 마루는 시습재, 서쪽 마루는 관란헌, 그리고 방 이름은 지숙료이다. 이 각각의 건물에도 그 의미에 맞는 절구시 한 편씩 지었다.

(74) 농운정사 앞 역락서재는 어떻게 지었는가?

도산서당이 건축되고 제자들은 농운정사 앞터에 제자들이 책을 읽을 수 있는 공간을 마련하고 싶었다. 퇴계는 그 뜻을 가상히 여겨 허락해 주었는데, 제자들이 그만 일을 크게 벌리기 시작하였다. 조카 교와 제자 조목, 금보, 김부의, 금응협, 금응훈, 김부륜, 금난수 등이 의논하여 인근 지역에까지 널리 알려 건립 경비 등을 지원받으려 하였다. 퇴계는 뒤늦게 이를 알고 건립을 당장 중지시키고 짓지 못하게 하였다. 도산서당의 부속 건물을 지으면서 여러 사람들로부터 성금을 모으려 하였기 때문이다. 남에게 폐를 끼치지 않고자 하는 퇴계의 엄격한 도덕 기준을 보여주는 사례이다. 공사는 바로 중단되었다가 이로부터 4년이 지난 1564년(갑자년)에 제자 지헌 정사성(1545~1607)의 집안에서 지원하여 지었는데, 이때, 정사성의 아버지가 경비의 대부분을 부담한 것으로 보인다.[118] 이 서재 이름이 역락서재(亦樂書齋)이다. 이는 논어의 첫 두 번째 구절인 '벗이 멀리서 오니 어찌 즐겁지 않겠는가(有朋自遠訪來 不亦樂乎)'에서 빌려왔다.

(75) 도산서당에 입문한 제자는 누구인가?

대표적인 제자는 서애 류성룡(1542~1607)이다. 서애는 21세 때인 1563년 9월 도산에 가서 퇴계 선생을 찾아뵙고 수개월을 머물면서 근사록을 배웠다. 퇴계는 서애의 뛰어난 재주와 학문하는 자세를 보면서 그를 크게 칭찬하였다. "이 사람은 하늘이 내린 사람이다."라고 할 정도로 서애는 자질이 남달랐고, 퇴계는

118) 정석태, 상계서, 3권, 106쪽.

그의 인물됨을 단번에 알아보았다. 훗날 퇴계의 평가대로 서애는 조선 정계에 큰 자취를 남겼고 임진왜란을 극복하는 일등 공신이 되었다.

서애에 대한 퇴계의 기대를 나타낸 일화는 다음과 같다. 어느 날 서애가 금계(검제 마을)에 있는 학봉 김성일을 찾아갔을 때, 학봉은 서애에게 이렇게 말하였다.

> 우리들은 퇴계 선생을 모신 지 오래되었으나, 한 말씀도 칭찬받은 일이 없었는데 공은 선생을 한 번 뵈었는데도 선생이 바로 '이 사람은 하늘이 낸 바로, 훗날 반드시 큰일을 할 것이다.'라고 하셨으니, 공은 어떻게 스승에게서 이러한 칭찬을 받게 되었소?[119]

학봉은 서애보다 4살 많았으나, 두 분 모두 퇴계의 수제자로서 평생 절친한 사이로 지냈다. 퇴계 선생 덕분에 예안, 안동 지역의 많은 젊은 인재들이 훌륭한 스승을 만나 제대로 된 학문과 인격 교육을 받을 수 있었던 것은 큰 행운이었을 것이다. 그러면서도 한편으로는 학봉과 서애 같은 제자를 만난 퇴계 역시 큰 행운이 아닐 수 없다. 퇴계의 제자가 309명으로 적지 않은 수이긴 하지만, 학봉 서애 등 빼어난 제자 수십 명이 있었기에 퇴계 이후 영남학파가 그 숲을 이룰 수 있었다고 본다.

119) 서애집, 서애선생 연보 1권.

(76) 도산서당 앞의 천연대는 어떤 곳인가?

퇴계는 1557년부터 도산서당 건축 사업을 진행하였다. 그러면서 동시에 천연대(天淵臺)도 함께 조성하였다. 당시에 서당 앞은 낙동강이 흐르고 서당에서 강쪽으로 내려가는 골짜기(谷口) 왼쪽 낮은 절벽 위를 다듬어 두어 평 되는 대를 조성한 것이다. 이 천연대는 자연적 지형을 거의 그대로 사용한 것이어서 인위적으로 축대를 쌓거나 하지 않은 자연 친화적인 대이다. 필자는 도산서원선비문화수련원에서 10년간 생활하면서 거의 매일 새벽이면 이 천연대를 찾았다. 천연대에 올라 보면 왼쪽에 동취병산, 오른쪽에 서취병산이 병풍처럼 둘러싸고 있고, 천연대 아래에는 지금은 안동호가 은빛 물결로 덮여 있으면서 강 건너 마을 섬촌, 의인 마을과 닿아 있다. 호수 한가운데에는 시사단이 있어 옛 선비 7,200여 명이 모여 과거 시험을 보던 당시의 열기와 먹물 향기가 그대로 남아 전해지는 듯하다. 천연대에서 퇴계 선생이 지은 천연대 시를 읊으면, 우주 자연의 운행 원리와 만물의 근원에 대해 절로 궁리하고 사색하게 됨을 경험할 수 있다.

천연대 의미는 시경에 있는 '솔개는 하늘에서 날고, 물고기는 연못에서 뛴다(鳶飛戾天, 魚躍于淵)'라는 구절에서 천(天) 자와 연(淵) 자를 따서 지었다. 솔개는 하늘에서 날고, 물고기가 못에서 헤엄치는 것은 누구나 알고 있다. 그리고 그것은 원래 그런 것이라고 말할 것이다. 그렇다. 원래 그런 것이지 누가 시켜서 그렇게 하는 것이 아닌 것이다. 우주 자연의 정해진 이치와 원리에 의해서 저절로 그렇게 된다. 천리에 의해서 만물은 제각각의 품성과 이치를 지니고 태어나고 천리에 따라 우주 자연이 운행된다. 천연대의 천연이 그런 의미를 내포하고 있다.

퇴계는 도산서당에서 공부하는 틈틈이 천연대를 찾아 옛 경전(주로 중용)을 외우며, 하늘의 이치와 사물의 존재에 대해 깊이 궁리하고, 사색하기를 즐겼다. 퇴계는 그러한 자신의 소회를 천연대라는 시로 남겨두었다.

(77) 천광운영대는 어떤 곳인가?

천광운영대(天光雲影臺)는 줄여서 천운대로 부르기도 한다. 도산서당에서 내려와 골짜기 오른쪽, 천연대 맞은편 서쪽에 있는 대이다. 천연대는 자연적으로 형성된 터를 다듬었지만, 천광운영대는 강 옆 벼랑 중턱에 약간의 옹벽을 세워 대를 구축하였다. 그러다가 1975년 안동댐을 조성하면서 천운대가 물에 잠기게 되어 같은 위치에서 위쪽으로 올려 대를 새롭게 조성하였다.

천광운영대 이름은 중국 남송의 성리학자 주자(1130~1200)가 지은 관서유감[120] 시에서 천광운영 이름을 빌려 지었다. 천연대를 먼저 조성하고, 도산서당 건축과 동시에 천광운영대도 조성하였다. 도산서당 앞 낙동강이 흐르고 그 물에 하늘, 햇빛, 구름, 그림자가 비치는 모습이 상황에 따라 다르다. 물이 맑고 깨끗할 때는 천광운영이 환히 비쳐 그대로 드러나고, 물이 탁하고 더러우면 하나

120) 주자의 '관서유감' 시에서 둘째 구에 '하늘, 햇빛, 구름, 그림자가 함께 물에 비치어 배회한다(天光雲影共徘徊, 천광운영공배회)'라는 문구가 있다.

도 비치지 않고 어두울 뿐이다. 이는 곧 사람의 본성과 마음의 관계를 나타낸다. 우리 마음이 고요하고, 맑으면 내면의 본성이 그대로 환하게 드러나서 본성은 선하고 착한 마음으로 발현되지만, 마음이 탁하고 욕심으로 가리어져 있으면 내면의 본성은 악하고 나쁜 마음으로 드러나게 된다. 퇴계는 천연대와 함께 이곳을 자주 찾아서 이러한 본성을 지키고, 키우기 위해 자신을 성찰하고, 존양하는 거경 공부를 하였다.

9. 서원 건립

(78) 퇴계는 왜 서원 건립에 힘을 쏟았는가?

우리나라 서원의 효시는 신재 주세붕(1495~1554)이 1543년에 세운 백운동 서원이다. 그러나 '조선 서원의 전형(典型)은 퇴계 이황에게서 비롯되었다.'[121]라고 보는 것이 정설이다. 왜냐하면 주세붕이 세운 백운동 서원은 안향을 모시는 사당은 별도의 건물이고, 서원에서는 다만 선비들이 책만 읽는 곳이었다. 또한 서원 학규, 체제, 예산, 도서, 운영 방법 등에서 오늘날의 서원과는 많이 달랐기 때문이다. 이러한 백운동 서원을 퇴계가 풍기 군수로 재직 시 경상감사를 통하여 조정에 건의하여 안향을 모시고 제사 지내면서, 선비를 양성하는 존현 양사의 기능을 온전히 갖춘 우리나라 최초의 사액서원이 되도록 하였기 때문이다.

---

121) 권시용, '16-17세기 초반 퇴계 문인의 서원건립 활동', 한국서원학보 제8호, 2019.6. 6쪽.

퇴계는 국가에 성균관이나 향교 같은 관학이 존재하고 있지만, 두 교육기관으로는 이미 한계가 있다고 판단하였다. 국가 주도의 공립학교 격인 이 두 기관은 학문 연마보다는 입신양명과 출세주의, 그리고 남에게 보이기 위한 공부인 위인지학에 치중하고, 과거 공부 기술자를 양성하는 곳과 같아서 진정한 학문을 위한 학교로는 이미 그 기능이 많이 변색되었다고 보았다. 이에 퇴계는 국가의 간섭에서 자유로운 학교, 그리고 선비들이 과거라는 구렁텅이에서 해방되어 성리학에 바탕을 둔 진정한 학문과 내적 수양을 이룰 수 있는 사학, 즉 서원이 필요하다고 생각하였다. 학문하는 목적은 자신의 자아를 실현하고, 성인에 도달하여 자신의 내적 성장을 위한 공부인 위기지학을 이루는 것이며 이는 관학에 비해 사학인 서원에서 더 효과적으로 가능할 것으로 보았다.

이러한 신념과 철학을 바탕으로 퇴계는 생전에 직접적이거나 간접적으로 서원 건립을 위해 많은 노력을 기울였다. 그리고 스스로 역동서원, 이산서원을 비롯하여 10여 개의 서원 건립에 직간접으로 관여하였다. 퇴계의 이러한 서원 창설 운동은 자연히 제자들에게 이어져, 15, 16세기 조선시대 서원 건립은 퇴계와 그 제자들이 주도하였고, 많은 영향을 끼쳤다.

(79) 이산서원은 언제, 왜 세웠는가?

이산서원은 영주 지역의 유림 중에서 소고 박승임(1517~1586),

과제 장수희(1516~1586) 등 퇴계 문인들의 주도 아래 1559년 8월 영천(영주) 군수 안상(1511~1579)이 퇴계의 자문을 받아 성리학적 사회질서를 세우기 위한 구체적인 실천 사업으로 서원을 지었다. 퇴계는 건립부터 깊은 관심을 가졌으며, 서원 이름을 이산서원(伊山書院)으로 명명하고 강당은 경지당, 동재와 서재는 성정재와 진수재, 누대는 관물대라고 이름을 짓고 그 편액을 직접 써 주었으며, 서원의 원규를 직접 제정하였다. 이 원규는 이후 영남 남인계의 서원은 물론 일부 서인계 서원의 원규 제정에 전범이 되었다.[122] 그리고 이해 겨울에는 이산서원기도 지었다.

이산서원은 처음 건립할 때, 제향자 없이 건립되었다. 서원의 두 기능인 존현 양사 중에서 이산서원은 처음에는 존현은 없어도 강학, 장수처 기능만으로도 가능하다는 퇴계의 서원관이 반영된 결과이며,[123] 퇴계 사후 1572년(선조 5년) 김륭, 김륵, 박승임, 이덕홍 등의 적극적 주도 아래 사당을 건립하고 퇴계를 제향하였다.[124] 이산서원은 이로써 전국 모든 서원 가운데 퇴계를 최초로 제향한 서원이 되었다. 그 뒤 소고 박승임과 백암 김륵을 좌, 우 쪽에 함께 모시고 있다. 이산서원은 선조 6년(1573년) 11월 서

122) 김의완, 영주 이산서원의 건립과 퇴계 이황 제향의 의미, 한국서원학회, 2022, 한국서원 학보, 15권, 179~224쪽.

123) 제향자 없이 강학, 장수처로서 서원을 건립할 수 있다는 퇴계의 서원관에 따라 퇴계 문인들은 제향자 없이 서원을 많이 세웠다. 경광서원(안동)은 권호문, 신내옥 등에 의해 경광서당으로 건립되었다가 사후 권호문이 제향되었다. 청성서원(안동) 역시 권호문에 의해 청성정사로 건립되었다가 사후 권호문이 제향되었으며, 우계서원(영주)은 우계정사로 건립되었다가 사후 이덕홍이 제향되고, 주계서원(안동)은 구봉령에 의해 용산서당으로 건립되었다가, 구봉령이 사후 제향되었다.

124) 권시용, 전게서 참조.

원이 세워진 곳의 지명을 따서 이산(伊山)이라는 사액을 받았으며, 1868년(고종 5년) 서원 철폐 때, 훼철되고 서당만 남아 있다가 2019년에 현재 위치로 이건 복원되었다.

(80) 이산서원 원규 내용은 어떤 것인가?

이산서원 원규는 퇴계 선생께서 직접 지은 것으로 이후 영남 지역 서원의 원규에 모델이 될 만큼 중요한 것이기에 여기 그 번역글 12항목 전문[125)]을 소개하고자 한다. 비록 옛 서원의 학규이지만, 오늘날의 학자, 특히 공부하는 청소년들이 큰 깨우침을 얻을 수 있을 것으로 생각된다.

- 제생들은 독서하는 데 사서오경을 본원으로 삼고 소학과 가례를 문호로 삼으며, 국가의 인재를 진작시키고 양성하는 방법을 따르고 성현의 친절한 교훈을 지켜서 온갖 선이 본래 내게 갖추어진 것을 알고 옛 도가 오늘날에도 실천할 수 있는 것을 믿어서, 모두 몸으로 행하고 마음으로 체득하며 체를 밝히고 용을 적합하게 하는 학문에 힘쓰도록 한다. 여러 사서(史書)와 자서(子書)와 문집, 문장과 과거 공부 또한 널리 힘쓰고 두루 통달하지 않으면 안 된다. 그러나 마땅히 내외, 본말의 경중과 완급의 차례를 알아서 항상 스스로 격려하여 타락하지 않게 하고, 그 나머지 사특하고 요망

125) 이동구, 「도산서원 이야기」, 2024, 236쪽. / 퇴계문집 41권, 잡저.

하고 음탕한 글은 모두 원내에 들이어 눈에 가까이해서 도를 어지럽히고 뜻을 미혹하지 못하게 한다.

- 제생들 가운데 뜻을 굳게 세우고 나아가는 길을 정직하게 하며, 사업은 원대한 것으로 스스로 기약하고 행실은 도의를 귀추로 삼는 자는 잘 배우는 것이고, 마음가짐이 비천하고 취사가 현혹되며, 지식은 저속하고 비루함을 벗어나지 못하고 뜻과 희망이 오로지 이욕에만 있는 자는 잘못 배우는 것이다. 만일 성품과 행실이 괴이하여 예법을 비웃고 성현을 업신여기며 정도를 위반하고 추한 말로 친한 이를 욕하며, 여러 사람을 괴롭히고 법도를 따르지 않는 자는 원중에서 함께 의논하여 쫓아내도록 한다.
- 제생들은 항상 각자 서재에서 조용히 있으면서 오로지 독서에 정진하고, 의심나고 어려운 것을 강론하는 일이 아니면 부질없이 다른 방에 가서 쓸데없는 얘기로 시간을 보내어 피차간에 생각을 거칠게 하거나 학업을 폐해서는 안 된다.
- 까닭 없이 알리지 않고 자주 출입해서는 절대로 안 된다. 무릇 의관과 행동거지와 언행에 대해 각기 간곡하게 권면하도록 힘쓰며 서로 보고 선해지도록 한다.
- 성균관의 명륜당에 이천 선생의 사물잠과 회암 선생의 백록동규 10훈과 진무경의 숙흥야매잠을 써서 걸었는데 이 뜻이 매우 좋다. 원중에도 또한 이것을 벽에 게시하여 서로 타이르고 일깨우도록 한다.

• 책은 문밖에 내갈 수 없고 여색은 문안에 들여올 수 없으며, 술은 빚어서는 안 되고 형벌은 써서는 안 된다. 책은 내가면 잃기 쉽고 여색은 들여오면 더럽혀지기 쉽다. 술은 학사(學舍)에 마땅한 것이 아니고 형벌은 유생의 일이 아니다. [형벌은 제생이나 유사가 개인적인 노여움으로 바깥사람을 구타하는 종류를 말하는데, 이것은 절대로 단서를 열어놓아서는 안 된다. 원속들에게 죄가 있는 경우는 온전히 용서할 수 없으니, 작은 죄는 유사가, 큰 죄는 상유사와 상의하여 형벌을 논한다.]
• 서원의 유사는 근처에 사는 청렴하고 재간 있는 품관 두 사람으로 정하고, 또 선비 중에 사리를 알고 조행이 있어서 여러 사람이 추앙하고 복종할 수 있는 사람 하나를 골라서 상유사로 삼되 모두 2년마다 교체한다.
• 제생과 유사는 힘써 예모로써 서로 대하고, 공경과 믿음으로 서로 대우하여야 한다.
• 원속들을 잘 돌봐 주도록 한다. 유사와 제생들은 항상 하인을 애호하여, 원의 일과 재의 일 이외에는 누구나 사사로이 부리지 못하도록 하며, 개인적인 노여움으로 벌주지 못한다.
• 서원을 세워서 선비를 양성하는 것은 국가에서 문교를 숭상하고 학교를 일으켜 인재를 새로 길러내는 뜻을 받드는 것이니, 누군들 마음을 다하지 않겠는가. 이제부터 이 고을에 부임하는 자는 반드시 서원의 일에 대하여 제도를 증가

시키고 그 규약을 줄이지 않는다면 사문에 있어 어찌 다행이 아니겠는가.

• 동몽들은 수업을 받거나 초청한 경우가 아니면 입덕문 안에 들어오지 못한다.

• 임시로 서원에 있는 생도들은 관례의 여부와 상관없이 정해진 인원 없이 재능을 이루어야 서원에 오르도록 한다.

(81) 역동서원은 언제, 왜 세웠는가?

역동서원(易東書院)은 퇴계 선생의 건립 의지가 직접적으로 작용하여 건립된 안동 최초의 서원이다. 퇴계는 우탁을 동방 도학 연원의 한 사람으로 평가하였고, 우탁이 충청도 단양에서 안동 예안으로 이주하여 생을 마칠 때까지 안동 예안 지역과 향촌의 교화를 위해 헌신한 점에 대해서도 깊이 생각하였을 것으로 보인다. 이때까지 안동에는 서원이 없었는데, 최초의 서원을 지으면서 우탁을 모신 것이다.

역동서원 창건에 대한 최초의 논의는 1558년(명종 13년) 3월 퇴계의 문인 금난수와 조목에 의해 제기되었다.[126] 퇴계와 그의 문인들은 이미 인근 영주에는 소수서원이 있는데도, 이산서원이 또 설립되고 있었고, 다른 지역에도 서원이 세워지고 있는데[127] 안동에는 서원이 없어 부끄럽게 여겼을 것으로 보인다. 이에 제자

126) 영남대학교, 민족문화연구소, 아카이브(동아시아 서원 문화와 글로컬리즘), 역동서원 참조.

127) 함양의 남계서원(1552년), 영천의 임고서원(1553년), 성주의 영봉서원(1559년), 강릉에 오봉서원(1561년)이 이미 세워졌거나, 건립 중에 있었다.

들이 퇴계에게 안동에 서원을 세울 것을 건의하면서 서원 건축을 준비하였다.

1558년 2월 15일 금난수가 조목을 찾아가 역동서원의 부지로 오담(예안 부포리)이 적합하다고 하고, 두 사람은 이튿날 퇴계를 찾아와 보고 드렸다. 퇴계는 함께 현장을 답사하기로 하였으나, 여러 사정으로 늦어졌다. 이에 퇴계는 3월 26일 조목에게 보낸 편지에 다음과 같이 적었다.

> 우좨주 같은 우리 고을 선현의 풍모와 절의는 우리나라 고금에 어찌 많겠습니까? 학교를 세워 선현께 제사 드리는 일이 딴 곳에서는 이미 시작되었는데, 우리 고을에만 없으니, 이는 우리들의 부끄러운 점이었습니다. (중략) 만약 그곳이 정말 서원을 세우기에 합당하다면 천천히 다시 상의해 봄이 어떨는지요? 옛말에 뜻이 있으면 끝내는 이루어진다고 했으니, 지금이라고 어찌 그렇지 않겠습니까?[128]

약 한 달 뒤 4월 8일 퇴계는 조목과 금난수를 데리고 오담으로 가서 역동서원 부지를 살펴보고 이곳으로 결정하였다. 그런데 의지와는 달리 건립 공사는 바로 하지 못하고, 약 10년이 지난 1565년 9월 건립 논의가 다시 있었다. 이 해, 1558년에는 퇴계는 두 번째로 성균관 대사성에 임명되어 서울로 올라가야 할 상황이었다. 명종의 부름에 더 이상 버티기가 어려웠기 때문이다. 또한,

128) 월천 조목의 '사문수간(師門手簡)', 안동문화원, 2008, 7쪽.

도산서당과 부속 건물을 한창 준비할 때이므로 역동서원 건립은 자연히 공사가 늦어진 듯하다. 1566년 관아를 짓고 남은 기와 장 9천 장을 받아 두었고, 예안 유림의 지원 아래 1567년 2월 공사를 시작하여, 4월에 강당, 동 · 서재가 완성되었고 가을에 모든 건물이 완성되었다. 1568년 서원의 제의와 규약을 정하였다. 이때 퇴계는 역동서원의 제향 의례는 소수서원의 것으로 삼고, 원규는 이산서원의 것을 참고하여 정하는 것이 좋겠다고 자문하였다.[129)]

퇴계는 서원의 이름을 '역동서원'으로 하였다. 우탁의 본관은 단양, 자는 천장 · 탁보, 호는 백운 혹은 단암이지만, 자와 호가 아닌 역동으로 한 것은 퇴계 선생의 결정이었다. 우탁은 원나라로부터 역경을 들여와 통달하여 고려에 널리 가르쳤던 관계로 역경을 동방으로 옮겼다는 평가를 받은 학자이었다. 퇴계는 이러한 의미를 담아 역동(易東)으로 지었으며, 이후 우탁은 자신의 원래 호보다는 역동으로 더 알려지게 되었다.

1570년 5월 초순 퇴계는 제생들과 역동서원에서 회합을 가졌으며, 7월(7.3~7.16)에는 역동서원에서 제자, 조카, 손자, 손서 등 모두 12명과 지내면서 심경을 강의하였다. 퇴계는 역동서원의 건립에 있어 서원 터의 물색부터 관여하였으며, 서원기를 짓고 서원의 이름을 지었다. 서원의 사당을 비롯한 모든 곳의 편액을 직접 지었으며, 서원에 필요한 경서를 수집하여 보내주기도 하였다. 1570년 8월 22일 역동서원 낙성식을 하고 우탁의 위판을 봉

129) 영남대학교, 민족문화연구소, 아카이브(동아시아 서원 문화와 글로컬리즘), 역동서원 참조.

안하고 제향(석채례)하는 행사가 거행되었다. 퇴계는 이날 공교롭게도 경상도 관찰사 노저 이양원(1526~1592)의 방문으로 참석하지 못하고 우탁을 제향할 때 쓸 제문을 짓고 편지를 써서 역동서원에 모여 있는 제생들에게 보내어 처음 올리는 제향이므로 소홀함이 없도록 당부하였다.

역동서원은 그 후 1683년(숙종 9년) 10월 사액을 받았다. 1871년 흥선대원군의 서원 철폐 때 훼철되었다가 1969년 현 위치(국립경국대학교 내)에 이건, 복원되었다.

(82) 퇴계는 왜 안동 최초 서원에 우탁을 모시고자 하였는가?

안동에 서원을 세우면서 누구를 제향할 것인지에 대해 처음에 제자들은 주자, 정자 두 분을 모시자고 건의 드린 것 같았다. 김성일에 의하면,[130] 김부필이 역동서원에 정자, 주자 두 분 선생을 모시고 우탁을 배향하여 제사하기를 말씀드리자, 퇴계는 서원이 아직 초라하고, 학전도 없으며, 전복(서원 노비)마저 얼마 안 되는데 이런 중한 예를 세운다면 높이 모시려다가 도리어 홀대하는 형국이 될 수 있다고 하며 우좨주 혼자만 모시기를 지시하였다.

퇴계는 평소 우탁 선생을 존숭하였다. 우탁 선생이 주역을 비롯한 경전에 해박한 성리학자라는 점과 그가 왕의 부도덕한 행위에 대해 목숨을 내놓으면서 지부상소하는 강직한 절의의 선비라는 점에서 퇴계는 우탁을 높이 평가하였다. 우탁은 성균관 좨주

130) 도운회, 퇴계선생언행록, 한빛, 2014, 207쪽.

를 마치고 벼슬에서 깨끗이 물러난 처세 또한 후학에게는 큰 사표가 되기에 충분한 현자로 존경을 받고 있었다.

다른 한편으로는 우탁이 고려 말 성균관 좨주를 마치고 고향 단양으로 돌아가지 않고 안동으로 낙향하여 거주하였다. 타향인 안동, 예안 등지에서 스승의 역할을 한 우탁은 안동을 대표하는 큰 학자가 되어 주었던 것이다. 여말선초에 안동은 다른 지역에 비해 이렇다 할 큰 인물이 없었다. 다른 지역의 예를 보면, 단양(우탁), 영주(안향), 봉화(정도전), 예천(윤상, 권맹손), 경주(이제현), 영천(정몽주), 선산(길재, 김숙자),[131] 성주(이숭인, 이조년), 영해(이곡, 이색), 진주(하륜, 강희안) 등 가운데의 안동을 빙 둘러싸고 있는 지역에는 인재가 고을마다 있었다. 그에 비해 안동은 고려 김방경 장군 이래로 전국적인 인물이 없었다.[132] 그때, 고려 말 대학자이자 절의 군자 우탁이 고향 단양을 떠나 안동으로 이거하고, 여기서 생을 마칠 때까지 지역 학문과 향촌의 기풍을 일으켜 주었다. 퇴계가 안동 최초 서원인 역동서원에 우탁을 모신 것은 어쩌면 우탁 선생의 이러한 안동 이거와 사풍 진작에 힘쓴 점에 감사한 마음이 있었을 것으로 보이며, 역동서원에 모시기로 결정하는 데 일정 부분 작용하지 않았을까 생각해 본다.

---

131) 이중환 저, 이익성 옮김, 택리지, 을유문화사, 2017, 75쪽. "조선 인재의 반은 영남에 있고, 영남 인재의 반은 선산에 있다."

132) 여말선초에 활약하였던 조선 초대 대사헌이었던 성리학자 권근(1352~1409)이 본관이 안동이었으나, 권근은 안동에 거주하지 않았다. 권근은 권보의 증손자이며 그의 7대조 권수평이 13세기 초반에 개경으로 옮겨 살며 관계로 진출하여, 안동권씨 가문을 크게 중흥시켰다.

(83) 소수서원과 퇴계는 어떤 관련이 있는가?

1542년 당시 풍기 군수이던 신재 주세붕(1495~1554)[133]은 이곳 출신의 성리학자인 안향(1243~1306)을 배향하는 사당을 짓고 안향의 영정을 봉안하였다. 그리고 이듬해 1543년에 사당 동쪽 자리에 있던 숙수사라는 절을 헐고 그 자리에 백운동 서원을 세웠다. 이 백운동 서원은 우리나라 최초의 서원이 되었다. 주세붕의 큰 업적이었다. 그러나 이때의 백운동 서원은 유생들에게 강학 공간과 장수처 기능을 하는 곳으로 사당과는 서로 독립된 기구로 별도 기능을 하고 있었다. 그러므로 주세붕이 세운 백운동 서원은 서원의 핵심 기능인 존현 양사를 시행하는 완벽한 기관이 되지 못하였다.

퇴계는 1548년 10월에 단양 군수에서 풍기 군수로 이동 발령되어 11월 초순에 부임하였다. 부임 후 11월 중순에 백운동 서원 유생들에게 편지를 보내 안부를 묻고 청주 한 병과 꿩 한 마리를 보냈다.[134] 다음 해, 1549년 1, 2월에 백운동 서원에서 강학을 하였다. 이때, '백운동서원의 유생들에게 보이다'라는 시를 지어 서원 설립의 취지가 도학의 창달에 있음을 밝혔다. 퇴계는 1549년 건강상의 이유로 경상감사에게 사직서를 두세 차례 제출하고 그 회답을 기다리던 중 12월 초에 당시 경상감사 심통원(1499~?)에게 편지를 보내어 백운동 서원에 편액과 서적을 보내줄 것을 요청하였다. 그리고 퇴계는 세 번째 사직소를 제출하고 회답을 기

133) 주세붕은 1541년 7월에 풍기 군수로 부임하여 1545년 여름까지 약 5년간 다스렸다.
134) 정석태, 전게서 1권, 617쪽.

다리지 못하고 고향으로 돌아왔다.

심통원 감사는 퇴계의 요청 상소를 조정에 보고하였고, 조정에서는 이듬해 1550년 2월 11일 서원 이름을 소수서원이라고 지어 편액과 사서와 오경, 성리대전 등의 책을 내려 주었다.[135] 퇴계는 이때, 사직서를 내고 귀향하여 있을 때, 도산 집에서 이 소식을 들었다. 이렇게 하여 백운동 서원은 소수서원으로 이름이 바뀌어 최초의 사액서원이 되었다.

소수서원에서 소수(紹修)의 의미는 '이미 무너진 학문을 이어서 닦는다(紹以修之)'는 뜻에서 소(紹), 수(修)를 따서 소수로 지었다. 편액 글씨는 명종의 친필이다. 조선 최초의 서원인 백운동 서원이 최초의 사액서원으로 출발하는 이 역사적 계기는 오직 도학의 창달을 염원하는 퇴계의 역할이었으며, 이후 많은 사액서원이 건립되는 시발점이 되었다. 조선에서 관학인 성균관과 향교 이외 사학의 본격적인 시대가 열리기 시작한 것이다. 퇴계는 풍기 군수 재직 기한은 약 1년 정도이지만, 조선 유학사와 교육사에 영원히 빛나는 큰 업적을 남기게 되었다. 뿐만 아니라, 이 일을 기점으로 퇴계는 조선 사림의 지도자, 종사로 추앙받게 되었다.

(84) 퇴계가 건립에 관여한 서원은 어떤 것이 있는가?

퇴계가 서원 설립에 관여한 서원은 10곳이다. 소수서원은 백

---

135) 정석태, 전게서 1권, 670쪽.

운동 서원을 퇴계가 최초의 사액서원으로 승격되도록 한 것이지만, 설립은 주세붕이 한 것이므로 여기서는 제외하고 가장 오래된 서원부터 차례로 약술하고자 한다.

① **이산서원(1559년, 영주)**: 퇴계가 관여한 첫 번째 서원은 풍기 이산서원(伊山書院)이다. 처음에는 1558년 당시 풍기 군수 죽계 안상이 순수한 교육기관으로 설립하였으며, 퇴계 문인 박승임, 장수희 등이 서원 규모와 절목 등을 모두 퇴계에게 물어서 정하였다. 1574년 퇴계 사후 도산서원 건립과 동시에 이산이란 이름으로 사액서원이 되었다. 이산서원 건립 당시 풍기에는 이미 소수서원이 있었음에도 안상과 풍기의 사림들은 위패 봉안 없이 이산서원을 건립하면서 퇴계의 자문을 받았으며, 우리나라에서 퇴계를 모시는 최초의 서원이 되었다. 이산이 서원이 세워진 곳의 지명임을 퇴계는 서원십영 시 이산서원(영주)에서 밝히고 있다. 퇴계는 이산서원 원규와 이산서원기를 지었다. 특히 이산서원 원규는 이후 영남 지역 남인뿐만 아니라 일부 서인 계열의 서원 원규의 전범으로 활용되었다.

② **영봉서원(1559년, 성주)**: 영봉서원은 경북 성주에 세워진 최초의 서원이다. 1559년 당시 성주 목사이던 사인당 노경린(1516~1568)[136]이 묵재 이문건(1494~1567) 등과 같은 이 지

136) 노경린 성주 목사는 율곡의 장인이며, 서원 건립 무렵인 1558년 2월 율곡은 처가에 갔다가 장인의 권유로 강릉 외가로 가는 도중에 도산으로 퇴계 선생을 찾아뵙고 3

역 유림과 함께 영봉서원을 건립하였다. 사인당은 31세 때인 1547년경 퇴계가 양진암에 머물 때 찾아뵙고 시를 지으며 놀았고, 그 뒤에도 서울에서 교류가 있었다.[137] 사인당은 퇴계에게 서원의 의례, 서원 기문, 배향과 위차 등을 물었으며, 현판 글씨를 부탁하였다. 퇴계는 영봉서원기를 지어서 보냈는데, 당시 영봉서원에 제향할 인물로 당초 이조년(1269~1343), 이인복(1308~1374), 김굉필(1454~1504) 3인을 제향하려 하였으나, 이조년 영정 손에 염주가 있어 배불(拜佛) 인물을 제향할 수 없다는 논란과, 세 인물의 위차 문제가 불거지면서 노경린 목사는 퇴계에게 자문을 구하였고, 퇴계는 서원의 특성상 도학 인물이 우선되어야 한다는 의견 등 여러 차례 서신으로 관여하였다. 영봉서원은 결국 1568년(선조 1년) 중국 송나라의 유학자 이천 정이(1033~1107)와 운곡 주희(1130~1200), 그리고 한훤당 김굉필(1454~1504)을 제향하기로 하고, 서원 이름도 정이천의 천(川) 자와 운곡의 곡(谷) 자를 따서 천곡서원(川谷書院)으로 바꾸었다. 이때에도 한강 정구가 퇴계의 자문을 받았다. 성주 유림에서는 성주 출신 대현 이조년과 이인복은 별도로 충현사를 세워 제향하였다.[138]

③ **역동서원**(1568년, 예안): 역동서원은 안동 예안의 유림들이

일간 머무르면서 가르침을 받았다.

137) 권오봉, '퇴계 선생에 관한 전언 설화 고론', 퇴계학논총 제1집, 1996, 182쪽.

138) 성주군 홈페이지, 디지털성주문화대전, 영봉서원 참조.

영주(이산서원), 성주(영봉서원) 등지에서 서원이 설립되는 무렵인 1558년에 서원 터를 물색하고 퇴계의 자문을 받아 진행하다가 1568년에 완공하여 1570년에 낙성식과 우탁 위패 봉안을 하였다. 안동 지역 최초의 서원이 되었다. 퇴계는 서원의 터를 잡을 때부터, 기문, 원규, 현판 이름, 글씨 등을 직접 짓고 썼으며, 이 서원에서 몇 차례 강론하였다.

④ **임고서원(1553년, 영천)**: 임고서원(臨皐書院)은 경상도 영천 지역의 퇴계 문인들인 소암 노수(?~?), 명산 김응생(1496~1555), 노촌 정윤량(1515~1580) 등이 주도하여 포은 정몽주의 학문과 덕행, 충절을 기리기 위해 1553년에 세우고, 1554년에 임고로 사액서원이 되었으며, 후에 장현광(1643년), 황보인(1787년)을 추가로 배향하였다. 노수는 서원에 필요한 서적을 구하기 위해 서울로 향하였고, 당시 서울에서 벼슬을 하고 있던 퇴계는 찾아온 노수에게 임금이 하사한 성리군서 한 질을 흔쾌히 내 주었다. 퇴계는 책을 주면서 책 뒤에 책을 주게 된 사연을 직접 썼다. "영천의 상사(上舍) 노수가 포은 정선생의 구거에 앞장서서 서원을 짓고 (중략) 삼가 얼마 전에 임금님이 하사한 성리군서 한 질을 증정하였다. 어떤 사람이 임금님이 하사한 책을 남에게 줄 수 있느냐고 하지만, 서원에 주는 것은 선현을 위하고 후학을 위한 일인데, 어찌 남에게 준 것이라고 말할 수 있겠는가"라고 쓰고 '갑인년(1554년) 4월 16일 진성(眞城) 이황(李滉) 근서'라고 날짜와 이름을 적었다. 또한 정몽주의 도

학을 칭송하는 제문을 짓고,[139] 묘우의 액을 쓰기도 하였다. 위와 같은 사실로 보아 퇴계가 임고서원 건립에 가졌던 관심과 애정이 남다름을 느낄 수 있다.

⑤ **오봉서원(1561년, 강릉)**: 강릉 오봉서원(五峯書院)은 1556년 강릉 부사 함헌(1508~?)이 중국에 사신으로 다녀오면서 공자 초상화를 가지고 와서 1561년에 건립하였다. 따라서 오봉서원은 공자를 모신 최초 서원이 되었다. 함헌은 퇴계 문인은 아니었으나, 성균관에서 함께 유학한 인연이 있었으며, 서원을 건립하면서 오봉서원의 서원도를 그려서 퇴계에게 건립 사항을 알리니 퇴계는 시를 지어 보냈다. 또한 함헌이 서원기를 써 줄 것을 부탁하였으나, 퇴계는 병으로 사양하였다. 오봉서원 창립 당시 함께 발의한 향호 최운우(1532~1605)는 퇴계의 문인이었다. 오봉서원은 강원도 지역에서 최초로 세워졌으나, 사액서원이 되지 못하였다. 그 후 숙종이 사액서원에 준한 대우를 하여 1681년에 묘답과 노비를 내려 보냈다. 뒤에 주자와 우암 송시열을 추가로 배향하였다.

⑥ **서악서원(1561년, 경주)**: 서악서원(西嶽書院)은 1561년 조선 명종(16년) 때, 경주부윤 이정(1512~1571)이 김유신(595~673)을 기리기 위해 처음 세웠다. 이정은 처음에는 무열왕과 김유신을 모시는 서원을 계획하고 스승인 퇴계에

139) 권시용, '16-17세기 초반 퇴계 문인의 서원 건립 활동', 한국서원학보 제8호, 2019.6. 12쪽.

게 자문을 구하였다. 퇴계는 작은 고을의 부윤이 왕을 모시는 사당을 세우는 것은 조심스러운 일이라는 점을 일러 주자 이정은 김유신만 모시는 사당인 향현사를 짓고 제향과 학생 교육을 하는 학당인 서악정사를 지었다. 다시 경주 유림에서 설총과 최치원을 추가로 모시기로 하여 이정은 퇴계와 다시 의논하여 세 사람을 함께 모시게 되었으며, 퇴계는 서악정사 현판을 직접 써 주었다. 그 뒤, 사당을 중건하고 동재, 서재를 창건하였으며, 인조 1년인 1623년에 사액서원이 되었다. 또한 대원군의 서원 철폐 때에도 살아남은 47개 서원에 포함되었다.

또 한편으로는 이정이 처음 사당을 건립할 때, 김유신과 더불어 경주 출신의 선현인 이제현(1288~1367)과 이존오(1341~1371)를 배향하는 것이 어떠한지 퇴계에게 자문을 구하기도 하였다. 이때, 퇴계는 가능한 일이기는 하지만, 지난 성주의 영봉서원에서 논란이 있어서 이 문제를 언급하지 않고 이정과 경주 유림에서 뜻한 대로 결정하라고 하며 관여하지 않았다.[140] 이러한 여러 정황으로 볼 때, 경주 서악서원 건립에는 퇴계는 제자 이정에게 여러 차례 자문하면서 직간접적으로 참여하였음을 알 수 있다. 또한 퇴계는 서악정사를 건립한 이정의 공로와 학문적 기여를 높이 평가하고 격려하는 시를 지어 보냈는데, 제목이 '이강이가 새

---

140) 정석태, 전게서 3권, 152쪽.

로 서악정사를 짓고 시를 보냈기로 두 수를 차운함'이다.

⑦ **연경서원(1565년, 대구)**: 연경서원(研經書院)은 대구에 세워진 최초의 서원이다. 퇴계의 문인이었던 매암 이숙량(1519~1592)[141]과 계동 전경창(1532~1585) 등이 중심이 되어 1563년 가을에 건립을 시작하여 1564년 3월에 상량을 하고 1565년 10월에 완공된 서원이다. 이 서원은 임진왜란 때 소실되었다가 모당 손처눌(1553~1634)의 주도로 1602년에 중건되었으며, 1613년에 사당을 건립하면서 퇴계 선생을 제향하였다. 그 뒤 한강 정구(1622년), 우복 정경세(1706년), 그리고 1635년에는 전경창, 이숙량을 제향하였다. 비록 대구 최초의 서원으로 사액되었으나 1871년 흥선대원군의 서원 철폐령에 훼철되어 현재까지 미복원 상태이다.[142]

이숙량은 서원이 완공된 뒤에 서원 건립의 내력을 기록하여 스승인 퇴계에게 기문을 부탁하였으나, 퇴계는 이숙량이 지은 서원 기록이 자세하고 체계에 맞게 잘 정리가 되어 있으므로 이미 기문과 다름없다고 하면서, 약간의 수정만 하여 돌려보냈다. 그리고 자신이 지은 서원십영 가운데 연경서원의 시를 적어 보내주었다.[143]

---

141) 이숙량은 농암 이현보 선생의 여섯째 막내아들로 퇴계의 문인이다. 그의 둘째 형 이문량은 퇴계의 절친이며, 넷째 형 이중량은 퇴계와 동방급제(1534년)하였다. 이숙량은 1557년 대구 연경으로 이사를 하였으며, 연경서원을 세우는 데 주도적인 역할을 하였다. 1568년에 안동으로 다시 돌아갔다.

142) 대구광역시 홈페이지 대구역사문화대전, 대구향토문화백과 참조.

143) 권시용, '16-17세기 초반 퇴계 문인의 서원건립 활동', 한국서원학보 제8호, 2019.6. 12쪽.

⑧ **옥천서원(1564년, 순천)**: 옥천서원(玉川書院)은 1564년 퇴계의 제자 이정이 당시 순천 부사로 재직하면서 한훤당 김굉필을 모시는 사당을 처음 창건하고 경현당이라고 하였다가. 한 해 뒤, 1565년 옥천정사로 이름 지었다. 퇴계는 제자 이정의 요청으로 제호와 편액을 쓰거나 지어주었다. 김굉필은 무오사화 때, 순천에 유배되었다가 죽었으며, 뒤에 김종직, 조광조, 이언적, 이퇴계와 함께 성균관 문묘에 배향된 사림의 큰 인물이었다. 다시 3년 뒤, 1568년 순천 부사 김계의 상소로 전라도에서는 처음으로 옥천서원이란 이름으로 사액서원이 되었다. 옥천서원은 정유재란 때 소실되었다가 그 뒤 1604년, 1653년, 1717년에 한 차례씩 중건되었다. 1868년 흥선대원군의 서원 철폐령으로 훼철되었다가 1928년 지역 유림들에 의해 다시 세워졌다.[144)]

⑨ **예림서원(1567, 밀양)**: 밀양 예림서원(禮林書院)은 1567년 점필재 김종직(1431~1492)의 학덕을 기리기 위하여 건립되었다. 1567년(명종 22년) 이도우가 창건하여 덕성서원이라 이름을 붙였다. 그 한 해 전(1566년)에 당시 밀양 교수로 있던 퇴계 문인 임연재 배삼익(1534~1588)이 퇴계에게 편지하여 점필재를 위한 서원 건립에 대해 자문을 구하였으며, 퇴계는 "김종직이 삼강오륜을 도와서 세우게 한 점이 많으니, 서원을 건립하고 사당을 세우는 일에 무리가 없다"고 답하

144) [네이버 지식백과] 옥천서원[玉川書院]. (두산백과 두피디아, 두산백과)

며, 서원을 완성하는 데 힘써 줄 것을 당부하였다.[145] 그리고 퇴계의 의견을 따라 서원 이름을 점필서원으로 바꾸었으며, 편액도 퇴계의 글씨를 받아서 걸었다. 1637년 지역 사림의 공의에 따라 서원 이름을 다시 예림서원으로 바꾸고, 우졸재 박한주(1459~1504)와 송계 신계성(1499~1562)을 추가로 배향하였으며, 1669년에 사액서원이 되었다.

⑩ **남계서원(1552년, 함양)**: 함양의 남계서원(濫溪書院)은 이 지역의 사림이었던 일두 정여창(1450~1504)의 학덕을 기리기 위해 건립되었다. 서원 건립은 1552년에 개암 강익(1523~1567)이 주도하여 소고 박승임(1517~1586), 사암 노관(1522~1574), 매촌 정복현(1521~1591), 남계 임희무(1527~1577) 등과 의논하여 서원 건립을 공론화하였다.[146] 그리고 1559년에 강당과 담장을 완공하였다. 그 뒤, 1561년에 서원이 완공되고 정여창의 위패를 봉안하였다.[147] 그러나 근래 소고 박승임은 반계 박승원의 이름을 잘못 기록한 것이라는 주장[148]이 있어 더 밝혀보아야 한다. 그리고 다시 6년 뒤인 1566년(명종 21년)

145) 권시용, 전게서, 13쪽.

146) 정우락, '개암 강익의 심학과 그의 시가 문학', 퇴계학논집 32호, 75쪽.

147) 이미진, '한시로 그려 낸 19세기 남계서원의 풍경', 영남학 제8호, 2023, 281쪽.

148) 김윤수에 의하면, 남계서원 건립 참여자로 기록된 소고 박승임은 반계 박승원(1516?~1561?)의 이름을 잘못 적은 것으로, 오류라고 지적하였다. 서원 건립을 주도한 강익의 문집에 박승임이 기록되어 있어서 그렇게 알려져 왔으나, 같이 참여한 남계 임희무의 남계집에는 박승원으로 기록되어 있고, 또한 박승임은 현풍현감, 진주목사, 창원부사 등을 지내면서 남계서원 건립에 기부한 적 없으며, 참여한 기록이 없다고 하였다. 그러므로 실제로는 박승원이 맞다고 하였다.(김윤수, 〈특별기고〉 '남계서원과 남계오현', 유교신문, 2023.4.30.)

에 서원 곁을 흐르고 있는 시내 이름을 따서 남계로 사액서원이 되었으며, 숙종 3년(1677년)에 동계 정온(1569~1641)을 서편에 배향하고 숙종 15년(1689년)에 개암 강익을 동편에 배향하였다.[149] 대원군의 서원 철폐령에도 훼철되지 않고 보존된 서원으로 2019년 유네스코문화유산에 등재된 9개 서원 중 하나이다.

남계서원 건립에 퇴계의 영향력이 미치고 있음을 짐작할 수 있는 것은 바로 1562년(명종 17년)에 강익이 만든 남계서원의 원규는 영주에 세우고 있던 이산서원의 원규에서 서원 수리 및 알묘 복장을 규정한 두 개의 항목이 추가된 것 말고는 그대로 사용하고 있음을 볼 수 있다.[150] 권시용에 의하면,[151] 서원 건립 문제를 함께 의논하였던 소고 박승임은 바로 퇴계의 문인으로 영주 이산서원 건립에 주도적 활동을 한 인물이기에 강익이 박승임을 통해서 퇴계의 영향을 받았을 것으로 추측된다고 하였다. 그러나 김윤수의 주장대로 만약 소고 박승임이 아니고 박승원이라면 남계서원에 대한 퇴계 선생의 관여에 대해서도 좀 더 자세한 연구가 필요할 것이다.

149) 개암 강익이 동계 정온보다 벼슬은 낮았으나, 동계의 외숙이므로 동쪽에 위패를 모셨다. 개암의 묘갈명을 동계가 지었다.

150) 권시용, 전게서, 14쪽 참조.

151) 권시용, 전게서, 14쪽 참조.

(85) 퇴계의 서원십영은 무엇인가?

퇴계가 1550년대부터 설립되기 시작한 서원 아홉 개를 골라 각 칠언절구시를 지어 읊은 것을 서원십영(書院十詠)이라고 한다. 퇴계는 '요순우탕 문무주공'[152] 이래로 성인의 가르침이 잘 전해져 왔으나, 후세에 와서 선비들은 점차 과거 교육에 매달리고 높은 벼슬로 나아가는 입신양명을 추구하는 세태를 걱정하였다. 관학 기관인 성균관과 향교가 제 기능을 다하지 못하고, 출세 지향적 과거 기술자를 기르는 기관으로 전락하는 현실을 보면서 깊은 우려에 빠졌다. 그는 과거제도 자체가 나쁜 것은 아니지만, 더 이상 한계에 이르렀음을 느끼고 진정한 학문 연마와 유학의 근본인 위기지학을 위한 교육기관으로 서원과 같은 국가 통제를 벗어난 사학의 설립과 운영이 절실함을 깨달았다. 그러한 의식을 출발점으로 우리나라 최초 서원인 백운동 서원을 소수서원이라는 최초의 사액서원으로 지정받게 함으로써 서원의 효시를 세웠다. 소수서원의 사액 서원화를 보면서 조선의 고을과 향촌에서는 1550년을 기점으로 하여 전국적으로 서원 설립의 열풍이 일어났다. 퇴계의 서원 건립 의지가 빛을 발휘하기 시작한 것이다.

이에 퇴계는 그러한 새로운 학풍의 불꽃이 식지 않도록 하고자 1550년대와 60년대에 세워진 서원 9곳을 골라 시를 짓고, 마지막에는 총론 격인 시를 지어 모두 서원십영이라고 하였다. 각

152) 요임금, 순임금, 우임금(하나라), 탕임금(상나라), 문왕(주나라), 무왕(주나라), 주공(주나라)을 말한다. 유학에서는 이 일곱 인물을 유학의 도통을 세우고 바르게 이어간 성인으로 받든다.

각의 시는 칠언절구인데 퇴계는 이 시를 통해서 서원이 왜 필요한지 그 가치와 나아갈 바를 제시하기도 하고, 또한 서원의 중요성과 그 서원에 배향된 인물에 대해서 읊음으로써 선비들이 진리탐구와 성인을 따르는 학문에 매진하여 자신과 사회에 유익하게 봉사하고 실천하는 풍토를 소망하였다.

또한, 퇴계는 당시 일부에서 성균관, 사학, 향교가 수많게 세워져 있는데, 서원을 다시 사액화하여 신설하는 것에 대해 일부 비판적인 여론과 우려가 있음을 알고, 이를 불식시키고, 지역 유림과 선비들에게 흔들림 없이 서원을 키워나갈 수 있는 정신을 심어주기 위해 서원십영을 지었을 것으로 보인다.

(86) 서원십영에 등장하는 서원은 무엇인가?

퇴계가 '서원 열 곳을 노래하다'로 시를 읊은 서원은 제목에서처럼 열 개가 아니고 아홉 개다. 열 번째 마지막 시는 '총론 제원'으로 '여러 서원을 논하다'이다.[153] 1550년 전후로 조선에 많은 서원들이 건립되기 시작할 때, 퇴계는 10개의 서원 건립에 직간접적으로 관여하였다. 그리고 자신이 관여한 서원 열 곳 가운데 순천의 옥천서원과 밀양의 예림서원을 빼고 해주의 문헌서원을 추가하여 모두 9개의 서원에 시를 지어 보내고 마지막 총론 시 한 수를 보태어 서원십영이라고 하였다. 다음의 표는 퇴계가 서원십영에 읊은 서원이다.

153) 손오규, 퇴계시와 미학, 제주대학교 출판부, 2012, 355~381쪽.

〈퇴계의 서원십영에 등장하는 서원〉

서원	건립	지역	제향	서원	건립	지역	제향
죽계서원	1543	경북 영주	안향	남계서원	1552	경남 함양	정여창
임고서원	1553	경북 영천	정몽주	이산서원	1558	경북 영주	이황(사후)
문헌서원	1551	황해도 해주	최충	서악서원	1561	경북 경주	김유신
영봉서원	1559	경북 성주	정이, 주희	연경서원	1565	대구	이황(사후)
구산서원	1561	강원도 강릉	공자				

* 죽계서원은 소수서원의 다른 이름이다.

제3장. 배움으로 교화하다

10. 학문과 교육

(87) 퇴계는 학문의 목적을 무엇으로 보았는가?

미국의 교육철학자 존 듀이는 '교육의 목적은 교육받은 사람을 만드는 것'이라고 하였다. 덧붙여서 교육에는 목적이 없다고 하였다. 교육, 삶, 도덕 같은 선하고 가치 있는 것은 그 자체가 목적이며, 다른 어떤 목적 달성을 위한 수단이 될 수 없다는 사상이었다. 교육은 최고의 가치로운 행위이기 때문에 교육을 받는 것이 목표이며, 교육받은 사람은 자기도 모르는 사이에 저절로 지속적인 자기 성장, 자아실현이 이루어지는 것이라는 존 듀이의 생각이었다. 이러한 사상은 이미 오래전 조선에서 퇴계가 말한 학문의 목적관에서 나타나고 있음을 볼 수 있다.

퇴계의 제자 이덕홍의 기록에 의하면,[154] 퇴계는 '군자의 학문은 자신을 위함에 있다'라고 하였다. 그러면서 "자신을 위한다는 것은 장경부의 이른바, 아무런 작위 하는 바가 없이 그렇게 되는 것이라고 하였다. 예를 들어, 깊은 산에 수풀이 무성한 가운데, 한 떨기 난초꽃이 피어서 하루 종일 맑은 향기를 내뿜건만, 난초 자신은 그것이 향기로운 것인지도 모른다. 이것이 바로 군자의

154) 홍승희, 이윤희 공역, '퇴계선생언행록', 도운회, 2014, 51쪽.

자신을 위한 학문, 곧 위기지학이란 뜻에 정확하게 합치된다"고 하였다. 이를 볼 때, 퇴계는 학문하는 이유가 남의 이목을 생각하여 하는 학문이 아닌 자신의 인격을 완성하기 위한 위기지학에 두고 있음을 알 수 있다. 난초가 자신도 모르게 향기를 내뿜듯이 학문하는 사람은 자신도 모르는 사이에 성장하고, 자아실현이 된다고 보는 것이다. 따라서 퇴계가 보는 학문의 목적은 '자기 자신을 위한 것'에 있다고 할 수 있다. 이때, 자기 자신을 위한다는 것은 남에게 보이고, 드러내기 위한 자신이 아니라, 인격을 완성하는 자신이다.

(88) 퇴계는 학문하는 자세에 대해 어떻게 가르쳤는가?

제자 우성전에 의하면, 퇴계는 학문하는 사람이 "자기를 버리고 남을 따르지 못하는 것이 학문하는 자의 큰 병이다. 세상의 의리란 무궁한 것인데, 어떻게 자기만 옳고 남은 그르다 할 수 있겠는가?"라고 하였다.[155] 열린 마음으로 타인의 주장과 의견을 들을 줄 알아야 함이 배우는 자의 자세라고 가르치고 있다.

이는 퇴계가 남긴 유명한 가르침이다. 학문 토론이나 공론이 있을 때, 퇴계는 자신의 주장만 옳다고 내세우는 것이 배우는 자의 큰 병이라고 가르쳤다. 세상의 진리와 이치는 무궁무진한 것이므로 혼자 다 알 수도 없으며, 자기가 알고 있는 것이 반드시 진리라고 할 수 없는 것이기에 다른 사람의 주장이나 의견에 귀

155) 사단법인 도운회, 퇴계선생언행록 1권, 보고사, 2021, 102쪽.

를 기울이는 것이 배우는 자의 자세라고 가르쳤다. 퇴계는 고봉과의 사단칠정논변에서 어린 고봉의 의견이나 주장을 배척하지 않았다. 거듭된 토론을 거쳐 고봉의 의견을 수용하기도 하였고, 자신의 의견을 수정하기도 하는 열린 자세를 보였다. 그러한 퇴계의 학문 자세로 유명한 사단칠정논설이 창출될 수 있었다.

(89) 퇴계는 글 읽는 방법에 대해 어떻게 말하였는가?

퇴계 선생의 독서법에 대해 언행록의 기록을 중심으로 정리한 결과 다음과 같이 퇴계의 독서 삼법으로 이해할 수 있다.

① 읽은 글은 반드시 복습하였다. 퇴계는 글을 읽을 때는 익숙하도록 읽으라고 가르쳤다. 이는 곧 끊임없는 연습과 복습을 의미한다. 제자 학봉 김성일이 퇴계 선생께 글 읽는 방법에 대해 질문하였다.[156] 이에 퇴계는 "익숙하도록 읽는 것뿐이다. 글을 읽는 사람이 비록 글의 뜻은 이해하더라도 익숙하지 못하다면, 읽어도 곧 잊어버려서 마음에 간직할 수가 없다. 반드시 배우면 다시 복습하는 공력을 들인 뒤에야 비로소 마음속에 지닐 수 있다."라고 가르쳤다.

② 읽은 책을 완전히 암기하였다. 제자 이덕홍이 기록한 바에 의하면,[157] 선생께서는 "새로운 것을 얻으면 반드시 옛것을 다시 익히고, 한 권을 마치면 그 한 권을 모조리 외우고,

156) 홍승희, 이윤희 공역, 전게서, 21쪽.
157) 홍승균, 이윤희 공역, 상게서, 17쪽.

두 권을 마칠 때도 역시 그 두 권을 모조리 외웠다. 이렇게 하기를 오래 하자, 차츰 처음 배울 때와는 달라져서 서너너덧 권을 읽게 되어서는 간간이 혼자서도 이해하여 통달할 수 있는 곳이 있게 되었다."라고 하여, 책을 읽으면 통째로 완전히 암기하는 독서 방법을 취하였다.

③ 글을 정독하여 읽었다. 제자 김성일의 증언에 의하면,[158] 선생께서는 '글을 읽을 때, 단정히 앉아 큰 소리로 읽었으며, 글자마다 그 뜻을 찾고 구절마다 그 의미를 찾았다. 비록 한 자 한 획의 사소한 것이라도 그냥 지나치지 않았다.' 라고 하였다. 퇴계는 책을 대충 읽거나 적당히 이해하거나 하지 않았다. 이해할 때까지 파고들었으며, 그래도 이해가 되지 않으면, 덮어 두었다가 산책이나 사색을 하면서 이른바 뜸 들이는 시간을 가진 뒤에 다시 펴서 그 부분을 파고들어 반드시 이해하고 넘어갔다.

(90) 퇴계는 제자들을 가르칠 때, 어떻게 하였는가?

퇴계언행록, 편지글 등 자료를 통해 퇴계 선생께서 제자들을 가르칠 때의 교육 방법을 요약하면 다음과 같이 '퇴계의 다섯 가지 가르치는 방법'이라는 퇴계 오교지목[159]으로 정리할 수 있다.

① 뜻을 세우도록 하였다. 요즈음 용어로 말하면 학생들에게

158) 홍승희, 이윤희 공역, 전게서, 20쪽.

159) '퇴계 오교지목(退溪 五教之目)'이란 용어는 본 저자가 이름 붙인 것이다.

목표와 희망을 세우게 하는 것이다. 배우는 사람은 반드시 먼저 뜻을 세우는 입지(立志)를 우선으로 삼아야 함을 강조하였다. 다만, 그 뜻하는 바가 어떤 일인지에 대해서도 살펴보아야 한다고 가르쳤다. 뜻을 올바르게 세워야 함을 강조한 것이다.

② 가르침에 있어 싫증을 내거나 권태로워하지 않았다. 퇴계는 제자들에게 언제나 친구처럼 대하고 그들이 나이 어린 자라고 하더라도 일찍이 이름을 놔두고 너라고 부른 적이 없었다. 사람들을 맞이하고 전송할 때는 반드시 섬돌 아래에 내려와서 하였으며, 끝내 스승으로 자처하지 않았다.[160)]

③ 개인별 공부의 수준과 깊이에 따라 가르쳤다. 많은 제자, 선비들이 멀리서 찾아와서 질문하거나 의문점을 물으면 그 묻는 사람 각각의 수준에 맞게 설명하였다. 이는 공자도 그러한 방법을 사용하였으며, 퇴계 선생의 방법은 이를테면 오늘날 교육 방법 이론의 하나인 개별화 교수법을 적용하고 있었다.

④ 거경궁리를 중시하고 강조하였다. 배우는 자는 반드시 경을 위주로 하는(거경) 학습 자세를 갖추도록 가르쳤다. 그러한 자세, 태도를 바탕으로 이치를 깊이 파고드는 궁리를 하게 하였으며, 이 두 가지를 공부의 핵심으로 삼아야 한다고 가르쳤다.

160) 한국고전종합 DB, 학봉전집, 학봉속집 제5권, 잡저, '퇴계 선생 사전'.

⑤ 자상하고 정성스럽게 가르쳤다. 퇴계는 모든 사람에게 자상하고 친절하게 인도하여 깨우쳐 주는 교육 방법으로 대하였다. 제자들을 가르칠 때, 정성스럽게 가르치고, 부드럽게 대하였으며, 권위적이지 않았다. 퇴계의 많은 제자 가운데 스승을 떠나갔거나 배반한 제자가 한 명도 없었다는 것은, 바로 이런 교육 방법 때문이 아닌가 생각된다.

(91) 퇴계가 과거 급제까지 공부한 여정은 어떠하였는가?

퇴계가 6세부터 과거 합격하는 34세까지 연도별로 공부한 과정을 다음과 같이 정리하였다.[161]

- 6세에 집 이웃 노인에게 천자문을 배웠다. 노인 집 대문 밖에서 전날까지 배운 것을 다 외우고 들어갔다.
- 12세에 숙부에게 논어를 배우기 시작하여 13세에 다 배웠다. 논어를 완전히 외우고 해석하였으나, 엄격한 숙부는 칭찬하지 않았다. 섣부른 칭찬이 자만을 가져올 수 있음을 미리 경계한 듯하다.
- 글 읽기를 좋아하여 사람들이 많이 모인 자리에서도 반드시 벽을 향해 앉아서 책을 보았다. 15세에 숙부가 청량산을 유람하는데 여러 형들과 함께 따라갔다가 그 산절에 머물면서 글을 읽었다.

---

161) 정석태, 상게서 1권 참조.

• 16세에 안동 봉정사에서 종제 수령(숙부 우의 맏아들)과 함께 글을 읽었다. 이때, 공생[162] 권민의, 강한이 따라왔다. 퇴계는 50년 뒤인 1566년 봉정사를 찾아 갔을 때, 16세에 이곳에서 공부하던 곳을 회상하고 봉정사 입구의 낙수대를 명옥대로 개명하고 명옥대 시를 지었다. 17세에 믿고 따르던 숙부가 별세하여 퇴계는 더 이상 배울 스승이 없어 학문을 포기할 뻔하였다.
• 18세에 안동 향교에 유학하였다. 이때, 고향 어른인 농암 이현보가 안동부사로 부임하여 향교에 유학하는 선비를 불러 모아 공부할 수 있게 하여 퇴계의 최초 유학공부가 되었다.
• 19세에 처음으로 서울에서 문과 별거 초시에 응시하였다. 이것이 최초의 과거 시험이었다. 19세에 주자의 성리대전 가운데 앞부분과 끝부분(권1의 태극도설과 권70의 시)을 빌려 읽었다. 극히 일부분이지만 퇴계는 이 책을 읽고 마음이 즐겁고 눈이 열려 학문의 길이 환히 열리는 듯하다고 하였다.
• 20세에 온혜 용수사에서 주역을 읽었다. 침식을 잊다시피 공부하여 병을 얻어 평생 고생하는 계기가 되었다.
• 23세에 처음 성균관에 유학하였다. 이때, 심경부주를 구해 읽었다. 문을 닫고 들어앉아 여러 달 반복하여 읽고 나서 비로소 심학의 연원과 심법의 정미함을 알게 되었다고 한다. 23세에 영주의 의원(일종의 공공 병원)에서 여러 벗과 함께 의

162) 공생(貢生): 조선 시대에 향교에 다니던 생도.

서를 공부하였다.

- 24세에 온혜 용수사에서 공부하였으며, 서울에서 과거에 응시하였으나 낙방하였다. 25세에는 청량산 보문암에서 공부하였다.
- 27세에 경상도 향시에 응시하여 진사시에서는 1등, 생원시에서는 2등을 하였다. 둘째 아들(채)이 출생하고 한 달 뒤 부인 김해 허씨가 별세하였다.
- 28세에 서울에서 진사 회시에 응시하여 2등으로 합격하였다. 28세에 청량산 백운암에서 공부하였다.
- 29세에 안동 녹전면 성천사에서 이문량(이현보의 아들)과 글을 읽었다.
- 31세에 안동 도산 원천리 월란암에서 글을 읽었다.
- 32세에 서울에서 문과 별거 초시에 응시하여 2등으로 합격하였다.
- 33세 5월에 성균관에 두 번째로 유학하였다. 이때, 하서 김인후를 만났다. 가을에 경상좌도 향시에 1등으로 합격하였다. 이때, 남명 조식은 경상우도 향시에 2등으로 합격하였다.
- 34세에 대과에 문과급제하였다.

(92) 퇴계의 스승은 누구인가?

퇴계의 스승은 퇴계 자신이다. 누구 문하에 들어가 예를 갖추고 집지한 스승이 없었다. 퇴계의 높은 학문은 오로지 홀로 노력한 독학의 결과였다. 조선시대에는 양반 가문이나 사대부 집안 자제는 대개 훌륭한 학자나 선비를 찾아가 일정 기간 스승으로 모시고 글을 배웠다. 이로써 문하생이 된다. 스승을 찾아 처음 문하생으로 입문할 때는 작은 예폐를 드리고 제자 되기를 허락받는 것이 예의였다. 이러한 절차를 집지(執贄)라고 하였다. 퇴계는 6세 때, 이웃집 할아버지에게 천자문을 배웠고, 12세 때, 숙부에게서 논어를 배운 것 외에는 생애에 스승 없이 독학하였다. 숙부 송재공 이우마저도 퇴계가 17세 되던 해 돌아가셨으며 퇴계는 이때, 더 이상 배울 수 있는 사람이 없었다. 퇴계가 20대, 30대에 크게 알려지지 않았으나, 40대 후반에 비로소 전국적인 명성을 얻고 사림의 지도자로 추앙받는 대학자가 될 수 있었던 것은 오직 꾸준한 노력과 거경궁리에 철저한 독학으로 이룬 성취였다.

(93) 퇴계는 50대에 어떠한 학문 활동을 하였는가?

퇴계는 50세에 고향 개울가에 집과 서당을 지으면서부터 70세 돌아가시던 해까지 약 20년간 가장 왕성하고, 원숙한 학문 활동을 하였다. 비록 52세에서 55세까지 3년간은 명종의 부름으로 서울에서 관직에 있었지만, 50대에 활발한 교육과 학문 활동을 하였다. 50세 이후의 학구 활동 가운데서 주요한 것을 살펴보면 다음과 같다.

53세에 추만 정지운(1509~1561)을 만나 그의 천명도설을 개정하고 후서를 썼다. 이 일은 5년 후 고봉과 조선 최대의 획기적인 학술논쟁의 단초가 되는 소중하고도 역사적 만남이었다. 그리고 연평답문을 교정하고 후어를 지었다. 54세에 소재 노수신(1515~1590)의 숙흥야매잠주에 관해 편지로 논술하였고, 56세에 예안향약을 기초하였으며, 57세에 역학계몽전의를 집필하였다. 58세에 주자서절요 및 자성록을 거의 완결 지어 그 서문을 썼다. 59세에 금계 황준량(1517~1563)의 질문에 답하면서 백록동규집해에 관해 토론하였으며, 59세 초에 고봉 기대승(1527~1572)과 유명한 사칠논변으로 조선 성리학 발전에 큰 족적을 남겼다.

(94) 60대에는 어떤 학문 활동을 하였는가?

61세에 도산서당을 완공한 이후, 그해에 도산잡영을 지었으며, '회재 이언적이 지은 태극문변을 읽고 크게 감동하였다. 62세에 고봉 기대승과의 사단칠정논변을 종료하였으며, 또한 '전도수언'을 교정하고 발문을 썼다. 63세에 송원이학통록의 초고를 탈고해 그 서문을 썼으며, 금계 황준량의 행장을 지었다. 64세에 정암 조광조의 행장을 지었고, 이구의 심무체용론에 대해 심에 체와 용이 없다는 말에 변박하는 글을 지어 잘못된 점을 따졌다. 66세에 도산십이곡을 지어 어린이, 서민들까지 인성의 순화를 기르고자 하였고, 고봉 기대승의 사단칠정논변 총론에 대해 종결하는 답을 쓰고, 회재 이언적의 행장을 썼으며, 심경후론을 지었다. 68세에 선조에게 무진육조소를 지어 올려 나라 다스리는 정책 방안 여섯 조목을 상소하였고, 선조에게 경연에서 사잠, 논어집주, 주역, 서명 등을 강의하였다. 그리고 성리학의 결정체인 성학십도를 지어서 이제 막 임금이 된 어린 선조에게 성학을 알게 하고, 성군이 되는 길을 제시하였다. 70세 사망하기 한 달 전까지도 역동서원에서 제자들과 강론하였고 시를 지었다.

(95) 퇴계의 좌우명은 무엇인가?

좌우명(座右銘)이란 한자 말 풀이로는 앉은 자리 오른쪽의 글을 의미하지만, 일반적으로 늘 옆에 두고 가르침으로 삼는 말이나 문구를 말한다. 옛 선비들은 삶에서 가르침으로 삼고자 하는 좋은 글귀나 문구를 방 안의 벽이나 창에 써 두고 마음에 새기면서 늘 실천하고자 하였다. 중국 송나라 장재(1020~1077)는 자신의 서재 왼쪽 벽에 잠언으로 삼을 글을 써 두고 늘 읽고 외웠다. 장재는 이것을 '어리석음을 물리친다'는 의미로 정완(訂頑)이라고 불렀다. 이것이 장재의 유명한 좌우명으로 다른 말로는 서명이라고도 하였다.

퇴계 선생께서는 '이것이 나의 좌우명이다'라고 말한 기록은 없다. 그러나 선생께서 평소 도산서당 완락재 방 벽에 아래 네 가지 명(銘)을 써 붙이고 늘 마음에 새기고 실천하고자 하였다.

- 사무사(思無邪): 간사한 생각을 품지 말라
- 무자기(毋自欺): 자기 자신을 속이지 말라
- 무불경(毋不敬): 항상 공경하는 마음을 가져라

• 신기독(愼其獨): 혼자 있을 때도 행동을 바로 하라

이 네 가지 좌우명은 현재 경상북도 청량산 입구 퇴계 선생 기념 동산에 퇴계의 시 몇 수와 함께 돌에 크게 새겨져 있다.

(96) 퇴계 철학의 핵심인 경이란 무엇인가?

퇴계 사상의 핵심 키워드는 경(敬)이라고 한다. 학자들은 이를 퇴계의 경철학이라고 하기도 한다. 경 개념은 고대 유학 경전 곳곳에서 보이고 있다. 이를테면, 주역 문언전에서 '군자는 경으로써 안을 곧게 하고, 의로써 밖을 바르게 하여 경과 의가 확립되면 덕은 외롭지 아니하다'라고 하였다. 예기 곡례 상편에서는 예(禮)란, '공경하지 아니하지 말며(무불경)'라고 하였다. 세상 모든 대상을 공경하는 것이 곧, 예라고 설명한 것이다. 논어 헌문편에서는 '경으로써 자신을 닦는다' 하였고, '처소에 기거함에 공손하고 일을 집행함에 경으로 한다.'라고 하였다.[163] 이러한 가르침은 곧 경이 우리 인간의 내면과 마음을 다스리는 기제이며, 경의 발현이 곧 예라고 보고 있는 것이다. 사람의 기본 도리의 하나인 예의가 모두 경에서 비롯되는 것이니 경이 곧 학문과 생활의 바탕이 됨을 경전에서는 이미 가르치고 있었다.

경 개념은 중국 송나라 정이(1033~1077)와 주희(1130~1200)에 의해 이론화되고, 체계화되기 시작하였다. 그들은 경을 배우는

163) 논어에서는 경의 개념이 모두 21번 나오고 있다.(한국민족문화대백과사전, 경 참조)

자의 수양의 요체로 삼았으며, 특히 주자는 "경 공부는 성인이 되는 학문에서 첫째가는 것이다."[164]라고 하였다. 그는 경의 조건으로 네 가지를 제시하였다. 첫째, 태도를 단정히 하고 마음을 엄숙히 하는 정제엄숙, 둘째, 한 가지 일에 마음을 쏟아 흩어지지 않도록 하는 주일무적, 셋째, 마음이 별처럼 언제나 깨어있는 상태가 되는 상성성, 마지막으로 마음을 수렴하여 잡생각이 없게 하는 기심수렴 불용일물 네 가지이다.

조선의 유학자들 역시 대부분 경을 수양의 중심으로 삼고자 하였다. 그러나 경의 정신을 학문이나 일상생활에서 가장 잘 실천한 학자는 퇴계 선생이었다. 퇴계는 삶의 전체가 오직 경으로 일관하였다. 그러면서 주자가 말한 네 가지 조건 중에서 정제엄숙을 가장 중시하면서 언제나 규율과 법도에 바탕을 두고 마음이 흐트러지는 일이 없도록 자신을 단속하였다. 퇴계는 자신이 저술한 성학십도에서 열 개의 도(그림)는 모두 경을 주로 하고 있다고 언급할 정도로 경은 성리학의 핵심 요체임을 밝혔다. 그는 '경이란 일심의 주재이며, 만사의 근본'으로 규정하면서 오로지 경 정신으로 실천궁행함으로써 학문과 도덕에서 위대한 경지에 이르렀다고 볼 수 있다.

(97) 퇴계가 평생 실천한 거경궁리란 무엇인가?

거경(居敬)이란 '경으로 거처를 삼는다'는 의미로서, 항상 마음

---

164) 한국민족문화대백과사전 경 참조.

을 바르게 가져 도덕적 품성을 가꾸는 것을 말한다. 사람은 모두 태어날 때, 하늘로부터 착한 본성을 부여받아 태어난다. 이 명제는 공자와 맹자의 유학에서 바꿀 수 없는 절대 명제이다. 본성은 오직 선할 뿐, 악함이 없는 순선무악한 상태를 지닌다. 그러므로 사람은 살아가면서 타고난 착한 본성을 잘 보존하고 발전시켜 나가는 것이 중요하다. 이것이 곧 존양(存養)이다.

그러나 사람은 외부 환경에 둘러싸여 살고 있다. 내면의 착한 본성이 마음 밖으로 나올 때는 외적 환경의 자극에 따라 선하게도 혹은 악하게도 표출되는 혹선혹악한 상태가 될 수 있다. 그러므로 어떠한 외부 환경의 자극에도 선한 본성이 악한 길로 빠지지 않도록 항상 삼가고, 살피는 것이 중요하다. 이것이 곧 성찰(省察)이다. 이러한 존양과 성찰은 곧 경이라는 대문을 통해서 굳건히 지켜나갈 수 있다고 보는 것이 퇴계의 신념이고 성리학자들의 믿음이었다. 따라서 일상생활에서 경을 유지하고 실천하는 거경은 곧 유학, 성리학의 요체라고 할 수 있으며, 거경은 곧 실천철학의 영역이다.

궁리(窮理)란 이치를 탐구하는 것이다. 개개 사물이나 현상이 지닌 이치, 원리를 탐구하여 근원의 진리에 도달하는 성리학의 공부법이 궁리이다. 궁리의 구체적인 방법으로 성리학에서는 두 가지를 다루고 있다. 하나는 사물을 접하여 그 사물이 지닌 이치를 깊이 탐구하는 것은 격물이고, 다른 하나는 격물을 통해서 앎에 이르는 것을 치지라고 한다. 이와 같은 격물치지가 곧 궁리이며, 이는 이론철학의 영역이다.

따라서 거경궁리란, 안으로는 마음을 경건하게 하고, 밖으로는 사물의 이치를 탐구하는 것이라고 할 수 있다. 이는 곧 성리학적 학문과 수양의 핵심적인 방법이 되고 있다.

(98) 퇴계는 왜 양명학을 비판했는가?

중국 명나라 시대 관료이자 학자이던 양명 왕수인(1472~1528)에 의해 창출된 학문이 양명학이다. 왕수인은 유학자이었다. 유학의 목적은 성인이 되는 데 있다. 그런데 성리학에서는 본성 밖에 있는 외물 각각의 이치를 궁구하여 앎에 이를 때, 성인이 될 수 있다고 본다. 그 궁구하는 방법이 격물치지이다. 왕수인은 주자를 존경하였으며, 나이 20세 무렵 격물치지의 경지에 이르기 위해 1주일간 꼼짝도 하지 않고 대나무를 바라보는 체험을 직접 하였다. 그러나 격물치지에 실패하고, 성인이 될 수 없다고 여긴 그는 후에 도교, 불교에 넘나들며 심취해 보지만, 부모, 자식과 절연하는 교리에 실망하고 다시 유교로 돌아오게 된다. 그는 과거에 급제하고 출사하였으며, 30대 후반에 깨닫게 된 자신만의 새로운 유학 학설을 제기하기 시작하였다.

양명학의 목적도 성인이 되는 데 있다. 이는 유학, 성리학과 일치하는 사상이다. 그러나 기본 사상에서는 달리한다. 양명학의 기본 사상은 심즉리(心卽理), 치양지(致良知), 지행합일(知行合一) 세 가지이다. 심즉리는 마음이 곧 이라고 보는 사상이다. 성리학의 성즉리(心卽理)에서 말하는 우리 본성 밖의 각 사물에 이치가 있는 것이 아니라 우리 마음이 곧 이치라고 본다. 모든 것은 내 마음에서 비롯되는 것이며, 마음을 어떻게 하느냐에 따라 성인이 될 수 있다고 본다. 치양지는 양지를 실천에 옮기는 것이다. 양지(良知)가 마음의 본체이며 선악을 구별할 수 있는 타고난 지혜이다. 맹자가 이미 '우물가 아기'에서 말한 바와 같이 태어날 때, 사람마다 양지를 지니고 있기 때문에, 정좌하거나 수양을 통해서 치양지에 이르며, 누구나 성인이 될 수 있다고 본다. 이는 만인 평등사상과 맥을 같이 하게 되어 신분사회이던 중국에서 양명학이 배척되는 근거로 작용하게 된다. 그리고 또한 누구나 성인이 될 수 있는 성인의 마음을 가지고 있다는 사상은 곧 불교 선종에서 모두가 부처가 될 수 있다는 성불(成佛) 사상과 맥을 같이 하고 있다. 마지막으로 양명학에서는 지행합일을 주장한다. 성리학에서는 먼저 배우고 나서 실천해야 한다고 보는 선지후행(先知後行)을 주장한다. 공부하는 순서인 '학문사변행(學問思辨行)'[165]의 차례가 바로 그러하다. 그러나 왕수인은 배움과 실천, 행동이 같이 이루어져야 한다고 본다. 지행합일(知行合一)이다. 다 같이 실천을 중시하지만, 성리학에서는 배움에, 양명학에서는 실천에 무게가 실려 있다. 실제 왕수인은 학자이면서 관료, 장군으로 활동하면서 명나라의 크고 작은 민란을 평정하여 혁혁한 공을 세운 명실상부한 지행합일의 인물이었다. 이상과 같은 양명학의 기본 사상이 조선에서는 많은 성리학자들에 의해 비판되고, 배

165) 학문사변행: 배움의 오단계로 박학, 심문, 심사, 명변, 독행의 공부 과정이다. 앞의 네 가지 공부를 거치고 나서 마지막 5단계에서 독실한 실천이 있다는 설명이다. 양명학에서는 네 가지 단계마다 독행이 같이 병행되어야 한다고 본다.

척되었다. 그 중심에 퇴계가 있다.[166)]

퇴계는 1566년 왕양명의 저서 전습록에 대한 비판을 한 '전습록논변'을 펴냈으며, 거기에서 왕양명의 여러 가지 주장 가운데 다섯 가지에 대해 비판을 전개하였다.[167)] 여기서는 그러한 퇴계의 비판은 학술 논문에 맡기고 저자가 보는 관점에서 퇴계가 양명학을 비판하고 배척한 이유를 다음과 같이 생각해 보고자 한다.

첫째, 조선 성리학의 기틀을 세우기 위해서이다. 퇴계는 정호, 정이, 주자의 정주학에 바탕을 둔 조선 성리학을 굳건하게 확립하고 발전시키고자 한 의도로 양명학을 비판하였다고 볼 수 있다. 양명학이 위에서 본 세 가지 기본 사상에서 성리학과는 완전히 다른 관점이다. 당시로서는 발상 자체가 혁명적이었다. 조선에서 도덕 정치와 의리, 원리, 이치를 중시하는 사회 구현에 정면으로 부딪치는 것이므로 퇴계는 이를 비판하지 않을 수 없었을 것으로 본다. 이를 통해 조선 성리학의 기틀을 다지고, 발전시키고자 하는 의도로 볼 수 있다.

둘째, 양명학의 사상이 불교에 가깝다는 인식에서 비판하고 있다. 불교에서는 세속의 모든 인연을 끊은 채, 오직 수양으로 자신의 깨달음을 얻어 성불하고자 한다. 왕수인마저 불교의 이러한 사상으로는 세상을 다스릴 수 없다고 보고 불교를 버렸지만, 누구나 성인이 될 수 있다는 사상은 불교의 불성(佛性)[168)] 사상과

166) 김형찬, 퇴계의 양명학 비판과 조선 유학의 성립, 퇴계학연구원, 퇴계학보, 퇴계학보, 제148호, 2021.

167) 이해임, '이황의 양명학 비판 양상과 그 영향-전습록논변을 중심으로', 『유교사상문화연구』 제94집, 2023년 12월.

168) 불성(佛性): 부처의 본성을 말한다. 모든 사람에게는 마음속에 불성이 있으며, 수

가깝다고 본 퇴계는 불교를 배척한 것과 같은 맥락에서 양명학을 비판하였다. 만약, 불교를 그토록 배척하였던 조선 성리학자들이 불교 색채가 짙은 양명학을 수용하고, 인정하는 것은 스스로 자가당착이 될 수도 있었을 것 같다. 퇴계의 제자 김성일에 의하면,[169] "선생은 일찍이, '중원의 학자들은 모두 불교의 기미를 띠고 있다'고 하였으며, 양명전습록에 변별하는 글을 써서 그것을 물리쳤다."라고 하였다. 또한, "양명은 그 말투가 거의 사람을 혹하게 하고 문란시킬 지경이다."라고 비판하였다.[170]

셋째, 양명학의 사상이 도덕적 해이와 기존 질서의 파괴를 가져올 수 있다고 우려하였다고 본다. 마음이 이라는 것, 타고난 양지가 있으므로 누구나 성인이 될 수 있으며, 먼저 배우지 않고 지행합일로 성인이 될 수 있다는 사상은 도덕적 해이와 학문 무용론, 그리고 기본 사회 시스템을 허무는 사상이라고 볼 수 있다. 사람이 도덕적인 존재가 되는 것은 곧 천리에 기원하며, 천리가 본성이고 이인데, 이(理)는 오직 치열한 지적 탐구에 의해 파악될 수 있다고 보는 성리학적 관점에서 지행합일 사상은 한계가 있다고 보았기에 퇴계는 비판하고 있다고 본다. 따라서, 퇴계가 자신의 전습록논변에서 양명의 지행합일설이 '형기에 관한 일에 대해서는 적용될 수 있으나, 의리에 관한 일에 대해서는 적용될 수 없다'[171]라고 비판한 것으로도 유추해 볼 수 있다.

행을 통해 번뇌만 제거하면 성불할 수 있다고 본다. 왕수인의 양명학에서 마음속에 양지가 있어서 수행하면 모두가 성인이 될 수 있다고 보는 것과 유사하다.

169) 홍승균, 이윤희 공역, 퇴계선생언행록, 퇴계학연구원, 2007, 249쪽.

170) 홍승균, 이윤희 공역, 전게서, 249쪽, 조목의 기록 참조.

171) 김형찬, 상게서.

(99) 퇴계의 예안향약 내용은 어떤 것인가?

향약은 조선시대 향촌에서 공동체의 질서와 규범을 지키고 권선징악을 위한 마을 단위의 자치 규약이다. 최초의 향약은 중국 북송의 여씨(呂氏)향약이었다. 여씨향약은 좋은 일은 서로 권하여 장려하자는 덕업상권, 나쁜 일을 하지 못하도록 서로 규제하자는 과실상규, 서로 사귀는 데 예를 지키자는 예속상교, 그리고 어려운 일이 생길 때, 서로 돕자는 환난상휼 네 가지를 중심으로 공동체에서 다 같이 지켜나갈 규약을 만들었다. 뒤에 남송 때, 주자가 여씨향약에서 수정 보완하여 '증손여씨향약'을 제정하였다. 이것이 조선시대에 도입되어 모재 김안국이 국가 차원에서 시행하고자 하였다. 향약의 가장 대표적인 것은 퇴계의 예안향약 입조와 율곡의 해주향약이다. 퇴계의 고향 대선배 농암 이현보가 예안에 향약이 필요함을 역설하였으나 이루지 못하고 사망한 이듬해 1556년 12월 농암의 자제들 및 예안 원로들과 협의하여 예안향약 26조를 만들었다. 그러나 이 향약은 향인들의 의논이 일치하지 않아[172] 실제 시행되지는 못하였다.

퇴계는 예안향약을 짓고 서문을 썼다. 서문에서는 왜 이러한 향약이 필요한지를 밝히고 서명하였다. 퇴계는 예안 고을이 일찍부터 문헌의 고을로 이름이 났고 어진 선비들이 많이 나서, 고을의 풍속이 매우 아름다웠다고 하였다. 그런데 "근년에 어찌하여 인심이 고르지 않고 습속이 점점 그릇되어 맑은 향기는 드물게

---

172) 김현영, '퇴계의 향촌 사회관', 한국국학진흥원, '도산서원을 통해 본 조선후기 사회사', 새물결, 2014, 36쪽.

풍기고, 나쁜 얼이 사이에서 돋아나니, 지금 막지 않으면 그 끝이 장차 이르지 않을 바가 없을 것이다."라고 예안의 풍습이 흐려지고 있다고 걱정하였다. 퇴계는 "농암 이현보 선생도 이러함을 근심하여 일찍이 약조를 세워서 풍속이 정중하게 되도록 노력하였으나 미처 이루지 못하였다"고 하면서 농암의 자제들과 고을 어른들이 권유로 향약을 지었음을 밝히고 있다.[173]

퇴계는 "사양했으나 되지 않아 이에 서로 함께 의논하여, 그 대강만 들어서 이같이 하고, 다시 고을 사람에게 두루 보여 가부를 살핀 뒤에 정하였으니, 영원토록 행하여도 폐단이 없을 것이다."라고 하면서 모든 사람이 집에서나 고을에서나 각기 사람의 도리를 다 하기를 바랐다. 퇴계는 마지막으로 "만약 이같이 함을 알지 못하고 예의를 침범하여 우리 고을의 풍속을 허물면, 이는 바로 하늘이 버린 백성이니 아무리 형벌을 살지 않고자 하나 그렇게 되겠는가. 이 점이 오늘날 약조를 세우지 않을 수 없는 이유이다."라고 끝맺으면서 다음과 같은 향약 약조를 정하였다.

- 부모에게 불순한 자(불효한 죄는 나라에서 정한 형벌이 있으므로 우선 그다음 죄만 들었다.)
- 형제가 서로 싸우는 자(형이 잘못하고 아우가 옳으면 균등하게 벌하고, 형이 옳고 아우가 잘못하였으면 아우만 벌하며, 잘못과 옳음이 서로 비슷하면 형은 가볍고 아우는 중하게 처벌한다.)

173) 퇴계집, 퇴계선생문집 42권, 서, '향당에서 약조를 세운 것에 대한 서문' 참조.

- 가도(家道)를 어지럽히는 자(부처가 치고 싸우는 일, 정처(正妻)를 쫓아내는 일, 아내가 사납게 거역한 경우는 죄를 감등한다. 남녀 분별이 없는 일, 적첩(嫡妾)을 뒤바꾼 일, 첩으로 처를 삼은 일, 서자로 적자를 삼은 일, 적자가 서얼을 사랑하지 않는 일, 서얼이 도리어 적자를 능멸하는 일)
- 일이 관부(官府)에 간섭되고 향풍에 관계되는 자
- 망령되이 위세를 부려 관을 흔들며 자기 마음대로 행하는 자
- 향장을 능욕하는 자
- 수절하는 상부를 유인하여 더럽히는 자

〈이상은 극벌에 해당한다. 상 · 중 · 하의 구분이 있다.〉

- 친척과 화목하지 않는 자
- 본처를 박대하는 자(처에게 죄가 있는 경우는 감등한다.)
- 이웃과 화합하지 않는 자
- 동무들과 서로 치고 싸우는 자
- 염치를 돌보지 않고 사풍을 허물고 더럽히는 자
- 강함을 믿고 약한 이를 능멸하고 침탈하여 다투는 자
- 무뢰배와 당을 만들어 횡포한 일을 많이 행하는 자
- 공사의 모임에서 관정(官政)을 시비하는 자
- 말을 만들고 거짓으로 사람을 죄에 빠뜨리게 하는 자
- 환란을 보고 힘이 미치는 데도 가만히 보기만 하고 구하지 않는 자
- 관가의 임명을 받고 공무를 빙자하여 폐해를 만드는 자
- 혼인과 상제에 아무 이유 없이 시기를 넘기는 자

• 집강 좌수를 업신여기며 유향소의 명령을 따르지 않는 자
• 유향소의 의논에 복종하지 않고 도리어 원망을 품는 자
• 집강이 사사로이 향안에 들인 자
• 구관을 전송하는 데 연고 없이 참석하지 않는 자

〈이상은 중벌에 해당한다. 상 · 중 · 하의 구분이 있다.〉

• 공회에 늦게 이른 자
• 문란하게 앉아 예의를 잃은 자
• 좌중에서 떠들썩하게 다투는 자
• 자리를 비워 놓고 물러가 편리한 대로 하는 자
• 연고 없이 먼저 나가는 자

〈이상은 하벌에 해당한다. 상 · 중 · 하의 구분이 있다.〉

* 원악향리[174)]

• 아전으로서 민가에 폐를 끼치는 자
• 공물값을 범람하게 징수하는 자
• 서인이 문벌 있는 자손을 능멸하는 자

11. 제자와 퇴문십철

(100) 퇴계의 제자는 모두 몇 명인가?

퇴계에게 가르침을 받은 문인들을 기록한 책으로는 1700년경 창설재 권두경(1654~1725)이 편찬한 계문제자록이 처음이고, 그 뒤 몇 차례 수정, 보완한 도산급문제현록이 있다. 이 책에 의

174) 원악향리(元惡鄕吏): 지위를 이용하여 악행을 저지르는 지방 관서의 관리.

하면 퇴계의 제자 수는 309명이다. 도산급문록에 따르면,[175] 처음 기록한 창설재의 계문제자록에는 100여 명의 인물이 기록되어 있었는데, 그 뒤 여러 문집이나 서신 등 자료에서 새롭게 이름이 밝혀지면서 선생의 후손인 청벽 이수연(1693~1748)이 60여 명을 추가하였는가 하면, 이수항이 십여 명, 다시 광뢰 이야순(1755~1831)이 10명을 추가하여 모두 260여 명으로 불어났다. 그리고 선생께 글을 배운 아들, 조카, 손자, 족질과 친인척 등 40여 명을 합하여 309명을 기록하고 있다. 조선의 학자 중에 제자 수가 가장 많은 편에 속한다.

다만, 도산급문제현록 제자 명단을 보면 다소 부실하게 기록된 내용이 보인다. 이를테면, 명부에 이름만 있거나(곽수인, 김윤명, 박경장, 박중장, 이대윤, 김백기, 이척약, 김희중, 류기, 권사립), 성은 있고 이름이 없는 기록(조○○ 자 대이, 호 애송당)이 보인다.[176] 그리고 대장장이 배순이 제자로 등록되어 있는가 하면, 2권(39쪽)에 민응록은 우수제(尤叟弟) 석자만 적혀 있다. 우수제는 우수(민응기의 호)의 아우라는 뜻이다. 같은 책 4권 19쪽 권백인 역시 자 여상 거(居) 예안 외에는 내용이 없다. 그리고 소재 노수신(1515~1590)의 경우 우복 정경세가 '소재가 퇴계에게 비록 집지 제자의 예를 갖춘 바는 없으나, 후학으로서의 존앙이 없을 수가 없다'[177]고 한 점을 기록하고 있다. 정석태[178] 역시 도산급문제현록에 기록된 인

175) 도산급문록, 도산급문제현록 1권, 범례, 1쪽.

176) 도산급문제현록 권4, 24~25쪽.

177) 도산급문제현록 권1, 9쪽.

178) 정석태, '도산서원의 위상 정립과 퇴계 후손의 역할', 전게서, 208쪽.

물 중 32인은 문인이 아닌 서신을 주고받던 시현이나 지구(오랜 벗)로 분류되는 인물들이라고 하였다. 이러한 몇 가지 사례로 볼 때, 309명의 제자는 좀 더 분석적인 고찰이 필요할 듯하다. 도산급문록의 제자를 분석한 김종석에 의하면,[179] 제자 309명 중 진정한 퇴계의 학문 정신과 퇴계학의 주요 이론을 학문적 바탕으로 삼은 학통 제자는 42명으로 압축된다고 하였다.

(101) 퇴계의 첫 번째 제자는 누구인가?

퇴계의 첫 번째 제자는 영주 출신의 과재 장수희(1517~1586)이다. 선생께서 21세 되던 1521년(신사년) 봄에 영천(영주)에 사는 김해 허씨(1501~1527)에게 장가 들어 처가에 있을 때, 영주 이산에 살던 장수희는 6살 나이로 책을 끼고 찾아와 가르침을 받았다.[180] 퇴계 21세 때, 가르친 제자이므로 장수희는 퇴계의 1호 제자가 된 것이다. 퇴계는 그의 영특함과 밝은 성품에 호감을 가져 최락당(最樂堂) 3자를 손수 써 주었다.[181] 장수희는 1560년경 서재를 짓고 퇴계가 써 준 최락당으로 현판을 걸었으며, 지금도 영주 전계 마을에 보존되고 있다.

장수희는 호가 과제이고 본관은 인동(仁同)으로 첫째 부인인 허씨 부인의 이종사촌이므로 퇴계에게는 처이종 처남이다.[182] 장

179) 김종석, 「도산급문제현록과 퇴계 학통 제자의 범위」, 『퇴계문하의 인물과 사상』, 예문서원, 2000.

180) 정석태, 전게서 1권, 69쪽.

181) 도산급문록 권1. 18쪽(公時六歲挾帙受業親灸最切先生手書最樂堂三字) 참조.

182) 퇴계의 장인 허찬(許瓚, 1481~1535)과 장수희의 아버지 장응신(張應臣, 1490~1554)

수희는 훗날 정식으로 퇴계의 문인이 되었으며, 덕행과 문장으로 이름을 떨쳤는가 하면, 영주의 유림들이 이산서원을 설립할 때, 장수희는 그 일을 12년 동안이나 주관하면서 깊이 관여하였으며, 어모장군이라는 음직으로 벼슬을 받았다. 사후에 형조참의로 추증되었다. 퇴계로부터 남다른 관심을 받으며 가르침을 받았다.

(102) 퇴계의 생애 마지막 제자는 누구인가?

선생의 생애 마지막 입문 제자에 대해서는 고찰이 필요할 듯하다. 자료에 의하면[183] 1570년 퇴계 선생 생애 마지막 해에 삼인의 인물이 퇴계 선생을 찾아뵙는다.

첫째, 오봉 이호민(1553~1634)이다. 도산급문록 4권(21쪽)에 '경오년(1570년) 봄에 도산으로 선생을 찾아와 뵙고 가르침을 받았다'라고 기록되어 있으며, 정석태는 '이호민이 1570년 봄에 찾아와서 도산서당에 머무르면서 가르침을 받았다.'[184]라고 하였다. 오봉은 1584년 문과급제하여 좌찬성, 예조판서에 이르렀으며 특히 문장에 능하여 대명 외교문서는 대부분 오봉의 손을 거쳤을 정도로 탁월하였다고 한다.

둘째, 애경당 김집(1558~1631)이다. 애경당은 학봉 김성일의 맏아들이다. 1570년 9월 어느 날, 아버지 김성일이 휴가차 고향

은 당시 영주에 살던 청풍 군수 문경동(文敬仝, 1457~1521)의 사위로 동서 간이었다. 이에 장수희는 퇴계와는 처이종 관계이다. 한편, 장응신은 인동장씨 영주 입향조이다.

183) 정석태, 전게서 4권, 521~587쪽.

184) 정석태, 전게서 4권, 521쪽.

에 와서 아들을 데리고 도산서당에 찾아뵈었다.[185] 또한, 도산급문록을 보면,[186] '김집은 13살에 문충공(김성일)을 따라 도산에서 선생을 뵈었다. 퇴계 둘째 손자 순도와 함께 수개월간 소학을 배우다가 이때, 퇴계 선생의 병이 깊어 문하생들을 돌려보낼 때, 김집도 집으로 돌아갔으며, 집에 돌아가고 7일만에 선생께서 역책하셨다.'라고 기록하고 있다. 김집이 13살이면 1570년 경오년이며, 학봉은 이때 예문관 검열이었다. 다만, 학봉집에는 그러한 기록이 보이지 않는다.

셋째, 건재 박수일(1553~1597)이다. 용암 박운(퇴계의 문인으로 퇴계보다 나이 많은 제자)의 손자로 도산급문제현록에는[187] 18세이던 1570년(무오년) 선생을 찾아뵙고, 조부가 지은 백록동규해에 대해 질의하고 설명을 들었다고 하였다. 따라서 도산급문제현록 제자 명부에 올라있다. 정석태에 의하면, '박수일은 1570년 9월 24일~28일 사이에 다녀갔을 것'으로 증언하고 있다. 당초 겨울까지 남아서 퇴계에게 배울 계획이었으나, 정석태는[188] '그때, 퇴계는 추위 때문에 도산서당에서 계상의 집으로 돌아갈 예정이었고, 계상에는 머물 공간이 없어서 박수일은 그대로 돌아갔다'고 하였다. 따라서 박수일은 김집과 비슷한 9월 후반에 들어왔으나, 제자로 배우지는 못하였다고 하므로, 보다 자세한 검토가 필요할 듯하다. 따라서 마지막 제자에서 제외하는 것이 타당한 듯하다.

185) 정석태, 전게서 4권, 584쪽.
186) 도산급문록 권4, 19쪽.
187) 도산급문제현록 권4, 14쪽.
188) 정석태, 상게서 4권, 587쪽.

그렇다면, 오봉 이호민과 애경당 김집 두 인물 중 누가 마지막 제자로 마땅한지 고찰해 보고자 한다. 오봉 이호민은 1570년 봄이고, 애경당 김집은 가을이다. 다만, 김집은 나이가 13살로 어리다. 그러나 퇴계 선생 21세 때, 영주의 장수희가 6살에 배워서 최초 제자가 된 전례에 보면, 13살로 약 3개월간 퇴계 선생 사망 7일 전까지 배웠다면 마땅히 제자로 인정되어야 할 것으로 보인다.

이에 퇴계 선생의 마지막 제자는 1570년 9월에 입문한 13살의 애경당 김집이라고 할 수 있다. 최초 제자는 6세 장수희이었고, 마지막 제자는 13세 김집이다. 모두 약관이 아닌 때에 입문하여 장차 훌륭한 제자의 역할을 다한 다소 신기한 제자 열전의 인물 스토리가 아닌가 생각된다.

(103) 퇴계보다 나이가 많은 제자는 누구인가?

선생보다 연상의 제자는 용암 박운(1493~1592)이다. 퇴계보다 8세 연상으로 제자 가운데 가장 나이가 많은 분이다.[189] 본관은 밀양이고 선산에 살았으며, 진사 시험에 합격하고 효행이 매우 뛰어난 분이다. 만년에 퇴계의 제자가 되고자 여러 번 도산으로 퇴계를 만나러 갔으나 매번 가는 도중에 낙동강 물이 불어 건너지 못하고 되돌아오면서 다른 사람 편에 집지를 보내드리며 제

189) 도산급문록에는 제자들을 대체로 연치(年齒)순으로 기록하고 있는데, 용암 박운은 생몰 연도의 기록이 없이 (1) 추만 정지운, (2) 정존재 이담, (3) 귀암 이정 다음에 네 번째로 기록되어 있다.

자가 되기를 구하였고 퇴계는 집지는 사양하면서 함께 학문하기를 받아들였다.

용암 박운은 평소 자신이 저술하였던 삼후전과 격몽편, 그리고 경행록, 위생방 네 권의 저서를 퇴계에게 보내면서 수정, 보완과 서문을 요청하였다. 두 분 간에는 8차례의 편지 내왕이 있었으며, 퇴계는 책에 대한 의견은 주었으나 끝내 서문을 써주지 않았다. 박운은 선산 해평에 살면서 1519년에 진사 시험에 합격한 이후, 과거에 나아가지 않고 평생 학문에 몰두한 학자이었다.

(104) 대장장이 배순이 퇴계에게 배운 것은 사실인가?

도산급문제현록(2권 36쪽)에 배순(1534~1614)이 제자로 기록되어 있음을 볼 수 있다. 이 책에서 '영주 순흥에서 대장장이로 살고 있던 배순은 집 근처 소수서원에서 퇴계 선생이 강학할 때, 뜰아래에서 반드시 절을 하고 꿇어앉아 강의를 들었으며, 하루는 선생께서 시험 삼아 물어보시니 배순의 이해하는 정도가 상당하였다'고 기록하고 있다. 이에 퇴계는 서원 강당으로 불러올려 유생들과 함께 배우도록 하였다는 설이 전해지고 있다. 배순은 퇴계가 돌아가시자 3년간 심상(心喪)을 지냈고, 퇴계의 철상을 만들어 모셨다고 한다. 또한 1608년 선조 임금이 승하하자 배순은 3년간 상복을 입기도 하였다. 후에 풍기 군수 창석 이준(1560~1635)이 배순의 이러한 충효를 조정에 고하자, 광해군은 배순이 살던 마을에 '충신백성배순지려'라는 정려를 내렸으며 현재 경상북도 영주시 순흥면 배점리에 정려각이 남아 있다.

그러나 그 당시 엄격한 신분제도 사회에서 과연 천민이었던 배순이 퇴계의 제자가 맞는가 하는 점에 대해서는 부정적인 주장이 있다. 우선 수많은 퇴계의 편지, 시 어디에서도 배순의 기록이 보이지 않는다. 또한 김언종 교수는 '대장장이 배순은 퇴계와 동향인 예안 사람으로 퇴계를 존앙하여 심상을 입고 퇴계의 철상을 만들기도 했으나 퇴계에게 소수서원에서 글을 배운 적이 없고 퇴계의 제자일 수도 없었다.'[190]고 밝히고 있다.

배순을 퇴계의 제자로 도산급문제현록에 올린 인물은 퇴계 9세손 광뢰 이야순이다. 과거를 포기하고 평생 퇴계의 성리학에 전념한 이름난 학자였던 이야순은 퇴계선생연보를 보완하여 도산연보보유를 짓던 중, 퇴계 9세 봉사손 성류정 이지순(1762~1807)의 부탁을 받고 배순을 제자로 올렸다.[191]

위와 같은 기록으로 볼 때, 대장장이 배순은 퇴계의 제자는 아니었다. 다만, 퇴계 가(家)에서 제자 자격이 있다고 인정하여 도산급문제현록에 등재한 것으로 보인다.

(105) 퇴계의 제자 중 서자 출신은 누구인가?

손곡 이달(1539~1612)은 서자 출신으로 퇴계 문인이 된 인물이다. 아버지 이수함과 관기에서 태어난 천민이었으나, 재주가

190) 김언종, '퇴계의 행적과 일화의 여러 양상', 퇴계학연구원, 퇴계학보 제138집, 2015.12. 107~157쪽.

191) 정석태, '도산서원의 위상 정립과 퇴계 후손의 역할', 한국국학진흥원, 새물결, 2004. 202쪽.

비범하여 과거에 등과할 수 있었다. 그러나 관료 사회에서 신분의 벽이 높고, 왕따 신세로 별 볼 일 없는 한직에 떠돌게 되자 관복을 벗고 재야로 나와 방랑 시인으로 지낸 인물이다. 워낙 시문학 능력이 빼어나 허균, 허난설헌의 스승이 되었으며, 사암 박순(1523~1589)에게 당나라 한시를 배우기도 하였다. 퇴계의 문인으로 선생과 학문을 논한 편지를 주고받기도 하였다.[192] 빼어난 명시를 많이 남겼으며, 도산급문제현록 권4(11쪽)에 이름이 있다.

(106) 퇴계의 제자 중 정승을 지낸 인물은 누구인가?

퇴계의 제자 중 정승을 지낸 인물은 9명이다. 이 제자들은 퇴계 제자 명부인 도산급문록에 이름이 모두 올라 있으며, 아래와 같다.

- 영의정, 좌의정, 우의정 3정승을 모두 역임한 제자(출생 연도 순)
  ① 소재 노수신(1515~1590): 도산급문록에 퇴계 문인으로 기록 있음
  ② 사암 박순(1523~1589): 중년에 퇴계에게 가르침 받음
  ③ 노저 이양원(1526~1592): 퇴계 문인으로 도산서당에 내왕
  ④ 오음 윤두수(1533~1601): 퇴계 문하에서 수학
  ⑤ 서애 류성룡(1542~1607): 퇴계 집지 제자 및 수제자
- 좌의정, 우의정 두 가지 정승을 역임한 제자

192) 퇴계선생문집 제13권. / 서(書) 2 '이달(李達)과 이천기(李天機)에게 답하다.'

⑥ 약포 정탁(1526~1605): 퇴계 문인으로 수학

⑦ 주은 김명원(1534~1602): 젊어서 퇴계 문하에서 수학

• 좌의정을 지낸 제자

⑧ 일송 심희수[193](1548~1622): 도산급문록에 퇴계 문인 기록 있음

• 우의정을 지낸 제자

⑨ 남봉 정지연(1525~1583): 퇴계 문하에 출입한 제자

(107) 퇴문십철은 누구인가?

공자 제자 가운데 가장 우수하였던 제자 열 명을 공문십철(孔門十哲)이라고 한다. 이들은 공자가 스스로 꼽은 열 명이다. 덕행이 훌륭한 제자는 안연, 민자건, 염백우, 중궁이었고, 언어에는 재아, 자공이며, 정사에는 염유, 자로이고, 문학에는 자유, 자하였다.[194]

퇴계가 공자처럼 우수한 제자 열 명을 따로 지명한 사실은 없다. 따라서 퇴문십철이란 용어는 지금까지 보이지 않는다. 그러나 퇴계의 많은 제자 가운데 여러 가지 면에서 학문적으로나 인간적으로 특별히 가까웠던 제자를 열 명으로 압축해 볼 수 있다. 경북대학교 퇴계연구소에서 퇴계문하육철(退溪門下六哲)로 학봉

193) 심희수는 도산급문록에 '소재 노수신의 문인으로 퇴계 선생 문하에서 배웠다(盧穌齋學又遊先生門)'라는 기록 외에는 자세한 내용이 없다. 1570년(선조 3년) 진사시에 합격하여 성균관에 들어가 있을 때, 퇴계가 서거하자 성균관 대표로 장례에 참여하였다.

194) 논어 선진편 제2장.

김성일, 서애 류성룡, 월촌 조목, 지산 조호익, 간재 이덕홍, 한강 정구를 선정한 바[195]가 있다. 최종호 외 학자들의 저서[196]에서 보면, 역사학자 이병도는 퇴계 문인 중에 저명한 인물로 조목, 황준량, 남치리, 권호문, 이덕홍, 정유일, 정구, 류성룡, 김성일, 우성전 등 10명이라고 하였는가 하면, 이가원(1917~2000)은 퇴계학보 창간호부터 기대승, 정구, 류성룡, 남치리, 조목, 김성일, 성혼, 이덕홍 순으로 '퇴도 제자 열전'을 연재하였다.

여기서는 경북대학교 퇴계문하육철 여섯 분은 다른 학자들도 모두 육제자로 선정하고 있는 것으로 보아 육철로 마땅하다고 평가하였다. 그 외에 퇴계집과 언행록, 연보 작성, 도산서당 건립 기여, 편지를 가장 많이 받은 경우, 학문 토론과 성과, 퇴계학파 계승 등을 기준으로 삼아서 금계 황준량, 고봉 기대승, 문봉 정유일 세 분을 선정한 뒤, 구암 이정과 남치리 두 분을 검토한 결과 남치리를 포함시키기로 하였다. 구암은 퇴계의 편지를 받은 횟수가 많은 제자이고, 경주와 순천에 서원 창설을 주도하였던 인물이었다. 남치리는 안동에 거주하면서 퇴계로부터 직접 배우고, 인정을 받았으며, 도산서당을 자주 다니면서 퇴계와 학문적으로 밀접한 관계를 지닌 제자이었다. 퇴계의 제자들은 남치리를 퇴계 문하의 안자라고 칭하기도 하였으며, 위 이병도, 이가원 두 학자가 공통으로 포함시키기도 하였다. 이에 황준량, 기대승, 정

195) 윤사순, '월천(조목)의 주자학적 심학' 퇴계학과 유교문화, 경북대학교퇴계연구소, 1996, 39~48쪽.

196) 최종호 외, '간재 이덕홍의 학문과 사유 세계', 한국국학진흥원, 2018, 199~200쪽.

유일, 남치리를 사철(四哲)로 추가하여 다음과 같이 퇴문십제자(退門十弟子) 혹은 퇴문십철(退門十哲)로 선정해 보고자 한다.

① **학봉 김성일(1538~1592)**: 19세에(1556년) 아우 남악 김복일과 계상서당으로 퇴계를 찾아뵙고 제자로 입문하여 글을 배웠다. 퇴계로부터 많은 가르침을 받았고, 퇴계가 직접 쓴 '유학의 도통을 노래하다'라는 80자 병명을 받았다. 퇴계 선생 실기를 지었으며, 퇴계의 학문은 김성일로 이어져 영남 퇴계학의 큰 줄기를 이루었다고 보고 있다.

② **서애 류성룡(1542~1608)**: 21세(1562년)에 도산 서당으로 퇴계 선생을 찾아뵙고, 수개월을 머물면서 근사록등을 수업하였다.[197] 59세 되던 1601년에 퇴계 선생 연보를 찬하였으며, 퇴계의 수제자 중 한 분으로 영의정을 역임하였다.

③ **월천 조목(1524~1606)**: 15세(1538년) 겨울에 퇴계 선생의 문하에서 수업하였다. 월천은 이후 퇴계 사망 때까지 가장 가까이서 배웠으며, 가장 오랫동안 모신 제자가 되었다. 65세(1588년) 때, 퇴계 선생께 받은 친필 편지를 모아 사문수간을 엮었다. 77세(1600년) 5월에 퇴계선생문집을 간행하였으며, 퇴계의 언행에 관한 기록 언행총록을 지었다. 도산서원 상덕사에 유일하게 종향되었다.

④ **한강 정구(1543~1620)**: 21세 때, 퇴계를 찾아뵙고 하루를

197) 서애집, 서애선생연보 제1권.

묵었다. 23세부터 심경을 배우며 자주 출입하였고 편지로 자주 물었다.[198] 퇴계의 집지 제자는 아니지만[199] 퇴계학파 형성에 기여한 학자이다. 26세 봄에 성주 영봉서원을 퇴계에게 물어 천곡서원으로 바꾸었다. 퇴계가 지은 주자서절요 총목을 고쳐 확정하였다.

⑤ **간재 이덕홍**(1541~1596): 19세(1559)에 퇴계 선생에게 수업하였으며, 이후 퇴계 선생 서세 때까지 거의 곁을 떠나지 않고 모시며 가르침을 받았다. 퇴계 선생께서 직접 이름을 덕홍, 자를 굉중이라고 지어주고 이름의 뜻을 설명해 주었다.[200] 퇴계 선생의 명을 받고 천체를 연구하기 위한 선기옥형[201]을 제작하였다. 30세이던 1570년 퇴계 선생께서 돌아가시기 하루 전 12월 7일에 서적을 맡으라는 명을 받았다. 퇴계 선생의 언행에 관한 자세한 기록으로 계산기선록을 지었다.

⑥ **지산 조호익**(1545~1609): 지산은 창원 출신으로 17세에 퇴계 선생의 제자가 되었다. 제자가 된 지 약 8년 후 퇴계가 사망하므로 스승 퇴계와의 교류 기간은 짧았음에도 도산,

---

198) 한강집, 한강연보 1권. 1565년.

199) 선조가 한강 정구를 인견하고, 남명과 퇴계를 묻자, 한강이 대답하기를, "신은 두 사람의 문장(門墻)에 출입하면서 의심나는 부분을 물어본 일은 있으나, 책을 들고 글을 배우지는 못했습니다." 하였다.(한강연보 1권)

200) 간재집, 제8권, 간재선생연보 참조, 그러나 간재선생연보에 간재 30세에 퇴계 선생의 명을 받아 선기옥형을 만들었다는 기록에서 연대가 오류이다.

201) 선기옥형은 천체를 연구하는 천체도와 같은 실물로 현재 도산서원 옥진각에 보존되어 있다.

창원 등지에서 뵙고 가르침을 받았으며, 1566년 6월에 퇴계가 명종의 부름을 받고 서울로 갈 때, 지산이 마침 도산에 있다가 퇴계를 모시고 같이 올라가기도 하였다. 지산은 성리학에 정진한 학자로 가례고증, 역상설, 대학동자문답 등 많은 저서를 남겼으며, 특히 심경질의고오를 저술하여 이덕홍이 퇴계와의 질의를 엮은 책 심경질의에서 잘못된 부분을 바로 잡았다. 성리학자로서 지산은 퇴계 학파의 중심 인물로 평가받고 있다. 지산은 평안도 강동에서 17년간의 유배 중에도 학문과 제자 교육에 열중하였고, 서원을 세웠으며, 유배에서 돌아와 고향에서 도잠서당을 짓고 후학을 양성하였는데, 그의 사후 그 자리에 도잠서원이 세워져 도산서당과 함께 배향 인물이 살던 곳에 지은 서원이 되었다.

⑦ **금계 황준량**(1517~1563): 영주 출신으로 퇴계 선생 문하에 나아가 배웠으며, 퇴계의 사랑을 많이 받은 제자이다. 성주 목사로 재임 시 영봉서원 건립을 퇴계의 자문을 받아 건립하였다. 47세이던 1563년에 스승인 퇴계보다 먼저 사망하자, 퇴계는 제자임에도 직접 금계의 행장을 지었고 제문을 두 편 지었다.

⑧ **고봉 기대승**(1527~1572): 퇴계의 집지 제자는 아니었고 지역적으로 멀리 떨어져 있었으나 3년간 치열한 사단칠정론을 펼쳐 조선 성리학을 발전시켰다. 퇴계는 사랑하였고, 고봉은 존숭하였다. 퇴계와 나눈 편지가 114회에 걸쳐 150여 편이 있으며, 퇴계 부친의 묘갈명과 퇴계의 묘갈명을 지었다.

⑨ **문봉 정유일(1533~1576)**: 17세이던 1550년경 퇴계 선생께 배우기 시작하였다. 예안 현감, 진보 현감을 지내면서 퇴계와 가까이서 배울 수 있는 기회가 많았다.[202] 성리학 이론을 편지로 퇴계에게 질문을 많이 하였으며, 퇴계로부터 편지를 15년간 78편 받아 문인으로는 두 번째로 많이 받았다. 퇴계 선생을 기리는 퇴계선생언행통술[203]을 지었다.

⑩ **비지 남치리(1543~1580)**: 남치리는 원래 김언기 문하에서 수학하다가 20세 되던 해인 1563년에 고종형 금난수에 의해 퇴계 선생께 입문하여 배우기 시작하였다. 이듬해, 1564년 퇴계가 문인, 조카, 손자 등과 생애 마지막으로 청량산을 유산할 때, 동행하였다. 남치리는 도산서당을 자주 다니면서 스승과 교류가 깊었고, 학문과 인품이 빼어나 도산서당에서 태극도설을 강론하기도 하면서 퇴계의 사랑을 받았다. 퇴계 사후, 28세 나이로 상례로 추대되었고, 퇴계의 저서 이학통록과 계몽전의를 교정하기도 하였다. 퇴계의 제자들 사이에서 계문안자(溪門顔子)[204]로 불리었다.[205]

(108) 퇴계의 제자를 시대별로 구분할 수 있는가?

공자의 제자는 몇 명일까? 흔히, 3,000제자 72현 10철이란 말

202) 이광호, 퇴계집, 한국고전변역원, 2017, 270쪽.
203) 문봉집 권4, 잡저, '퇴계선생언행통술'.
204) 계문안자: 퇴계의 제자 중에서 공자의 제자 안자와 같은 인물.
205) 도산급문제현록 二 권3, 313쪽.

을 한다. 중국의 사학자 이중톈(易中天)에 의하면,[206] 공자가 제자들을 가르치기 시작한 시기는 그의 나이 30세(기원전 522년) 무렵이다. 그리고 공자가 받아들인 제자들은 대략 세 부류로 나눌 수 있다고 하였다. 첫 번째 부류는 공자가 35세 노나라에서 머물 당시에 받아들인 제자들, 두 번째는 54세 전 제나라에서 노나라로 돌아왔을 때 얻은 제자들, 그리고 세 번째 부류는 공자가 55세에서 68세까지 열국을 주요할 때 얻은 이들이다. 이 세 부류를 이중톈은 황포 1기, 황포 2기, 황포 3기라고 불렀다.

퇴계의 제자는 공자 제자에 비하면 약 10분의 1이다. 도산급문제현록에 기록된 명단은 309명이다. 이 중 아들, 손자, 조카를 비롯한 친인척과 족친 약 40명을 제외하면 대략 260여 명이다. 이 가운데 공문십철과 같은 제자 열 명은 위 질문(107번)에서 퇴문십철로 선정해 보았다.

공자의 제자들을 황포 1, 2, 3기로 나누듯이 퇴계의 제자를 퇴문(退門) 1, 2, 3기로 나눌 수 있는가? 저자는 퇴계가 50세에 계상서당을 열기 전에 받아들인 제자를 퇴문 1기, 50세에 계상서당을 열고 도산 서당 지을 때까지의 10년간을 퇴문 2기, 그리고 61세에 도산 서당을 열고 받아들인 제자들을 퇴문 3기로 분류하고자 한다. 다만, 여기서는 309명 제자를 모두 분류하지 못하고 확인할 수 있는 일부만 분류하고, 나머지는 다음 기회에 확인하기로 한다.

206) 이중톈, '이것이 바로 인문학이다', 이지연 옮김, 보아스, 2015, 61쪽.

(109) 퇴문 1기 제자들은 누구인가?

퇴문 1기(退門1期)는 퇴계가 21세에 첫 제자를 가르치기 시작하여 50세에 계상서당을 열 때까지 받아들인 제자들이다. 도산급문제현록의 제자 명단으로는 언제 입문하였는지를 알 수 없기에 저자가 확인한 자료를[207] 중심으로 확인할 수 있는 제자들만 다음과 같이 밝혀본다. 그 결과 퇴문 1기 17명, 퇴문 2기 30명, 퇴문 3기 16명 합계 63명만 분류하였다.

① 과재 장수희(1516~1586, 1521년 봄에 영주에서 6살의 나이로 배우다. 퇴계의 처이종으로 퇴계 1호 제자), ② 묵재 박사희(1508~1588, 1538년 봄에 입문, 퇴계가 그의 호를 묵재로 지어주다), ③ 오수영(1521~1606, 1536년에 입문, 숙부 이우의 외손자), ④ 인암 박승간(1508~1588, 소고 박승임의 형, 소고와 동방 급제), ⑤ 소고 박승임(1517~1586, 1537년 21세에 입문), ⑥ 취원당 조광익(1537~1580, 1549년 13살의 나이로 찾아와 소학을 배우다), ⑦ 조목(1524~1606, 1538년 15세로 겨울에 입문), ⑧ 약포 정탁(1526~1605, 1542년 17세에 입문), ⑨ 송계 금인(1510~1593, 금보의 형), ⑩ 매헌 금보(1521~1584, 1543년 겨울에 입문, 퇴계 맏형 잠의 손서), ⑪ 송암 권호문(1532~1587, 1547년 15세에 입문), ⑫ 매당 신원록(1516~1576, 49세에 백운동 서원에서 입문), ⑬ 성재 금난수(1530~1604), ⑭ 고산 신언(1530~1598), ⑮ 우암 이열도(1538~1591, 퇴계 종손자, 18세에 입문), ⑯ 이교(1531~1595, 형 온계 아들), ⑰ 이종도(1535~1602, 이

207) 정석태, 퇴계선생연표월일조록 1권~4권 참조.

열도의 사촌) 등이 퇴문 1기 제자들에 속한다. 다른 많은 제자들이 있으나, 기록으로 확인된 제자 17명만 여기에 분류하였다.

(110) 퇴문 2기 제자들은 누구인가?

퇴문 2기(退門2期) 제자는 계상서당에서 입문하여 가르침을 받은 제자들이다. 권오봉 교수에 의하면[208] 퇴계 선생께서 도산서당을 열기 전에 온혜에서 운용하였던 계상서당에서 배운 제자 중 수학 연대가 확실한 사람은 ①~⑰까지 17명이며, 저자가 12명 더 확인하여 다음과 같이 30명을 확인할 수 있다.

① 인재 권대기(1523~1587, 1551년 28세 입문), ② 김수경(1551년), ③ 김수일(1554년) ④ 김명일(1556년) ⑤ 김성일(1556년, 19세에 입문) ⑥ 권대해(1556년) ⑦ 남몽오(1557년) ⑧ 김전(1557년) ⑨ 이이(1558년) ⑩ 이명홍(1558년) ⑪ 이복홍(1558년) ⑫ 김면(1559년) ⑬ 만취당 김사원(1539~1601, 1560년 입문) ⑭ 잠재 김취려(1526~?, 1560년 12월 입문, 계재에서 한 달 머물다) ⑮ 이국필(1560년) ⑯ 류운룡(1560년) ⑰ 율리 이요신(1542~1580, 1560년 입문, 이순신의 형) 등 17명이다. 또한, 동원 박승륜(1520~?, 소고 박승임의 아우),[209] 치제 홍인우(1515~1554, 1552년에 서울에서 처음 만나 수학), 추만

---

208) 권오봉, '퇴계 선생에 관한 전언 설화 고론', 퇴계학논총 제1집, 1996, 174쪽.

209) 박승륜은 소고 박승임의 아우로 퇴계 문인이다. 1551년 10월에 소고는 아우 박승륜을 퇴계에게 보내 가르침을 받게 하였다. 퇴계는 그에게 '청백전가(淸白傳家)' 네 글씨를 써주었다.(정석태, 퇴계선생연표 2권, 98쪽) 승간, 승임, 승륜 삼형제가 퇴계 문하에서 배웠다.

정지운(1509~1561), 김복일(1556년, 김성일의 아우), 권문해(1534~1591, 1556년 입문), 백암 김륵(1540~1616, 1557년에 입문), 석정 윤강중(?~?), 일죽재 신내옥(1525~1616), 간재 이덕홍(1559년 입문), 임연재 배삼익(1534~1588, 1560년 입문), 남강 최옹(?~?, 1560년 입문), 지산 조호익(1545~1609, 1560년 입문), 류중엄(1538~1571, 서애 숙부) 등이 계상으로 찾아왔거나 이 시기에 가르침을 받았다.[210)]

(111) 퇴문 3기 제자들은 누구인가?

퇴문 3기(退門3期) 제자는 도산 서당이 완공된 1561년부터 1570년까지 입문하여 가르침을 받은 제자들이다. 다음과 같이 16명의 제자를 확인할 수 있다.[211)]

① 정사성(1561년 입문, 이름을 사성, 자를 자명으로 지어 주다), ② 서애 류성룡(1562년 19세 9월에 입문), ③ 죽각 이광우(1529~1619, 1563년 입문, 이원의 조카), ④ 분지 남치리(1543~1580, 1563년 입문), ⑤ 옥동 문익성(1526~1584, 1563년에 도산서당에 와서 대학 강의를 듣다), ⑥ 풍암 문위세(1534~1600, 1565년 입문), ⑦ 한강 정구(1543~1620, 1565년 23세에 입문), ⑧ 죽천 박광전(1526~1597, 1566년 겨울, 전라도에서 입문, 문위세의 자형), ⑨ 물암 김융(1549~1594, 1566년 입문), ⑩ 농은 조진(1567년 11월 농운정사에서 가르침을 받고 1568년 2월 5일 서울로 돌아가다), ⑪ 명암 손흥

210) 정석태, 전게서 2권, 참조.
211) 정석태, 전게서 4권, 139~521쪽 참조.

경(1543~1614, 1568년 집지 입문하다), ⑫ 천산재 이함형(1569년 5월 13일~9월 16일 배우다), ⑬ 송소 권우(1552~1590, 1569년 입문, 주역을 배우다. 권대기의 아들), ⑭ 오봉 이호민(1553~1634, 1570년 봄), ⑮ 건재 박수일(1553~1597, 1570년 9월 입문), ⑯ 애경당 김집(1558~1631, 1570년 9월 입문, 퇴계 마지막 입문 제자) 등이다.

12. 저서와 편지

(112) 계상서당에서 저술한 책은 무엇이 있는가?

① **주자서절요(朱子書節要)**: 퇴계가 주자가 지은 방대한 주자대전을 읽고 그중에서 학문과 관련이 깊은 내용들만을 별도로 뽑아서 퇴계 자신의 독자적인 해석과 이론을 붙여 놓은 책이다. 1556년에 편찬을 시작하여 1558년에 완성하고 서문을 지었다. 퇴계는 처음에는 주자의 호를 따서 회암서절요라고 하였다가, 다시 주자서절요로 고쳤다. 퇴계의 이 책은 모두 20권으로 되어 있으며, 이후 조선의 유학자들에게 주자학과 동양철학을 연구하는 데 필수적인 교재가 되었다. 1585년 나주 목사로 재직하던 제자 학봉 김성일에 의해 발간되었다.

② **계몽전의(啓蒙傳疑)**: 이 책은 주자가 지은 역학계몽을 분석하고, 재해석한 주석서이다. 퇴계는 1555년부터 시작하여 1557년 7월에 계몽전의를 완성하였다. 퇴계는 서문에서,[212)]

212) 퇴계집, '계몽전의' 참조.

주자의 역학계몽이 후대 학자들의 주석서마다 의견이 불일치하여 오히려 이해를 더욱 어렵게 하고 있으며, 또한, 인용한 서지정보의 정확성을 확인할 필요가 있다고 하였다. 그리고 책이 전래되는 과정에서 필사의 오류 등의 문제 등을 바로잡고 다양한 계몽주석서들이 주자의 의도를 제대로 드러내고 있는지를 고증하고 비판함으로써 후대 학자들에게 역학계몽의 이해를 돕고자 하는 의도로 이 책을 저술하였으며, 이선경[213]은 '계몽전의가 후대 퇴계학파의 계몽 연구의 기준이 되고 핵심적 통로가 되었다.'고 하였다.

③ **자성록(自省錄)**: 1558년 5월에 저술하였다. 퇴계는 제자, 자녀, 조카, 문인들과 수많은 서신을 통해서 심성, 이기, 사단칠정, 거경, 궁리 등과 같은 성리학적 질문을 주고받았다. 퇴계는 이 서신 중에서 자기 성찰의 자료가 될 만한 것 21편의 서신을 따로 엮어 궤짝에 보관하여 수시로 읽어보면서 스스로 반성하는 자료로 활용하였다. 한 권의 책으로 묶은 것을 1585년에 전라도 나주 목사이던 제자 학봉 김성일이 발간하였다.[214]

④ **고경중마방(古鏡重磨方)**: 59세 9월에 지었다. 중국의 고대 상나라를 건국한 탕 임금의 반명(盤銘)부터 남송의 진덕수

213) 이선경, '퇴계학파의 역학계몽 이해', 한국양명학회 논문집, 양명학 제28호, 2011.

214) 학봉집, 부록 제1권 연보. 1586년 나주목에서 발간된 책 이름은 '퇴도선생자성록'이며, 권말(卷末)에 "만력십삼년을유동나주목개간(萬曆十三年乙酉冬羅州牧開刊)"이라는 간기(刊記)가 있다. 이때, 나주 목사는 퇴계의 제자 학봉 김성일이었다. 학봉 연보에 '가을에 주자서절요와 퇴계선생자성록을 발간하였다.'라고 기록하고 있다.

(1178~1235)의 허주명(虛舟銘)에 이르기까지 이름난 선현들의 좌우명 79개를 모아서 엮은 책이다. 주자의 것이 21개로 가장 많으며, 책 제목도 주자의 시[215]에서 취하였다. 진덕수가 9개, 오초려[216]의 것이 8개였다. 퇴계는 이 책을 엮은 뒤 공개하지 않고 상자 속에 넣어둔 채 홀로 자신을 수양하고, 단속하는 자료로 활용하고 있었다. 따라서 퇴계 생전에는 제자들도 알지 못하였다. 퇴계 사후 약 20년이 지난 후 제자 월천 조목이 발견하고 한 부를 베끼고 외었다. 친필 본은 소멸되고 뒤에 판본으로 출간되어, 이후 퇴계학파 선비들과 학자들의 필독서가 되고, 궁중에서는 영조가 친히 이 책에 대한 서문을 지어 반포하였으며, 세자의 강의 교재로 사용하였다.

⑤ **활인심방(活人心方)**: 활인심방이란 '사람의 건강을 살리는 마음 비법'이다. 활(活)이란 부활(復活)이란 단어에서 보듯이 살아나는 것이다. 이동한[217]은 '활인이란 목숨을 다하는 순간까지 병 없이 건강한 육체와 온전한 정신으로 살아가는 사람이며, 심방은 으뜸 건강법'이라고 설명하였다. 퇴계 선생께서 평생 실천하던 양생, 양기 운동법을 다룬 책이라고 할 수 있다. 원래 활인심방은 중국의 주권(명나라 태조 주

215) 주자가 제자인 임대춘을 보내면서 송별시 5수를 지어주었는데, 그중의 한 수의 첫 구절인 '고경중마요고방'이며, 퇴계는 이 시구에서 책 이름을 빌렸다.

216) 원나라의 유학자이며, 경명, 화명, 자신명, 자수명, 소인욕명, 장천리명, 극기명, 리일잠 8개이다.

217) 이동한 편역, '활인심방', 교육과학사, 2011, 4쪽.

원장의 아들)이 집필한 건강도서 활인방이 원저이다. 그는 인간의 병은 마음에서 비롯되므로 마음을 잘 다스리는 것이 건강의 비결이라고 보았다. 퇴계 선생이 이 책을 직접 베끼고 해설을 붙이고 그림으로 그려서 새로 이름을 붙여 활인심방이라고 하여 책을 만들었다. 편저이다.

활인심방의 내용은 정신 건강법과 신체 건강법 두 가지로 구분된다. 정신 건강법은 우리 마음과 정신을 건강하게 하기 위하여 중화탕, 화기환, 치심(治心)을 다루고 있으며, 신체 건강법은 도인법(천지의 기운을 끌어들이는 수련법), 거병연수육자결(여섯 가지 신비의 소리를 이용한 호흡법) 등과 같은 신체 수련 운동을 주요 내용으로 다루고 있다. 퇴계는 평생 활인심방을 실천하여 평소 병약하였던 건강임에도 학문과 집필 등 왕성한 활동을 하면서 70세까지 장수할 수 있었던 것으로 볼 수 있다.

(113) 도산서당에서 저술한 책은 무엇이 있는가?

① **도산잡영(陶山雜詠)**: 1561년 11월에 지었다. 퇴계는 도산서당이 완공되어 갈 무렵, 이 서당을 건축하게 된 내력과 과정, 기쁨 등을 자세히 기록하여 도산기라고 하였다. 이 글은 퇴계의 물러남의 미학과 서당 건립 과정의 소회가 잘 드러난 명문으로 널리 애독되고 있다. 도산서당에 칠언절구시 6수, 농운정사에 4수를 비롯하여 주변 유상처(노닐며 구

경함) 8곳의 절구시 18수를 지어, 모두 열여덟 절구를 지었다고 밝혔다. 그리고 서당 주변과 관련하여 모두 26개의 오언절구시와 추가로 4수를 더 지어 모두 30수를 지었다. 퇴계는 도산기, 칠언절구 18수, 오언절구 30수를 모아 도산잡영으로 이름 지었다. 퇴계가 지은 이 도산잡영은 도산서당과 함께 퇴계의 사상과 정신, 그리고 퇴계의 '나의 할 일'을 이해하는 데 매우 귀중한 자료로 평가받고 있다.

② **도산십이곡(陶山十二曲)**: 저서가 아니고 시조 12수를 엮은 것이지만, 한 권의 단행본 못지않은 교육적, 사상적 함의를 지니고 있어 저서로 분류하였다. 퇴계는 65세 되던 해 도산에 은거하면서 시를 통한 백성들의 심성 순화와 도덕성 회복을 목적으로 한글 시조 12수를 연작시로 지었다. 이 시조 열두 수 중 앞의 여섯 곡(전육곡)은 언지(言志)로 하여 자연을 사랑하고 그 속에서 맑게 살아가고자 하는 뜻을 나타내고 있으며, 뒤의 여섯 곡(후육곡)은 언학(言學)으로 옛 성현을 따르고, 학이종신 하고자 하는 자신의 의지를 표현하였다. 퇴계는 이 시조를 통해서 어린아이, 여성, 그리고 천민까지도 모두 이 시조를 부르고 노래함으로써 모두가 착하고 바르게 살아갈 수 있기를 기대하였다. 다만, 곡을 붙일 능력이 없어 가사만 지어 놓는다고 하였는데, 2019년 충남대학교 김종성 교수[218]가 곡을 붙여서 지금 널리 애창되고 있다.

---

218) 김종성, '음은 사람의 마음에서 생겨나는 것이며, 악은 마음의 움직임이다.', 충남대학교출판문화원, 2019, 88~91쪽.

③ **송계원명이학통록(宋季元明理學通錄)**: 이 책은 퇴계가 1559년에 편집을 시작하여 1563년에 완성하였기에 도산서당의 저술로 분류한 것으로 원래 이름은 송원록이었다. 퇴계가 주자 이후, 송, 원, 명 세 나라에 걸쳐 여러 유학자의 행장, 전기, 어록 등과 같은 사적을 모아 그 연원과 학문의 실상을 자세히 밝힌 것이다. 그러나 명나라 학자는 하의려 한 명뿐이고 그 외에는 모두 주자학파 학자들이었다. 따라서 퇴계는 이 책을 통해서 조선의 학자들에게 주자학의 정통성과 도학의 요체를 밝히고자 한 것으로 보인다. 1576년 조목 등 제자들이 초간본을 간행하였다. 그 뒤 1743년(영조 19년)에 도산서원에서 12권 6책의 목판본으로 중간하였고, 그 뒤에도 몇 차례 간행되어 판본이 여럿 존재한다.

④ **경현록(景賢錄) 개정**: 1565년 8월에 경현록을 개정하였다. 경현록은 퇴계의 제자 이정이 김굉필의 가범(家範)과 행장 등 여러 사적을 엮어 만든 책이다. 이정은 자신이 편찬한 경행록에서 여러 가지 의심나는 부분을 퇴계에게 질문하였고, 이에 퇴계는 의흥 김립과 수재 정곤수 등이 기록한 것을 함께 가져다가 참고하고 정정하여, 정본을 만들었다.[219] 그러므로 이 책은 퇴계가 집필한 것이 아니라 개정 보완한 것이다.

⑤ **심경후론(心經後論)**: 심경은 중국 송나라 진덕수(1178~1235)

219) 퇴계집, 퇴계선생연보 2권, 65세 기록 참조.

가 사서오경 같은 유학의 여러 경전과 주돈이, 정이, 주희 등 유학자들의 저술에서 심성을 수양하는 데 절실한 격언을 모아 엮은 책이다. 특히, 퇴계는 초학자들은 근사록, 소학 등 다른 어느 책보다도 심경이 가장 절실한 책으로 평가하였다. 그러나 황준량, 조목 같은 퇴계의 제자는 심경에 대해 비판적이기도 하였으나, 퇴계는 그에 대해 적극적으로 반론하기도 하였다. 퇴계는 스스로 "나는 심경을 얻은 뒤로 비로소 심학의 근원과 심법의 정밀하고 미묘함을 알았다. 그러므로 나는 평생에 이 책을 믿기를 신명과 같이 알았고, 이 책을 공경하기를 엄한 아버지같이 한다"고 밝힐 정도로 심경을 중시하였다. 퇴계는 젊어서 심경을 읽은 후부터 심경 연구에 몰두하였으며, 심경에 대한 여러 학자의 주석서와 논란에 대해 변론하고 재해석하여 1566년 심경후론을 지었다. 심경과 관련한 저술이 모두 9편이 있는데, 대부분이 퇴계와 퇴계의 제자들이 지은 것을 볼 때, 퇴계가 심경을 얼마나 소중하게 여겼는지를 짐작할 수 있다.

⑥ **사서석의(四書釋義)**: 석의란 한문 서적에 주석을 달고 자신의 의견을 덧붙이는 것이다. 퇴계가 유학 경전 사서인 대학, 중용, 논어, 맹자 중에서 난해한 부분을 해석하고 주석을 달아 편집한 책이다. 대학석의 99항목, 중용석의 188항목, 논어석의 294항목, 맹자석의 161항목 등 총 742항목이

수록되어 있다.[220] 퇴계의 필사본은 임진왜란 때 소실된 후에 도산서원에서 여러 전사본을 찾아 편집하였으며, 1609년 경상감영에서 간행하였다.

⑦ **성학십도(聖學十圖)**: 퇴계가 1568년 12월에 선조 임금에게 바친 얇은 책이다. 그러나 비록 부피가 얇지만, 성학십도는 퇴계의 대표 저서이며, 성리학의 핵심 이론들을 집약 정리한 명저이다. 이 책은 조선 성리학 발전에도 큰 영향을 끼쳤다. 성학십도는 성리학의 방대한 이론을 열 개의 그림으로 그리고 해설하여 어려운 성리학을 그림을 통해 쉽게 이해할 수 있게 만든 시청각 도서이기도 하였다. 선조를 비롯한 후세 제왕이나 학자, 선비들의 필독서가 되었으며, 오늘날에도 외국에까지 널리 전해지는 인기 도서이다. 선조는 이 책을 병풍으로 제작 배포하고 자신도 대전에 가까이 두고 애독하였다.

퇴계의 성학십도는 퇴계 이후 여러 학자에 의해 부분 또는 전체에 대한 주석 작업이 이루어졌는데, 이동건[221]에 의하면, 16세기(3권), 17세기(7권), 18세기(4권), 19세기(14권), 20세기(7권)에 모두 35권의 주석서가 저작되었다. 이는 성학십도의 내용과 가치에 대한 관심이 얼마나 높은지를 보여주고 있다.

---

220) 네이버 지식백과, 한국민족문화대백과사전 참조.

221) 이동건, '조선시대의 성학십도 유포, 확산에 대한 연구', 인문사, 2014, 17~19쪽.

(114) 퇴계는 왜 성학십도를 지었는가?

퇴계는 17세의 어린 나이로 임금이 된 선조가 성군이 되어 정치를 밝게 펼치도록 도움을 주고자 이 책을 저술하였다. 성학십도는 지금까지 성리학 관련된 여러 학자가 제시한 핵심 내용과 퇴계 자신의 이론을 포함하여 모두 열 개의 그림으로 설명한 성리학 결정체이다. 여러 학자의 설과 자신의 생각을 종합하여 정리한 것이므로 엄격히 보면 이 작은 책은 퇴계 자신의 독창적인 저서라기보다는 일종의 편저이다. 그러나 시대가 다른 여러 학자가 각기 다른 내용을 자신들의 저서에 집필해 두었으며, 이들 이론들을 모아 한 권의 책으로 체계화하고 정리 집약한 작업은 아무도 생각하지 못한 창의적 시도가 아닐 수 없다. 이러한 점에서 성학십도는 퇴계의 중요한 저술로 평가받고 있다. 퇴계는 '성학십도를 올리는 차(箚, 상소문)'의 마지막 부분에서 다음과 같이 저술의 목적을 밝히고 있다.

> 이 그림과 도설은 겨우 열 폭의 종이에 취하여 적어 놓은 것일 뿐이지만, 생각하고 익히며 평소 편안히 거처하는 곳에서 공부하는 과제로 삼으신다면, 도를 이루어 성인이 되는 요령과 근본을 바로잡아 정치를 경륜하는 근원이 모두 여기에 갖추어져 있습니다. 오직 왕께서 거울 같은 지혜로 정신을 머물게 하고 생각을 기울여 처음부터 끝까지 반복하여 보시는 데 달려 있습니다. 경미한 것이라고 해서 소홀히 하거나 번잡하다 해서 버리지 않으신다면, 종묘와 사직이 아주 다행스러울 것이고 신민도 크게 다행스러울 것입니다.

(115) 성학십도의 내용은 무엇인가?

성학십도는 왜 이 성학십도를 올리는지에 대한 취지를 밝힌 '성학십도를 올리는 글'과 열 개의 성리학 핵심 개념과 그림, 해설을 담고 있으며, 간략한 내용은 다음과 같다.

(서문) 성학십도를 올리는 글(進聖學十圖箚): 퇴계는 성학십도 서문을 지었다. 이 서문은 십도의 그림과 설명 못지않게 중요하고 의미 있는 글이다. 원문이 길어서 간략히 요점만을 소개하고자 한다. 서문에서 먼저 도(道)란 무엇이며, 임금의 위치가 얼마나 존귀하고 또한 위태로운지에 대해 설명하였다. 때문에, 옛 성군은 그 마음을 유지하고, 덕을 지키고자 노력하여 그 이름을 남겼으며, 지금의 임금도 그러하여야 한다고 역설하였다. 그를 위해 그동안 몇 차례 경연에서 강론하거나 무진육조소로 진언한 바 있었으나, 감동을 드리지 못하여 효과가 없는 듯하여 이제 다시 성학십도를 올리게 되었음을 조심스럽게 피력하고 있다.

그리고 성학십도의 구성, 마음의 기능과 성인이 되는 길, 경을 지키고 실천하는 방법, 경의 과정과 효과, 끝으로 이 성학십도의 활용 방법 등에 대하여 자세히 기록하여 선조 임금으로 하여금 감발 수양하지 않을 수 없도록 정성을 기울여 글을 지었다. 글의 마지막 부분은 위 114번 문항에서 소개하였다.

제1도 태극도(太極圖): 태극도는 염계 주돈이(1017~1073)가 지은 태극도설을 그림으로 풀이한 것이다. 글과 그림은 모두 주염계의 것이며 퇴계 선생께서 그림 안에 해설을 넣어 보완하였다. 주돈이가 우주 만물과 생명 탄생의 기원을 밝힌 태극도설은 우주의 원리와 존재의 질문에 대한 획기적인 설명이었다. 주돈이에 의하면, 만물은 1단계인 무극이태극에서 비롯되어 2단계인 음양, 다시 3단계인 오행, 4단계인 남녀의 탄생 과정을 거쳐 마지막 5단계인 만물의 형성으로 나타난다. 지금까지 공자의 유학은 사람이 어떻게 살아야 하는지에 대한 윤리, 도덕을 가르치는 실천윤리학 수준이었다면, 주돈이의 태극설은 우주 만물의 존재와 이유를 설명하는 이론철학적 수준이었다. 이는 곧 성리학을 존재하게 하는 결정적인 근거이론이 되었다.

태극도설의 1단계(무극이태극)에서 5단계(만물의 형성)로 내려가면서 근원과 근본이 어떻게 개개 사물이나 현상 속에 스며드는지, 개개 물질적 특성이 존재하게 되는지를 따져서 이른바 삼라만상의 개개 사물의 이치(分殊의 理)를 파악하고자 한다. 반대로 5단계에서 1단계로 거슬러 올라가면서 존재하는 모든 개개 사물이나 현상이 어디에서 유래되며 그 근원, 원천이 무엇인지를 논리적으로 추적하고 따져 들어감으로써 존재의 근원을 파악하여 근본이 되는 하나의 이치(理一의 理)를 알고자 한다. 서양 논리학에서 전자는 연역법이며, 후자는 귀납법이다. 그리고 태극도설은 서양 철학의 존재론과 다름없다. 이로써 주염계의 태극도설은 우주 만물의 생명 탄생의 기원과 개개 사물과 현상의 특성을 밝힐 수 있는 이론으로 성리학을 철학의 영역으로 들어가게 하는 바탕이 되었다. 퇴계가 주돈이의 태극도를 성학십도의 첫 번째 과목으로 올린 배경이 여기에 있다고 할 수 있다.

제2도 서명도(西銘圖): 2도의 서명은 횡거 장재(1020~1077)의 글이고, 그림은 임은 정복심(1279~1368)이 그린 것이다. 장재가 이 글을 지어 처음에는 정완(어리석음을 바로 잡다)이라고 하였는데, 훗날 그의 제자인 이천 정이(1033~1107)가 서명으로 고쳤다.

장재가 지은 253자 짧은 글의 핵심 내용을 보면 하늘은 나의 아버지이고, 땅은 나의 어머니이다. 또한, 나는 천지의 아들이며, 천지의 중간에 만물과 함께 있다고 하였다. 하늘은 나를 비롯한 만물의 아버지, 땅은 어머니이므로 나와 만물은 다 같이 천지의 자식이며 형제와 다름없다고 본다. 위 제1도 태극도설에서 만물의 생명 기원은 태극(우주, 하늘)에서 유래되었다는 설과 일맥상통하는 이론이다. 부모님을 받들듯이 천지를 받들어야 하고, 만물은 나와 더불어 살아가는 한 뿌리에서 갈린 존재이므로 더불어 살아가야 한다고 하였다. 도연명이 잡시(雜詩)에서 말한 '하늘에서 태어난 것은 모두 형제이다'라는 사상과 같다. 이것이 장재의 서명에서 인이다. 서명은 천지 만물과 나라는 존재와의 일체에서 얻어지는 것이 곧, 인(仁)이라고 설명하고 있다. 퇴계는 비록 천하가 한 집안이고 온 나라가 한 몸과 같다고 하더라도 모든 대상을 똑같이 사랑하는 겸애의 폐단에 흐르지 않아야 한다고 하였다. 퇴계는 장재의 서명도를 태극도 다음의 제2도에 실은 것은 1도와 2도가 서로 그 맥을 잇고 있기 때문으로 보인다.

제3도 소학도(小學圖): 3도에서 그림은 소학의 내용과 목록을 퇴계가 직접 그린 것이고 설명하는 글은 주자가 지은 소학의 서문이다. 소학은 송나라 유학자 유자징(劉子澄)이 스승인 주자의 지시에 따라 1187년에 엮은 책으로 8세 안팎의 아동들에게 유학의 기본적이고 핵심적인 내용을 가르치기 위하여 지은 유학 교육의 입문서이다. 다루는 내용은 입교, 명륜, 경신, 계고, 가언, 선행 여섯 가지이다. 그러나 본래 목적과는 다르게 이 책은 오히려 성인 유학자들이 더 애독하고 중시하게 되었으며, 한훤당 김굉필 같은 유학자는 평생 소학을 벗 삼아 애독하고 소학의 가르침대로 생활하여 스스로 소학동자로 불렀다. 그 후로도 도학의 실천과 구현을 바라는 여러 학자, 선비들, 이를테면 조광조, 김안국, 퇴계 등 학자들이 특히 소학의 가치와 중요성을 강조하였다.

제4도 대학도(大學圖): 대학도의 글은 사서의 하나인 대학의 경일장(經一章)을 설명하고 있다. 경일장은 대학 8조목의 지향점을 밝힌 세 가지 항목으로 이를 '큰 학문의 길'이라는 뜻의 대학지도(大學之道)라고 설명한다. 큰 학문의 길 세 가지는 곧 밝았던 덕을 밝히는 것, 백성과 하나가 되는 것, 그리고 지극히 좋은 상태에 머무는 것이다. 큰 학문 목표가 이 세 가지에 있음을 볼 때, 오늘날의 우리에게 큰 시사점을 주기에 충분하다. 그림은 양촌 권근(1352~1409)이 그린 것이다. 대학은 논어, 맹자, 대학, 중용의 사서 가운데 한 권이다. 본래 예기의 제42편이었으나, 주자가 내용의 차례를 다시 정하고 빠진 치지(致知)를 제5장으로 새로 만들어 넣는 등 정리하여 대학 장구를 편찬하며, 한 권의 경전으로 탄생하였다. 그리고 퇴계에 의해서 성학십도 네 번째 제목으로 중시되었다.

제5도 백록동규도(白鹿洞規圖): 백록동규는 주자가 백록동 서원에서 공부하는 유생들에게 제시한 학규로 학칙과 같은 것이다. 유학의 목적인 오륜을 다섯 가지 가르침의 조목으로 삼는 바 이를 오교지목으로 나타내고, 그것을 배우는 순서를 밝힌 위학지서로는 박학(널리 배움), 심문(자세히 질문함), 신사(신중히 생각함), 명변(변별하여 밝힘), 독행(독실하게 행함) 다섯 가지를 제시하고 있다. 제5도에서 상도(上圖) 및 도설은 임은 정복심(1279~1368)의 저작이고 그림은 퇴계의 작품이다.

5도 마지막 부분에서 퇴계는 "이상 다섯 도(1~5도)는 천도에 근본하고 있지만, 목적은 인륜을 밝혀 덕업을 힘쓰게 하는 데 있습니다"라고 밝혔다. 즉 태극도, 서명도, 소학도, 대학도, 백록동규도는 인간 윤리와 도덕의 실현을 위한 것이라고 설명하였다.

제6도 심통성정도(心統性情圖): 심통성정도는 심, 성, 정 세 가지 성리학의 기본 바탕이 되는 개념의 상호 관계를 그림으로 그리고 해설한 것이다. 심통성정이란 심(마음)이 성과 정을 통괄한다는 의미다. 성이란 하늘에서 부여받은 본마음으로 본성이라고도 한다. 정은 마음에서 몸을 통해 밖으로 흘러나오는 감정이다. 이 본성과 감정을 마음이 통괄한다는 것인데, 설명은 이렇게 하지만, 심, 성, 정은 간단한 개념이 아니며, 유학, 성리학에서는 수천 년간 매달리고 있는 개념이다. 퇴계는 모두 세 개의 그림, 즉 상도, 중도, 하도를 그려서 마음과 성, 사단과 칠정의 관계를 설명하고 있다. 다만, 상도는 임은 정복심이 그린 것을 빌려왔고, 중도와 하도는 퇴계가 직접 그린 것이다. 성학십도의 10개 그림 가운데 퇴계 자신의 독창적 해설과 그림이 가장 많이 나타난 곳이 제6도이다.

제7도 인설도(仁說圖): 주자가 지은 인설도와 인설(仁說)의 원문을 여기에 옮겨서 제시하고 있다. 인(仁)이란 공자 사상의 핵심이며, 따라서 유학의 근본이념이 되었다. 우리는 왜 인을 배우는가? 인하기 위해서이다. 그렇다면, 인은 무엇인가? 공자가 설명해 준 숱한 해답은 논어 책으로 미루고, 여기서는 주자의 설명을 빌려 이해하고자 한다. 왜냐하면 인설도 원저자는 주자이기 때문이다. 주자는 인설도 그림에서 '인이란 천지가 만물을 낳는 마음'[222]이며, '사람이 그것을 얻어 마음이 되었다'고 설명하였다. 이 설명에 따르면, 인이란 본래의 마음이며, 우리 마음은 본래 인하다고 보고 있다. 본래 마음이 인한 것인데, 왜 인을 배워야 할까? 그것이 성리학자들의 담론이다. 마음속에 있을 때는 인하지만, 밖으로 표출될 때는 인하지 못할 때가 생긴다고 설명하고 있다. 주자는 인설도에서 인의 정의에서 시작하여 마음의 탄생과 그 마음의 미발, 이발에서 비롯되는 성, 정, 본체와 작용 등 전체적인 인의 계통을 밝혔으며, 퇴계는 성학의 요체로 인의 개념과 실천을 생각하며, 성학십도 제7도에 올렸다.

제8도 심학도(心學圖): 심학이란 곧 마음공부이다. 심학도의 그림과 해설은 임은 정복심이 지은 것이다.[223] 원래는 송나라 진

222) 손기원, 이명순 역해, 성학십도, 북크크, 2020, 162쪽.

223) 임은 정복심은 원나라 때 학자이다. 퇴계의 심학도는 정복심의 저서 사서장

덕수가 지은 심경에 나오는 것으로 우리의 몸을 주재하는 것은 마음이고, 그 마음을 주재하는 것은 경이라고 하였다. 마음이 외부로 나타날 때, 하늘의 마음인 도심(道心)으로 나타나거나, 아니면 세속적인 욕망에 휩쓸리는 인심(人心)으로 나타날 때가 있는데, 이때, 세속적인 인심으로 흐르지 않고 하늘마음인 도심으로 흐를 수 있도록 대문 역할을 해주는 것이 곧 경이라고 하였다. 심학도는 이러한 마음 학문을 간결하게 그림과 해설로 나타낸 것이다.

제9도 경재잠도(敬齋箴圖): 경재잠도에서 글은 주자가 지은 것이고, 그림은 노재 왕백(1197~1274)이 그린 것이다. 성리학에서 마음 수양의 수단으로 경을 매우 중시하고 있음은 널리 알려져 있다. 경재잠은 하루의 생활에서 상황별로 경을 유지하고 실천할 방법을 제시한 잠언이다. 하루 생활을 8가지의 상황으로 나누고 총괄 상황 두 가지를 넣어 각각 4자 4행 형식으로 16글자씩 지어 모두 160글자이다. 10가지의 상황은 고요히 있을 때, 움직일 때, 밖을 바르게 할 때, 안을 바르게 할 때, 마음을 바로잡아 일을 이룰 때, 일에 집중하되 마음에 근본을 둘 때, 앞의 여섯 장을 총괄, 마음이 흐트러지는 병폐, 한 가지 일에 집중하지 못하는 병폐, 마지막으로 전체 총괄이다.[224] 성리학에서 경을 유지하고 실천하는 핵심 잠언으로 중시되고 있다.

도(四書章圖)에 실린 도설을 그대로 인용한 것이다. 이것은 명의 학자 정민정(1445~1499)이 지은 심경부주 책에 심학도란 이름으로 실려 있다.

224) 손기원, 이명순 역해, '한글본 성학십도', 주식회사 부크크, 2020, 194~198쪽.

제10도 숙흥야매잠도(夙興夜寐箴圖): 마지막 10도에서 잠(箴)은 송나라의 남당인 진백(?~?)이 지었고, 그림은 퇴계의 작품이다. 제9도의 경재잠이 상황별로 지켜야 할 경의 요목이라면, 10도의 숙흥야매잠도는 새벽에 잠에서 깨어 저녁에 잠자리에 들 때까지 하루 생활에서 시간대별로 지켜야 할 경의 요목들을 설명하고 그린 것이다. 형식은 9도와 같이 4자 4행으로 48행 192글자이다. 퇴계는 그림에서 하루의 시간을 모두 7가지 시간대로 나누었다. 새벽에 잠에서 깰 때, 새벽에 일어날 때, 독서할 때, 일을 맞이할 때, 낮에 힘써 일할 때, 해 질 무렵에, 주야에 지켜야 할 때 등 각각 지켜야 할 경의 내용들을 정리 기록한 것이며, 퇴계는 성학십도 마지막 장에 이것으로 마무리하였다.

10도 말미에서 퇴계는 "이상 다섯 그림은(6~10도) 심성에 근원하고 있지만, 요점은 일상생활에서 힘을 써서 경외하는 마음을 높이는 것입니다."라고 밝혔다.

(116) 퇴계는 누구의 행장을 지었는가?

행장(行狀)은 몸가짐과 품행을 뜻한다. 어떤 인물이 죽었을 때, 그 인물이 평생 살아온 내력을 적은 글을 행장이라고 한다. 시쳇말로 전기(傳記)이고, 일대기이며, 남이 쓴 자서전이다. 행장은 사후 시호를 받기 위한 필수 글이므로 죽은 사람이 훌륭하고 덕이 높은 인물로 느껴질 수 있도록 잘 써야 한다. 누구라도 쉽게 읽을 수 있도록 쓰고 사실에 부합하여야 한다. 과장하고 부풀려서 죽은 사람을 욕되게 할 수 있기 때문이다. 그리고 무엇보다도 권위가 있는 인물이 써야 했다. 그래야 사자의 명예를 높이고 세상 사람들에게 인정을 받을 수 있기 때문이다. 이 때문에 자손들은 자기 아버지가 죽으면 행장을 짓기 위해 당시 사회적 지위나 덕망이 높아 모두로부터 존경을 받는 훌륭한 분을 찾고자 애를 쓴다. 행장 서술은 두 부분으로 나누는데 글 앞부분은 대개 세계(世系)와 가계를 기록하고, 후반부는 죽은 인물의 관직, 인품, 행적 등 그의 일생을 비교적 간명하게 기록한다.

퇴계는 모두 7명의 인물에 대해 행장을 지었다.[225] 연대순으로 보면 농암 이현보 - 금계 황준량 - 정암 조광조 - 회재 이언적 - 명종 대왕 - 충재 권벌 - 아버지 이식 순으로 행장을 지었다. 이 중에서 명종 대왕 행장은 1567년 7월, 명종이 승하하자 퇴계는 행장 수찬청 당상관이 되어 행장 책임자였기에 당연히 지어야 했다. 그리고 아버지의 행장은 "아버지의 행적이 후세에 전해지지 않음은 불효이기 때문에, 써두지 않을 수 없다"[226]고 하며 자식된 도리로 썼다. 그러므로 퇴계는 임금과 아버지의 행장 외에는 자신의 기준에 비추어 마땅한 분에게만 직접 행장을 썼다. 바로 아래 다섯 분의 행장이다. 그 밖에 부탁을 받아도 함부로 쓰지 않았다.

① **농암 이현보 행장**(1556년): 농암 이현보는 퇴계의 숙부 송재

225) 퇴계선생문집, 퇴계선생연보 2권 참조.
226) 이성원, '선생', 학자원, 2024, 69쪽.

이우와 동방 급제한 예안의 큰 인물이었다. 농암은 자식들의 친구인 퇴계를 친자식처럼 사랑하였고, 퇴계는 농암을 스승처럼 따르고 존숭하였다. 행장에서 농암 이 선생이라고 스승을 표현하는 단어인 선생을 사용하였다. 당시 선생이라는 존칭어를 붙이는 것은 거의 드문 일이었다. 농암이 1556년 사망하자, 행장은 퇴계의 일이 되었다. 퇴계는 행장을 쓰면서 "내가 외람되어 가장 오래 모셨다" 하여 행장을 지어 달라는 부탁을 받았다. "내가 의리상 사양할 수 없어서 겨우 그 몇 가지를 취하여 이상과 같이 서술하니, 어찌 감히 사필(史筆)을 잡은 자에게 채택되어서 뒷세상 사람들에게 전해져 믿게 되기를 바라겠는가. 우선 모든 상주들의 지극한 뜻에 보답하기 위해서일 뿐이다."라고 마무리 하였다. 1556년 7월에 전 통정대부 성균관 대사성 지제교 진성 이황이 삼가 짓다(숭정대부 행 지중추부사 농암 이 선생 행장). 부탁을 받고 의리상 쓰지 않을 수 없었다는 것은 행장, 비문 등에서 정해진 형식적인 겸양의 글이다. 퇴계가 자신의 기준으로 보아 합당하지 않다고 판단된 인물이라면 부탁이나 의리상으로는 절대 쓰지 않았다.

② **금계 황준량 행장**(1563년): 12월에 지었다. 금계는 퇴계의 제자이다. 보통 제자가 아님은 스승 퇴계가 먼저 죽은 제자의 행장을 짓는 것으로 짐작할 수 있다. 역사에서 거의 드문 일이다. 성주 목사 황공 행장이라고 제자에게 극존칭인

공(公)이라고 불렀다. 이성원은[227] "황준량 행장 저술은 예상할 수 없는 일이었다. 한마디로 사건이었다"라고 말할 정도이었다. 나이가 한참 어린 제자의 행장을 지었기 때문에 사건으로 본 것이다. 퇴계 자신보다 먼저 세상을 떠난 제자가 금계 황준량뿐이 아니었지만, 금계에게 마지막 애정을 행장으로 꼭 전하고 싶었을 것으로 보인다. 그만큼 퇴계는 금계를 아끼고 존중하였음을 알 수 있다.

참고로 알아보면,[228] 퇴계는 1561년 제자 가운데 유일하게 나이가 더 많았던 용암 박운이 사망하자 묘갈명을 지었고, 1563년에 제자 추만 정지운이 먼저 세상을 떠났을 때, 묘갈명을 지었다. 그러나 이 두 사람의 행장은 짓지 않았다.

금계가 성주 목사에서 고향으로 돌아오는 도중에 사망하자, 퇴계는 큰 충격을 받았다. 행장 말미에 퇴계는 이렇게 적었다. '공이 벼슬을 그만두고 돌아오면 서로 왕래하며 옛정을 다시 나누자고 약속하였고, 공은 항상 내가 늙고 병들어 목숨을 부지하지 못할까 근심하더니, 어찌 오늘, 이 늙고 병든 자는 세상에 남고, 도리어 강건한 나이인 그대에게 곡할 것을 생각이나 했겠는가. 공의 언행은 기록할 것이 많아 감히 다 싣지 못하고, 다만 대강만을 추려서 위와 같이 적었다.' (후략) 가정 42년 계해(1563년) 12월 어느 날 진성

227) 이성원, 전게서, 69쪽.

228) 퇴계선생문집, 제46권, 묘갈지명/상사 박군 묘갈명(上舍朴君墓碣銘) 병서(并序), 추만거사 정군 묘갈명(秋巒居士鄭君墓碣銘) 병서(并序).

이황은 삼가 짓다(성주 목사 황공 행장).

③ **정암 조광조 행장(1564년)**: 정암은 역사적 인물이다. 1519년 기묘사화에서 억울하게 희생당했던 정암은 대역 죄인이 되어 있었으므로 누구도 행장을 지으려고 하지 않았다. 그러나 퇴계는 지었다. 이성원에 의하면,[229] '처음에 정암의 아들 문천 군수 조용(1518~?)은 홍인우(1515~1554)에게 행장을 부탁하였으며 그렇게 받아 둔 것을 퇴계에게 보내드리면서, 아버지의 묘비문을 써 달라고 부탁하였다.'고 하였다. 그런데 퇴계는 비문 대신에 행장을 지었다. 왜 그랬을까? 퇴계는 행장이 있어야 비문이 나오는데, 홍인우가 지은 행장은 퇴계 기준으로는 간략하고, 부족하였다고 본 것이다. 그리고 조선 유학사와 사림의 세계에서 조광조가 차지하고 있던 명성과 위치로 볼 때, 행장 짓는 인물의 지명도가 어느 정도 높아야 했다. 홍인우는 당시 진사였다. 비록 퇴계의 제자이고 학문이 깊었지만 격이 맞지 않다고 본 듯하다. 이런 분의 행장이라면 퇴계는 자신이 직접 써야겠다고 결심한 듯하다. 아직 신원이 회복되지 않은 대역 죄인, 이미 홍인우가 써 놓은 행장, 아들의 비문 부탁 등 어느 한 가지로 보아도 행장을 쓸 수 없는 상황이었음에도 퇴계는 소명 의식, 사명감으로 직접 정암의 행장을 지었다.[230]

229) 이성원, 전게서, 112쪽.

230) 정석태, 상게서 4권, 180쪽.

정암은 1569년 선조 즉위 후 신원이 회복되고 증직이 내렸기에 행장을 지을 때는 벼슬을 쓰지 못하고, '정암 조 선생 행장'으로만 표기하였다. 가정 43년 갑자(1564) ○월 ○일에 진성 이황이 삼가 적다(정암 조 선생 행장).

④ **회재 이언적 행장(1566년)**: 10월 18일 지었다. 회재는 조선 중기 성리학자이자 고위 관료를 지낸 정치가였다. 특히 성리학적 지식이 깊고, 저서를 많이 지은 빼어난 학자이었다. 특히 퇴계는 회재를 정신적인 스승으로 삼을 만큼 그의 학문적 업적을 높이 평가하였고, 성균관 문묘에 배향할 동방 4현으로 회재를 추천하기도 하였다. 그러나 회재는 1545년 을사사화와 2년 후에 일어난 양재역 벽서 사건에서 윤원형 일당의 모함을 받아 1547년 평안북도 강계로 유배되었다. 그러나 유배지에서도 활발한 학문 연구와 저술로 정통 성리학자로서 조금도 흐트러지지 않았으며, 1553년 유배지에서 사망하였다. 조정에서는 1556년에 그의 관직을 회복시켰다. 퇴계는 1566년에 회재 아들의 부탁을 받고 행장을 지었다. 관직은 복직되었지만 아직 신원이 완전 회복되기 이전이기에 관직을 쓰지 못하고 '회재 이 선생 행장'으로만 적었다. 정암과 같은 케이스다. 가정 45년인 병인년(1566년, 명종 21년) 10월 을해에 가선대부 전 공조 참판 진성 이황은 삼가 행장을 쓴다(회재 이 선생 행장).[231]

231) 회재집, 부록 참조.

⑤ **충재 권벌 행장(1569년)**: 충재는 경상도 봉화 닭실(酉谷) 출신으로 인품과 학문이 높았으며 고위 관료를 지낸 학자이었다. 독서를 좋아하여 언제나 품속에 근사록 책을 품고 다닌 일화는 유명하다. 을사사화와 양재역 벽서 사건 때, 윤원형 일파의 모함으로 평안도 삭부로 유배되었다가 이듬해 1548년 유배지에서 사망하였다. 퇴계는 돌아가시기 1년 전인 1569년 6월 1일에 충재 권벌의 맏아들 권동보의 부탁을 받고 행장을 지었다. 이때, 신원이 회복되어 있었고 증직 벼슬이 내려 행장에 관직을 표기하였다. 행장 마지막 절에서 퇴계는 충재의 행장을 적은 이유를 이렇게 적었다. '내가 공의 내외종의 후손으로서 오랫동안 이끌어 주고 깨우쳐 준 은덕을 입었고, 공이 조정에 계실 때의 대절을 대략 마음에 기억하고 있으니, 그 행적을 순차대로 적어서 후세에 고하는 것을 의리상 사양할 수 없었다. 이제 직장(直長, 충재 맏아들 동보)의 부탁으로 대강 시말을 위와 같이 갖추어서 당세의 입언(立言)하는 군자가 이를 근거로 삼아 신뢰하여 주기를 기다릴까 한다.' 충재는 신원이 회복되어 있었기에 관직을 그대로 표기할 수 있었다. 융경 3년(1569년, 선조 2년) 6월 1일 황이 삼가 적다(증 대광보국숭록대부 의정부 좌의정 겸 영경연감 춘추관사 행 숭정대부 의정부우찬성 겸 판의금부 지경연사 권공 행장).

(117) 퇴계의 편지는 얼마나 되는가?

퇴계가 생애 남긴 편지는 권오봉 교수에 의하면 3,154통이다.[232] 그 뒤 '정본 퇴계전서'[233]에서는 3,118통으로 재정리하여 수록하였다. 이렇게 차이가 나는 이유에 대해 이장우는[234] 한국국학진흥원에서 발간한 가서에서 권오봉 교수가 만년에 투병 중에 방대한 편지 자료들을 정리하면서 다소 착오가 있었을 것으로 분석하였다. 다만, 퇴계가 써서 보낸 서찰의 정확한 숫자는 책자나 연구자에 의해 분류 기준이나 인용 자료에 따라 다소의 차이가 있기 때문에 정확한 숫자는 시기나 상황에 따라 달라진다.

(118) 퇴계가 편지를 보낸 대상은 주로 누구인가?

퇴계의 편지는 수신자에 따라 크게 네 가지 형태로 분류된다. 이동기에 의하면,[235] 퇴계의 서신을 받은 사람들의 유형은 첫째, 그 당시의 여러 선비나 학자, 둘째, 옛 친구나 지인, 셋째, 학문적 교류를 함께 하던 제자, 문인, 그리고 가족, 친인척이다.

또한, 이동기가 같은 책에서 퇴계가 보낸 편지 수신자별 횟수를 분석한 것을 보면 정본 퇴계전서에서 밝혀진 총 3,118통의 편지 가운데 제자, 문인에게 보낸 편지가 1,578통(50.6%)으로 가장 많았다. 그다음이 친인척, 가족에게 보내는 가서로 821통(26.3%)

---

232) 권오봉, 퇴계서집성, 색인 1권 포함, 포항공과대학교, 1998.
233) 정본 퇴계전서, 퇴계학연구원, 현재 제2차 번역 발간 중에 있음.
234) 이장우, 전일주, '가서 선조유묵 해제'(가서, 한국국학진흥원, 2011, 18쪽).
235) 이동기, '퇴계 서찰과 인성교육', 퇴계선생 권23, 영남퇴계학연구원, 2020, 15쪽.

을 차지하였다. 옛 친구나 지인에게 보낸 편지는 596통(19.2%), 마지막으로 당시 선비, 학자들에게 123통(3.9%)의 편지를 보냈다. 퇴계의 서신 중 반 이상의 편지 대상이 학문적 교류를 하던 제자, 문인들이었음을 알 수 있다.

(119) 퇴계의 편지가 이렇게 많은 이유는 무엇인가?

퇴계의 편지, 서신은 가서(집안 편지)를 제외하면 대부분 강의록이라고 볼 수 있다. 단순한 안부나 세상 소식을 주고받는 것이 아니고, 성리학적 주제, 의례, 독서, 출사 등 거의 모든 분야에 걸쳐 제자, 문인들이 묻고 퇴계가 답하는 편지로 쓴 강의록이라고 할 수 있다. 퇴계는 이미 50세부터 사림의 종사로 인정받기 시작하였다. 당시 선비, 학자들은 공부 중에 의문이 드는 것이 있으면 해결할 방법이 두 가지뿐이었다. 본인 스스로 여러 책을 찾아 비교하면서 탐구, 궁리하는 방법과 아니면 학식이 높은 학자에게 물어보는 방법이다. 자연히 서신을 통한 문답이 학문 방법이었으며, 당대 최고의 학자로 알려진 퇴계에게로 선비들의 서신이 몰려들었다고 본다. 특히, 퇴계는 학문적 논의 서신에 대해서는 답변이나 토론을 정성과 겸손으로 대해주는 분이었기에 제자들은 어려워하지 않고 물을 수가 있었다. 그뿐만 아니라, 추만 정지운이나 고봉 기대승과의 사례에서 보듯이 오히려 퇴계가 먼저 찾아가 질문하고, 먼저 토론하기를 좋아하는 열린 자세로 임하였기 때문에 문인들과의 편지가 거의 1,600통에 가까운 방대한 분량이 될 수 있었을 것으로 본다.

편지가 이렇게 많은 다른 또 하나의 이유는 가서가 많다는 점이다. 전체 약 4분의 1의 편지가 아들, 조카, 손자를 비롯한 친인척에게 보낸 편지였다. 퇴계의 서찰을 읽어 보면 퇴계는 엄격한 도학자로서 학문에 전 생애를 바쳤으면서도 한편으로 가정사에 대해 당시 양반 문화에서 형성된 '선비는 가정 경제에는 무관심하다'는 일반적인 편견과는 다르게 매우 세심하고, 체계적으로 관리하고 지도하였음을 알 수 있다. 편지로 자녀를 가르치고, 편지로 집안 대소사를 관리하였기에 퇴계의 편지는 그 수량이 상상 이상으로 많았다고 볼 수 있다.

(120) 퇴계의 편지를 가장 많이 받은 인물은 누구인가?

퇴계의 편지를 가장 많이 받은 인물을 가족과 가족 외로 살펴보면, 가족에서는 장남 이준(李寯)에게 317통으로 가장 많은 편지를 보냈으며, 두 번째는 맏손자 이안도(李安道)에게 121통의 편지를 보냈다. 그리고 권오봉 교수에 의하면, 가족 외의 문인 중에서 최고로 편지를 많이 받은 사람은 구암 이정으로 총 86편(1553년부터 18년간 연평균 4.8회)이고, 두 번째가 문봉 정유일로 총 78편(1555년부터 15년간 평균 5.2회)이다.[236] 한편 퇴계가 고봉 기대승에게 보낸 편지는 약 77편이다.

236) 권오봉, '가서로 본 퇴계의 삶과 사상' (상), 43쪽, 50쪽.

(121) 퇴계는 한글 편지(언문)를 썼는가?

퇴계에게는 부인, 손부, 며느리, 형수, 아들 등과 주고받은 한글 편지(언문)가 약 17편, '언서를 갖추지 못했다'는 편지가 6편 등 편지가 모두 23편이 있다. 이 중 퇴계가 직접 쓴 편지는 16편이 있다. 그중 측실 부인에게 모두 9편의 한글 편지를 보냈다. 그러나 이 언문 편지들은 흔적만 남아 있고 멸실되어 퇴계 문집 등 어디에도 남아 있지 않다.[237]

13. 사단칠정론

(122) 사단칠정이란 무엇인가?

맹자는 사람은 태어날 때부터 선한 마음을 지닌다고 하였다. 이 마음에는 선의 싹을 틔어주는 네 개의 단서가 있는 바, 이는 측은지심, 수오지심, 사양지심, 시비지심이다. 맹자는 이 네 가지를 사단(四端)이라고 하였다.[238] 그리고 측은지심은 남의 어려움을 보면 불쌍히 여기는 마음으로 인의 단서이고, 수오지심은 악한 것을 보면 부끄러워하는 마음으로 의의 단서이며, 사양지심은 사양하고 양보하는 마음으로 예의 단서이며, 마지막으로 시비지심은 옳고 그름을 판단하는 마음으로 지의 단서라고 하였다. 그리고 다시 선을 싹 틔우는 마음 사단은 다시 인, 의, 예, 지라는 사덕으로 발전하게 된다고 하였다. 맹자는 이 사단, 사덕 중

237) 권오봉, 상게서, 36쪽.

238) 맹자집주, 공손추장구 상, 6. 孟子 曰 人皆有不忍人之心(맹자 왈 인개유불인인지심).

어느 하나라도 갖지 않으면 사람이 아니라고 하였다.

칠정은 예기에 나오는 용어인데, 사람의 마음에서 나오는 일곱 가지 대표적 감정, 즉 기쁨, 성냄, 슬픔, 싫어함, 사랑함, 무서움, 욕망(희노애구애오욕)을 말한다. 맹자의 사단, 예기의 칠정 이 두 가지를 사단칠정이라고 하며, 사단과 칠정의 관계를 철학적으로 설명하는 것이 사단칠정론이다.

(123) 퇴계와 고봉의 사단칠정논변은 단초가 무엇인가?

단초는 뜻밖에도 엉뚱한 인물로부터 시작되었다. 퇴계 고봉의 사단칠정논변은 추만 정지운(1509~1561)이 단초를 제공하였다. 추만은 경기도 고양에서 태어난 선비, 유학자로 퇴계보다 8세 어렸다. 그는 1538년경 자신의 아우들에게 성리학의 핵심을 가르치기 위해서 천명도설을 집필하였다. 나이가 겨우 서른 살 무렵이었다. 추만은 이것을 같은 고을에 사는 스승 모재 김안국(1478~1543)에게 보이고 교정을 부탁드렸다. 그러나 미처 지도도 받기 전에 김안국이 사망하였다. 자신의 도설을 제대로 검증받지 못한 채 지내고 있을 때, 퇴계가 1552년 2월에 홍문관 교리에 임명되어 서울에 왔으며, 그리고 곧 성균관 대사성에 임명되었다. 그런데 퇴계는 조카 원암 이교(1531~1595. 퇴계의 넷째 형 이해의 아들)로부터 추만이 지은 천명도설을 우연히 얻어 보았다. 그리고 퇴계는 1553년에 곧 그 저자를 찾던 중 이웃에 사는 추만의 저술인 것을 알게 되었다. 대개 추만이 먼저 자신이 지은 천명도설을 들고 퇴계를 찾아간 것으로 알려져 있으나, 실제는 퇴계가 추만을 먼저 찾은 것이다.[239] 퇴계를 만난 추만은 퇴계에게 천명도에 대한 검토를 부탁하였다. 거기에 나오는 한 구절이 사단칠정 논변을 야기하는 단초가 된다.

(124) 추만은 사단칠정과 이기를 어떻게 설명하였는가?

정지운은 천명도설 책에서 이렇게 주장하였다.

> 사단은 이(理)로부터 발현하고, 칠정은 기(氣)로부터 발현한다(四端發於理 七情發於氣).

추만은 사단칠정과 이기의 관계를 설명하는 멋진 명제를 던졌다. 즉, '사단 ← 이에서, 칠정 ← 기에서' 나타난 것으로 설명하였다. 이를 보면, '~에서 나왔다'고 함으로써 사단과 칠정이 발생한 이유, 원인이 꼭 이와 기에 있는가에 대해서는 불명확해진다. 이와 기의 능동성, 주체성이 드러나지 않기 때문이다. 이(理) 개념은 성리학의 핵심 키워드이며, 이의 존재와 작용을 밝히고 사단과 칠정과의 관계를 밝히고자 하는 것이 성리학의 핵심 담론이다. 이것을 서른 살 젊으면서도 아직 이름이 드러나지 않은 추만이 명제를 던지고, 그림으로 자세히 그려 놓았으니, 성리학자 퇴계가 보고 그냥 지나칠 리 없다. 퇴계가 먼저 추만을 찾았다. 추

---

239) 박성순, '추만 정지운 저술 천명도설의 사상사적 위상', 동양고전연구, 제54집, 1999, 277쪽.

만이 1538년에 집필하고 1553년 퇴계와 만날 때까지 15년간 조선 성리학자들 중 그다지 관심 두지 않았던 학설, 스승 김안국도 '간단히 다룰 것이 아니다'라며 두고 있던 것인데, 퇴계가 조카가 얻어온 것을 보고 후배를 먼저 찾은 것이다. 이런 점에서 우리는 바로 퇴계가 위대한 학자, 용기 있는 학자임을 엿볼 수 있다. 이후 퇴계와 추만은 아주 특별한 사제지간이 된다. 추만은 도산급문제현록에 첫 번째 제자로 기록되어 있고, 추만이 죽었을 때, 퇴계는 추만의 묘갈명을 지었다.

(125) 퇴계는 추만의 주장을 어떻게 수정하였는가?

추만이 천명도설에서 주장한 설을 본 퇴계는 다음과 같이 수정하였다.

> 사단은 이가 발현한 것이고, 칠정은 기가 발현한 것이다(四端理之發 七情氣之發).

퇴계는 추만이 '~에서, ~로부터(於)'라고 한 것을 '~가(之)'로 수정하였다. '이에서'를 '이가'로 바꾸었다. 별 차이가 없을 듯하지만, 엄청난 차이가 숨어있다. '이 → 사단', '기 → 칠정'으로 설명함으로써 이가 사단의 원인이고, 기가 칠정의 이유임을 명확히 하였다. 이와 기가 사단칠정이라는 인간의 마음과 감정의 원인이고 주인과 같은 존재로 격상시켰다. 퇴계의 이 수정설은 주자가 주장한 '사단은 이의 발현이고, 칠정은 기의 발현이다(四端

理發, 七情氣發).'라고 한 설에 가까운 맥락이었다. 이렇게 하여 추만의 설과 퇴계의 수정설에 대한 이야기는 장안의 선비들에게 널리 퍼져 나가기 시작하였다. 그러나 아무도 의문을 제기하지 않았다.

(126) 고봉과 퇴계는 어떻게 만났는가?

퇴계와 추만이 만나고 그로부터 약 6년이 지난 1558년 10월에 실시된 과거 시험에 막 합격한 전라도 광주의 젊은 선비가 그 때, 마침 서울에 와있던 퇴계에게 인사차 찾아왔다. 고봉 기대승(1527~1572)이었다. 고봉은 광주에 살고 있지만, 선대까지 경기도 고양에 살았다. 고봉의 부모는 가족을 이끌고 전라도 광주로 낙향하였기 때문이다. 그래서 고봉은 늘 고양을 좋아하고, 서울에 올 때면 찾곤 하였다. 자신의 호도 고양의 고봉산 이름을 따서 지었을 정도이다. 1558년 10월에 대과시험을 위해 한성으로 올라온 고봉은 먼저 고양에 들러서 선산을 찾아 선조 묘소에 인사를 드리고, 추만을 만났다. 추만의 천명도설과 그의 주장은 이미 듣고 있었으며, 고향에 들른 차에 선배를 인사차 찾았다. 그 때, 물론 추만으로부터 자신의 천명도설과 퇴계 선생의 수정설에 대한 이야기가 있었을 것이다. 그리고 고봉은 대과에 합격하였고, 바로 서소문에 있는 퇴계를 찾아뵈었다. 이때가 퇴계와 고봉의 첫 만남이었다.

이 자리에서 고봉은 퇴계가 제시한 '사단이지발, 칠정기지발'은 오류가 있다고 이의를 제기하였다. 사단은 이가 발현한 것이고, 칠정은 기가 발현한 것이라는 이분법적 구분은 잘못이라고 반박한 것이다. 이것이 저 유명한 사단칠정논변의 시작이었다. 이때, 퇴계는 58세 10월에 성균관 대사성을 제수받은 대학자이고 고봉은 이제 막 과거에 합격한 젊은 선비에 불과하였다. 그러나 퇴계는 젊은 고봉의 저돌적인 문제 제기를 무시하거나, 불쾌하게 여기거나 조금도 나무라거나 하지 않았다. 학자로서 퇴계의 열린 자세와 인품을 엿볼 수 있는 장면이다. 이날 첫 만남에서는 고봉이 인사드리는 첫 대면 자리인 탓에 더 이상 깊은 토론은 없었다.

(127) 고봉의 반박에 대한 퇴계의 주장은 무엇인가?

1558년 10월에 고봉을 만나 자신의 수정설에 대해 비판을 듣고 헤어진 퇴계는 1558년 겨울에 고봉에게 최초의 짧은 안부 편지 한 통을 보내고는 이듬해 1559년 1월 5일에 자신의 설을 수정하여 편지를 보내게 된다. 퇴계는 이 편지에서 "선비들 사이에서 그대가 논한 사단칠정의 설을 전해 들었습니다. 저는 이에 대해 스스로 전에 말한 것이 온당하지 못함을 근심했습니다만, 그대의 논박을 듣고 나서 더욱 잘못되었음을 알았습니다. 그래서 그것을 다음과 같이 고쳐 보았습니다."라고 썼다.[240] 그리고 다음의 수정설을 제시하였다. 퇴계의 2차 수정설이다.

240) 김영두 옮김, '퇴계와 고봉, 편지를 쓰다', '시대를 위해 더욱 자신을 소중히 여기십시오'(1559년 1월 5일. 황은 머리를 숙입니다), 한영인쇄, 2015, 19쪽.

> 사단의 발현은 순수한 이인 까닭에 언제나 선하고, 칠정의 발현은 기와 겸하기 때문에 선악이 있다(四端之發純理 故無不善 七情之發兼氣 故有善惡).

퇴계는 '사단은 이, 칠정은 기'라는 극단적 이분법 대신에 '사단은 이, 칠정은 이와 기가 겸한다'라고 수정함으로써 고봉의 주장을 일면 수용하면서도 사단만은 순수한 이의 작용에 의한다는 종래 주장은 유지하였다.

(128) 고봉의 주장은 무엇인가?

고봉은 사단과 칠정은 이론적으로는 둘로 구분하여 설명할 수 있지만, 실제 사물에서는 둘이 아니고 하나로 보아야 하기에 완전히 섞여서 나눌 수 없다고 주장하였다. 고봉의 주장은 다음과 같다.[241)]

> 무릇 이는 기의 주재자요, 기는 이의 재료입니다. 이들은 본래 구분이 있지만, 실제 사물에서는 완전히 섞여서 나눌 수 없습니다.

고봉은 이와 기는 논리적, 이론적으로만 구분할 수 있을 뿐, 실제 사물이나 현상계에서는 구분할 수 없는 하나의 존재이기 때문에 사단, 칠정으로 구분할 수 없다고 보았다. 따라서 퇴계가 '이가 발현한 것이 사단이고, 기가 발현한 것이 칠정'이라고 주장

241) 김영두 옮김, 전게서, '면신례의 고초속에서', '퇴계에게 올린 사단칠정설', 355쪽.

하여 마치 이와 기가 별개로 존재하고 있는 것처럼 설명하는 것은 오류라고 재차 반박하였다.

(129) 퇴계의 3차 수정설은 무엇인가?

고봉의 한결같은 주장에 대해 퇴계는 사람의 성에 본연지성과 기질지성이 있듯이 정도 사단과 칠정으로 나눌 수 있어야 한다고 하였다. 다만, 고봉의 견해를 어느 부분 수용하여 '사단=이, 칠정=기'라는 종전의 주장에서 사단과 칠정이 다 같이 이와 기를 겸하는 것이라고 더욱 유연한 입장을 보였다. 그러나 반드시 중심되는 것이 있어야 하기 때문에, 그 중심되는 것으로 본다면 사단은 이에, 칠정은 기에 분속시켜 이가 기에 선행하고 우위에 있다고 설명함으로써 자신의 논리 근간은 양보하지 않았다. 퇴계는 이(理)로 인해서 인간이 비로소 도덕적 존재가 될 수 있다고 보기 때문에, 이의 우월적 작용을 결코 양보하지 않았다. 퇴계는 사단 칠정과 이기의 관계를 사람과 말에 비유하여 다음과 같이 3차 수정설을 제시하였다.

> 사단은 이가 움직이면 기가 따라오는 것이고, 칠정은 기가 움직여서 이가 그것을 타는 것(四則理發而氣隨之 七則氣發而理乘之)이다.

퇴계는 이와 기는 서로 떨어질 수 없다는 이기불상리는 인정하고 있다. 그러나 반드시 중심되는 것이 있기 때문에 결코 서로 섞일 수는 없다는 이기불상잡에 더 무게를 두었다. 이가 먼저이고 우선이라는 확고한 관점을 바탕으로 사람과 말의 관계를 예로 들면서 '이(사람)가 움직이면 기(말)가 따라오고, 기(말)가 움직이면 이(사람)가 그것을 타는 것'이라는 새롭고도 정밀한 독창적인 학설을 제시하였다.

이러한 퇴계의 설명은 이기호발설로 정립이 되었으며, 고봉의 주장에 동의한 율곡은 후에 기발이승일도설을 제시하게 된다. 이 수정설을 마지막으로 퇴계는 같은 내용을 더 이상 부질없는 논쟁으로 되풀이하는 우를 범할 수 있음을 우려하며, 시 한 수[242]를 지어 보내며 고봉과의 사단칠정변론을 종결하였다.

(130) 퇴계의 3차 수정에 대한 고봉의 입장은 무엇인가?

퇴계가 토론을 종료한 후, 고봉은 4년이 지난 후 1566년 7월 15일자로 '사단칠정 후설과 총설을 드리며'라는 제목에서[243] "정에 사단과 칠정의 구분이 있는 것은 성에 본성과 기품의 다름이 있는 것과 같다."고 하신 퇴계 선생의 의견이 자신의 견해와 같다고 하면서 퇴계 선생의 설과 근본에서는 같을 수 있음을 나타내었다. 퇴계의 주장과 근본에서 다르지 않음을 비친 것이었다. 그러면서도 고봉은 이와 기는 둘이 아니고 하나이므로 이발, 기발로 설명할 수 없다는 자신의 종래의 주장은 그대로 유지하고 있었다. 그러한 가운데에서도 다시 사단칠정 관련하여 계속 토론을

242) 본서, 2부 제1장 '퇴계와 고봉의 사칠논변의 시작과 끝' 글 참조.
243) 김영두 옮김, 전게서, '사단칠정 후설과 총설', 478~483쪽.

전개하고자 하였지만, 퇴계는 1566년 윤10월 26일 마지막 편지에서 '총설과 후설 두 편은 논의가 매우 명쾌하여 트집을 잡아 어지럽게 공격하는 병통이 없었다.'고 하면서 논쟁을 마무리하였다.

(131) 퇴고 사칠논변의 기간과 서신 횟수는 어떻게 되는가?

퇴계와 고봉의 사단칠정논변을 위한 서신 횟수는 보는 관점에 따라 각기 다를 수 있다. 일반적으로 8년간 114회의 편지를 주고받으며 토론이 진행된 것으로 알려진 것은 오류이다. 퇴계 고봉 사단칠정논변 관련 편지 총 횟수는 17회이다. 이 또한, 실제 치열한 순수 토론 편지는 1559년부터 1561년까지 3년간 6회로 보아야 한다. 퇴계가 3회, 고봉이 3회이다. 1562년 퇴계가 보낸 7회 편지는 토론을 종료한다는 짧은 편지였을 뿐이었다. 그리고 더 이상 논변이 없다가 4년 뒤인 1566년에 고봉이 '후설과 총론' 편지(1회)를 퇴계에게 보내드리고, 의견을 구하였다. 토론을 다시 이어가고자 한 것이다. 그러나 퇴계는 '근본은 같은데, 지엽이 다르다'는 답장을 보내면서 토론은 없이 짧은 답장(2회)만 보냈다. 따라서 사단칠정 관련 편지는 자잘한 편지까지 17회이며, 실제 토론은 3년간 6회로 보아야 한다.

(132) 퇴계와 고봉이 주고받은 편지는 얼마나 되는가?

퇴계와 고봉은 1558년 연말에 퇴계가 첫 번째 편지를 보내면서부터 퇴계가 사망하기 약 한 달 전인 1570년 11월 17일 퇴계가 마지막 편지를 보낼 때까지 약 12년간 모두 일상의 편지는 114회 편지를 주고받았다. 이 편지들은 안부, 부탁, 건강과 집안 걱정 등 일상의 여러 소식을 주고받은 것이다. 114회의 편지 중 퇴계가 55회 보냈고, 고봉이 59회 보냈다. 그런데 이 편지들을 보낼 때, 학문을 논한 편지들을 함께 동봉하여 주고받았다. 김영두[244]에 의하면, 학문 편지는 사단칠정(17편), 태극(3편), 상례나 제례(5편), 국가나 왕실의 전례(14편), 묘갈명을 부탁(5편)하는 등의 편지들이었다. 이는 모두 44회이며, 이 중 퇴계가 22편, 고봉이 22편이었다.

퇴계와 고봉이 12년간 주고받은 일상적 편지 횟수는 모두 114회이지만, 한 번에 안부 편지, 학문 토론 편지 등 두세 가지를 동봉해서 주고받았기 때문에, 실제 편지 수는 158편임을 위에서 살펴보았다. 12년간 114회, 158편의 편지들을 주고받았으므로 1년에 평균 9.5회, 편지 수는 13편이나 주고받은 것을 볼 수 있다. 엄청난 노력과 시간을 투자하면서 이루어진 서신 왕래였다. 이를 표로 정리하면 아래와 같다.

〈퇴계 고봉 서신 편수〉

일상 편지		학문 편지		계	
퇴계	고봉	퇴계	고봉	퇴계	고봉
55	59	22	22	77	81
114		44		158	

* 편지를 주고받은 횟수는 114회이지만, 한 회에 몇 편의 편지를 동봉하였기에 전체 편지 편수는 약 158편이다.

244) 김영두 옮김, 상게서, 목차 참조.

〈퇴계 고봉 학문 서신 편수〉

사단칠정		태극		상례/제례		왕실 전례		묘갈명		계	
퇴계	고봉	퇴계	고봉	퇴계	고봉	퇴계	고봉	퇴계	고봉	퇴계	고봉
9	8	2	1	2	3	7	7	2	3	22	22
17		3		5		14		5		44	

퇴계와 고봉은 학술적으로는 서로 주장을 치열하게 전개하였지만, 인간적으로 더 이상 가까울 수 없는 사제지간, 학문의 동지가 되었으며, 나이에 거리끼지 않고 허물없이 사귀는 망년지우의 특별한 관계가 되었다.

(133) 사단칠정논변은 조선 성리학에 어떤 영향을 끼쳤는가?

퇴계와 고봉의 사칠논변은 다음과 같은 영향을 가져왔다고 할 수 있다.

첫째, 조선 성리학의 수준을 높이는 계기가 되었다. 사단칠정과 이기의 관계에 대하여 퇴계가 사람과 말에 비유하여 '사단은 이가 움직이면 기가 따라오는 것이고, 칠정은 기가 움직여서 이가 그것을 타는 것'이라는 학설은 성리학 발생지인 중국에서도 나오지 않은 독창적 학설로 조선 성리학의 수준을 중국을 뛰어넘는 한 단계 높이는 계기가 되었다. 또한, 이기호발설과 기발이승일도설 등으로 조선 성리학의 지평을 넓히는 풍토가 조성되었다.

둘째, 퇴계와 고봉 두 학자의 토론은 이후 조선학계의 학문 토론의 전범이 되었다. 퇴계와 고봉은 연령은 27세 차이가 나고, 관직은 토론 시작 당시 퇴계는 성균관 대사성(국립대총장)인 데 비해 고봉은 갓 고시 패스한 사무관급이었으며, 퇴계는 이미 많은 저술을 남긴 사림의 큰 학자인 데 비하여 고봉은 신진 선비였다. 퇴계는 경상도 안동인이며, 고봉은 전라도 광주인으로 지리적으로 쉽게 만날 수 있는 위치가 아니었다. 진리를 탐구하고, 학문 발전을 위한 것이라면 어떠한 조건에서도 마음을 열고 공부하고, 토론할 수 있는 좋은 사례를 후세에 심어주었다.

셋째, 어려운 조건 속에서도 아름다운 인간관계가 어떻게 형성되는지 후학들에게 보여주었다. 퇴계와 고봉은 서로 자신의 기본 주장을 유지하면서도 상대의 주장을 이해하고, 때로는 수용하는 자세를 보였다. 주장이 평행할 때도 인격적으로는 서로 존중하고, 이해하고자 하였다. 특히 이러한 모습은 젊은 혈기와 엘리트 신진 선비인 고봉을 상대하는 노학자 퇴계에게서 두드러지게 나타났으며, 어려운 토론 과정을 아름답게 마무리할 수 있었다.

넷째, 학문적 차이가 당파 출현과 연결이 되었다. 두 학자의 토론은 이후 200년간 조선 성리학자들 간에 인간의 본성과 마음, 이와 기의 철학적 담론인 주리론과 주기론이라는 대립되는 학설을 태동시켰다. 퇴계의 이기론을 바탕으로 하는 주리론은 남인 계열의 영남학파가 중심이 되었으며, 고봉의 이기론을 근저로 하는 주기론은 율곡을 정점으로 하는 서인 계열의 기호학파가 중심이 되는 양상을 보였다.

14. 인품과 덕망

(134) 퇴계의 인간 존중을 볼 수 있는 일화는 무엇이 있는가?

퇴계가 70세 되던 해 봄에 서울 성균관에서 유학하던 손자 안도에게 아들이 태어났다. 퇴계에게는 첫 증손자였다. 퇴계는 말할 수 없는 기쁨을 나타내었고 아명을 창량으로 지어주었다. 그런데 아기가 연년생으로 태어나면서 산모가 젖이 부족하게 되고 갓 태어난 아이가 제대로 자라지 못하였다. 때마침 퇴계가 머물던 예안 집에 학덕이라는 여자 하인이 출산을 하였다. 손자 안도는 할아버지 퇴계에게 하인 학덕이를 유모로 삼고자 서울로 보내달라고 편지를 썼다. 편지를 받은 퇴계는 다음과 같은 답장[245]을 써서 보내며 거절하였다.

> 지금 들으니 젖 먹일 종이 3, 4 삭(朔, 개월)밖에 되지 않은 제 자식을 버리고 서울로 올라가야 한다는구나. 이것은 그 자식을 죽이는 것과 다를 바가 없다. 근사록에서는 이러한 일에 대하여 이르기를 '남의 아이를 죽여서 자기 아이를 살리는 것은 매우 불가하다'라고 하였는데, 지금 일이 꼭 이와 같을 것이니 어찌 하리오? 서울 집에도 반드시 어떤 젖먹이는 종이 있을 터이니, 5, 6삭

245) 한국국학진흥원, 선조유묵 가서, 2011, 125쪽.

동안은 (제 어미)와 함께 먹이게 하면서 서로 살게 하다가, 8, 9월 쯤 되어 여기서 올려 보낸다면, 이 아이도 역시 죽을 먹임으로써 목숨을 살릴 수 있을 것이니, 이렇게 한다면 둘 다 살릴 수 있을 것이다. 그러는 게 정말 옳지 않겠느냐? (중략) 곧바로 제 아이를 버리고서 가게 한다는 것은 사람이 차마 할 짓이 아니니 지극히 미안한 것이다. 비 때문에 너를 보고서 의론할 수 없어, 먼저 편지로 알리니 다시 생각해 보아라.

(경오년〈1570년〉 4월 5일 할아버지가)

젖을 얻어먹지 못한 퇴계의 증손자는 결국 1년을 넘기지 못하고 죽고 만다. 퇴계는 증손자의 죽음을 듣고 더할 수 없는 슬픔에 잠겼지만, 오히려 손자와 손부 며느리에게 편지를 보내 위로하였다. 당시의 사회 체제에서 노비는 재산과 같았다. 매매의 대상이었고, 생사 문제도 주인의 권한이었다. 하나뿐인 증손자를 잃으면서도 집안 노비의 어린 딸의 생명을 살리는 퇴계의 결정은 당시 엄중한 신분 사회를 감안할 때, 보통 사람으로서는 행하기 어려운 행위가 아닐 수 없다. 신분의 귀천에 따라 다르게 대하지 않는 퇴계 선생의 생명 존중의 사상을 느낄 수 있는 사례이다.

(135) 퇴계의 검소함을 알 수 있는 일화는 무엇이 있는가?

퇴계는 중년 이후부터 관료로 있으면서 봉록(봉급)을 받았고, 두 곳 처가에서 물려받은 토지가 많아 만년에는 경제적으로 어렵지 않았다. 그러나 퇴계는 살림집은 작은 세 칸 집이었고, 음식이나 의복 등 일상생활에서 매우 검소한 삶으로 지냈음을 여러 자료나 제자들의 증언 등으로 알 수 있다. 퇴계가 양털 가죽옷 하나를 20년 동안 입어 해어지게 되자 손자에게 추위 때문에 부득이 새로 구입하고자 하는 편지를 보냈는데, 여기에서도 퇴계 선생의 검소한 일상의 단면을 볼 수 있다. 다음은 손자 안도에게 보낸 편지[246)]이다.

> 나는 늘 추위를 두려워하기 때문에, 털옷이 없을 수 없구나. 그래서 양털 갖옷 한 벌을 20년 동안 입었더니 모두 해어졌다. 이것은 적은 일이 아니나 살만한 돈이 없으니 민망하다. 그렇지만 그 값을 알고 싶은데 틀림없이 무명 몇 필은 할 것이나 그래도 자못 샀으면 한다. 막동이를 불러 양가죽으로 만든 철락은 값이 몇 필이며, 중적막은 값이 몇 필인지, 정확한 숫자를 적어 보내라. 전에 들으니, 철락은 값이 25필이라 하더구나. 이것은 반드시 시중에 도는 보통 무명으로 계산하니 이와 같을 것이다. 만약 반듯하고 좋은 무명이면 어찌 이 정도로 많을 것이냐? 중적막 값이 헐하면 중적막도 사려고 한다.(임술년, 1562년 동지 전 1일, 할아버지가)

양가죽 옷 하나를 20년 입었다. 퇴계 선생은 평소 질병으로 고생하였다. 따라서 추위를 많이 타기 때문에, 겨울에는 양가죽 옷이 필수품이었던 것 같다. 그런데 다 해어져 새로 사고 싶은데 살만한 돈이 없어 가격을 걱정하고 있다. 어쩔 수 없이 중적

246) 한국국학진흥원, 전계서, 2011, 103쪽.

막 제품이라도 값이 헐하면 그것을 사고 싶다고 하였다. 중적막은 벼슬하지 않은 선비가 입는 옷이다. 좋은 제품을 사지 못하고 형편에 맞추어 신분에 어울리지 않는 값싼 제품을 구입하고자 하는 퇴계의 이 편지를 보면서, '과연 퇴계 선생이 손자에게 이렇게 구구절절한 편지를 쓸 수 있을까?' 하는 생각이 든다. 검소 생활이 습관화된 모습이다. 이 편지를 쓴 1562년은 퇴계 62세로 사회경제적 지위가 매우 높을 때이다. 다소 무리해서라도 고급 양털 가죽옷을 살 수도 있었을 것이다. 궁색하지 않은 살림임에도 '털가죽 옷 20년' 이야기는 바로 퇴계 선생의 평소 검소한 삶을 엿볼 수 있는 단면이다.

(136) 퇴계의 청렴한 삶의 사례는 무엇인가?

퇴계의 선비 덕목 가운데 청렴은 그의 트레이드 마크이다. 일상생활이나 관직을 수행하면서 퇴계의 삶은 청렴과 검소이었다. 퇴계가 19세 때, 문과 별거 초시에 응시하러 서울로 가는 중에 주막에 묵게 되었다. 이때, 하인이 남의 밭에서 푸른 콩을 따와서 밥에 올려 주자 퇴계는 콩 몇 알이라도 남의 것을 함부로 취하였다고 꾸짖으며 먹지 않았다. 또한, 서울에서 벼슬할 때, 이웃집의 밤나무 가지가 퇴계 집 쪽으로 뻗어 있었다. 퇴계 집 쪽으로 뻗은 가지에서 밤알이 떨어지자, 퇴계는 주워서 담장 너머 이웃집으로 던져 되돌려 주었다.

단양 군수에서 풍기 군수로 옮길 때의 모습이다. 퇴계는 1548

년 1월 18일 단양 군수로 발령이 났다. 그러나 약 10개월 만인 10월 21일 풍기 군수로 전임되었다. 넷째 형인 온계 이해가 충청 감사가 되었기 때문에 친족이 같은 지역에서 벼슬하는 것을 피하는 제도에 따라 충청도 단양에서 경상도 풍기로 전임 발령을 받게 된 것이다. 풍기 군수로 전임된 퇴계는 11월 초순 단양을 떠나 풍기로 향하였다. 단양을 떠날 때의 짐 보따리는 쓸쓸하여 다만 괴석(일종의 水石) 두 개가 있을 뿐이었다. 퇴계가 탄 말이 죽령재에 이르렀을 때, 단양 관아의 관졸들이 퇴계를 급히 쫓아 와서 삼 다발 한 짐을 건네주었다. "이것은 관아의 밭에서 거둔 것인데 관례에 따라 이임하는 사또의 노자로 드리는 것입니다."라고 하였다. 이에 퇴계는 시키지도 않았는데 왜 가져왔느냐 하며 물리치고 받지 않았다. 그리고 신임 사또에게 드려 관아 경비에 보태 쓰도록 하였다. 비록 삼 한 짐이고 관례라 하더라도 공적인 재물은 결코 사사로이 취하지 않았다.

봉화 현감으로 재직 중이던 아들 준이 감 한 상자를 보내오자, 퇴계는 출처가 분명치 않다고 꾸중하면서 받지 않고 돌려보냈다. 퇴계 선생의 청렴한 삶의 일화는 일일이 다 적기가 어렵다.

(137) 퇴계의 준법정신을 알 수 있는 사례는 무엇인가?

퇴계가 46세에 고향 토계라는 개울가에 양진암 집을 지었다. 31세에 계취 부인과 결혼하면서 살림집으로 지은 지산와사 이후로 처음 지었던 집이다. 그러다가 49세 풍기 군수를 마치고 돌아와 낙동강 옆 하명동에 새로 집을 짓고자 공사를 시작하였다. 집이 아직 완성되지 않았을 때인데, 퇴계는 집짓기를 중단하였다. 집 앞의 낙동강이 바로 은어가 잡히는 곳이고 이 은어는 임금께 올리는 진상품이어서 예안 관아에서 은어 철에는 일반인의 접근을 금하고 있었다. 이 사실을 알게 된 퇴계는 아이들이 여름철 강으로 다니며 물놀이하는 것이 당연한 일이므로 아이들이 자신도 모르게 국법을 어기는 것을 피하기 위해 집을 짓다가 중지하고 죽동(대골)으로 옮겨지었다. 어량 근처에 집을 지어 놓고 자식들이 국법을 어기지 않도록 가르치는 것보다는, 아예 법을 어길 수 없는 먼 곳으로 집을 짓는 퇴계의 모습을 볼 수 있다.

(138) 퇴계는 세금에 대해 어떤 자세를 가졌는가?

조선시대에 공식 세금 외에 백성들은 지방의 특산품을 공물로 내거나 부역에 나가는 제도가 많았다. 이러한 잡세로 인하여 백성들의 살림은 더욱 피폐해지고 고통에서 허덕이는 경우가 많았다. 퇴계 역시 잡세 부과 대상에서 제외되지 않았다. 퇴계는 예안 현감이 자신에게 부과한 꿩 2마리를 공물로 기한 전에 바쳤다. 그런데 며칠 후 현감이 이 꿩을 되돌려 보내는 것이었다. 사연을 알아보니 퇴계의 제자들이 현감에게 청탁하여 자신들이 바칠 공물을 면제받게 되자 현감은 공평하게 처리하기 위해 먼저 받았던 퇴계의 공물을 돌려보내 준 것이었다. 이에 퇴계는 나라에 바칠 공물에 대해 청탁으로 면제받고자 하는 제자들의 모습에 크게 실망하고 편지를 써서 꾸짖고 훈계하였다. 다음의 편지[247]는 퇴계가 제자 금난수와 조목 두 사람에게 동시에 보낸 것이다.

> (전략) 또 나는 지금껏 하나라도 바쳐야 할 물건에 대해서 면제해 줄 것을 청탁한 적이 없으니, 백성으로서 나라에 공물을 바치는 도리는 사사로이 폐할 수 없는 것입니다. 지금 향촌에 살고 있는 벼슬아치들이 억지로 버티며 바치지 아니하고 혹은 면제해 주거나 줄여 달라고 청탁한다면 장차 수령이 어떻게 나라에 바쳐야 할 물건을 충당할 수 있겠습니까? 현감이 그대들을 보통 사람과 다르게 대접하는 것은 어찌, 그대들이 염치를 알아 존경받을 만한 사람이기 때문이 아니겠습니까? 그런데도 그대들은 몸을 자중할 줄 모르고, 공적인 일이 아닌데도 자주 관가에 가고, 가면 사사로움을 좇아 공적인 것을 없애며, 자신을 잃고서 정직함을 해치는 청탁을 면하지 못합니다. (중략) 이는 내가 평소에 그대 두 사람에게 바라던 바의 뜻이 심히 아니니, 천만번 미루어 생각하고 수백 번 경계하고 경계 하십시오. (후략)
>
> 갑자년(1564년) 동짓달 27일에, 황(滉)

이 편지를 받은 두 제자는 퇴계가 아끼는 수제자들이며, 예안 향촌의 리더 선비들이다. 이들이 현감에게 부탁하여 자신들이 내야 할 공물을 면제받다가 퇴계 선생께 호된 꾸중을 들었다. 수제자라도 덮고 넘어가지 않고 꾸짖어 가르치는 퇴계, 제자들은 이후 어떻게 처신하였으며, 이 소문은 향촌에 퍼져나가 백성들에게

247) 조목, 사문수간, 안동문화원, 185쪽.

어떤 교화를 주었을까 생각해 본다.

퇴계는 여러 가지 세금을 고을의 사람들보다 가장 먼저 납부하여 현감이 고마워하였다. 제자 우성전[248]은 다음과 같이 기록하고 있다.

> 곽황이 선성(예안의 옛 이름)의 원님이 되었는데, 일찍이 사람들에게 말하기를 '이 고을의 조세나 공부(공물과 부역)에 대해서 나는 걱정이 없다. 이 선생이 남들보다 앞장서서 납부하니, 마을의 소민들이 선생의 의리가 두려워서 다투어 스스로 와서 내되, 오히려 남보다 늦을까 걱정한다. 한 번도 독려하지 않아도 전혀 빠지거나 지체함이 없다. 내가 무엇을 걱정하겠는가.' 하였다.

(139) 퇴계의 겸손을 알 수 있는 일화는 무엇인가?

퇴계는 도산서당을 지으면서 대문을 작은 사립문으로 만들었다. 문 이름은 유정문이며, 일반 서민들의 문과 같았다. 이때, 퇴계는 60세로 사회적 지위가 높을 때였다. 퇴계는 제자, 친구, 손님이 서당을 찾아올 때, 방 안에서나 마루에서 맞이하지 않고 반드시 유정문 밖 계단을 내려가서 맞이하였다. 그 사람이 돌아갈 때도 퇴계는 유정문 밖에까지 따라 나가서 전송 인사를 하였다. 퇴계 선생의 겸손함을 보여주는 사례이다.

도산서당 현판, 기숙사인 농운정사 현판 역시 작은 나무에 새겨서 걸었다. 대학자가 지은 서당의 현판으로 보기에는 무척 초

248) 사단법인 도운회, 퇴계선생언행록 1권, 보고사, 2021, 163쪽.

라해 보이기조차 하는 그런 현판을 기둥에 세로로 걸어두었을 뿐이었다.

퇴계는 자신의 무덤에 비석을 세우지 말 것이며, 묘갈을 짓지 말라고 유언하였다. 이 유언은 법 규정에 따라 퇴계의 장례를 예장(오늘날의 국장)으로 치러야 했기 때문에 지켜지지 못하였다. 그러나 묘비석 앞면에는 퇴계의 유언대로 관직을 적지 않고, '늦게 도산으로 물러난 진성 이공의 묘(퇴도만은진성이공지묘)' 10자만 새겼다.

퇴계 선생께서 1566년 정존재 이담(1510~1575)에게 보내는 답서 '이중구에게 답하다'라는 편지에서 다음과 같은 글을 적었다.

> 사람들은 늘 말하기를 '세상에서 나를 알아주지 못한다.'라고 하는데, 나 역시 이러한 탄식을 합니다. 그러나 사람들은 자신의 포부를 알아주지 못함을 탄식하는 것이고, 나는 나의 변변찮음을 스스로 알지 못함을 탄식하는 것입니다.

선생께서는 이미 50세에 조선에서 사림의 종사로 인식되고 있을 만큼 학문과 덕이 높았음에도 자신이 변변찮음을 스스로 알지 못함을 탄식한다고 하였다. 겸손한 말씀이 아닐 수 없다. 다산도 도산사숙록에서 이 편지를 읽고, "이는 선생으로서는 참으로 겸손하고 겸손한 말씀이다."라고 말하였다. 그러면서 다산은 "선생께서는 오히려 공손함으로 자처하시어 자신의 포부를 알아주지 않음을 탄식하지 않으셨으니, 겸손하고 겸손하신 군자이다. 내

선생이 아니면 누구를 따르겠는가."[249]라고 하면서 퇴계 선생의 겸손하신 인품을 따르고자 하였다.

(140) 퇴계의 배려 정신을 알 수 있는 일화는 무엇인가?

퇴계는 자신의 논 아래에 있는 다른 사람의 논에 물이 귀하여 농사가 어려운 것을 보고 자신의 논을 밭으로 만들었다. 밭은 물을 저장할 필요가 없기에 물길이 아래 논으로 쉽게 흘러갈 수 있기 때문에 취한 조치였다. 제자 이덕홍에 의하면,[250] "이 주변 농토에서는 시냇물을 10리 밖에서 끌어오는데 물은 적고 물 댈 지역은 넓어서 먼 곳은 가물어도 적셔 줄 수가 없어 해를 거듭하여 수확을 못 하였다. 퇴계 선생께서는 '이것은 우리 논이 그 위에 있기 때문이다. 나는 비록 마른 밭이라도 먹고 살 수 있지만, 저들은 논을 적셔 주지 않으면 거둘 수가 없다.' 하고는 곧 그 논을 밭으로 바꾸었다."라고 하였다. 이웃을 배려하는 퇴계 선생의 참 모습이다.

(141) 퇴계의 식생활은 어떠하였는가?

권오봉[251]에 의하면, 퇴계의 식생활은 1일 2식과 삼색(三色)의 반찬을 원칙으로 하였으며, 간식을 들지 않았다고 하였다. 평

249) [네이버 지식백과] 정약용. 도산사숙록 1-2.(여유당전서-시문집(산문), 22권, 성창훈, 박석무, 송재소, 임형택, 성백효)

250) 사단법인 도운회, 퇴계선생언행록 1권, 166쪽.

251) 권오봉, '예던길(퇴계 선생의 생활 실사)', 1988, 우신출판사, 6쪽.

소 음식상의 반찬은 가지, 무, 미역 등 세 가지 반찬으로 식사하였으며, 여름철에는 건포를 곁들이기도 하였으나, 세 가지를 넘기지 않았다. 제자 학봉 김성일의 증언도 다르지 않았다. 학봉에 의하면,[252] '선생은, 손님과 마주 앉아서 음식을 먹을 때에는 수저 소리를 내지 않았다. 그리고 음식은 끼니마다 세 가지 반찬을 넘지 않았고, 여름에는 다만 건포 한 가지뿐이었다. 일찍이 도산에서 선생을 모시고 식사를 하였는데, 밥상에는 다만 가지 잎과 무와 미역뿐이었다.'라고 하였다.

(142) 퇴계는 처가에 대해 어떻게 대하였는가?

퇴계 선생의 첫째 부인 처가는 두 곳이다. 첫째 부인 김해허씨 친정집은 영주이었으나, 원래는 경남 의령이었다. 허씨 부인 아버지 허찬(1481~1535)은 의령인이었다. 그는 영주에 살던 안동 문씨 창계 문경동의 따님과 혼인하면서 처가살이를 하기 위해 영주 초곡(푸실) 마을에 살고 있었다. 이 때문에 퇴계의 첫 부인과의 처가는 경북 영주와 경남 의령 두 곳이 모두 해당되었다.

허찬은 영주에 살다가 퇴계 35세 되던 해 사망하였고, 퇴계 처가 집안은 의령으로 모두 옮겼다. 퇴계는 처남이 둘 있는데도 의령 장모를 위해 헌신하였다. 다음의 편지는 의령 장모의 병환을 걱정하는 편지[253]로 아들 준에게 보낸 것의 일부이다.

---

252) 퇴계집, 언행록 3, 유편, '음식과 의복 예절'.

253) 한국국학진흥원, 이장우, 전일주 해제 번역, '선조유묵 가서' 한국국학진흥원, 2011, 55, 57, 58쪽.

그저께 공간의 편지를 받았는데 장모님의 종기가 심상치 않다니 매우 걱정이 되는구나. 치료할 약을 김수량에게 세 차례나 사서 부쳤는데 지금쯤 나았는지 어떤지 알지 못하겠구나. 농사철에 먼 곳을 네가 가서 뵙고 오기도 어려울 것이니 더욱 죄송스럽구나. 어찌하랴? 공간의 편지를 함께 보낸다.(계축년, 1553년 5월 22일, 아버지가)

의령의 안부는 철금이 등이 돌아온 뒤부터 다시는 듣지 못하여 항상 초조하다. 외할머니의 증세가 가볍지 않은 데다 우울증까지 더하여 빨리 낫기를 바라기가 어려우니 어찌하랴?(계축년, 1553년 6월 10일, 아버지가)

특히 장모의 종기 난 곳은 앞서 들으니, 혈을 이룬 곳과 합하지 않았고 또 귀 뒤쪽으로 부종이 더해졌다고 하니 깊이 염려되고 염려된다. 요즈음은 전혀 오는 사람이 없어 아직 증세를 듣지 못했으니 더욱 고민이다. 네가 언제쯤 내려갈지 알지 못하기 때문에 의령으로 보낼 편지는 써서 보내지 않는다. 별폭에 적은 내용을 알고 가서 생원[아들 준의 외삼촌]에게 아뢰고 도모하는 것이 옳을 것이다.(계축년, 1553년 칠석날, 아버지가)

이 편지를 쓸 때는 퇴계가 첫 부인과 사별한 지 26년이나 지난 때였다. 어쩌면 남같이 지낼 정도의 세월이 흘렀건만, 퇴계는 아들 준에게 오월, 유월, 칠월 매달 의령 장모님 걱정 편지를 썼는가 하면, 가을에도 두 번이나 병환의 치료와 안부를 묻곤 하였다.

권오봉에 의하면,[254] 이 외에도 몇 년에 걸쳐 장모님 병 치료 약을 구해 보내든지 아들 준을 보내어 끊임없이 문안을 드리도록 하였다. 약을 보내드리고, 차도가 어떤지 궁금해하고, 아들이 외가에 가보지 못하는 것을 안타까워하는 퇴계는 이때, 1552년 명종 임금의 부름을 받고 한성에 올라가 있는 한창 바쁠 때였다. 그리고 허씨 부인이 죽은 지 26년이나 지난 때이다.

퇴계는 또한 큰처남(허사렴, 1508~1558)이 살아 있을 때도 처가의 일을 도맡아 처리했다.[255] 장인 장례 문제, 큰처남 허사렴이 퇴계 58세에 사망하자 그의 장례 문제 등을 퇴계가 처리하였는가 하면, 장모 문씨의 봉양, 장인의 이장 등 집안의 자질구레한 일들을 의논하는 등 의령 처가에 대해 정성으로 보살폈다.[256]

퇴계는 정신이 좀 모자랐던 둘째 부인과 처가에도 남다른 정성으로 보살폈다. 둘째 권씨 부인이 46세에 사망하자 도산에 있던 퇴계는 두 아들을 서울로 급히 올려 보냈고, 자신은 충주까지 나아가 운구를 맞이하였다. 두 아들에게는 계모이지만 생모와 같은 수준의 상복을 입게 하고 시묘도 시켰다. 장인 권질공이 1538년 유배에서 풀려나 고향 안동 풍산 가일 마을로 가지 않고 경남 거창 안음에 있는 처가인 정선 전씨 집성촌 마을에서 생활하였다. 퇴계는 장인의 부탁을 받고 네 가지 농촌의 일(농사, 누에치기, 나무하기, 고기잡이)로 낙을 삼는다는 시를 네 수 짓고, 이 네

254) 권오봉, '가서로 본 퇴계의 삶과 사상' 중, 삼보문화재단, 2020, 300쪽.
255) 김병일, '퇴계처럼', 글항아리, 2012, 60쪽.
256) 권오봉, '퇴계선생 일대기', 교육과학사, 2013, 98쪽.

가지 낙을 사락정으로 정하고 장인의 호를 지어드렸다. 이 사락정은 지금도 경남 거창군 마리면 영승중앙길 도로변에 정선 전씨 후손에 의해 잘 보존되고 있다.

권오봉에 의하면,[257] 퇴계의 사락정 장인이 죽은 후로 처가에는 장인 내외는 물론이고 그 윗대 화산 권주의 제사까지도 지낼 사람이 없었다고 한다. 퇴계의 가일 처가는 여러 환난과 처삼촌 등에게 후사가 없는 탓에 퇴계가 처부모의 기제사, 시사, 사당 수호까지 맡았다. 퇴계의 아들 준도 계모 쪽 외고조 부모 제사까지 정성껏 받들었다.

퇴계 선생께서는 이처럼 두 부인의 처가를 지극한 정성으로 보살피고 돌보기를 돌아가실 때까지 행하였다. 이는 퇴계 선생께서 의리 정신에 따른 자연스러운 모습이라고 생각된다. 이러한 흔적들이 퇴계 선생의 여러 편지와 경남 의령과 안동 가일마을 선원강당,[258] 거창 영승리의 사락정 등에 시와 글씨로 남아 전해지고 있다.

15. 언행과 몸가짐

(143) 퇴계의 하루 일상 모습은 어떠하였는가?

제자 김성일의 증언[259]에 의하면, 퇴계는 혼자 있게 될 때, '거

---

257) 권오봉, 전게서, 109쪽.

258) 선원강당(仙源講堂)은 퇴계의 처조부인 화산 권주 선생께서 공부하던 곳을 기념하기 위하여 후손들이 가일 마을에 세운 강당이다.

259) 홍승희, 이윤희 공역, '퇴계선생언행록', 도운회, 2014, 82쪽.

처는 반드시 정돈되고 안정하였으며, 책상은 반드시 맑고 깨끗했다. 방 안에 도서가 가득하였으나 항상 정연하여 어지러운 법이 없었다. 새벽에 일어나서 반드시 향을 피우고 정좌하여 종일 글을 읽었으며 언제나 나태한 모습을 볼 수 없었다.'고 하였다. 정유일, 우성전, 이덕홍 등의 제자들의 증언도 모두 이와 비슷함을 볼 수 있다. 방 안에서는 언제나 모자를 쓰고 띠를 두르고 정좌 혹은 반좌로 앉았으며, 몸이 기울거나 기대는 법이 없었다. 조용히 앉아서 사색하거나 시 구절을 읊기도 하였다. 몸이 피곤하면 눈을 감고 단좌하거나 혹은 안석에 기대어 휴식하거나 때로는 강대에 나가서 이를 회복하곤 하였음을 알 수 있다.

(144) 퇴계는 글씨를 어떻게 썼는가?

퇴계는 글씨를 쓸 때, 언제나 흘려 쓰지 않고 해서체로 단정하고 반듯하게 썼다. 제자 정유일에 의하면,[260] '선생의 필법은 단정하고 굳세며 아담하고 무게가 있다. 큰 글자도 반듯하고 엄격하며 잘 정리되고 가지런하여 다른 명가라는 사람들이 그저 기괴한 것을 숭상함에 그치는 것과 다르다. 하서 김인후는 퇴계 선생에게 '그대는 영남의 수재요, 이백과 두보의 문장에 왕희지와 조맹부의 글씨'라고 할 만큼 글씨를 잘 썼다. 1553년(명종 8년) 9월 14일, 경복궁이 화재로 소실되어 다시 건축하였는데, '대전의 편액이나 문 이름 모두를 퇴계 선생이 쓴 글을 사용하였고, 상량문

260) 사단법인 도운회, '퇴계선생언행록' 2권, 2021, 보고사, 102쪽.

도 선생이 지으신 것이다.'라고 기록하고 있다. 퇴계의 이러한 글씨를 선비들은 '퇴계 선생의 독특한 서체'라는 의미로, 퇴필(退筆)이라고 불렀다.[261)]

(145) 퇴계 선생께서 술에 대해 어떤 말씀을 하였는가?

제자 김성일에 의하면,[262)] 퇴계는 이렇게 말하였다.

> 어릴 때 숙부 송재공을 따라 안동에 갔었다. 어느 날 들판에서 사람들과 어울려 사냥하며 놀다가 술에 취하여 말에서 떨어졌다. 술이 깨면서 나를 통열히 책망하면서 경성(깨우치고 살핌)하는 마음을 잠시라도 잊은 적이 없었다. 지금도 생각하면 척연(근심하고 두려워함)하여 마치 어제 일 같다.

위의 일화는 퇴계가 17세 때이다. 이때, 숙부가 안동부사로 있을 때였다. 이 일로 퇴계는 술을 조심하였고, 술을 마셔도 많이 마시지 않았으며 술기운이 조금 오르면 그만이었다. 다른 사람들에게 술을 대접할 때는 주량에 따라 권하였으며, 그 기분에 맞도록 하였다.

(146) 이자에 대해 어떤 말을 하였는가?

어느 날 제자 김부필이 "역동서원의 학전에서 들어오는 수입이 부족하니 곡식을 저축해서 이식을 늘렸으면 합니다"라고 하

---

261) 이윤희, '퇴계가 우리에게', 예문서원, 2010, 267쪽.
262) 사단법인 도운회, '퇴계선생언행록' 1권, 2021, 보고사, 60쪽.

자, 퇴계는 "이식 두 글자는 선비가 할 말이 아니다."라고 하였다.[263] 1570년에 역동서원이 완성되었으나, 서원 전답에서 나오는 소득으로는 서원 운영 경비가 부족하였기에, 제자들은 서원의 곡식을 대부하여 이자 소득이라도 좀 있었으면 하는 바람이 있었다. 그러나 퇴계는 선비가 돈이나 재물을 빌려주고 그 이자를 받는 대부나 사채업 같은 행위를 해서는 안 된다고 단호하게 가르쳤다.

(147) 퇴계는 남에게 충고하는 것을 어떻게 생각하였는가?

퇴계는 형제간에도 정면에서 충고하는 것은 옳지 않다고 하였다.[264] 어느 날 학봉 김성일이 퇴계에게 물었다. "형제간에 잘못이 있으면 서로 말하여 줄 수 있는 것입니까?" 하니, 퇴계는 "우선 나의 성의를 다하여 상대방을 감동하도록 한 다음이라야 비로소 서로 간의 의리를 해치는 일이 없을 것이다. 만일 서로 간에 성의로 부합함이 없이 대뜸 정면적인 말로 나무란다면, 서로 사이가 벌어지지 않는 경우가 드물 것이다. 그래서 말하기를 '형제간에 이이(怡怡, 기쁘고 좋다)하다' 하였는데, 진실로 이 때문이다."라고 하였다. 따라서 퇴계는 형제간에도 그러한데, 남에게 충고한다는 것은 매우 조심스러운 일이라고 하였으며 스스로 남에게 충고하는 것을 매우 삼갔다.

263) 사단법인 도운회, 전게서 1권, 91쪽.

264) 사단법인 도운회, '퇴계선생언행록' 1권, 141쪽.

(148) 입지에 대해 퇴계는 어떤 말을 하였는가?

제자 김수가 어느 날 퇴계 선생께 질문하였다. "배우려는 자가 처음에 무엇을 먼저 하여야 합니까?" 하니, 퇴계는 "뜻을 세우는 것을 우선으로 삼아야 한다. 그러나 그 뜻하는 바가 어떤 일인지에 대해서도 살펴보아야 한다."라고 말하였다.[265)]

퇴계는 학문이나 기술이나 무엇을 배우려고 하는 사람은 반드시 왜 배우는지, 어떻게 배울 것인지에 대해 명확한 뜻을 세우라고 가르쳤다. 자신의 뜻이 확실하면, 목표가 정해지고, 목표가 정해지면 나아갈 방향이 정해지며, 나아갈 방향이 정해지면 방법이 정해진다. 방법이 정해지면 실행을 할 수 있으며, 실행할 때, 결과를 얻을 수 있기 때문에 퇴계는 입지(立志)를 먼저 세우라고 가르쳤다. 다만, 그 입지가 어떤 것인지에 대해서도 살펴보아야 한다고 하였다. 자신이 세운 뜻이 부귀, 공명, 권세 등 세상에 이름을 내기 위한 것은 아닌지 혹은 사람이나 세상에 해를 끼치는 것은 아닌지에 대해 반드시 살펴볼 것을 가르쳤다.

(149) 퇴계는 권력자가 부를 때, 어떻게 하였는가?

퇴계의 초취 부인은 영주 초곡(草谷, 푸실)에 살았다. 이곳 이웃 마을에 중종 때 좌의정까지 오른 실권자 김안로(1481~1537)가 살고 있었다. 김안로는 퇴계가 자신을 찾아오도록 몇 차례 연락하였으나, 퇴계는 끝내 찾아가지 않았다. 이 일로 김안로는 퇴계

265) 사단법인 도운회, 전게서 1권, 94쪽.

에 대해 좋지 않은 감정을 가졌다. 퇴계가 문과급제하여 첫 발령으로 예문관 검열이 되었다. 이 자리는 엘리트가 바라는 자리였다. 그러나 며칠 만에 김안로에 의해 한직이라고 할 수 있는 승문원 부정자로 전보 조치 당하였다. 그러나 퇴계는 조금도 동요하지 않았으며, 김안로를 찾아가지 않았다. 김안로는 3년 후 권력 남용으로 사약을 받았다.

윤원형이 권력자가 된 뒤, 윤임을 비롯하여 많은 관료들이 죽임을 당하거나 유배를 가는 등 조정과 사림이 모두 흉흉할 때였다. 어느 날, 윤원형이 과거 급제를 같이 한 인사들을 초대하는 사마방회[266]를 열면서 퇴계를 초대하였으나, 퇴계는 참석하지 않았다. 퇴계는 병을 핑계 삼았지만, 내심은 비록 불이익을 당하더라도 세도를 부리는 권세가를 찾아다니지 않는 자신의 평소 소신에 따른 행동이었다. 이 일로 윤원형은 퇴계에게 좋지 않은 감정을 가졌으나, 더 이상 어떻게 하지는 못하였다. 하늘 높은 줄 모르던 윤원형은 1565년에 관직을 삭탈당하고 비참하게 죽었다.

윤원형의 심복으로 을사사화 때, 독사로 기록[267]되기까지 하였던 진복창(?~1563)이 퇴계가 자신을 찾아오지 않는 데 대해 앙심을 품고 있었다. 그 때문에 퇴계는 원하였던 청송 군수로 못 가고 단양으로 발령이 났다. 발령이 난 후, 퇴계는 친구인 민기(1504~1568)를 만났는데, 민기의 권유로 근처에 사는 진복창을 만

266) 사마방회는 과거 급제 동기생 모임이다. 1528년 사마시에서 퇴계는 진사시험에 합격하였고, 윤원형은 생원시험에 합격하였다.

267) 한국민족문화대백과사전, 진복창 참조.

나는 일이 있었다. 이에 진복창은 퇴계가 자신을 찾아 준 것으로 착각하고 명종에게 퇴계의 단양 임명은 잔단[268] 직이므로 임금 옆에 두어야 한다고 발령 재고를 건의하였으나, 명종은 허락하지 않았다. 진복창은 이후 계속 퇴계에게 서신을 보내고, 답장을 바랐으나, 퇴계는 이후 일체 서신을 보내거나 만나지 않았다. 진복창은 다시 퇴계에게 앙심을 품기 시작하였으나, 그는 뒤에 유배되어 죽었다.

퇴계는 이처럼 권세가에 대해서는 불이익을 당하면서까지 철저히 멀리하였다. 이와 같은 처신에 대해 이국필[269]은 "퇴계는 남들과 다투지는 않았지만, 대부들과는 반드시 정색하여 끝까지 시비를 가려내고야 말아 권력과 타협하기를 거부하였다."고 하면서, 퇴계는 불인(不仁)을 보면 미워하되 성내지 않는 처신의 방법을 가르쳤다고도 하여 퇴계가 권력자를 대하는 처신을 잘 밝혀주고 있다.

(150) 퇴계가 소심하고 유약한 성품이 있는가?

혹자는 퇴계 선생의 성품이 소심하고 유약한 면이 있는 것으로 말하기도 한다. 그러나 퇴계를 자세히 알고 나면 퇴계는 정신과 마음, 소신이 강직하고 뚜렷하며, 스스로 옳다고 생각하면 양보하거나 우유부단하지 않은 모습을 여러 곳에서 볼 수 있다. 퇴

---

268) 명종실록(명종 3년 1월 13일) 원문은 '尤不合米鹽之任(우불합미염지임)'이다. 미염(米鹽)이란 '잔달고 번거로운 일'이라는 뜻이며, '잔달다'는 '잘고 인색하다'는 의미이다.

269) 정시열 외, 조선 서원을 움직인 사람들, 한국국학진흥원 연구부, 2013, 167쪽.

계가 67세에 명종 임금의 부름을 받고 서울로 올라갔을 때, 명종이 갑자기 승하하였다. 조정에서는 퇴계에게 예조판서로 임명하고, 명종 행장 집필의 책임을 맡겼다. 그러나 퇴계는 명종의 행장을 책임지고 찬술한 후 예조판서 사직 상소를 올리고는 장례식인 인산(因山) 날이 되기 전에 고향으로 돌아왔다. 이는 매우 위험한 행동이었다. 그러나 퇴계는 자신의 그릇이나 능력이 예조판서에 어울리지 않으며, 오히려 서울에 있는 것이 예도 아니고, 도리도 아니라고 판단하고 그에 따른 행동을 한 것뿐이었다. 이때, 퇴계는 주변으로부터 심한 비난을 받았지만, 퇴계는 변하지 않았다.

또한, 앞에서 기록한 것처럼, 권세가 김안로, 윤원형, 진복창 등이 부를 때에도 가지 않았다. 김안로에게는 괘씸죄로 좌천당하였고, 윤원형은 당시 수많은 선비, 관료들을 죽이는 공포 정치를 할 때였다. 또한, 풍기 군수에서 사직하고자 경상감사에게 사직서를 세 번이나 제출하여도 거절당하자, 무단으로 귀향해 버렸다. 이 죄로 2계급 강등당하였지만, 퇴계의 의지를 꺾지 못하였다. 퇴계가 소심하고 유약하다면 할 수 없는 행위들이었다. 퇴계가 겸손하고, 낮추며, 배려하는 학자이었지 소심하고 유약한 선비가 아니었다. 퇴계는 외유내강의 인격자이다.

(151) 퇴계는 혐의를 피하기 위해 어떻게 하였는가?

퇴계가 지은 도산서당 앞에는 낙동강이 흐르고 있었다. 그곳에는 임금에게 올리는 은어를 잡는 어량이 설치되어 있어서, 예안 현감은 해마다 은어 잡는 여름철에는 그곳에 일반인들의 출입을 금하였다. 퇴계는 더운 여름철에는 반드시 계상서당에 거처하면서 한 번도 어량 주변에 간 적이 없었다. 혐의 받을 행동을 미리 피하고자 하였기 때문이다. 진주에 사는 남명 조식이 이 말을 듣고 웃으면서 말하기를 "어찌 그리 소심한가? 내가 스스로 범하지 않는다면 비록 관청의 어량이 있다 한들 무엇이 혐의쩍고 무엇이 피할 게 있겠는가?" 하였다. 이 말을 전해들은 퇴계는 "남명이라면 그렇게 하겠지만, 나는 이렇게 하겠다."[270]라고 말하였다.

남명과 퇴계의 성격 차이와 현실 문제에 대처하는 차이를 보여주는 재미있는 스토리이다. 퇴계는 호방한 기질을 드러내지 않는다. 언제나 정도를 따르고자 하였다. 남명은 퇴계를 소심하다고 웃었지만, 누가 비웃어도 나는 정도를 걷겠다는 퇴계의 이 말은 어쩌면 그 반대로 강직한 내면의 소유자임을 보여주고 있는 사례라고 본다. 정도를 걸음으로써 스스로 혐의를 피하여 사람들로부터 구설에 오르는 것을 몹시 싫어한 것뿐이었다.

(152) 퇴계는 선물을 받거나 줄 때, 어떻게 하였는가?

퇴계는 무엇을 주고받는 경우 매우 엄격하게 처신하였다. 누가 선물을 보내주면 그것이 의로운 것이 아니라면, 단 한 개라도 받지 않았으며, 자신도 남에게 줄 때, 그렇게 하였다. 다만, 만약

---

270) 사단법인 도운회, 전게서 1권, 165쪽.

고을의 벼슬아치가 예(禮)를 차리기 위해 보내주는 것은 비록 그 관리가 청렴하지 않다고 해도 거절하지 않고 받았다. 제자 조목이 스승의 그러한 처신에 대해 의문을 표시하자, 고을의 높은 사람이 주는 것은 주는 관리의 인격과는 관계없이 받는 것이 예의라고 말하였다. 퇴계는 이것이 맹자가 말한 각지불공[271]과 같은 경우로 보기 때문이라고 하였다.

(153) 퇴계는 처가살이를 하였는가?

퇴계가 살던 16세기까지만 하여도 남자가 결혼하면 처가 곳에서 사는 경우가 많았고, 이러한 처가거주혼은 부끄러운 일이 아니라 당연한 시대적 풍습이었다. 그러다 보니 남자가 처가거주혼 풍습에 따라 처가 곳에 들어가 살면서 '들어온 돌이 있는 돌을 쫓아낸다'는 속담처럼 오히려 사위 자손이 처가 집안을 제치고 마을의 실세가 되고 사대부 명문가에 오른 종택을 많이 볼 수 있다.

퇴계의 초취 부인인 김해 허씨의 친정집은 영천(榮川, 지금의 영주)이었다. 도산에서 아주 가까운 곳이었으며, 살림도 부유하였다. 퇴계가 21세에 결혼할 때, 따로 집 없이 조모와 어머니와 함께 살았다. 경제적 여유가 있는 처가 집이 가까운 곳에 있었으나, 퇴계는 처가살이를 전혀 하지 않았다. 심지어 처가에서 살찐 말을 한 필 주어도 받지 않았다. 제자 학봉 김성일도 "부인 허씨의 논밭이 영주에 자못 많이 있었다. 계상에는 겨우 변변하지 못

271) 각지불공(却之不恭): 맹자 만장편에서 '탐학하는 관리가 교제의 예로 보내오는 물건을 물리치는 것은 예가 아니라'고 하였으며, 이를 '각지불공'이라고 한다.

한 밭 몇 마지기가 있을 뿐이었으나, 끝내 부인의 전장(논밭)에 가서 살지는 않았다."[272]라고 증언하였다. 퇴계의 인생관, 철학을 엿볼 수 있는 대목이다.

퇴계가 서울에서 벼슬살이할 때, 장인 권질의 집이 서울 서소문 안에 있었다. 장인은 사위에게 이 집을 주려고 하였으나, 퇴계는 사양하고 받지 않았으며, 다른 집을 빌려서 거처하였다. 벼슬에 있지 않을 때, 서울에 올라와도 장인 집을 사용하지 않고 다른 곳에서 우거[273]하였다.

(154) 퇴계는 정자를 지었는가?

퇴계에게는 정자(亭子)가 없다. 평생에 단 한 차례도 정자를 지은 바가 없다. 조선시대에는 벼슬을 하다가 낙향한 사대부나 산림처사로 학문과 수양으로 살아가는 선비들은 경치 좋은 곳에 정자 하나 마련하여 자연을 벗 삼고 한가하게 소요하는 삶을 즐기는 임고지락(林皐之樂)이 하나의 꿈이기도 하고 유행이기도 하였던 시절이었다. 퇴계의 제자 중에서도 성성재 금난수(1530~1599)가 봉화에 고산정을 짓고, 우암 이열도(1538~1591)가 예천에 선몽대를 건축하는 등 여러 제자들이 좋은 정자를 지었고 퇴계는 현판 글씨를 써 주거나 시를 지어 축하해 주기도 하였다. 그러나 퇴계 자신은 정자를 짓지 않았다.

---

272) 퇴계집, 퇴계선생언행록 2권, 유편, 가정생활에서.

273) 우거(寓居): 남의 집이나 타향에서 임시로 세들어 거처하는 집 혹은 자신의 집을 낮추어 부르는 말.

퇴계 역시 도산서당을 지을 무렵 서당 앞 지금의 천연대 위치에 정자 하나 있었으면 하는 생각을 하였다고 한다. 그러나 힘이 미치지 못하여 끝내 정자를 마련하지 못하였다고 한다. 퇴계가 노년에 정자 하나 지을 사회경제적 능력은 충분하였으나, 정자를 짓지 않은 이유를 두 가지로 생각해 본다.

첫째, 퇴계는 정자를 이용할 시간이 없었다고 본다. 학문과 교육, 집필, 시와 편지 작성 등 시간을 쪼개어 생활하는 퇴계는 정자에 에너지를 쏟거나 즐기고 노는 시간이 아까웠을 것이다.

둘째, 퇴계 자신은 정자는 사치로 생각했을 것으로 보인다. 매사에 충고하지 않는 퇴계는 제자들의 정자를 축하해 주었고, 자신도 하나 마련하였으면 하였으나, 스스로는 학자로서 검소와 청빈의 삶에 철저한 퇴계는 진심으로 정자를 피하였을 것으로 본다.

16. 한시와 유산

(155) 퇴계의 한시는 모두 몇 수인가?

대만 담강대학 중문과 왕소 교수는 '퇴계 시학' 책에서 퇴계 선생이 남긴 시는 모두 2,013수라고 밝혔다.[274] 그러나 시 제목만 남아 있는 것까지 계산하면 약 3,000여 수가 넘는 것으로 전해지고 있다. 세목별로 보면, 퇴계전서 1, 2권 내집에 1,086수, 12권 외집에 199수, 별집에 356수, 속집에 346수 도합 1,987수가 수록

274) 이장우, '이퇴계 선생의 생활과 시', 명문당, 2022, 131쪽.

되어 있으며, 도산전서 유집에 169수가 더 수록되어 있으며, 목록외집일에 940수가 있어서 총계 약 3,096수가 있는 것으로 추측하고 있다. 그러나 현존하는 시는 가장 최근의 저서에서 이광호는 1,234제목으로 모두 2,235수의 시가 있다고 하였다.[275] 여러 제자, 문인들의 문집에서 계속 발견되고, 드러나고 있기 때문에 연구자마다 차이가 있어 정확한 편수는 알 수 없으나 현재 기록으로 남아있는 시는 대개 2,300여 수로 알려져 있다.

(156) 퇴계 선생 최초의 한시는 무엇인가?

선생께서 15세 되던 해에 지으신 '가재'라는 한 시이다.

가재(石蟹, 석해)

돌을 지고 모래를 파서 스스로 집을 삼고	負石穿沙自有家(부석천사자유가)
앞으로도 가고 뒤로도 가니 다리가 많구나	前行却走足偏多(전행각주족편다)
일평생 한 움큼 산골 샘물 속에 살면서	生涯一掬山泉裏(생애일국산천리)
강호의 물이 얼마인가는 묻지도 않는구나	不問江湖水幾何(불문강호수기하)

제1구에서는 개울물 돌 틈에서 바깥세상 모른 채 평생 모래를 파며 살아가는 가재의 삶을 묘사하고 있으며, 제2구에서는 가재의 모습을 그리고 있다. 1, 2구에서는 가재라는 하등 동물이 척박한 환경 속에서도 할 일 하면서 부지런히 살아가는 것을 사실적으로 잘 부각시켰다. 제3구와 제4구에서 퇴계는 하고 싶은 말을 하고 있다. 제3구에서는 비록 한 움큼 산속 샘물 속이지만 가재

275) 이광호, 성학십도, 사단법인 도운회, 2022, 23쪽.

가 자신에게 주어진 분수를 지키며 사는 모습을 그리고 있다. 제4구에서는 이 시의 결론 부분이다. 가재는 자신의 처지와 환경에서 최선을 다하고 있음을 보여준다. 강과 호수를 부러워하지 않으며, 물이 얼마나 되는지 관심을 두지 않는다. 거대한 강, 넓은 바다를 생각하고 부러워한다면 가재는 하루도 살아갈 수 없을 것이다. 남과 비교하지 않는 자족의 삶, 자신의 주어진 환경이 비록 척박하여도 세상을 탓하지 않고 자족하는 듯한 가재를 통해서 퇴계는 어린 나이에도 이미 도학자적인 자질을 보여주고 있는 듯하다. 15세 소년 퇴계가 생애 최초의 한시에서 우리에게 전해주는 메시지이기도 하다.

(157) 퇴계 생애 마지막 한시는 무엇인가?

70세 11월 15일경, 류운룡이 도산서당으로 찾아뵙고 떠나면서 선생께 시를 네 수 지어 드리자, 퇴계가 화답하는 시 3수를 지어주었다. 이 시가 퇴계 선생 생애 마지막 시가 되었다. 제목은 '류응견이 정사에 머무르면서 지어준 절구에 화운하여 지은 삼수(和柳應見寓精舍見投三絕)'이다. 아래의 시는 그중 두번 째 시이다.[276]

공자는 인후한 마을을 택하도록 깨우치셨고	孔聖猶箴擇里人(공성유잠택리인)
증자는 글로 벗을 만나 돕고 인을 이룬다 하였네	曾云文會輔成仁(증운문회보성인)

276) 퇴계선생연보 2권 및 퇴계선생문집 권지일, 참조, 3수 중 첫 번째 시(常恨山居事未全 白頭歸臥尙牽纏 勸君視我爲深戒 纔近榮途莫太前), 세 번째 시(地中雷起見天心 三字符言當誨箴 有鏡不磨空自歎 直愁終未免塵侵).

늙어가면서 다시 학문함에 소홀함을 깨달았으니	老來更覺疎爲學(노래갱각소위학)
빈손으로 돌아와서 또 봄 기다리는 것 부끄럽네	慚愧連還又待春(참괴연환우대춘)

응견은 류운룡의 자이며, 호가 겸암이다. 파산 류중엄의 종조카이자 서애 류성룡의 형으로 당숙과 형제 삼숙질이 함께 퇴계에게 배웠다. 1, 2구에서 공자, 증자 성현의 고사를 인용하였다. 논어 이인(里人)편에서, 공자는 '마을의 인심이 인후한 것이 아름다움이 되니 인후한 마을을 가려서 살지 않는다면 어찌 지혜롭다 하겠는가' 하였는데, 퇴계는 겸암이 바로 그러한 마을(하회)에 살고 있다고 하였다. 2구에서는 역시 논어 안연편에서, 증자가 '군자는 글로써 벗을 모으고, 벗으로서 자신의 인(仁)의 덕을 돕는다'라고 한 말로 제자 겸암이 학문에 힘써 주기를 바라는 스승의 뜻을 담은 듯하다. 그러면서 스승은 이제 늙어가면서 학문에 진력하지 못함을 표현하면서도 내년 봄에 서로 만나기를 기약하는 듯한 4구의 결어로 끝맺음하였다. 그러나 퇴계는 3주 후에 '봄을 기다리는 것이 부끄럽다'고 읊은 시어(詩語)를 마치 지키기라도 하듯 세상을 떠났다. 제자 겸암은 스승의 생애 마지막 시를 받고 어떠한 심중이었을까?

이 시가 퇴계의 생애 마지막 시이다. 이 시를 짓고 퇴계는 채 한 달이 못 되어 돌아가신다. 정확히는 21일, 3주 후이다. 이미 스승의 건강이 우려스럽던 제자들은 번갈아 가며 스승을 찾아뵙는다. 퇴계의 마지막 두 번째 시는 11월 8일 송암 권호문이 찾아뵈었을 때, 전에 부탁받았던 시 두 수를 지어주었던 시이다. 돌아가시기 딱 한 달 전이다. 제자의 부탁을 잊지 않고 있다가 챙겨 주시니 떠나시기 한 달 전 병환 중에도 글 빚을 다 갚고 떠나셨다.

(158) 퇴계의 매화시는 몇 수가 있는가?

퇴계 선생의 매화 사랑은 널리 알려진 사실이다. 선생께서는 거경으로 본성을 지키고 궁리로 학문에 매진하면서 생활은 규칙적이었고, 사람은 가려서 사귀었다. 그러한 삶에서 자신의 내면세계를 드러내 보일 수 있는 벗은 오직 매화이었다.

퇴계 선생이 평생 남기신 매화시는 모두 72제목 107수(首)이다. 이 가운데 62제목 91수를 뽑아서 별도로 시집을 엮었으며 그 시집이 매화시첩[277]이다. 매화시첩에 실린 작품들은 선생께서 42세 되던 해부터 돌아가시던 70세까지의 28년간의 작품들이다. 107수나 되는 매화 시를 지으신 점, 돌아가시기 불과 몇 달 전에 매화시 만을 따로 모아 시집을 만든 점, 그리고 임종을 앞두고 생애 마지막으로 남기신 말씀이 생을 마감하시던 날(1570년 12월 8일) 아침에 모시고 있던 사람들에게 "화분의 매화에 물을 주라"고 하신 점 등을 볼 때, 퇴계 선생께서 매화를 얼마나 사랑하셨는지 짐작할 수 있다.

퇴계 선생 최초의 매화시는[278] 1533년 퇴계 33세 때, 경남 지방을 여행하면서 의령 처가에 머무를 때(2.5~2.10) 매화를 보고

---

277) 기태완 역주, '퇴계 매화시첩', 보고사, 2007.

278) 정석태, 퇴계선생연표월일조록 1권, 113쪽.

지은 제목 '매화시'가 최초이다. 이 시는 20운 장편 고시로 퇴계 매화시첩에는 빠져 있다. 생애 마지막 매화시는 1570년 서울에서 제자 김이정이 서울 집에 두고 온 매화분을 손자 안도 편에 보내주어 기쁜 심정으로 읊은 제목이 긴 시이다. 다만, 매화시첩의 최초 시는 1542년 42세 때, 홍문관 부교리로 재직 중 옥당(홍문관)에서 숙직하면서 지은 '옥당의 매화를 추억하다'이다.

(159) 퇴계의 매화 증답시는 몇 수가 있는가?

퇴계는 매화와 직접 대화하는 증답시를 5회 12수 남겼다. 증답시를 지을 때는 벼슬에서 물러나고자 하나 뜻대로 되지 못하거나 미안할 때, 혹은 소원대로 물러나게 되어 기쁜 마음이 넘칠 때의 경우에만 증답시를 남겼다. 퇴계는 기쁘거나, 괴로울 때, 친한 벗이라도 함부로 속내를 털어놓는 일이 없었다. 이럴 때 대화 상대가 매화이었다.

첫 번째 증답시는 1566년(병인년) 2월이었다. 이때, 퇴계는 명종 임금의 부름을 받고 서울로 향하다가 영주에서 병으로 상경이 어렵게 되자 사직서를 올리고 처분만 기다리고 있었다. 명종은 오히려 공조판서 발령을 내렸다. 퇴계는 거듭 사직원을 제출하며 양양(예천)으로 와서 대기하던 중 관아에서 뜰에 핀 매화를 보고 자신의 괴로운 심중을 주고받은 시가 최초의 증답시이다.

두 번째 증답시는 한 달 뒤, 명종의 사직 허락을 받고 도산으로 돌아와 도산서당 매화와 반갑게 만나면서 주고받은 증답시이다. 세 번째 증답시는 1569년 3월 한성에서이다. 한 해전에 선조의 부름을 받고 무진육조소, 성학십도를 바치고 귀향하고자 하였으나 선조는 해를 넘겨 1월에 이조판서로 임명하면서 계속 붙잡았다. 사직서를 올리면서 거듭 간청한 끝에 겨우 허락을 받고 3월 초에 한성을 떠나면서 함께 데려가지 못한 미안함을 표시하는 시를 매화에게 지어 주고 답시를 받았다. 그리고 네 번째 증답시는 69세 3월 마지막 귀향하여 도산서당에 왔을 때, 도산서당의 매화가 주인이 돌아오는 것을 축하하는 시를 먼저 지어주었고, 퇴계가 답시를 하는 증답시였다.

그리고 마지막 증답시는 70세 2월에 예안 오천의 제자 김부필의 집(후조당)의 매화와 주고받은 증답시 4수이다. 이 증답시는 매화와 직접 대면하고 지은 것이 아니라, 매화 감상 모임에 참석하지 못한 미안함에 집에서 지어서 김부필에게 한번 웃음 짓게 하고자 보낸 것이다. 따라서 위 1에서 4차까지 증답시와는 성격이 차이가 있다.(본서 2부, '퇴계는 왜 매화와 대화를 주고받았는가?' 글 참조)

(160) 퇴계의 청량산에 관한 시는 몇 수인가?

퇴계가 지은 한시 가운데 청량산과 관련된 시는 51수가 남아 있다. 퇴계는 어릴 때부터 청량산에서 공부하였고, 청량산을 무척 사랑하였다. 숙부 송재 이우, 넷째 형 온계 이해와 자신이 모두 청량산에서 공부하였고, 대과급제를 하였기 때문에 퇴계는 청량산으로 인해 숙부, 형, 자신의 과거 급제와 학문 면려에 도움이 되었다고 생각하였다. 그래서 청량산을 오가산(吾家山), 즉 '우리 집을 일으킨 산'이라고 하기도 하였다.

(161) 청량산 시 가운데 대표적인 시는 무엇인가?

대표적인 시라고 소개된 시는 별도로 존재하지 않는다. 그러나 저자는 다음의 시를 청량산 대표 시로 추천하고 싶다.

청량산을 바라보며(望淸凉山, 망청량산)

선산을 찾아가서 은사 되지 못하고서	不向仙山作隱眞(불향선산작은진)
맑은 산만 바라보며 티끌 자취 부끄럽네	望山淸絕愧蹤塵(망산청절괴종진)
들으니 이 구름 골에 묵밭 갈이 들었다니	近聞菑墾侵雲壑(근문치간침운학)
부지런히 바람 뜰을 쓰는 이가 있으리라	勒逐風除會有人(륵축풍제회유인)

이 시는 심오하여 선생의 뜻을 정확히 짚기는 어려운 시이다. 1, 2구에서 청량산에서 공부하고, 청량산을 생애에 여섯 차례나 찾아가는 등 청량산을 사랑하고 본받고자 하였으나, 청량산이 풍기는 신선은 고사하고 세속의 티끌만 덮어쓰고 있는 자신을 부끄러워하고 있다고 하였다. 겸양의 표현임이 한 눈에 드러난다. 3, 4구에서 내가 아름다운 세상을 이룩하는 데 기여하지 못한 일을 후세에 어진 사람이 나타나 이루어 주기를 희망하고 있다. 도가 밝은 세상, 청량산과 같은 맑고 투명한 그러한 세상을 위해 후세 학자가 나타나 도학을 밝히고 도덕 사회를 이룩할 수 있기를 소

망하는 듯하다. 사림의 종사이자 최고의 학자로 추앙받는 퇴계의 겸양시이다.

(162) 퇴계 시의 특징은 무엇인가?

옛 선비는 물론이고 학자, 관료, 장군에 이르기까지 이른바 조선의 지식인들은 모두 시를 짓는 것이 일상이었다. 공자는[279)] '사람은 시를 통해서 성정이 발현되고, 시가 사람을 일으킨다' 고 하였다. 또한 아들 공리에게 "얘야, 시를 읽었느냐?"고 물었을 때, 아들이 "아직 읽지 못하였습니다."고 하자, "시를 읽거라. 시를 읽지 않으면 말을 할 수가 없느니라."라고 가르치기도 하였다. 이렇듯 시는 중요한 교육 내용이었고, 시가 생활이었고 생활이 곧 시라고 해도 과언이 아니었다. 시를 받으면 반드시 답시를 지어 보냈다. 짓지 않으면 글 빚으로 남고, 글 빚은 선비에겐 그 어떤 빚보다도 무서웠다. 옛 선현의 시를 만나면 차운시를 남겨 추모하였다. 이렇듯 시는 삶이었다.

주자는 마루에서 글을 읽다가 마당의 작은 연못의 풍경을 보고 관서유감이라는 아름다운 심성의 근원을 밝힌 설리시를 지었다. 퇴계는 단양 군수 시절 백성들에게 진휼미를 나누어 주고 해질 무렵 돌아오는 말 위에서 시[280)]를 지었다. 그런가 하면, 고구

279) 논어 태백(論語 太伯)편.

280) 퇴계는 말 위에서 지은 시에서 "깃발 들고 수령 노릇 한다지만 게으름이 부끄럽고(一麾出守愧疎慵) 곤궁한 백성 앞에 봄이 찾아오니 나의 근심 걱정은 늘어난다(民困當春意自忡), 십 실의 작은 고을에 흉년마저 들었으니(十室不堪星在罶), 거문고 타고 노래한들 세상 풍속을 바꿀 수 있겠는가(絃歌那得變謠風)"라고 읊었다. 제목

려 을지문덕 장군은 수나라 대군을 살수까지 유인한 뒤 수나라 적장에게 '수나라 장수 천중문에게 주다'라는 전술시를 지어 보내주고는 30만 대군을 살수에서 궤멸시켰다. 이백은 달빛 아래 술 한잔하다가 시를 지었고, 조광조는 사약 그릇을 앞에 두고 삶의 마지막 순간에 절명시를 지었으며, 초한전에서 항우는 죽음을 앞두고 사랑하는 여인을 향한 애절한 마음을 읊은 혜하가를 지었다. 책 읽다가, 말 위에서, 전쟁 중에, 술 마시다가, 그리고 죽음을 앞두고 시를 지었다. 때와 장소가 따로 구별이 없었다. 마치 신앙인들이 하는 기도 같았다.

시에는 그 내용과 사상에 따라 교훈시, 서정시, 영회시, 권학시, 풍자시, 풍경시, 절명시, 음주시, 설리시, 전원시 등 많은 유형의 시가 있다. 퇴계는 이 중에서 주로 교훈시를 많이 남겼다. 약 2,300여 수의 시가 남아 있는 중에 모든 시가 다 교훈시는 아니지만 퇴계 선생의 시의 특징은 시를 통해서 사람들을 깨우치고, 풍습을 교화하고자 하는 시들을 많이 읊었다. 성리학자로서 퇴계의 지향은 올바른 도덕 사회를 구축하는 것이었으며, 이를 위해 세상 사람들이 모두 착하고 바르게 살아가는 것이 소원이라고 하였다. 퇴계는 이러한 자신의 사업을 구현하기 위하여 교육, 저술, 편지 등의 활동에 힘을 쏟았으며, 시를 읊고 짓는 것도 바로 이러한 삶의 지향을 실천하기 위한 하나의 도구이고 수단이었다. 따라서 퇴계의 시의 특징은 '세상 사람들이 바르고 착하게 살

이 '매포창진급모귀마상(買浦倉賑給暮歸馬上)'이다.

아가는 데 하나의 가르침이 될 수 있도록' 하기 위한 교훈시에 있다고 할 수 있다.

(163) 퇴계의 시조는 몇 수가 있는가?

퇴계 선생은 2,300여 수의 한시 외에도 한글로 된 시조를 남겼다. 대표적인 시조는 도산십이곡 12수이다. 그리고 청량산에 관한 청량산가(淸凉山歌) 시조 한 수를 전해주고 있다. 그러나 이 시조는 퇴계 문집에 기록이 없어서 퇴계의 작품으로 확인되지는 않고 있다. 다만, 현재 일반적으로는 퇴계가 지은 것으로 알려져 있다. 청량산 시조는 다음과 같다.

> 청량산 육육봉을 아는 이 나와 백구
> 백구야 헌사하랴 못믿을 손 도화로다
> 도화야 떠가지 마라 어주자 알까 하노라

육육봉은 청량산의 열두 봉우리를 말한다. 백구는 학이다. 예로부터 선비를 상징하는 고고한 새였다. 청량산의 참다운 가치를 두 선비인 나와 백구는 제대로 알고 있건만, 복사꽃은 믿을 수 없다. 봄이 되어 화창한 날에 붉은 도화가 바람에 날려 산골짜기 개울 물 따라 흘러가면서 저 아래 어부(어주자)에게 자랑하고 말 것이다. 이 골짜기를 따라 올라가면 청량산 육육봉이 있다고. 퇴계는 어부가 마을 사람을 불러 모아 저곳에 무릉도원이 있다고 하며 무리를 데리고 청량산으로 찾아올 것을 염려한다. 사람들이 산을 찾으면 대게는 해를 끼치는 수가 많다. 분재 나무를 캐고, 돌을 수집하고, 꽃을 꺾으며 온 산을 헤집는다. 퇴계는 그것을 걱정하고 있는 것이다. 이 시조를 통해서 청량산에 대한 참사랑을 잘 표현해 주고 있다.

(164) 도산십이곡은 무엇인가?

퇴계의 학문 목적은 도학을 밝히고, 자신의 완성과 도덕이 바로 서는 좋은 세상 구현에 이바지하는 것이었다. 도덕 사회를 이룩하기 위해서는 이 세상 모든 사람이 착하고, 바르게 살아가야 한다고 믿었다. 이를 위한 길은 모두가 공부하여 성인을 닮는 데 있다고 생각하여, 계상서당, 도산서당을 지어 제자 교육에 힘을 쏟았다. 그러나 퇴계는 글을 모르는 사람들이 걱정이었다. 당시 조선 사회에서는 여성, 상민, 천민 등에게는 글을 가르치지 않았다. 이 문맹 계층의 백성들도 착한 심성과 바른 도리를 지키며 살아야 하는데 어떻게 해야 하나? 천민도 조선의 백성인데 글 읽을 줄 아는 양반들만 착한 사람으로 살아야 할 대상으로 여긴다면 그것이 이상 사회라고 할 수 있는가? 그것이 퇴계의 고민이었고, 그 해답이 한글 가사로 된 시조 12수로 나타났으니, 곧 도산십이곡(陶山十二曲)이다.

1곡에서 6곡까지는 자연 속에서 자연을 사랑하며 순박하게 살아가고자 하는 뜻을 밝힌 것으로 언지(言志)라고 하였고, 7곡에서 12곡까지는 사는 날까지 성인을 본받아 꾸준히 배우며 바르게 살아야 하는 것을 내용으로 삼아 언학(言學)이라고 하였다. 퇴계는 도산십이곡 서문에서 글 모르는 어린아이들이 이 노래를 외어 날마다 부르기를 바랐으며, 자신은 작곡 능력이 없으므로 후세 어느 누가 곡을 붙여 줄 것으로 기대하였다. 퇴계의 기대가 실현된 것은 약 450년이 지나서였다. 2019년 충남대학고 의과대학 의사 선비인 김종성 교수가 퇴계의 도산십이곡 가사에 곡을 붙여 이제 완성된 노래가 되어 중요 유림 행사에서 널리 애창되고 있다. 다음은 도산십이곡 중 제11곡 시조이다.

청산은 어찌하여 만고에 푸르르며
유수는 어찌하여 주야에 그치지 않는가
우리도 그치지 마라 만고상청 하리라

(165) 퇴계는 남도 여행을 언제, 어디로 다녔는가?

퇴계는 1532년 연말에 진주 곤양 군수로 있던 관포 어득강(1470~1550)으로부터 '내년 계사년(1533년)에 지리산 쌍계사를 유람하지 않겠느냐?'는 제의를 받았다. 관포 어득강은 문과급제하여 대사간을 역임하고 1532년, 그의 나이 62세 무렵 곤양 군수로 와 있었다. 곤양은 지금의 경상남도 사천시의 곤양면이다. 나이가 서른 살이나 더 많은 데다가 생면부지의 대선배 관포가 경북 안동 도산의 젊은 퇴계에게 쌍계사 유람을 같이 하자고 편지를 보낸 사연은 무엇일까? 잘 알려져 있지는 않지만, 퇴계의 처가가 의령이고, 관포의 고향이 진주이며, 또한 퇴계의 숙부 송재 이우

(1469~1517)가 관포와 나이와 관료 생활이 비슷한 인연으로 연관이 있을 듯하다. 관포는 관료이었으나, 문학을 좋아하고 시를 잘 짓는 시인으로 성품이 천진난만하고 맑고 명랑하였다.[281] 이런 그의 성품으로 안동 예안에 장차 인물이 될 수 있는 한 젊은 선비를 알아보고 초대하였을 것으로 생각해 본다.

이듬해 33세 1월 29일경에 퇴계는 경남 지방(남도)으로 여행을 떠났다. 예안에서 출발하여 풍산, 예천, 낙동, 선산, 안언(安堰),[282] 성주, 고령, 합천을 거쳐 6년 전 사망한 초취 부인의 친정인 의령과 사촌 누나들이 시집가 살고 있는 함안, 창원을 지나고 마산, 진주를 거쳐 길을 떠난 지 두 달 만인 3월 말에 곤양에 도착하였다. 여정 중에 의령 처가에 들렀으며, 가례 마을에 들러 마을 바위에 가례동천(嘉禮洞天)[283]이란 글씨를 남겼다. 그리고 어득강 군수와 함께 작도정사[284]에 들러 시를 남겼다.

어득강을 만나 함께 주변의 명승지를 살펴보며 시를 짓고 하였으나, 당초 계획한 하동 쌍계사는 가보지 못하고 예안으로 돌아오게 된다. 내년에 있을 대과 준비를 위해 성균관 유학을 가야 한다는 고향 어머니와 형의 편지를 받았기 때문이다. 이 여행에

281) 이은식, '시인 어득강, 곤양 · 사천을 노래하다', 뉴스사천, 2017.5.29.

282) 경상북도 성주군 용암면 상언동에 있었던 역 이름.

283) 퇴계 선생께서 33세 때, 경남 의령 처가 마을의 바위에 새긴 글씨로, '가례에 있는 신선이 사는 곳과 같이 경치가 좋은 곳'이라는 뜻이다. 지금도 마을에 잘 보존되고 있다.

284) 경남 사천에 있는 작도정사는 1533년 곤양 군수 어득강과 퇴계 선생이 만나 함께 시를 짓고 '작도(까치섬)'에 대한 이야기를 나눈 유서 깊은 곳이다. 지금도 잘 보존되어 있고, 입구에는 '퇴계이선생장구소(退溪李先生杖屨所)' 글씨가 새겨진 큰 비석이 서 있다.

서 시 109수를 짓게 되며, 후에 여행의 여정을 기록한 남행록을 지었다. 남도 여행을 통해서 젊은 퇴계는 여러 지역을 거치면서 도시의 사치스럽게 잘 사는 사람들과 시골의 유리걸식하는 가난한 백성들을 두루 접하게 되어 커다란 충격을 받게 되며, 그 감회를 시로 읊기도 하였다.

(166) 퇴계는 단양에서 유산하였는가?

퇴계는 단양 군수로 재직 시 별도로 유산하지 않았다. 1548년 1월에 단양 군수로 발령받아 10월 21일 풍기 군수로 전임되어 근무 기간이 10개월이 채 되지 못하였다. 더욱이 이해 흉년이 들어 백성들의 삶이 피폐해지니 고을 수령이 산수를 즐기기에는 여의치 못한 때였다. 더욱이 이때, 의령 외종조부 댁에 가 있던 둘째 아들이 결혼을 앞두고 갑자기 요절하여 비통한 시기이었다. 다만, 백성을 구휼하기 위해 고을을 다니고, 출장을 다니거나 하는 틈새 중에 아름다운 단양 풍경을 감상할 수 있었다. 퇴계는 이때, 단양 경승지에 대한 소감을 글로 남겼는데, '유람할 만한 단양의 산수에 대한 속기'[285]이다. 그 일부는 다음과 같다.

> 여름 5월에 내가 첩보(서면 보고)하는 일로 청풍에 가려고 하진에서 배를 타서 단구협을 나가 구담을 경유하여 화탄에서 내렸다. (중략) 그날 밤 나는 청풍군 응청각에 유숙하고 이튿날 새벽의 서늘함을 틈타서 사람을 시켜 배를 끌어 흐르는 물을 거슬러 올라

---

285) 퇴계선생문집 제42권, 기(記).

가서 삼지탄을 지나 내매담 위에 이르러 지붕을 걷고 바라보니, 물이 두 골짜기 사이에서 나와 높은 데서 바로 쏟아지니, 굴러 내리는 돌이 그 아래 있는 뭇 돌을 치며 성난 기세가 분주히 달아나 구름이나 눈 같은 물결이 출렁거리고 용솟음치는 것은 화탄이요, 산봉우리는 그림 같고 골짜기는 서로 마주 벌어져 있는데, 물은 그 가운데에 괴어서 넓고 맑고 엉키고 푸르러 거울을 새로 갈아서 공중에 걸어놓은 것 같은 것은 구담이다. 화탄을 거슬러 남쪽 언덕 절벽 아래로 따라 오르면, 그 위에 여러 봉우리를 깎아 세운 것이 죽순 같아서 높이가 천백 장(丈)이나 되며 우뚝하게 기둥처럼 버티고 서 있는데, 그 빛은 푸르기도 하고 창백하기도 하다. 푸른 등나무와 고목이 우거져 아득하고 침침한데 멀리서 볼 수는 있어도 오르지는 못하겠다. 내가 옥순봉이라 이름 지은 것은 그 형상 때문이다. 구담의 북쪽 가는 곧 적성산의 한 줄기가 남으로 달리다가 우뚝 끊어져 있다. 그 봉우리 중에 큰 것이 세 개 있는데 다 물에 다다라서 높이 빼어났지만, 가운데 봉우리가 가장 높은데 층층으로 된 바위가 다투어 빼어나고 우뚝우뚝한 돌이 서로 끌어당겨 귀신이 새긴 것 같으며 기기하고 괴괴함은 이루 다 형언할 수 없다. (후략)

(167) 퇴계는 풍기 소백산을 언제 유산하였는가?

퇴계는 소백산과 가까운 예안 온혜에 살았다. 평소 영주, 풍기를 지나다니면서도 소백산에 가보지 못하여 아쉬워하다가 풍기군수가 되어 한편으로는 속으로 기뻐하였다. 마침내 1549년(49세) 4월 23일부터 4월 26일까지 4일간 소백산을 유산하였다. 그

유산록 서문에 다음과 같이 소회를 기록하였다.[286)]

> 내가 젊어서부터 영주와 풍기 사이를 왕래하였으니 소백산은 머리만 들면 바라보이고 발만 떼면 갈 수 있었는데도 조급하게 허둥대느라 오직 꿈에서나 그리고 마음으로만 달려간 것이 이제 40년이 되었다. 지난해 겨울에 인부(印符)를 차고 풍기에 부임하여 백운동서원의 주인이 되니, 속으로 기쁘고 다행스러워하며 오랜 소원을 풀 수 있으리라고 생각하였다. 그러나 지난 겨울과 봄 이래로 일이 있어서 백운동에 갔다가, 그때마다 산문(山門)도 엿보지 못하고 돌아온 것이 세 차례나 되었다.

퇴계와 일행은 그 전날인 4월 22일 백운동 서원에서 숙박하고 다음 날인 23일 출발하였다. 첫날은 진사 민서경 등 일행과 죽계 계곡을 따라 걷거나 견여를 타면서 초암, 백운대(퇴계가 청운대로 고침)를 거치던 중 산인(山人) 종수가 합류하여 철암, 명경암을 거쳐 산 중턱의 석륜사에서 첫째 날을 숙박하였다. 절에 머물면서 봉두암, 광풍대를 바라보며 감상하기도 하고, 전에 백운동 서원 유사에게 받아 읽어 보았던 전임 군수 주세붕의 유산록이 석륜사 절에 있어서 읽고 다시 감명을 받았다. 둘째 날인 24일에는 석름봉, 자개봉을 거쳐 국망봉 정상에 오른 뒤 재월대를 거쳐 다시 석륜사로 돌아와서 2일 차 숙박을 하였다. 3일째인 25일에는 환희봉, 산대바위(퇴계가 자하대로 바꾸었다), 금강대, 화엄대, 죽암

---

286) 한국고전번역원, 한국고전종합DB, 퇴계선생문집, 제41권, 잡저, 소백산유람기.

폭포를 거치며 여정을 이었는데, 이때 이름 없는 봉우리에 이름을 붙이고, 어떤 지명은 이름을 고치기도 하였다. 3일째는 관음굴에서 숙박하고, 마지막 날인 26일에는 관음굴에서 출발하여 비로전, 대박달재, 소박달재를 거쳐 너른 바위에서 쉬었다. 이때, 처남 허사렴과 아들 준이 찾아와 함께 만나서 시간을 보낸 뒤, 앉았던 '너른 바위'를 비류암으로 고쳤다. 그리고 옥금동을 거쳐 고을로 돌아오는 4일간의 소백산 유산을 모두 마쳤다. 퇴계는 풍기 관아로 돌아온 며칠 뒤 5월 초에 '유소백산록'이란 제목의 유산록을 지었다. 아래는 유산록의 마지막 부분이다.

> 하물며 산언덕이 적막하고 고요하여 천년 동안 참다운 은자가 없으니, 참다운 은자가 없으면 참다운 감상이 없었던 것을 알 수 있다. 공문서 속에서 몸을 빼어 임시로 산 어귀를 거니는 우리 같은 무리야 어찌 이 산에 가치를 실어주겠는가. 우선 본 것을 차례로 펴서 지은 것을 기록하노니, 뒤에 보는 자가 이 글에 대한 느낌이 또한 나의 주경유(전 군수 주세붕)에 대한 느낌과 같을 것인가. 가정 기유년(1549년, 명종 4년) 5월 어느 날 서간병수(栖澗病叟)는 기산의 군재에서 쓰노라.

이 소백산 유산록은 현재 퇴계 문집에 남아 있다. 그러나 유산 중 지었던 대부분의 시는 지금 남아 있지 않고, 국망봉 시 세 수를 비롯해 몇 수만 전해지고 있다.

(168) 퇴계는 청량산 유산을 언제 하였는가?

퇴계는 청량산을 생애 모두 5회 다녀왔다. 15세, 25세, 28세, 55세, 64세이다. 그러나 앞의 세 차례 청량산 입산은 목적이 공부이고 유산이 아니었다. 제자와 벗들과 어울려 유산을 한 것은 뒤의 두 차례이다.

① **55세 유산**: 1555년 2월 11일 사직하고 고향으로 돌아왔다. 11월 30일 맏손자(안도)와 제자 정유일을 비롯하여 문중과 마을의 젊은이들을 데리고 청량산으로 들어가 12월 14일 산에서 돌아왔다. 원래 약 한 달을 계획하고 입산하였으나, 겨울 추위가 심하여 약 보름간 머물다가 돌아왔다. 퇴계선생연보에는 '55세 겨울, 청량산에 갔다가 한 달이 지나서야 돌아오다.'라고 기록되어 있으나, 정석태[287]에 의하면 이 기록은 오류임이 밝혀졌다고 하였다. 유산록은 없고, 지은 시가 여러 편 남아 있다.

② **64세 유산**: 1564년 선생 64세 때, 4월 14일부터 4월 17일까지 3일간 청량산을 유람하였다. 이때, 동행한 일행은 이문량, 금보, 금남수, 김부의, 김부륜, 권경룡, 김사원, 유중엄, 류운룡, 이덕홍, 남치리, 조카 균, 맏손자 안도 등 모두 13명이었다. 이름만 들어도 말 그대로 쟁쟁한 예안과 안동

287) 정석태, 상게서 2권, 356쪽.

의 엘리트 선비들로 모두 퇴계의 직전 제자[288]들이다. 유산록은 짓지 않았으며, 여러 시가 남아 있다. 퇴계의 청량산 마지막 유산이었다.

288) 직전(直傳) 제자: 간접적으로 가르침을 받지 않고 직접적으로 가르침을 전해 받은 제자.

제5장. 석양은 노을을 붉게 물들이다

17. 서세와 장례

(169) 퇴계 선생께서는 언제 돌아가셨는가?

퇴계 선생이 서거하기 전날 제자들이 스승의 자택인 한서암에 모여 있었다. 선생의 병세가 깊고, 조카에게 유계를 남기는가 하면, 서책을 정리하는 모습에 제자들은 모두 걱정이 깊었다. 임종을 앞두고 제자들은 점을 쳤는데 얻은 점괘가 주역 겸괘에 나오는 군자유종(君子有終)으로 나타나자, 스승의 죽음을 예상한 제자들의 얼굴빛이 모두 어두워지고 굳어졌다.

1570년 섣달 초여드렛날(12월 8일) 유시(오후 5~7시)에 운명하였다. 아침에 자리에서 눈을 뜨신 선생께서 옆에서 모시고 있던 제자에게 "저 매화에 물을 주어라"라고 말씀하였다. 오후 해 질 무렵, 누운 자리를 정돈하게 하시고는 "나를 잠시 일으켜다오"라고 말씀하셨다. 주위에 있던 사람들이 퇴계를 부축해 일으키자, 퇴계는 마지막 숨을 내쉬고는 자는 듯이 눈을 감았다. 이날 날씨가 맑았는데, 오후 5시경이 되면서 갑자기 흰 구름이 몰려오면서 눈이 한 치 정도 내리다가 퇴계가 서거하자 구름이 걷히고 눈이 그쳤다.

(170) 퇴계의 유언은 무엇인가?

퇴계는 돌아가시기 4일 전에 병이 조금 덜해진 때에, 온혜에 살고 있는 조카 영(넷째 형 해의 둘째 아들)을 불러 유계(유언)를 받아 적게 하였다. 당시 아들 준은 봉화 현감으로 재직 중이어서 공무에 바쁜 아들을 사적인 일로 부르는 것을 피하고 대신 가까운 곳에 사는 조카를 불러 유언을 남겼다. 유언은 다섯 항인데, 처음 세 항은 장례 관련이고, 나머지 두 항목은 집안일에 관한 것이다. 퇴계 선생 연보에는 처음 세 항만 기록되어 있다. 내용을 보면 맏아들 준을 대상으로 유언하고 있고, 조카 영은 유명을 받아 기록하였다. 유언의 내용은 다음과 같다.[289]

첫째, 국장을 쓰지 말라. 나라에서 규례에 따라 국장을 하더라도 유명(유언)이라 하고 상소하여 고사하라.

둘째, 유밀과를 쓰지 말라. 과일은 넉넉지 못할 것이니 간소하게 한 단씩만 차리고 그 외에는 일체 쓰지 말도록 하라.

셋째, 비석을 세우지 말라. 다만, 작은 돌에다 그 앞면에는 '퇴도만은진성이공지묘(退陶晩隱眞城李公之墓)'라고 쓰고, 그 뒷면에는 향리, 세계(조상의 내력), 지행, 출처의 대략을 가례에 언급된 대로 간략히 기록하라. 이 일을 다른 사람에게 부탁하여 짓게 하면, 기대승처럼 서로 잘 아는 사람은 반드시 실속 없는 일들을 장황하게 늘어놓아서 세상의 웃음거리가 될 것이다. 그래서 일

289) 정석태, 전게서 4권, 649쪽.

찍이 뜻한 바를 스스로 적고자 하여 먼저 명문(퇴계가 쓴 자명)을 지었으나, 그 나머지는 미루다가 마치지 못했다. 그 초고가 여러 원고 중에 섞여 있을 것이니 찾아서 쓰도록 하라. 또 말하기를, 사람들이 사방에서 보고 듣고 있으니, 너(퇴계의 맏아들 준)의 거상하는 것도 다른 예가 아니니, 모든 일과 법도를 예절을 아는 유식한 사람에게 묻는다면, 지금 세상에도 마땅하고 옛날에도 틀리지 않을 것이다.[290)]

넷째, 선세(선대)의 묘갈을 세우는 일을 마치지 못하고 이렇게 되니 영원한 한이 된다. 그러나 여러 가지 일이 이미 갖추어져 있고, 형편도 어렵지 않으니, 반드시 문중 사람들과 의논하여 새겨서 세워라.

다섯째, 동쪽의 작은 집은 본래 너(맏아들 준)에게 주려 했고, 적(寂, 서자)을 위하여 따로 작은 집 한 채를 짓고 있었는데, 반도 못 짓고 이렇게 되었다. 적 모자는 가난해서 반드시 완성하지 못할 것이니, 네가 맡아서 집을 완성해 주면 정말 좋겠다. 만약 형편이 어려우면, 차라리 네가 그 재목과 기와 등의 물자를 가져다가 재실 등에 사용하고, 적 모자에게는 이 집을 그대로 주는 것이 좋겠다.

퇴계의 셋째 맏손자 몽재 이안도(1541~1584)의 고종기[291)]에서는 위 5번 항목의 유계는 빠지고 대신 다른 두 조목이 추가되어

290) 퇴계집, 퇴계연보 2권, 경오년, 70세 참조.
291) 도산서원, '일기로 보는 도산서원 1', '고종기', 한국국학진흥원, 2024.12. 71~72쪽.

있다. 하나는 외종조부의 양자가 된 둘째 아들 채의 재산과 양부모의 제사 문제, 다른 하나는 자신의 상은 예를 잘 아는 사람들과 상의해서 치르도록 당부한 것이다. 정석태에 의하면,[292] 이 두 가지는 말로만 지시하고 별도로 기록하지 않은 것이다.

(171) 상장례는 퇴계의 유언대로 시행되었는가?

퇴계 서거 열흘 후, 12월 18일 선조 임금은 퇴계의 서거 소식을 받고 영의정을 추증하여 그에 맞는 장례를 치르도록 조처하였다. 12월 19일 조정에서는 영의정에 합당하는 국장으로 장례를 치르게 하고 여러 물품을 보내고, 승지를 보내어 조문하고 제사 지내게 하였다. 이듬해 1월 퇴계의 맏아들 준은 서울로 올라가 아버지의 유언에 따라 예장(국장)을 사양하는 상소를 올렸으나, 허락되지 않았으며, 2월에 다시 상경하여 상소하였으나 역시 허락을 받지 못하고 내려왔다. 세 번째 상소를 들고 상경하려다가 이미 장례 일자가 임박하고 조정에서 국장 진행 관리들이 서울을 출발한 뒤여서 올리지 못하였다. 따라서 퇴계의 장례와 관련한 유언 세 가지는 지켜지지 못하였다. 나라에서 국장의 예로 장사 지냈으며, 제수 등도 그에 준하였으며, 또한 묘비도 세워졌고, 묘갈명도 퇴계가 예상한 대로 고봉 기대승이 작성하였기 때문이다.

---

292) 정석태, 전게서 4권, 653쪽.

(172) 퇴계가 돌아가시고 조정에서는 어떻게 하였는가?

퇴계 선생께서 서거하신 1570년 12월 8일부터 장례일인 1571년 3월 21일까지 선조 임금이 내린 조처는 다음과 같다.(이 자료는 정석태 교수의 책[293]에서 간추렸다.)

- 12월 11일. 선조 임금은 퇴계가 위독하다는 소식을 듣고 내의에게 약을 가지고 역말을 타고 급히 내려가서 구완하라고 지시하였다.(12월 8일 서거 소식은 선조 어명 이후에 조정에 전해져서 내의는 중도에 돌아갔다.)
- 12월 18일. 선조는 퇴계의 부음을 듣고 영의정을 추증하고, 예장(국장)으로 조처하게 하였다.
- 12월 18~19일. 조정에서는 2일간 조회를 폐하였다.
- 12월 19일. 조정에서 퇴계 장례를 1등 예장(국장)으로 치르게 하였다.
- 12월 20일. 미태(米太) 100석, 종이 150권, 백정포 20필, 육승백목면(六升白木綿) 20필, 정포[294] 1동(同), 석회 50석, 저포 10필, 청밀(꿀) 1석 10두, 진유(참기름) 1석, 황밀 30근을 부의로 내려보냈다.
- 12월 20일. 승지를 보내어 조제하다.
- 12월 21일. '대광보국숭정대부의정부영의정겸영경연홍문관예문관춘추관관상감사'를 추증하고, 이듬해 1월 16일에 제수

293) 정석태, 전게서 4권, 661~680쪽.

294) 정포: 품질이 좋은 베.

와 제물을 갖추어 치제하게 하였다.

- 12월 22일. 조상과 치제에 모두 승지를 보내되, 우선 승정원 우부승지 이제민(1528~1608)을 보내어 조상하게 하였다.
- 12월 26일. 석강에서 경연관들이 퇴계를 애도하는 마음을 극진히 할 것을 또 아뢰다.
- 12월 29일. 승정원 우부승지 이제민이 어명을 받고 내려와 조상하였다.
- 1571년(신미년) 1월 5일. 선조는 치제하는 봉명사신으로 승정원 우승지 유홍(1524~1594)을 보내도록 지시하였다.
- 1월에 퇴계의 유명에 따라 맏아들 준이 상경하여 예장(국장)을 사양하였으나, 허락받지 못하였다.
- 1월 16일. 승정원 우승지 유홍이 어명으로 내려와서 치제하였다.
- 1월 24일. 예조정랑 조인후(1541~?)가 선조의 지시를 받고 내려와서 치제하였다.
- 2월에 맏아들 준이 다시 상소하여 예장을 사양하였으나, 허락받지 못하였다. 세 번째 상소하려고 하였으나, 장례 날짜가 임박하고 치제관들도 이미 서울을 떠난 뒤여서 올리지 못하였다.
- 3월 21일. 장사 지내다. 예장 감역관으로는 귀후서[295] 별좌 김호수, 가정관으로는 빙고 별좌 김취려와 예빈시 별좌 최

295) 귀후서: 조선시대 국가의 장례를 맡아 처리하던 관청.

덕수가 어명을 받고 내려와서 장례의 제반사를 맡아 처리하였다.

(173) 장례 기간과 참여 인원은 어떠한가?

장례 기간은 서거하신 1570년 12월 8일부터 1571년 3월 21일까지 약 4개월이고 103일이다. 묘소는 계상서당 옆 선생의 자택 한서암에서 약 2km 거리의 예안현 건지산 남쪽 줄기 언덕(지금의 예안 하계리 수졸당 종택 뒷산)으로 정하였다. 퇴계 장례식 때 참석한 사람은 사대부가 3백여 명이었다.[296] 장례식 때는 묘비에 유언대로 '퇴도만은진성이공지묘'와 퇴계가 스스로 지어 놓은 자명(自銘) 96자를 새겼다.

퇴계 선생께서 돌아가시고 장례식 때, 만사(죽은 이를 슬퍼하여 지은 글)를 지은 조문객은 모두 87명이었다. 이 중 60명은 퇴계의 문인이었다.

(174) 묘갈명은 누가 짓고, 언제 세웠는가?

퇴계 선생의 묘갈명은 퇴계의 유언과는 달리 예장의 의례에 따라 고봉 기대승이 지었다. 그리고 퇴계의 묘갈은 장례식이 끝난 7년 후인 1577년(정축년) 2월에 세웠다. 퇴계 사망 당시 벼슬은 '숭정대부판중추부사겸지경연춘추관사'이었으나, 사망 열흘 후인

---

296) 퇴계선생 장례식에 모인 사람을 '몽재선생문집'(권2)에서는 2백여 명(來會葬者二百餘人)으로 기록되어 있고, '퇴계선생연보'(권2)와 '춘당선생문집'(권4)에는 3백여 명(至是士大夫及儒生會葬者三百餘人)으로 기록되어 있다.

12월 18일 영의정이 추증되었고, 다시 3년 후인 1573년 11월 10일에 퇴계의 장례는 국장의 의례이므로 묘갈 앞면에는 선생의 직함 '증대광보국숭정대부의정부영의정겸령경연홍문관예문관춘추관관상감사'가 쓰여야 하였다. 그러나 퇴계의 유언에서는 '퇴도만은진성이공지묘'를 쓰라고 하였다. 이러한 국장과 유계와의 차이가 생기는 문제에 대한 논의로 묘갈은 7년 뒤에서야 세워졌으며,[297] 임금의 명령에 따라 국장의 의례로 묘갈을 세우고 뒷면에 묘갈명을 새겼다. 다만, 앞면에는 긴 벼슬 이름을 쓰지 않고 '퇴도만은진성이공지묘'를 쓰고 왼쪽 면에 퇴계의 자명을 함께 써넣음으로써 퇴계의 유언을 두 가지 지켰다. 묘갈명과 지석은 기대승이 지었으며, 글씨는 당시 선성(예안) 삼필[298]로 불리던 퇴계의 제자 매헌 금보(1521~1584)가 썼다. 퇴계의 묘비는 국장의 예와 퇴계의 유언을 절충한 것으로 볼 수 있다.

(175) 퇴계 묘소 지석은 언제 묻혔고, 어떤 내용인가?

지석은 퇴계 사후 26년 후인 1596년 병신년 윤8월 14일 묻었다.[299] [300] 고봉 기대승의 묘갈명[301]과 지석을 다 받아 놓고도 이렇게 늦어진 이유는 원래는 지석을 신미년(1571년) 퇴계의 장례

297) 정석태, 전게서 4권, 687쪽.

298) 선성삼필: 선성은 예안의 옛 지명이다. 예안의 삼대 명필가로 금보, 이숙량, 오수영을 선성삼필 혹은 퇴문삼필(退門三筆)이라 불렀다.

299) 정석태, 전게서 4권, 687쪽.

300) 퇴계선생문집, 퇴계선생연보 2권 참조.

301) 고봉전서, 고봉집 제3권, [비명(碑銘)] '퇴계 선생 묘갈명' 참조.

때에 묻을 계획이었다. 그 당시 홍문관 대제학이던 사암 박순(1523~1589)에게 부탁하여 묘지명을 받았으나, 표현상의 문제로 쓸 수가 없다는 의견들이 많아 결국 기대승에게 다시 의뢰하여 받은 묘지명을 새겨 묻었다.[302] 대제학이 쓴 묘지명을 쓰지 않고 버렸기에 곧바로 기대승의 묘지명을 새겨 묻을 수가 없었을 것이다. 이에 26년 지난 뒤에 묻은 것으로 볼 수 있다.

(176) 고봉이 쓴 퇴계 선생 묘지 지석 내용은 무엇인가?

고봉이 퇴계 묘지명을 쓰고 지석에 새길 명을 다음과 같이 지어서 새겼다.[303]

아! 선생은
벼슬이 높았으나 스스로 높다고 여기지 않았고
학문을 힘썼으나 스스로 학문 많이 하였다고 생각지 않으셨네
부지런히 힘쓰고 힘써
허물이 없기를 기대하였으니
옛 선현들과 비교하건대
누가 더 낫고 못할까
태산은 평평해질 수 있고
돌은 닳아 없어질 수 있지만
나는 아노라, 선생의 이름은

302) 정석태, 전게서 4권, 695쪽.
303) 고봉전서, 고봉집 제3권. / [비명(碑銘)] 퇴계 선생 광명.

천지와 더불어 영원할 것을
선생의 옷과 신이
이 산에 의탁해 있으니
천 년 이후에도
행여 이곳을 유린하지 말지어다.

(177) 퇴계의 맏며느리 묘소가 왜 퇴계 묘소 바로 아래 있는가?

퇴계 선생의 맏며느리는 봉화금씨이며, 예안 훈도 금재(1498~1552)의 2남 3녀의 첫째 딸이다. 봉화금씨 며느리는 퇴계 선생께서 돌아가시고 상중일 때, 병으로 사망하였다.[304] 봉화금씨는 평소 시아버지의 사랑을 듬뿍 받고 지내면서도 자신은 병으로 잘 모시지 못한 것을 한스럽게 여겼었다. 며느리가 시아버지께 버선을 지어 드리면, 퇴계는 반드시 비녀, 빗, 노리개 등과 같은 여성용품으로 며느리에게 답례하며 고마움을 표시하였다. 며느리가 병으로 고생할 때, 퇴계는 서울 벼슬길에 있으면서도 늘 안부를 하고, 약을 지어 보냈다. 퇴계 며느리가 유종을 앓으면서 고생할 때도 침을 어떻게 처방하는지 아들과 함께 고민하였고, 봉화 오전 약수탕에 손자들과 함께 요양하도록 보살피곤 하였다.

그러나 며느리 봉화금씨의 병세는 차도가 없이 깊어지기만 하였다. 그러면서 마침내 죽음에 이르게 되자 "내가 죽거든 시아버

---

304) 봉화금씨는 유종을 앓았다. 병을 치료하기 위해 1570년 7월 20일을 비롯하여 몇 차례 예안에서 가까운 봉화 애전 초정(지금의 봉화군 물야면 오전리 오전약수탕) 약수탕을 안도, 순도 두 아들과 같이 다녔다.

지 묘소 아래에 묻어 달라. 이 세상에서 다 하지 못한 효도를 저 세상에서라도 시아버지를 모시면서 효도하고 싶다."고 유언하였다. 이 유언에 따라 예안 건지산 퇴계 선생 묘소로 올라가는 산 입구에 봉화금씨 맏며느리 묘소가 있다. 며느리가 병으로 생시에 시아버지를 잘 모시지 못했다는 자책으로 죽어서 저세상에서라도 시아버지를 잘 모시고 싶다고 하는 봉화금씨의 묘소는 지금도 도산의 퇴계 선생 묘소 아래 입구에서 단정하게 시아버지를 모시고 있다. 퇴계 선생 며느리 봉화금씨 이야기는 퇴계 묘소를 찾아가다가 며느리 묘소를 발견한 사람들과 전해 듣는 모든 사람에게 큰 감동과 울림을 전해주고 있다.

(178) 퇴계 신도비가 있는가?

퇴계 선생의 신도비는 없다. 조선시대에 종이품 이상 고관의 무덤으로 향하는 도로 입구나 동남쪽 앞에 세우는 신도비는 죽은 인물의 사적을 기록하는 것이다. 퇴계는 임종 시 유언으로 묘비도 세우지 못하도록 하였기에 신도비를 세우는 것은 퇴계의 뜻을 저버리는 일이 될 수 있었다. 그러므로 퇴계는 신도비는 물론이고 송덕비, 불망비 등과 같은 비석은 없으며, 누구도 감히 세울 생각을 할 수 없었다. 퇴계 선생을 위한 송덕비 하나 세우지 않았으니, 안동에는 이후 어느 인물도 감히 송덕비를 세울 수 없었을 것이기에 '안동에는 송덕비가 없다'라는 말이 회자되고 있다.

18. 도산서원

(179) 도산서원은 언제, 어떻게 세웠는가?

도산서원은 퇴계 선생 서세 후 4년이 지난 1574년 갑술년 봄에 세우기 시작하였다. 권호문, 금난수를 비롯한 온 고을의 선비들이 의논하여, '도산은 선생이 도를 강론하시던 곳이니, 서원이 없을 수 없다.' 하여 도산서당 뒤쪽에 산자락 땅을 일구어 서원을 짓기 시작하였다.[305] 다음 해 1575년 을해년 여름에 서원이 낙성되었으며, 도산서원으로 사액되었다. 이때 월천 조목은 봉안문과 축문을 기초했으며, 안동부사 권문해는 인적, 물적 지원을 하였다.[306] 도산서원 현판 글씨는 석봉 한호(1543~1605)가 어전 앞에서 직접 썼다. 그리고 한 해 뒤인 1576년 병자년 2월 13일에 상덕사 사당에 '퇴도이선생(退陶李先生)' 위패를 봉안하고 석채례[307]를 거행하였다. 퇴계 선생 위패 왼쪽에 '월천 조공'이 1615년(광해군 7년) 1월에 종향되었다.[308] 순서는 다음과 같다.

> 서원 건축 시작(1574년 봄) – 서원 낙성, 도산서원 사액(1575년 여름) – 위패 봉안, 석채례(1576년 2월 13일) – 월천 조공 종향(1615년 1월)

---

305) 퇴계전서, 퇴계집, 퇴계연보 2권.

306) 권시용, '16-17세기 초반 퇴계 문인의 서원건립 활동', 한국서원학보 제8호, 2019.6, 36쪽.

307) 석채례(釋菜禮): 성균관 문묘와 서원, 향교에서 사당에 제사 지내는 의례.

308) 월천집, 월천연보, 갑인년(1614년) 11월 상정(上丁 9일)에 계를 올려 도산서원에 종향할 것을 청하였다. 을묘년(1615년) 1월에 조정에서 예관을 보내어 치제하였다.

도산서원 현판 왼쪽 끝에 '만력삼년유월일선사(萬曆三年六月日宣賜)'라고 작은 글씨로 이 현판 글씨를 쓴 날짜를 기록해 두고 있다. 만력은 중국 명나라 황제 신종의 연호(1573~1619)이다. 만력 3년(조선 선조 8년)은 1575년을 가리키며, 유월 어느 날 선사(宣賜, 임금이 사액하다)하여 썼음을 밝히고 있다. 도산서원이 설립되던 1575년 그 해에 바로 나라로부터 사액 서원을 하사받았다. 보통 서원이 세워지고 빠르면 수개월, 길면 수십 년 지난 후 사액을 받을 수 있음을 볼 때, 건축한 그 해에 바로 사액을 받은 것은 임금과 조정에서 퇴계 선생에 대한 흠모와 존숭함이 어떠한지를 잘 보여주는 매우 드문 사례이다.

도산서원은 경주의 옥산서원과 더불어 건립한 이후 현재까지 서원 이름, 서원 장소가 단 한 차례도 변경됨이 없이 지을 때 그 이름, 그 장소를 그대로 유지하고 있는 매우 드문 서원에 속한다. 2025년 9월(19~20) 도산서원 창건 450주년을 맞아 도산서원에서는 지자체, 관계기관과 함께 기념 학술 발표회 등 다양한 행사를 개최하였다.

(180) 퇴계의 시호는 무엇이며, 언제, 어떻게 받았는가?

퇴계 선생의 시호는 문순(文純)이다. 문(文)은 '도덕박문하다'이고, 순(純)은 '중정정수하다'는 의미이다. 즉 '도와 덕이 있고, 널리 들은 것을 문(文)이라 하고', '중립해서 올바르고 정하고 순수한 것은 순(純)이라고 한다'는 의미이다. 선조는 1576년 병자년 11월 10

일 퇴계에게 시호를 내렸다.[309] 일반적으로 시호가 내리려면 행장이 있어야 했다. 행장이 근거가 되기 때문이었다. 그런데 퇴계는 행장 없이 시호가 내려졌으며, 또한, 사망하고 6년째 되던 해에 매우 빠르게 시호가 내렸다. 이는 매우 특별한 경우이었다. 퇴계 선생에게 행장 없이도 시호를 내린 것은 아무도 사림의 종사인 퇴계 선생의 행장을 쓰고자 하는 인물은 없었기 때문이었다. 감히 쓸 수가 없었다. 그럼에도 선조가 시호를 일찍 내린 것은 율곡을 비롯한 사림의 강력한 요구가 있었기 때문이기도 하지만, 그만큼 퇴계 선생에 대한 선조의 신뢰와 존숭이 깊었기 때문이었다. 지금까지도 퇴계 선생의 행장은 없다. 퇴계 선생의 시호 선시관[310]은 퇴계의 제자 학봉 김성일(1538~1593)이었다. 학봉은 이 시호 교지를 직접 받들어 퇴계의 맏아들 준에게 교지를 전하였다. 맏아들 준은 이때, 의흥(의성) 현감이었으며, 자신의 임지에서 이 시호 교지를 받았다.[311]

(181) 도산서원의 건물은 어떻게 구성되어 있는가?

모든 서원에는 본체 건물에 해당하는 강당과 사당, 동재, 서재가 있어야 한다. 이것이 서원의 4대 필수 건물이다. 그리고 장판각, 전사청, 고직사는 3대 부속 건물이다. 있으면 좋으나 형편상 없는 경우가 많다. 도산서원에는 이 일곱 가지 건물이 구비되

309) 선조수정실록 10권, 선조 9년 12월 1일 기미 1576년, 고 찬성 이황 등에게 시호를 내리고 관리를 보내 치제하다.

310) 시호를 선포할 때, 시호와 시책문을 읽는 관원.

311) 정석태, 전게서 4권, 690쪽.

어 있다. 서고에 해당하는 동광명실은 도산서원 건립 243년 뒤인 1819년(순조 19년)에 세워졌고, 서광명실은 다시 111년 후인 1930년에 세운 것이다. 그 외에 병산서원에는 만대루, 도동서원에는 수월루 같은 누각이 있기도 하나, 도산서원에는 누대가 없다. 이는 필수도 부속도 아니다. 도산서원은 크게 두 구역으로 구분된다. 아래쪽의 서당 구역과 뒤쪽의 서원 구역이다. 서당 구역은 퇴계 선생께서 직접 건축하시고 10년간 사용하시던 도산서당, 농운정사, 역락서재와 관리동(하고직사)이 있다. 도산서원을 특별한 서원으로 볼 수 있는 것은 서원에 모셔진 퇴계께서 생애 마지막 10년간 도산서당을 짓고 도학을 펼치면서 남긴 자취와 숨결이 남아 있는 곳이기 때문이기도 하다. 도산서원은 선생 서세 후 후학들이 건축한 것으로 본 강당이 앞에 있고, 사당이 뒤에 배치된 전학후묘 형태이다. 도산서원의 건물은 다음과 같다.

① **전교당(典教堂)**: 전교당은 도산서원 주 건물에 있는 강당이다. 전교(典教)란 '언제나 지켜야 할 가르침'을 말한다. 이는 곧 하늘이 내린 가르침이다. 천명이며, 도리이다. 글자 전(典)은 법전 자(字)이다. 여기서 법이란 사람이 만든 성문법이 아니라, 하늘이 내린 천명과 도리를 지켜야 할 자연법을 말한다. 현실적이고 실천적인 교육 내용으로는 유학과 성리학의 가르침이다. 이에 전교당 강당 벽면에는 원규, 백록동규, 정조 임금의 사제문, 국기안, 사물잠, 숙흥야매잠 등의 현판이 걸려 있다. 따라서 전교당은 선비들이 모여 성리

학적 지식을 배우는 교실이며, 학문 토론장이며, 회합 장소, 강당 등 다양한 기능을 하는 곳이기도 하다. 전교당은 도산서원의 두 가지 기능 중에 선비를 기르는 양사(養士) 공간이다. 전교당은 보물 제210호로 지정되어 있다.

전교당 서쪽에 붙어 있는 방은 도산서원 원장의 방으로 한존재[312]이다. 보통 서원에서는 강당 좌우에 방을 만들어 동쪽 방을 서원 원장 방으로 사용하고 있으나, 도산서원 강당인 전교당에는 방이 서쪽에 하나(한존재)밖에 없다. 이는 전교당 동쪽 바로 뒤편에 퇴계 선생께서 계시는 상덕사 사당이 있기 때문에 사당에 계시는 퇴계 선생이 영원한 도산서원 원장이라는 의미 때문에 방을 만들지 않았다는 설과 또 한편으로는 동쪽에 방을 만들어 거처하게 되면 바로 뒤편 사당에 계시는 퇴계 선생 앞에서 잠을 자게 되는 무례함을 피하기 위해 동쪽 방을 만들지 않았다는 설이 전해지고 있는데, 두 가지 이유가 모두 맞다고 본다.

② **상덕사(尙德祠)**: 상덕사는 퇴계 선생의 위패를 모신 사당으로 도산서원의 묘우(廟宇)이다. 전교당 뒤 오른쪽에 세워져 있다. 앞에는 학문하는 강당을 두고 뒤에는 퇴계 선생을 모시는 이러한 배치는 선생 앞에서 후학들이 근신하며 공부를 열심히 하지 않을 수 없도록 하는 구조이다. 상덕(尙德)

---

312) 주역 건괘 구이의 '현룡재전 이견대인(見龍在田 利見大人)'에 대해, 공자가 설명하는 중에 '사악함을 막고 정성스러움을 지킨다(閑邪存其誠)'에서 따온 말. 한존재는 그렇게 수양하는 방이라는 의미를 지니고 있다.

이란 '덕을 받들어 귀하게 여긴다.'는 의미로 퇴계 선생께서 남기신 학문과 덕행을 받들고 따르겠다는 다짐의 의미가 담겨있다. 상덕사 내부 한 가운데에 퇴계 선생의 위패(고인의 벼슬과 이름을 적은 나무패가 있는 자리)를 모시고 있다. 위패에는 높은 벼슬 명을 쓰지 않고 '퇴도이선생(退陶李先生)'이라는 단지 다섯 자만 썼다. 이는 퇴계 선생께서 평생 실천하신 겸손과 낮춤의 철학을 반영한 것이다. 또한 15세부터 퇴계의 제자가 되어 가까이서 가장 오랫동안 모셨던 제자 월천의 위패도 동쪽에 모셔져 있다.

도산서원에서는 매년 봄, 가을에 상덕사 묘우에서 제사를 올리는데 이를 춘향(春享)과 추향(秋享)이라고 한다. 또한, 해마다 정월 초닷새 날에는 세배를 드리는 정알(正謁) 의례를 거행하고 있다. 그리고 서원 유사들은 일 년 열두 달 매월 초하루와 보름날에 서원에 모여 저녁에 유학 공부를 하고, 이튿날 새벽에 사당에 분향하고 퇴계 선생께 인사를 올리는 향알(香謁) 의례를 거행하고 있는데, 이러한 의식은 서원이 설립되고 450년간 하루도 빠지지 않고 거행되고 있다. 상덕사는 도산서원의 기능 중에 하나인 퇴계 선생을 숭모하고 제사 올리는 존현(尊賢)을 위한 공간이다.

도산서원 상덕사 묘우에 들어갈 때는 일반 서원과는 달리 가운데 문으로 들어가서 동쪽 문으로 나와야 한다. 이렇게 하는 것은 퇴계 선생 위패가 중앙에 계시고, 제자 월천 조목이 동쪽에 있는 까닭에 만약 동쪽 문으로 들어가면 선생보다 제자를 먼저 뵙게 되기 때문에 이를 피하기 위해서이다.

③ **박약재(博約齋, 동재)**: 박약재는 도산서원의 원생이 기숙하는 건물로 전교당에서 바라보아 좌측인 동쪽에 위치하여 동재로도 불린다. 동재 역시 전교당의 강당처럼 학문하는 공간이면서 교무실 기능을 겸하기도 한다. 다만, 동재에 거처하는 원생이 서재의 원생보다 지위나 연령에서 더 높은 유생이 기숙하였다. 박약이란, '학문을 넓게 배우고, 예로 행하라'라는 말로, 논어 옹야편 제25장에 나오는 공자의 가르침이다.

④ **홍의재(弘毅齋, 서재)**: 홍의재는 동재인 박약재와 마찬가지로 도산서원에 출입하는 원생의 기숙소이다. 강당에서 보아서 오른쪽인 서쪽에 위치하여 서재라고도 한다. 동재에 기숙하는 원생보다 젊거나 지위가 낮은 원생들이 기숙하지만, 건물 규모, 모양에서 동재와 차이가 없다. 홍의란, 논어 태백편 제8장에서 증자가 '선비는 마음이 넓고 뜻이 굳세지 않으면 안 될 것이니, 그 책임은 무겁고 도학의 길은 멀기 때문이다'라는 가르침에서 따온 말이다.

⑤ **장판각(藏板閣)**: 전교당 동편에 위치한 건물로 서원의 책을 인쇄, 출판하는 건물이며, 출판한 책의 목판을 이곳에 보관하였다. 도산서원 관리사무소에 의하면, 장판각은 '벽체 사방을 모두 나무 판벽으로 만들고 바닥은 우물마루를 깔아 습기 방지에 유리하도록 하였다. 바닥도 지면에서 띄우고 전면 위쪽으로는 살창을 내어 통풍이 잘되도록 하였다.

퇴계의 문집, 유묵, 언행록, 도산십이곡, 선조어필, 병서(屛書) 등 2,790여 장의 판각이 소장되어 있었으나, 체계적인 연구와 안전한 관리를 위해 광명실 서책과 함께 2003년 4월에 한국국학진흥원으로 이관되었다.'고[313] 하였다.

⑥ **전사청(典祀廳)**: 전사청은 사당에서 제사를 모실 때 쓰이는 음식을 차리고 보관하는 곳으로, 고직사와 사당 사이에 지어져 있다. 두 칸짜리 건물이 두 개가 있으며, 하나는 제주, 제상을 마련하여 보관하는 주청이며, 다른 한 건물은 제사에 사용하는 제기를 보관하는 제기고이다.

⑦ **고직사(庫直舍)**: 서원을 관리하거나 서원의 향사나 행사에 참여하는 사람들의 식사를 준비하는 일하는 사람들이 거처하는 건물이다. 일반 가옥의 형태와 비슷하며, 남북으로 긴 입구자형으로 온돌방 7칸과 창고, 부엌 등을 합쳐 총 21칸으로 되어 있다. 도산서당에도 고직사가 있는데 그곳은 하고직사, 서원의 고직사는 상고직사로 부르고 있다.

⑧ **동광명실(東光明室)**: 진도문 동쪽에 있는 서고이다. 여기에는 역대 왕이 서원에 내려 보낸 내사서적과 선생께서 직접 쓰신 책인 수필본, 그리고 퇴계 선생이 친히 보시던 수택본을 보관하였으니 그야말로 국보급의 서책과 문적들을 보관하던 곳이다. 따라서 이곳의 서적들은 관리가 엄격하였으며, '들어온 책은 진도문 밖으로 나갈 수 없다'는 원규의 규

313) 도산서원 관리사무소 홈페이지, 도산서원, 서원 소개, 서원 배치도 참조.

정에 따라 함부로 광명실 문을 열 수 없었다.[314] 광명(光明)이란 주자의 장서각명에 '(만권 서적들이) 나에게 광명을 끼쳐주었네'라는 '혜아광명(惠我光明)'에서 유래하고 있으며, 동광명실의 광명실 현판 글씨는 퇴계 선생 친필을 모각한 것이다.

동광명실은 도산서원 건축 당시에는 없었으나, 243년 후인 1819년(순조 19년)에 지었다. 퇴계 선생 서세 후 243년이 지난 후에 건축된 광명실에 선생 친필을 모각으로 새겨져 있는 사연은 이러하다. 퇴계는 안동의 최초 서원으로 1570년 10월에 예안 부포에 역동 우탁(1262~1342)을 모시는 역동서원을 세웠다. 선생께서 그 서원의 장서각 이름을 광명실로 짓고, 직접 글씨를 써서 걸었다. 그동안 도산서원에서는 장서고가 따로 없이 서책을 전교당 한존재 벽장에 보관하여 오다가 1775년(영조 51년)에 전교당 동쪽에 서각을 처음 지었고, 현판은 역동서원의 광명실 현판 글씨를 모각하여 걸었기에 동광명실의 현판 글씨는 퇴계 친필을 모각한 것이 되었다.

⑨ **서광명실(西光明室)**: 1930년에 동광명실과 같은 형태로 지었다. 동광명실의 서고와는 달리 도산서원에 들어오는 제자, 문중, 유림 등에서 발간한 일반 서책을 보관하기 위해 추가로 지은 것이다. 그런데 동광명실의 현판 글씨는 퇴계의 친

314) 이동구, 도산서원 이야기, 도산서원관리사무소, 2024, 174쪽.

필을 모각한 것인 데 비하여, 서광명실의 현판 글씨는 퇴계 선생 친필 현판이다. 역동서원이 1871년 대원군의 서원 훼철 때, 철거되면서 모든 서적, 문서, 현판 등을 도산서원으로 옮겨 보관하였다. 그리고 약 50년 뒤, 서광명실을 지을 때, 역동서원에 걸었던 퇴계 선생 친필인 광명실 현판을 걸게 되었기에 서광명실 현판은 선생의 친필 현판으로 남아 있다. 동광명실과 서광명실에는 모두 합하여 1,271종 4,917권이 보관되어 있었으며, 전국 서원 가운데에서 장서로는 고서와 진본이 유명하다. 보관된 각종 문적은 현재 한국국학진흥원에 위탁 관리되고 있다.[315)]

(182) 도산서원의 기능과 역할은 무엇인가?

서원은 존현과 양사라는 두 가지 기능을 목적으로 설립된다. 존현은 덕이 높고 훌륭한 선현을 높이 받들어 숭배하는 것이다. 그러기 위해 해마다 봄과 가을에 제사를 올리고, 매달 초하루, 보름에 사당에 분향한다. 강당에서 선현의 가르침을 배우고, 남긴 학문과 덕행을 본받고자 노력하는 것이 존현 활동이다. 다른 한 가지 기능은 양사로 선비를 양성하는 것이다. 정기적으로 모여서 경전을 공부하고, 선현의 저서나 편지, 언행 등을 배우고 자료집을 발간하며 사회에 훌륭한 선비를 배출하는 기능이다.

도산서원은 퇴계 선생을 존숭하고 그의 학덕을 배워 실천하고

315) 도산서원 관리사무소 홈페이지, 도산서원, 서원 소개 참조.

자 하는 존현의 기능과 시대가 요구하는 젊고 유능하며 바른 인성을 갖춘 인재를 기르고자 하는 양사 기능을 목적으로 설립되었다. 퇴계라는 큰 학자이자 스승을 모시는 도산서원은 설립되면서부터 국가와 지역 사회 정신문화의 구심점으로 그 기능과 역할을 하였다. 또한, 도산서원은 명실상부하게 조선 후기 유림의 정신적 근거지이자 영남 유림의 본거지가 되기도 하였다.[316)]

시대가 변하고 생활환경이 변하면서 서원의 기능 가운데 양사 기능이 대부분 사라지기 시작하였다. 그러나 도산서원에서는 현재까지 매월 정기적으로 사당에 참배하고(존현) 전교당과 동재에서 경전 읽기 같은 공부(양사)를 계속하고 있다. 서원이 세워진 이후 450년간 한 차례도 빠지지 않고 거행하여 온 엄청난 전통이 아닐 수 없다. 최근에는 이러한 알묘와 강독 공부를 일반 시민들에게도 야간에 개방하여 참여할 수 있게 하고 있다.[317)] 그리고 더 나아가 현대 사회에 필요한 인재 양성을 위하여 모든 시민을 대상으로 하는 인성교육 요람 도산서원선비문화수련원을 설립 운영하고 있다. 2001년 퇴계 선생 탄신 오백 주년을 기념하는 행사 후 설립된 이 수련원에서는 지금까지 25년간 초중고 학생, 교원, 학부모, 공무원, 회사원, 군인, 기업인, 종교인, 유림 등 각계각층의 시민들에게 선비정신 수련을 하여 현재까지 누적 인원 200만 명 가까이 다녀갔다. 이러한 도산서원의 현대적 양사 기능은 다른 여러 서원과 향교에도 영향을 미쳐 현재 많은 서원에서 사

316) 우리역사넷, 도산서원 참조.

317) 문화일보, '도산서원 445년만에 야간 개방… 일반인도 알묘', 2020.8.3. 29면.

라진 양사 기능을 회복하고 있음을 볼 수 있다.

(183) 도산서원 옥진각에 있는 선기옥형은 누가 언제 만든 것인가?

선기옥형은 천체를 관측하고 연구하는 목적으로 지구를 본떠서 만든 작은 모형이다. 선기옥형이란 용어는 서경 순전편에 '선기와 옥형으로 살펴 일월 오성의 칠정(七政)을 고르게 하셨다'라고 한 데서 나온 말이다. 퇴계 선생께서 제자 이덕홍에게 지시하여 만들게 하였다.[318] 선기옥형은 도산서당 완락재에 보관되어 오다가 퇴계의 유물이 보관된 도산서원 옥진각에 보관하고 있다.

선기옥형의 제작 연도에 대해서 간재 이덕홍의 문집 연보에는 간재가 30세 되던 해에 선생의 지시를 받고 만들었다고 기록되어 있다. 간재 30세는 퇴계 70세 돌아가시던 해이다. 그러나 정석태는,[319] 이를 오류라고 보았다. 또한, '풍암선생유고'[320]에는 1559년(기미년)에 제작된 것으로 기록하고 있으나, 이때는 아직 도산서당이 준공하기 이전이기에 이 또한 오류이다. 퇴계는 1567년(정묘년)에 제자(김신중)에게 보낸 편지에서 선기옥형의 제작 이유를 자세히 설명해 주고 있음을 볼 수 있다. 이로 보아 선기옥형은 정석태의 해석에 따라 1567년 이전의 어느 해라고 할 수 있다.

318) 도산급문록 2권, 19쪽.

319) 정석태, 상계서 권4, 670쪽.

320) 풍암 문위세(1534~1600)의 시문집. 풍암은 문익점의 9대손으로 14세 때, 퇴계 선생의 제자가 되었다.

(184) 퇴계 선생을 모신 서원은 무엇이 있는가?

전국 서원 가운데 퇴계의 위패를 봉안하고 추모하는 서원은 건립 당시의 기록에 의하면 약 30여 서원이 있었으며, 북한 지역에 5개 있다. 30개 서원에 대해 몇 가지 자료[321]를 바탕으로 서원명, 지명, 건립 연도만 밝히고, 건립한 인물, 사액 여부 등은 생략한 채, 다음과 같이 간략히 정리하였다.

〈퇴계 선생을 제향한 서원〉

시/도	서원 이름	지역	건립 연도	시/도	서원 이름	지역	건립 연도
경상도	이산서원	영주	1558		백학서원	신령	1678
	연경서원	대구	1565		고산서원	경산	1768
	도산서원	예안	1575	충청도	남당서원	제천	1580
	여강서원	안동	1576		오현서원	아산	1610
	정산서원	예천	1577		회암서원	괴산	1622
	송악서원	청송	1596		정퇴서원	온양	1634
	옥동서원	청송	1602		단암서원	단양	1662
	봉람서원	진보	1602	전라도	경현서원	나주	1584
	문암서원	봉화	1604		죽림서원	여산	1590
	도남서원	상주	1606	강원도	문암서원	춘천	1610
	남강서원	영덕	1621	황해도	정원서원	신천	1588
	삼강서원	용궁	1643		도동서원	송화	1605
	영산서원	영양	1651		봉강서원	문화	1656
	덕곡서원	의령	1656	평안도	청계서원	강동	1672
	욱양서원	풍기	1662	함경도	운전서원	함흥	1667

321) 권시용, 16-17세기 초반 퇴계 문인의 서원 건립 활동, 한국서원학회, 한국서원학보 제8호, 2019년 6월, 38쪽. / 네이버, 정만순, 대한민국 서원 목록. / 위키백과, 대한민국의 서원 목록.

위 자료는 건립 당시의 서원명, 지명을 쓰고 있으며, 건립 연도도 최종 건축 연도 등에 따라 차이가 다소 있음을 밝혀 둔다. 이를테면, 경상도 신령의 백학서원은 1555년에 이곳의 현감을 하였던 황준량이 백학서당으로 건립하였던 것인데, 1678년에 서원으로 승격한 것이다. 따라서 자료에 따라 1555년(명종 10년) 건립으로 소개되고 있으나 여기서는 서원으로 확정된 연도(1678년)를 사용하였다. 그리고 지명 역시 신령, 영천 등으로 소개되고 있기도 하다. 경산의 고산서원 역시 고산서당으로 출발하여 근대에 고산서원으로 승격하였다. 또한, 대구 연경서원, 아산의 오현서원(인산서원), 강릉의 문암서원 등과 같은 일부 서원은 대원군 서원 철폐 때, 훼철된 후 아직까지 복설되지 못하고 있는 서원들이다. 그러나 설립 당시 기록을 기준으로 삼고자 한 것은 그 당시의 상황을 이해하기 위함이다.

19. 도산 별과

(185) 도산서원에서 과거 시험은 언제 있었는가?

퇴계 서세 222년 후, 정조 16년인 1792년에 정조 임금은 평소 존숭하고 추앙하던 퇴계를 모신 도산서원에서 특별 과거 시험을 치르게 하였다. 정조는 각신 극원 이만수(1752~1820)를 영남에 보내어 김해의 수로왕릉에 정조가 지은 제문으로 춘향을 올리게 하고, 경주로 이동하여 3월 2일 경주에서 신라 박혁거세와 역대 왕

릉에 제사를 올리게 하였다.[322)]

정조는 3월 3일 다시 명을 내려 이만수로 하여금 경주 옥산서원과 도산서원에서 각각 제사를 드리도록 하였다. 그러면서 도산서원 제삿날 모인 사람들에게 과거 시험을 보이라고 명령하였다. 이에 이만수는 옥산서원으로 가서 경주 부윤 윤강이와 함께 정조의 제문으로 제사를 올렸다. 그리고 마지막으로 도산서원으로 이동하여 3월 22일 예안에 도착하였다. 3월 23일 시험 장소를 둘러보고 3월 24일 도산서원 상덕사에서 제사를 올렸다. 시험은 참석하고자 하는 유생들을 배려하기 위해 하루 연기하여 3월 25일 실시하였다. 처음에는 도산서원 진도문 안쪽 뜰에서 시험을 보려고 하였으나, 참석 인원이 예상보다 훨씬 많아져 서원 앞 낙동강 건너 울창한 송림에서 시험을 보았다. 이것이 도산별과 혹은 도산별시이다.

(186) 정조 임금은 왜 도산서원에서 과거 시험을 보게 하였는가?

모든 과거 시험은 한양 임금의 대궐 뜰에서 시행되어 왔기 때문에 지방 서원에서 과거 시험을 보는 것은 본래 뜻에 어긋난다. 정조 임금이 지방에 있는 도산서원에서 시험을 보게 한 것은 크게 세 가지 이유를 들 수 있다.

첫째, 퇴계 선생을 존숭하고 추앙함에 있다. 정조 임금이 퇴계 위패가 모셔진 도산서원에서 과거 시험을 거행함으로써 퇴계

322) 김문식, '교남빈흥록, 정조의 명으로 편찬된 도산별시의 기록' 참조, 단국대학교 사학과.

선생에 대한 예우를 높여 드리고, 이를 온 나라 안에 널리 드러내 보이기 위함이다.

둘째, 영남 유생들에 대한 보은 차원이다. 도산별과를 보던 1792년을 전후하여 조선에서는 서학이 백성들 사이에 암암리에 퍼져나가고 있던 때였다. 초기 천주교는 양반과 엘리트 선비들이 믿기 시작한 것이 특이한 현상이었다. 이를 반영하듯, 나라를 흔드는 서학 신앙 사건이 양반 사대부 선비 가문에서 발생하였다. 전라도 해남의 윤지충(1759~1791)과 권상연(1751~1791)은 모두 양반 가문의 선비임에도 천주교 신자가 되어 조상의 신주를 불사르고 제사를 폐지해 버렸다. 당시의 시대상으로 볼 때, 조상의 신주를 목숨보다 중히 여기는 조선 성리학 사회에서 감히 있을 수 없는 사건이었다. 두 선비는 곧바로 관아로 압송되어 참수를 당하였으며, 이 사건이 이른바 진산사건[323]이다. 그러나 영남 사대부에서는 천주교 신자가 거의 없었기 때문에, 정조는 이를 선정(先正, 퇴계 선생)의 영향으로 보고 감동하였다. 이에 영남의 남인 선비와 유생들에게 보답 차원에서 도산별과를 실시한 것으로 볼 수 있다. 이는 정조실록으로 확인할 수 있다. 정조는[324] 다음과 같이 지시하였다.

---

323) 1791년(정조 15년)에 가톨릭 교도였던 윤지충과 권상연 등이 유교식 제사를 거부하고 조상의 신주를 불태운 사건. 진산은 당시 윤지충이 살던 진산군이었다.

324) 정조실록 34권, 정조 16년 3월 2일 신미 2번째 기사. 영남으로 가는 각신 이만수에게 숭덕전 외 여러 곳에서 제사를 올리게 하다. / 도산서원 전교당에 게시된 정조대왕의 전교(傳敎) 참조.

> 지난번 사학(邪學)이 점차 번질 때에 오직 영남의 인사들이 선정(先正)[325]의 학문을 지켜 흔들리지도 않고 마음을 빼앗기지도 않았으므로, 그 후부터 나의 앙모가 더해졌다. 각신 이만수는 명령을 받들고 돌아오는 길에 예안 고을에 있는 선정 문순공의 서원에 달려가 제사를 지내라. 제문은 지어 내려 보내겠다. 선정의 자손들과 이웃 고을 인사들로서 참여할 자는 미리 와서 기다리게 하라. 제사 지내는 날 각신은 전교당에 앉아서 여러 생도들을 불러 진도문 안뜰에 서게 하고 가지고 간 글 제목을 게시하여 각기 글을 짓도록 하고 시험지를 거두어 조정에 돌아오는 날 아뢰도록 하라.

셋째, 노론을 견제하기 위한 영남 사림 유화책이었다. 정조가 당시 노론에 포위되다시피 한 왕권의 지지 세력을 최대의 사림을 보유한 영남에서 확보하기 위한 특별 배려로 도산별과를 실시한 것으로 볼 수 있다. 이는 정조의 고도로 계산된 정치적 행위의 일환이 아닐 수 없다. 실제, 도산별과 한 달 후 영남 유림들은 유학 이우(1739~1811)[326]를 소수로 하여 1만 57명이 사도세자의 원한을 풀어줄 것과 유성한(1750~1794), 윤구종 등 노론들의 처벌을 주장하는 영남만인소[327]를 올렸으며, 다시 한 달 뒤 오월에 1만 3

---

325) 선정: 앞시대에 살았던 어진 분, 여기서는 퇴계 선생을 가리킨다.

326) 이우: 대산 이상정의 조카이다. 그는 영남만인소 때문에 정조가 죽은 뒤 노론 영의정 서매수(1731~1818) 등이 어린 순조를 압박함에 따라 1806년 강진 고금도로 유배를 당하였다가, 약 4개월 후에 풀려났다.(순조실록 8권, 순조 6년 1월 8일 병진 2번째 기사, 1806년 참조)

327) 정조실록 34권, 정조 16년 윤4월 27일 을미 4번째 기사, 1792년, 경상도 유학 이우 등 1만 57인이 유성한의 일로 상소하다.

백 68명이 2차 만인소를 올린 것으로 확인할 수 있다.[328] 이 두 차례의 영남 만인소는 도산서원에서 영남 선비들을 위한 지방 과거 시험을 실시한 정조에게 보은을 드리고, 영남 사림에서 정조를 적극 지지하고 있다는 메시지를 보낸다는 차원에서 이루어진 엄청난 기획이었고, 대단한 사건이었다고 볼 수 있다.

(187) 도산별과의 응시자, 합격자는 몇 명이며 누구인가?

정조 16년(1792년) 3월 25일 실시한 도산별과에는 과장에 입장한 응시자는 7,228명이었으며, 제출된 시권(답안지)은 3,632장이었다. 그러나 이날 실제로 도산서원에 모인 사람들의 수는 일만 명을 넘었다. 경상좌도 선비들을 위한 별시이었으나, 경상우도에서도 참여한 유생이 많았으며, 그동안 나이가 많거나 경비가 없어서 한양까지 올라가는 과거 시험을 포기했던 사람들, 그리고 경험 삼아 과거 응시 한 번 해보고자 하는 사람들까지 몰려들었기 때문이다. 각신 이만수가 영남으로부터 돌아와 영남 유생들이 응제한 시권을 올리니, 정조 임금이 직접 점수를 매기었다. 강세백과 김희락 두 사람을 장원급제로 발탁해서 대과급제를 주었고, 김상구 등 28명에게는 등급에 따라 각기 상을 내렸다.

(188) 도산별과를 기록으로 남긴 것은 무엇인가?

도산별과의 전 과정을 기록으로 남긴 책이 교남빈흥록이다.

---

328) 정조실록 35권, 정조 16년 5월 7일 갑진 1번째 기사, 1792년, 경상도 참봉 이우 등 1만 3백 68인이 재차 상소를 올리다.

이는 정조의 명에 의해 1796년 도산서원에서 간행하였다. 정조는 도산서원에서 최초로 시행된 도산별과 과정과 결과를 주관하고 돌아온 각신 이만수의 보고를 듣고 대만족한 듯 보였다. 1592년 4월 4일 기록된 정조실록은 다음과 같다.

> 또 각신이 조정에 돌아와 아뢴 말을 들으니, 제생들이 근래 더욱 삼가고 경계하여 과장을 열자, 문에 들어오는 이가 1만 명 가까이 되었는데도 천천히 걷고 추창하며 앞을 양보하였고 감히 시끄럽게 떠드는 자가 없었다고 한다. 거듭 제생들을 위해 기쁘게 여겼는데, 시권을 봄에 미쳐서는 합당하게 지은 자가 근 5천 명이나 되었다. 서북 지역에도 오히려 관리를 보내어 과거를 실행한 예가 있었는데, 더구나 지금은 각신이 명을 받은 것으로 체모가 시관보다 더욱 중하니, 우수한 등급으로 합격한 자에게는 마땅히 상례에서 벗어난 논상이 있어야 한다. 합격한 사람들을 본도의 감영에 초치하여 음악을 베풀고 후하게 대접하도록 하라. 이번 제사 올릴 때 선비들에게 시험을 보인 일은 책으로 만들어 후세에 전해 보이는 것이 합당하니, 경림문희록[329]의 예에 따라 본도에서 간행하여 바치고, 도산서원에서 합격한 유생과 도내의 여러 고을에도 각각 한 부씩 나누어 준 뒤 판본은 도산서원에 보관하도록 하라.[330]

329) 경림문희록: 1791년(정조 15년) 성균관 유생 및 음관 약 3,000명을 대상으로 치른 시험에서 합격자들의 명단, 답안 글과 이만수가 지은 서문, 정조의 전교 등을 엮은 책이다.

330) 정조실록 34권, 정조 16년 4월 4일 임인 3번째 기사, 1792년, 각신 이만수가 영남에서 돌아와 영남 유생들이 응제한 시권을 올리니, 직접 채점하여 시상하다.

자신의 과거 정책이 천리 밖 유생들에게 얼마나 가뭄에 단비 같은 도움이 되었기에 무려 7,200여 명의 선비가 모여들어 서원에서는 시험을 못 치르고, 강 건너 송림에서 과거 시험을 보았으니, 그 장관을 상상만 하여도 개혁 군주로 자처하는 정조로서는 스스로도 놀랄 만큼 대만족하였다. 이런 것이 개혁이고, 친백성 위주 정책임을 확신한 정조는 뒤이어 매년 지방을 순회하며 과거 시험을 시행하였다.

(189) 교남빈흥록의 내용은 어떤 것인가?

조선 제21대 국왕 정조는 개혁 정책의 일환으로 지방 유생들을 위한 과거 시험을 대궐이 아닌 지방에서 여러 차례 시행하였다. 정조는 지방 과거 시험 때마다, 그 시험과 관련된 모든 사항을 기록하여 책으로 발간하였으며, 책 이름이 빈흥록이다. '빈흥'이란 주나라에서 우수 인재를 선발하는 것을 의미하였으므로 곧 과거를 의미한다.

교남빈흥록은 3권 1책이다. 내용으로는 정조의 전교와 치제문을 제일 앞에 기록하고, 행사를 주관한 관리 이름, 합격자 명단, 응시자 수와 답안지 제출자 수, 성적 우수자 4명의 답안지 순서로 편성되어 있다.[331] 그리고 영의정 채제공(1720~1799)이 지은 도산시사단비명과 부록인 치제시일기에는 일기, 일기지, 서정기행이백운이 있다. 이는 이미 1년 전인 1791년에 실시한 관서 지

331) 김문식, 앞의 글 참조.

역의 지방 과거 시험을 정리 기록한 경림문희록의 예를 따랐다. 정조는 이 책을 합격한 유생과 도산서원, 도내의 읍에도 각각 1권씩 주게 하였으며, 판본은 도산서원에 보관하게 하였다. 그리고 정조는 자신의 전교와 치제문을 현판으로도 새겨 도산서원의 전교당에 걸어두라고 지시했다.

정조 연간에 시행된 지방 과거는 모두 7차례이며 자세한 내용은 이 책의 범위가 아니므로 아래에 그 책 제목만 간략히 기록하고자 한다.

성균관에서 시행한 과거 기록인 경림문희록(1791), 도산서원 별과 교남빈흥록(1792), 강릉 오죽헌에서 시행한 관동빈흥록(1793), 제주도에서 시행한 탐라빈흥록(794), 함흥과 영흥에서 시행한 풍패빈흥록(1795), 함경도 지방의 유생을 위한 과거 시험 기록 책인 관북빈흥록(1797), 마지막으로 평안도 유생을 위한 관서빈흥록(1798)이 각각 서울이 아닌 지방에서 시행된 과거 시험의 전 과정과 내용을 기록한 책들이다. 정조는 이 책을 규장각과 지방 감영에 비치하면서 시험에서 합격한 선비들에게도 하사하였다. 정조 때의 마지막 지방 과거 시험을 다룬 관서빈흥록은 1800년에 간행되었다.

(190) 도산서원 앞 호수 가운데 있는 시사단은 무엇인가?

시사단은 도산별과가 시행되고 4년 후인 1796년에 세웠다. 퇴계 선생 사후 226년이 되는 해이다. 시사단은 글자 그대로 선비가 시험 본 것을 기념해서 세운 비가 시사단이다. 조정에서는 도산별과를 기념하기 위해 시험 장소였던 도산서원 앞 낙동강 건너 송림 사이에 단을 만들고 당시 영의정이던 채제공이 비문을 지어서 세웠다. 1975년 안동댐 조성으로 시사단이 물에 잠기게 되자 그 자리를 흙으로 약 10m 높여서 현재 상태로 보존되고 있다. 도산별과 과거 시험은 오늘날에도 안동시와 도산서원에 의해 매년 5월에 도산서원 앞 광장에서 옛 상황 그대로 재현되고 있다. 아래는 시사단을 읊은 시조 한 수이다.

시사단[332)]

송림에 운집했던 영남 유생 어디 가고
호반 위에 시사단만 몇백 년 홀로인가
남기신 선현 향기에 그리움만 쌓여라

(191) 도산사숙록과 이자수어는 무엇인가?

도산사숙록과 이자수어는 각각 다산 정약용과 성호 이익이 지은 책 이름이다. 그 내용은 다음과 같다.

① **도산사숙록(陶山私淑錄)**: 다산 정약용(1762~1836)은 경세유표, 흠흠신서, 목민심서 등 이름난 책을 저술한 유학자이자 실학자이다. 그는 학자, 관료로 정조의 신임이 두터웠으나,

332) 이 시조는 저자가 2014.6.4. 목요일 새벽(06:27)에 천연대에서 시사단을 바라보며 읊은 것이다.

정조가 죽자, 천주교에 연루된 죄로 전라도 강진에서 18년간이라는 긴 세월 동안 유배 생활을 하였다. 그러나 유배 생활에서 좌절하지 않고 오히려 고난의 귀양살이를 학문과 저술 활동으로 승화시킴으로써 수많은 명저술을 많이 남긴 위대한 학자이었다.

다산이 그에 앞서 34세 때, 1795년(정조 19년) 7월 중국인 주문모 사건에 연루되어, 우부승지(정삼품)에서 금정(충남 청양 금정역) 찰방(종육품)으로 심한 좌천을 당하였다. 그곳에서 다산은 우연히 이웃 사람으로부터 퇴계 문집 일부를 얻어 읽어 보다가 크게 감동하였다. 다산은 매일 새벽에 일어나 세수한 뒤 퇴계의 서신들을 읽고 베껴가며 설명을 붙였다. 그리고 서신 중에서 가르침을 받을 만한 33가지를 골라 뜻을 해석하고 설명하면서 자신을 반성하고 되돌아보는 잠언으로 삼았다. 이것이 도산사숙록이다. 그리고 퇴계가 비록 250년 전의 선현이지만, 퇴계를 사모하고 그의 학문과 도덕을 따르고자 '도산 사숙'이란 표현을 하였다. 사숙(私淑)이란 과거의 인물을 스승으로 삼아 따르고 배우는 것을 의미한다.

② **이자수어(李子粹語)**: 이 책은 조선 후기의 유학자 성호 이익(1681~1763)이 퇴계 선생이 남긴 글과 언행, 퇴계 제자들의 글 등에서 유학을 이해하고 인격 수양에 도움이 되는 것을 뽑아서 엮은 책이다. 성호는 조선 후기의 이름난 학자, 사상가, 실학자였다. 성호는 가정적으로 불행이 겹치고 만

년에는 극도로 곤궁하였으나, 다산 정약용처럼 오직 학문과 집필로 자신을 승화시켜 많은 저술을 남겼으며, 성호학파를 형성할 만큼 이름난 학자이었다. 특히, 성호는 퇴계 선생을 존경하고, 퇴계의 사단칠정론을 비롯한 학문 세계를 이어 나가고자 노력하였다. 성호는 1751년 제자인 표암 강세황(1713~1791)에게 부탁하여 도산서원 전경을 그리도록 하였으며, 강세황이 그린 도산서원도를 가까이 두고 퇴계 선생을 사숙하고 사모하였다. 그가 지은 '이자수어'는 그러한 배경에서 집필되었으며, 이자(李子)는 퇴계 이 선생을 높혀 부르는 뜻이다. 공자, 맹자의 본 이름이 공구, 맹가이나 극 존칭인 '자(子)'를 붙여 부르는 것과 같은 의미이다. 수어는 '순수한 말씀'이라는 뜻이다. 성호의 '이자수어'는 퇴계학 입문서라고도 할 수 있다.

20. 퇴계 일화의 오해

퇴계와 관련하여 전해지는 여러 가지 일화나 설화 등 스토리들이 많이 전해지고 있다. 그러한 일화들은 대개 구체적인 근거나 사료가 없음에도 마치 그럴듯하게 꾸며지고 각색되어 구전되고 있다. 이러한 스토리들은 퇴계 선생의 이야기라는 점에서 세인들의 관심과 흥미는 폭발적이었으며, 내용은 더욱 자가 발전하여 마치 실화처럼 굳어지고 있는 듯하다. 또 한편으로는 거의 모든 일화가 퇴계 선생을 미화하는 데 일조를 하는 듯하다. 그러나 진실에 바탕을 두지 않은 미화는 오히려 퇴계의 명예에 티를 묻히는 결과를 가져온다. 요즘 말로 명예 훼손이다. 퇴계 스스로 그런 허구의 스토리로 아름답게 꾸며지기를 원하지 않을 것임은 불문가지이다. 따라서 성현의 일화는 사실 관계를 제대로 알고 삼가는 것이 성현을 따르고, 배우고자 하는 사람들이 지녀야 할 바람직한 자세라고 생각한다. 이에 여기서는 몇 가지의 일화에 대해 그 오해를 밝혀보고자 한다.

(192) 퇴계가 둘째 며느리를 개가시켰다는 것은 사실인가?

둘째 아들 채는 청년기에 의령 외종조부 댁에서 지내고 있었다. 그때, 의령 외가 쪽의 류씨 여성과 혼약을 맺었으나, 결혼을 앞두고 신랑 채가 22살의 나이로 갑자기 죽었다. 신부 쪽에서는 약혼 예물을 되돌려 보냈으며 처녀는 다른 곳으로 혼인하였다. 이것이 둘째 아들 채와 약혼녀 류씨와의 사실 관계이다. 그런데 여기서 세인들의 호기심을 불러일으키기도 하고, 퇴계의 인간애 정신의 위대함을 드높여 주기도 하는 스토리가 만들어졌다. 대략 다음과 같은 글을 인터넷에 검색하면 많이 볼 수 있다.

> 퇴계는 홀로 된 둘째 며느리를 생각하면 가슴이 아렸다. 저녁이면 둘째 며느리 방을 지나면서 방 안에서 들리는 며느리의 슬픈 한숨 소리를 들으며 젊은 나이에 홀로 살아갈 것을 생각하니 가혹하기 이를 데 없다고 여겼고, 그래서 둘째 며느리를 개가시켜 보냈다. 몇 년의 세월이 흐른 뒤 퇴계가 한양 길에 날이 저물어

> 어느 집에 유숙하는데, 젊은 여인이 퇴계의 입맛에 맞게 식사 대접을 하는가 하면, 떠날 때, 발에 딱 맞는 버선을 선물로 주었고, 그 여인이 삽짝문까지 나와 인사할 때, 비로소 퇴계는 그 여인이 개가시킨 둘째 며느리인 것을 알았다. 둘째 며느리 류씨는 그렇게 함으로써 자신을 개가시켜 준 옛날 시아버님께 보은하였다.

결론적으로 위 스토리는 허구이다. 권오봉의 연구에 의하면,[333] 첫째, 당시 둘째 아들 채와 예비 신부가 약혼만 하고 결혼까지 한 것은 아니라고 하였다. 둘째, 당시 풍습으로는 약혼만 하여도 신랑이 사망하면 신부는 평생 수절이 요구되는 엄격한 성리학 시대였다. 셋째, 당시는 물론이고 오늘날에도 시아버지가 며느리 방을 훔쳐본다는 것은 있을 수 없는 일이다. 넷째, 둘째 아들 채 내외와 시아버지는 함께 살림을 한 사실이 없다. 다섯째, 퇴계는 오히려 약혼한 예비 신부가 다른 곳으로 혼인하자 못마땅하게 여겼다.

이러한 허구적인 일화는 퇴계가 당시 사회 관습과 규범을 어기면서까지 홀로 된 며느리를 안타까워한 나머지 개가를 시켜주는 따뜻한 인간애를 가졌으며 여성 인권을 존중하는 위대한 인물이자 세속을 초월한 도학자로 미화시키기에 충분하였다. 사람들은 허구임에도 박수치고, 예찬하였고 퇴계를 칭송하였다. 퇴계가 가장 두려워하였던 것이 바로 자신에 대한 사실과 다른 칭송이나, 명예를 높이는 허명이었다.

---

333) 권오봉, '退溪先生에 관한 傳言說話考論', 퇴계학논총 제1집, 1996, 164~173쪽.

이러한 퇴계께서 위와 같은 둘째 며느리 개가 스토리를 들었다면 과연 어떻게 생각할까, 생각해 본다.

(193) 권씨 부인이 퇴계의 흰색 두루마기를 붉은 천으로 기웠다는 것은 사실인가?

퇴계의 두 번째 부인인 안동권씨가 정신이 온전하지 못한 까닭에 발생할 수 있는 몇 가지 일화들이 전해지고 있다. 첫째는 권씨 부인이 제사상에 과일을 집어 먹다가 손위 동서들로부터 꾸중을 들었으며, 퇴계가 대신 사과하고 부인을 잘 타일렀다는 이야기, 둘째는 퇴계가 대궐에 입궐할 때, 부인이 찢어진 흰색 두루마기를 붉은 천으로 기웠는데 퇴계는 아무렇지도 않은 듯이 그대로 입고 입궐하였다는 이야기가 그럴듯하게 전해지고 있다. 그러나 첫 번째 이야기도 근거 자료는 없이 구전으로만 전해지고 있으며, 특히 두 번째 이야기는 완전한 낭설이다. 김언종에 의하면,[334] 퇴계 선생께서 명나라 사신을 맞이하는 영접사로 상경할 때 헌 두루마기를 빨아서 기워 입은 것이 와전된 것이다. 퇴계의 계취 부인은 퇴계가 30세 되던 해에 결혼하였으며, 퇴계가 과거 급제하여 서울에서 벼슬할 때, 서울 생활을 하다가 퇴계가 46세 되던 해에 사망하였다.

334) 김언종, '퇴계의 행적과 일화의 여러 양상', 퇴계학보 제138집(2015.12. 퇴계학연구원), 107~157쪽.

(194) 퇴계와 단양 관기 두향과의 로맨스 일화는 사실인가?

퇴계의 단양 군수 시절, 관기 두향과의 로맨스 스토리가 인터넷이나 책자에 많이 나타나고 있음을 볼 수 있으며, 대략 아래와 같은 줄거리이다.

> 퇴계가 단양 군수로 재직했을 때 그곳에는 관기 두향이 있었다. 퇴계와 두향은 강선대 배를 타고 시를 주고받았으며, 두 사람은 신분의 차이를 넘어 서로 좋아하였다. 단양 군수를 마치고 고향으로 돌아간 퇴계에게 두향은 매화분을 보내주었으며, 퇴계는 임종 전 그 매화분에 물을 주라는 마지막 말을 남겼다. 두향은 퇴계의 죽음을 전해 듣고 단양에서 도산 계상서당 근처까지 몰래 다녀 갔으며, 그 뒤 퇴계와 놀았던 강선대에서 스스로 목숨을 끊고 유언에 따라 그곳에 묻혔다. 그 후 퇴계 집안의 후손들은 해마다 두향의 무덤을 찾아 잔을 따르고 애도하였다.

위 스토리 역시 허구이다. 첫째, 두향의 나이가 퇴계보다 늦어 연대순이 우선 틀리다. 두향이 단양의 관기였음은 사실이나 두향의 생존 시기는 17세기 말이었으므로 퇴계와 100년 이상 차이가 있다.[335] 이 한 가지 사실만으로도 위 이야기는 허구이므로 더 이상 거론할 필요가 없다. 그러나 이왕 질문이 제기되었으므로 허구임을 몇 가지 더 논하고자 한다. 둘째, 퇴계가 임종 전에 "매화분에 물을 주어라" 하신 그 매화분은 69세 3월에 서울에서

335) 이태희, '관기 두향을 보는 두 가지 시선', 한국여성사학회(2020.6.), 여성과 역사, 32권, 234쪽.

마지막 귀향 때, 함께 가지고 오지 못하였던 것으로, 이듬해 1570년 3월 27일 제자 김취려가 손자 안도 편에 보내준 것이다. 퇴계는 기뻐서 지은 시[336]가 있다. 셋째, 1월에 부임하고 2월에 둘째 아들 채가 외가인 의령에서 약혼한 상태에서 22살로 갑자기 죽어서 퇴계는 심리 정서적으로 매우 괴롭고 힘든 시기이었다. 넷째, 퇴계는 1548년 1월에 단양 군수로 부임하여 10월에 경상도 풍기 군수로 전임하였으므로 단양 생활은 10개월뿐이었다. 이 짧은 기간에 퇴계는 단양의 피폐한 경제와 농민들의 어려운 살림을 구휼하기 위해 곳곳을 순시하고, 보를 쌓는 일을 구상하는 등 매우 바빴다. 다섯째, 당시 정국은 살얼음 위에 서 있는 것 같은 광기의 시기였다. 을사사화, 양재역 벽서 사건 등으로 송인수, 권벌, 이언적을 비롯한 숱한 고관 대현들이 죽거나 귀양 가고 모두가 숨죽여 있던 때이었다. 퇴계 선생은 윤원형, 진복창 등의 실세와 거리를 두고 있었고, 그런 한성(서울)을 빠져나오고자 단양 군수로 겨우 내려왔던 시기였다. 조금만 꼬투리를 잡히면 바로 상대편의 공격을 받을 때, 퇴계 선생 같은 도학자, 세심하고 조심하기 그지없는 분이 두향과의 접촉은 상상하기 어렵다.

여섯째, 당시 퇴계가 머물던 단양 관사에는 아들(맏아들 준) 내외, 아홉 살 난 장손(안도), 퇴계의 측실 부인과 그 아들 적(寂) 등 모두 여섯 명이 관사에 살고 있었을 것으로 보고 있다.[337] 아들

336) 시 제목은 '일 벌리기를 좋아하는 김이정이 서울에서 매화분을 손자 안도편으로 배에 실어 보내와서 기뻐서 한 수를 짓다(都下盆梅好事金而精付安道孫兒船載寄來喜題一節云)'이다.

337) 김언종, 전게서.

내외는 경제적 어려움 때문에, 측실 부인은 퇴계를 수발하기 위한 거주이지만, 퇴계는 이 상황을 몹시 불편해하고 염치없는 일로 스스로 자책하던 때이므로 관기와 러브 뱃놀이를 할 상황이 아니었다. 일곱째, 무엇보다도 단양 군수 재임이나 전후에 지은 수많은 시와 글 등 어떤 자료에도 두향과 관련된 것은 전혀 보이지 않는다. 이와 같은 여러 사실로 보아, 퇴계 선생과 두향의 러브 스토리는 허구에 불과하다.

그러면 완전한 허구에 불과한 이 스토리가 어떻게 사실처럼 세인의 관심 속에 자리 잡고 있는가? 우선 두향은 실존 인물이다. 단양의 관기 두향은 문학, 예술면에서 매우 뛰어난 재능을 지녔으나, 이른 나이에 갑자기 세상을 떠났고, 유언에 따라 강선대 가에 묻힌 것은 사실이다. 20세의 미모의 관기, 시문학, 가야금 등 빼어난 예술적 재능, 요절한 비운의 여성, 강선대에 묻어 달라는 유언 등의 이 몇 가지 소재만으로도 두향은 후세 호사가들의 관심을 촉발하고 전설과 신화로 등장하기에 충분하였다.

박균섭[338]에 의하면, 퇴계-두향 연애담은 그가 죽은 지 오래지 않아 생겨나 갈수록 사실로 믿어졌으며, 또한 이태희에 의하면,[339] '퇴계와 두향이 짝을 이룬 전설은 1751년 문인 화가이던 단릉 이윤영(1714~1759)이 지은 단양 유람 기행문인 산사(山史)에 기록된 것이 가장 이른 시기'로 밝혀 이윤영이 최초의 스토리 제

338) 박균섭, 단양 1548-단양 군수 퇴계 이황을 논함-, 동국대학교 동서사상연구소, 『철학 · 사상 · 문화』 제44호, 2024.1. 1~22쪽.

339) 이태희, 전게서, 234쪽.

공자임을 알 수 있다. 그 뒤 여러 문인의 글에서 이어지다가,[340] 퇴계 10대 종손 이휘령(1788~1861)이 두향의 무덤을 방문하여 술잔을 올린 사실과 당시 청풍 부사로 있던 이휘령의 족제 이휘재(1795~1875)가 시를 지어 남겼고,[341] 근대에 정비석이 신문 연재소설[342]로 세상에 전하게 되어 퇴계-두향 로맨스 일화는 기정사실처럼 굳어졌다. 최근에는 지자체나 지역 사회 문화 단체에서 뮤지컬로 창작하여 고증되지 않은 스토리를 자기 지역의 역사·문화 콘텐츠로 활용함으로써 스토리는 더욱 발전 확산되기에 이르렀으며, 이 허구 로맨스 일화가 이제는 하나의 창작 예술 장르로 자리 잡고 있는 듯하다.

(195) 정인홍이 제자가 되기 위해 도산서당으로 찾아왔었는가?

결론부터 정리하면 정인홍은 평생 도산서당을 찾아온 일이 없었다. 그러나 퇴계와 관련된 이야기 중 정인홍과 정구가 함께 퇴계의 제자가 되기 위해 도산서당으로 찾아왔던 이야기가 인터넷이나 여러 글에서 많이 보인다. 다음이 그중 한 예이다.

---

340) 영조 때 문인 월암 이광려(1720~1783)와 숙종 때 학자 수촌(水村) 임방(任埅, 1640~1724)이 두향의 무덤에 시를 지어 바친 시가 전해 남아있다. 근대에는 노산 이은상이 "충북 기행문집"에서 "두향 무덤 앞에 꽃 한 송이 놓지 못하고 가는 것이 어떻게나 서운한지 모르겠다"고 기술하였다.

341) 퇴계선생 10세손으로 한성판윤을 지낸 운산 이휘재(1795~1875)의 문집인 운산집에 "고계 이휘영(퇴계 10세 봉사손) 옹이 여러 사람과 옥순봉, 구담에서 배를 타고 강선대에 이르러 장회(長淮) 촌민 박순욱에게 물어 단양의 고비(故婢) 두향의 무덤에 술잔을 드리며 길이 수호해 주기를 부탁하였다"고 기록하였고, 또한 그 일을 시로써 기록하였다.

342) 정비석, '명기열전' 7권 제22화 '단양기 두향', 한국문화사, 1982.

찌는 듯이 무더운 여름날 성주에서 한강 정구와 내암 정인홍이 제자로 입문하고자 도산서당을 찾아왔다. 그런데 두 사람의 성격과 인품이 너무나 대조적이었다. 정구는 퇴계께 인사를 드리고는 "선생님 너무 더워 도포를 좀 벗겠습니다"고 말한 뒤 도포를 벗어 벽에 걸고 갓까지 벗어 놓더니 수건으로 땀을 닦는 행동이 스스럼없었다. 그러나 정인홍은 그와 반대로 의관을 벗기는 커녕 반듯하게 정좌한 채 미동도 하지 않았다. 퇴계와 이야기를 주고받는 동안에도 그들의 대조적인 성품은 그대로 나타나 정구는 텁텁하면서도 천진스러운 면이 있는 반면, 정인홍은 말 한마디 한마디가 자로 잰 듯했다. 이 두 사람의 대조적인 행동은 하룻밤을 묵는 동안에도 여전했다.
이튿날 아침 두 사람은 정식으로 제자로 입문하고자 폐백을 가지고 퇴계 앞에 나타났다. 퇴계는 그 자리에서 정구는 제자로 받아들였으나, 정인홍에게는 가르쳐 줄 것이 없다며 되돌려 보냈다. 이를 본 다른 제자들이 그 이유를 여쭈었다. 퇴계는 "두 사람의 거동을 보니 정구는 언제나 상정[343]에 따라 행동했지만, 정인홍은 하나부터 열까지 상정에서 벗어난 행동을 하고 있었다. 상정을 벗어난 행동을 하는 사람은 언제 무슨 일을 할지 모르는데 글을 가르칠 수 있느냐"고 답했다. 뒷날, 이 예견은 적중하였다.[344] (후략)

위의 글은 퇴계 선생께서 사람을 보는 예리하고 뛰어난 안목을 지닌 도인 같은 분으로 높이 드러내고 있는 일화로 매우 그럴

343) 상정(常情): 인지상정(人之常情)으로 사람이면 누구나 가질 수 있는 보통의 마음.
344) 네이버 블로그, 퇴계 이황의 학문세계(上).

듯한 스토리이다. 인터넷을 검색하면 같은 이야기가 여러 글에서 나타나고 있음을 볼 수 있다. 그러나 정인홍이 정구와 함께 도산서당으로 제자가 되기 위해서 찾아왔었다는 일화는 허구이다. 김언종에 의하면, 정인홍은 평생 퇴계를 만난 사실이 없다.[345)]

(196) 퇴계호색설 일화는 근거가 있는 이야기인가?

퇴계는 근엄한 도학자이자 성리학자로서 경전과 성인의 가르침대로 살아가고자 노력한 대표적인 실천 유학자이다. 퇴계는 자기 관리가 철저한 학자 선비였으며, 자신의 수양과 인격 완성을 위해 오직 경의 철학으로 일관한 철학자이었다. 따라서 여색과 관련한 퇴계의 설화는 허구라고 보아야 한다. 그 근거로 퇴계는 여색에 가까이 할 수 있는 기회가 몇 차례 있었으나, 스스로 피하였다. 하나는 41세 4월에 의주 출장을 갔다가 마치고 6월에 서울로 돌아오는 길에 평양에 들렀을 때이다. 평양감사 송현 상진(1493~1564)이 대동강가 연광정에서 밤연회를 베풀면서 아름답기로 이름난 기생을 치장시켜 수청을 들게 하였으나, 퇴계는 끝내 돌아보지 않았다.[346)]

또 하나는 퇴계 자신의 고백을 제자 김성일이 전하는 바에 따르면, 퇴계는 "화려하고 요란함이 휘몰아치는 가운데서 사람의 마음이 가장 흔들리기 쉽다. 그래서 내가 일찍부터 이 점에 힘을

---

345) 김언종, '퇴계의 행적과 일화의 여러 양상', 퇴계학보 제138집(2015.12. 퇴계학연구원), 107~157쪽.

346) 정석태, 전게서, 1권, 231쪽.

써서 거의 흔들리는 일이 없게 되었다. 그런데 언젠가 의정부 사인이 되었을 때, 노래를 부르는 기생들이 앞에 가득한 것을 보고는 문득 한 가닥 희열하는 마음이 일어나는 것을 느낀 일이 있다. 이와 같은 마음의 기틀(機)이 바로 삶과 죽음으로 길이 갈리는 곳이다. 두려운 일이 아니겠는가?"라고 말하여 스스로 여색을 멀리하였음을 제자에게 전한 것이다. 셋째는 퇴계의 수많은 시, 편지, 기타 자료 어디에도 여색과 관련된 내용이나 단어조차 보이지 않는다. 위와 같은 여러 사례에서 보듯이 퇴계는 여색에 대해 철저할 만큼 삼가고 피하였다. 따라서 퇴계호색설은 허구이다.

(197) 도산서당의 동쪽 쪽마루를 한강 정구가 추가로 지었다는 것은 사실인가?

도산서당을 탐방하는 여행객 중의 일부가 서당 암서헌 마루 동쪽에 쪽마루처럼 붙여 놓은 마루에 대해 질문을 하곤 한다. 그 때, 가끔 퇴계의 제자 한강 정구가 1607년 안동부사로 부임하였을 때, 도산서당을 방문하고 추가로 만들어 덧붙였다고 말하는 사람들을 볼 수 있다. 그러나 이것은 사실과 다르다. 퇴계의 제자이면서 도산서당 건립에 깊이 관여하였던 성성재 금난수가 지은 '도산서당영건기사'에 따르면, '동편에 부섭지붕을 덮어서 산뜻하였다'고 한 기록이 있어 이미 서당 건축 당시 동쪽 마루를 달아낸 것으로 보인다.

그리고 한강 정구가 추가로 마루를 달았다는 기록은 도산서원일기, 한강 연보 등 어디에도 보이지 않는다. 따라서 금난수의 위의 서원 건립 기록으로 볼 때, 도산서당 암서헌 동쪽에 덧붙인 쪽마루를 한강 정구가 1607년 안동부사일 때 와서 만들었다는 일설은 사실이 아님을 알 수 있다. 한강 정구는 1607년 1월에 안동도호부사가 되어 3월에 부임하고, 도산서원에 참배하였다.

(198) 도산서당에 사람이 오갈 때, 유정문 밖까지 나가서 맞고 보낸 것은 사실인가?

지금은 도산서당 담장이 높아 유정문(도산서당 싸립문) 밖에 오는 사람이 잘 보이지 않지만, 당시에는 담장이 낮아 완락재 방이나 암서헌 마루에서 앉아서 보면 서당 아래 낙동강에서 곡구암 골짜기로 찾아오는 사람을 알아볼 수 있었다. 퇴계는 도산서당에 있을 때, 저 아래 골짜기에서 서당을 찾아 올라오는 손님을 알아보고 그가 누구든지 빈부귀천, 남녀노소 가리지 않고 유정문 밖 계단 아래까지 내려가 맞이하였으며, 또한 떠날 때도 그렇게 하였다고 전해진다. 이러한 이야기는 퇴계가 자신의 좌우명 중 하나인 '공경하지 않음이 없는' '무불경(毋不敬)'을 실천해 왔고, 또한 평소 사람을 만날 때, 노소와 귀천을 가리지 않고 자애롭게 대하고, 무시하지 않았던 인간 존중 인품 때문에 만들어진 설화가 아닌가 생각된다.

퇴계 선생께서 유정문 밖에까지 내려가 손님을 맞이하고 보낸 것은 사실이다. 그러한 퇴계의 접빈의 예는 퇴계 종가에 전해져 내려와 고인이 되신 16대 퇴계 종손께서도 생시에 반드시 대문 밖까지 나와서 손님을 전송하곤 하였다. 그러나 퇴계가 빈부귀천

구분 없이 모든 사람에게 그러하였다는 것은 사실과 다르다. 당시 삼강오륜이 엄격한 신분사회에서 벼슬이 높고 연차가 높은 퇴계 같은 대학자가 누구에게나 대문 밖까지 나가 인사한다는 것은 오히려 과공비례이듯이 예가 아니었을 것이다. 이는 제자 이덕홍이 전하는 기록에서도 알 수 있다.

어느 날 제자 이덕홍이 "손님이 찾아오면 노소와 귀천을 막론하고 모두 공경해야 합니까?"라고 퇴계에게 질문하자, 퇴계는 "물론 공경해야 한다. 그러나 대하는 데는 도리가 있다. (중략) 사람을 대하는 도리는 각기 본인(손님) 자신에 달린 일이다. 그런데 어찌 노소와 귀천을 가리지 않고 일체를 모두 공경할 수 있겠는가? 다만, 미리부터 무시하는 마음을 가지는 것은 역시 옳지 않은 것이다. 황효공(1496~1553)[347]이 아무리 미천하고 어린 사람이라도 반드시 대문 밖에 나가서 맞고 보낸 것은 아마도 지나친 것 같다."라고 대답하였다.[348] 이러한 사실로 보아 퇴계가 사람을 맞이하고 보낼 때, 모든 사람에게 도산서당 유정문 밖까지 나가서 인사를 하였다는 일화는 잘못 알려진 것임을 알 수 있다.

(199) 퇴계 선생의 호 '퇴계'는 46세부터 사용한 것이 맞는가?

퇴계 선생의 호 '퇴계'는 언제부터 사용하였는가? 퇴계 선생 연보에 의하면,[349] '퇴계는 46세 11월에 양진암을 짓고 그 앞에 흐

---

347) 경북 영주에 거주하는 관료이자 학자로 퇴계와 교류가 있었다.

348) 홍승균, 이윤희 공역, '퇴계선생언행록' 도운회, 2014, 124~125쪽.

349) 퇴계집, 퇴계선생연보 1권, 46세, 25년 명종 원년(병오) 참조.

르는 시내는 속명이 토계(兎溪)였으나, 선생은 토(兎) 자를 퇴(退) 자로 고치고, 이것을 자신의 호로 삼았다.'고 기록하고 있다. 마찬가지로 권오봉 교수[350] 역시 퇴계는 46세에 양진암을 짓고 "퇴계란 호를 사용한 것은 이때이고 토계의 강 이름을 고쳐서 호로 삼은 것이다."라고 똑같이 기록하고 있다. 퇴계 선생 연보와 권오봉 교수의 증거를 근거로 지금까지 퇴계 선생은 46세에 고향에 양진암 집을 짓고 그때부터 호를 퇴계로 사용한 것으로 알려져 왔다.

그러나 정석태에 따르면,[351] 퇴계 선생은 이미 계묘년(1543년) 어느 때 '퇴계' 호를 사용하였다고 설명하고 있다. 그에 의하면, 퇴계는 1543년 3월 23일 '탁청정 주인 김유에게 지어서 보내다'라는 시를 지었다. 그런데 그 시 끝에 '퇴계 경호(退溪景浩)'라고 쓰면서 퇴계라는 호를 사용하고 있음을 볼 수 있다. 이 시에서 쓴 '경호'는 퇴계의 자(字)이다.

탁청정은 예안 군자리에 있는 광산김씨 종택으로 주인 김유(1491~1555)가 1541년에 건축한 것이다. 탁청정 글씨는 한석봉이 썼으며, 퇴계의 시판도 게시되어 있다. 김유가 고향의 선배이므로 퇴계는 자신의 자를 쓴 것으로 보인다. 이러한 기록으로 볼 때, 퇴계는 이미 1543년 무렵에 '퇴계' 호를 사용하고 있음을 알 수 있다. 그리고 고향의 개울 이름 '토계'를 퇴계로 고쳐서 자신의 호로 삼은 것이 아니고, '토계' 이름을 자신의 호인 '퇴계'로 고

350) 권오봉, '퇴계선생일대기', 교육과학사, 1997.
351) 정석태, '퇴계선생연표월일조록' 1권, 384쪽.

쳤다고 하여야 한다. 순서가 바뀌어야 하는 것이다. 다만, 좀 더 자세한 논의가 필요할 듯하다.

퇴계가 43세에 '퇴계' 호를 사용하였다면, 그 이전에는 어떤 호를 사용하였는지 궁금해진다. 퇴계는 1531년 재혼하던 해, 영지산 아래 지산와사 집을 짓고 살면서 영지산인이라는 호를 사용하고 있었다. 십여 년 뒤, 1542년 퇴계의 고향 대 선배인 농암 이현보(1467~1555) 선생이 벼슬에서 물러나 고향 예안으로 돌아왔다. 그리고 암자를 짓고 영지정사로 이름을 지어 지내면서, 퇴계에게 시를 지어 보내면서 "그대가 예전에 이 산기슭에 집을 짓고 영지산인이라 자칭했는데, 내가 먼저 산에 들어왔으니, 손님을 불렀다가 주인이 된 격이 아니겠는가? 조만간 송사해서 구별 지어야겠다."라고 농담을 걸었다. 두 분은 나이 차이를 넘어 사랑하고 존숭하여 지내는 사제 같은 친한 사이였다. 농암이 지어 보낸 영지정사 관련 시를 받은 퇴계는 '영지산인'이라는 호를 농암 선생께 드린다는 답시를 지어 드렸다. 이때가 1542년 2월경이었다. 그리고 이때부터 김유에게 보낸 시에서 보듯 '퇴계' 호를 사용한 것 같아 보인다.

그리고 만년에는 다시 퇴도(退陶)라는 호를 겸용해서 사용하기 시작하였다. 퇴계 묘비에 '퇴도만은진성이공지묘'라고 퇴도를 사용하였는가 하면, 도산서원 상덕사 퇴계 선생 위패에도 '퇴도이선생'이라고 쓰여 있음을 볼 수 있다.

(200) 지금 사용 중인 천 원권 지폐의 퇴계 영정은 맞는 것인가?

결론부터 설명하면, 현 천 원권 화폐의 퇴계 영정은 퇴계 선생의 실제 모습과는 거리가 멀다. 이 문항은 퇴계 생존 시의 문제는 아니지만, 마지막 질문으로 다루고자 한다. 천 원권 지폐의 퇴계 초상은 1975년에 채택되어 현재까지 50년간 사용되고 있다. 천 원권은 그동안 세 차례 바뀌었다.[352] 1차(1975.8.14)에는 앞면에 퇴계 초상, 무궁화, 뒷면에 도산서원이었고, 2차(1983.6.11)에는 앞면에 퇴계 초상, 투호, 뒷면에 도산서원이었다. 그리고 3차(2007.1.22)에서는 앞면에 퇴계 초상, 명륜당, 뒷면에 계상정거도로 바뀌었다. 계상정거도 그림 속 인물이 퇴계이므로 천 원권에서는 같은 인물이 앞면, 뒷면 두 차례 그려져 있는 진기한 모습을 볼 수 있다.

퇴계는 영정이 없다. 그런데 천 원권 지폐에 사용된 퇴계의 초상은 현초 이유태(1916~1999) 화백이 1974년에 그린 표준영정 도안이다. 그런데 이 영정이 퇴계의 실제 얼굴 모습과 다르다고 하여 논란이 많았다. 초상화 모습을 보면 얼굴이 왜소하고, 마른 모습이다. 일설에는 퇴계를 존경하는 일본 유학자가 꿈에 퇴계를 뵙고 그 꿈을 바탕으로 퇴계 초상을 그렸는데 일본인의 모습과 유사하다고 하였다. 이유태 화백은 그 일본 유학자가 그린 초상을 참고하여 퇴계 표준영정을 그렸으며 일본에서 공부하고, 많이 활동한 이유태 화백의 자화상과 같다는 비판이 보이기도 한

352) 한국은행 홈페이지, 은행권의 변천, 1,000원권의 변천.

다.[353] 그리고 이유태가 그린 표준영정에는 퇴계 선생이 복건을 쓰고 있는데, 퇴계 선생은 복건 모자를 중이 쓰는 것과 같아서 평소 쓰지 않았다. 또한 진성이씨 후손들에 의하면, 이유태 화백은 이 그림을 그릴 당시 종가나 문중 후손들의 증언을 듣거나, 면담한 일이 없이 그린 것이라고 하였다.

기록이나 후손들의 증언에 의하면, 퇴계의 얼굴 모습은 이마가 넓고 머리가 비교적 큰 편이었다. 얼굴에서 풍기는 인상은 부드럽고, 온화하면서도 멀리서 보면 근엄해 보였다고 한다. 퇴계 맏손자 안도의 증언에 의하면, 퇴계는 어릴 때부터 이마가 넓고 커서 숙부 송재공이 늘 '광상아'라고 불렀다고 한다. 또 한 가지, 퇴계의 모습을 유추할 수 있는 자료로는 퇴계의 숙부 송재공 이우(1469~1517)의 영정이다. 이우는 42세 때, 강원도 관찰사를 역임하였는데, 임무를 잘 수행하고 선정을 베풀어 왕명으로 영정이 제작되어 지금도 남아있다. 퇴계의 숙부 영정의 얼굴 모습은 천원권 지폐의 모습과는 완전히 다르다.

천 원권 지폐 영정에서 퇴계는 복건을 쓰고 있다. 학봉 김성일에 의하면,[354] 제자 김취려가 복건과 심의를 만들어서 보냈는데, 선생께서는 "복건은 중의 모자와 같아서 쓰는 것이 좋지 않을 것 같다." 하고는, 심의를 입고 정자관을 썼다. 만년에 집에 있을 때도 이렇게 했는데, 손님이 오면 평상복으로 갈아입었다. 또한 이덕홍 역시, 경오년(1570년) 9월에 선생이 도산에서 계당(溪堂)으로

353) 네이버 블로그, '인문학의 이유-천원짜리 지폐에 담긴 퇴계 가짜 이황', 2017.4.5.
354) 홍근균, 이윤희 공역, '퇴계선생언행록', 도운회, 2014, 127~128쪽.

돌아가려고 할 때, 정자관을 쓰고 심의를 입고, 몸소 사립문을 열고 들어서서 나를 불러서 말씀하시기를, "오늘 고인의 의관을 한번 시험하여 보고자 한다" 하였다는 기록을 보면 퇴계는 천 원권 지폐에서 쓰고 있는 복건을 쓰지 않았음을 알 수 있다.

이러한 여러 자료로 볼 때, 서울 남산에 있는 퇴계 동상과 도산서원선비문화수련원에 세워져 있는 퇴계 동상의 모습이 제자들의 기록과 문중 후손들의 증언을 바탕으로 제작되었으며, 숙부의 영정 모습과도 다소 비슷하다. 또한 얼굴의 모습이 손자 안도의 증언과 일치하며, 심의를 입고, 정자관을 쓰고 있다. 퇴계의 진상(참 모습)에 가깝다고 볼 수 있다.

제2부.
퇴계, 예던길에서 만나다

선생께서는
오히려 공손함으로 자처하시어
자신의 포부를 알아주지 않음을
탄식하지 않으셨으니
겸손하고 겸손하신 군자이다
내 선생이 아니면
누구를 따르겠는가.

– 다산 정약용의 '도산사숙록'에서 –

제1장. 퇴계와 고봉 사칠논변의 시작과 끝

1. 들어가며

서양 철학사의 조종이라고 할 수 있는 소크라테스(BC. 469~399)는 자신보다 나이가 52살이나 적은 젊은 그리스 수학자 테아이테토스(BC. 417~369)와 지식이란 무엇인가에 대한 치열하면서 멋진 토론을 전개하였다. 이 토론은 결론을 도출하지 못한 채 마무리되었지만, 서양철학에서 중요한 한 축인 인식론을 탄생케 하는 계기가 되었다. 이와 같이 지식을 탄생시키고자 하는 산파적 토론 형태는 조선의 동양철학사에서 퇴계에 의해 나타났다.

조선 중기 노학자 퇴계 이황(1501~1570)과 신진 학자 고봉 기대승(1527~1572) 사이에 일어난 '사단칠정논변'은 여러 가지 면에서 매우 유명한 사건이다. 노유 퇴계와 신진 고봉이 경상도, 전라도, 때로는 서울에서 서로 편지를 통해서 수년간 토론을 주고받은 이 논쟁은 조선 성리학의 수준을 한 단계 더 발전시키고, 중국의 성리학과는 다른 새로운 창조적 학설을 도출할 수 있었으며, 이후 조선 학자들의 학문 토론의 전범이 되었다는 점에서 학문적, 역사적으로 매우 중요하고 획기적인 사건이 되고 있다.

퇴계와 고봉의 사칠논변은 학문적 성과와 조선 철학사의 담론

형성에 대한 역사적 기여와는 별도로 이 논쟁은 다른 몇 가지 점에서도 매우 이례적이고, 특이한 사례여서 학계는 물론 일반인에게도 화제가 되기에 충분하다. 우선 두 선현의 나이 차이가 크다. 토론이 시작될 때, 퇴계는 59세이고, 고봉은 33세이다. 고봉은 퇴계의 맏아들[1]보다 나이가 적었다. 벼슬은 더 차이가 크다. 퇴계는 성균관 대사성이었고 고봉은 이제 막 대과 급제하여 아직 임관 발령을 받지 못하고 기다리고 있는 선달[2]이었다. 거리 역시 상상보다 멀다. 퇴계는 경상도 안동 도산이고, 고봉은 전라도 광주이다. 지리산이 가운데 버티고 있어서 옛날에는 경상도, 전라도 왕래나 교류는 쉽지 않았다. 서신을 담당하는 하인이 따로 있는 것이 아니라, 주로 관료나 선비들이 이동할 때, 그 인편을 통해서 주고받았기 때문에 때로는 몇 달이 지나서야 받아 볼 수 있었는가 하면, 되돌아오기도 하였으며, 어떤 경우에는 뒤에 보낸 편지가 그 앞에 보낸 편지보다 먼저 도착하는 경우도 있었을 정도이었다. 보내고 받는 것이 이만저만 어려운 것이 아니었다.

위와 같은 평범하지 않은 조건과 관계에도 불구하고 사칠논변은 다년간 여러 차례의 서신을 통해서 진행되었다. 그리고 그 과정과 결과는 조선 성리학 발전에 지대한 영향를 끼쳤다. 그러나

1) 퇴계의 맏아들 준(寯, 1523~1584)은 1527년생인 고봉보다 4살 위이다.

2) 선달(先達): 문무과에 급제하고 아직 임관을 받지 못한 사람을 말한다. 1558년 10월 고봉은 과거 급제 후 퇴계를 처음으로 찾아뵙고, 인사를 드렸다. 이때는 인사차 방문한 자리이기에 사단칠정에 대한 시중 선비들의 이야기와 간단한 언급은 있었으나 구체적 논의는 없었던 듯하다. 고봉이 다녀간 후 퇴계는 겨울에 짤막한 안부 편지를 써서 보냈는데, 이때 '기선달에게 감사하는 마음으로 씁니다.'라는 제목으로 써서 보냈다.

그러한 역사적 사건임에도 불구하고 퇴계 고봉 사칠논변의 내용은 물론이고, 서신 왕래 기간, 편지 횟수, 역사적 의의 등에 대해서 일반인들은 거의 잘 알지 못하고 있거나 잘못 알고 있는 경우가 허다하다. 나아가서 이 논쟁이 사단과 칠정, 이와 기에 관한 내용이라는 점 외에는 어떤 내용들을 토론하였는지, 그리고 퇴계의 주장은 무엇이며, 고봉의 주장은 또 어떠한 것인지 또한 그 결말은 어떠한지 등에 대해서 잘 알지 못하며 알고자 할 때마다 이런저런 연구자료와 도서를 찾아보아야 한다. 이에 여기서는 퇴계 고봉 사칠논변에 대해서 그 내용의 요지, 서신 왕복 기간, 서신 횟수, 양 선생의 주장에서 같은 점과 다른 점 등에 대해 일반적 수준에서 간략하게 살펴보고자 한다. 그에 앞서 사칠논변의 이해를 돕기 위해 사단과 칠정, 이와 기가 무엇인가에 대해 간추려 보고자 한다.

2. 이와 기, 사단칠정은 무엇인가?

주희(1130~1200)에 의해서 완성된 성리학 혹은 신유학(Neo-confucianism)에서는 삼라만상의 모든 현상은 그냥 우연히, 어떤 까닭이나 이유 없이 형성되고, 존재하며, 운행되고 있는 것이 아니라, 존재하게 하고, 운행되게끔 작용한 그 어떤 원리나 이치, 법칙이 반드시 선험적으로 존재하고 있다고 보며, 그 어떤 존재에 의해서 세상에 현존하는 실체의 자질과 형질이 생긴다고 생각하였다. 전자에서 말하는 삼라만상이 생성되게 해 주는 원리나 법칙과 같은 것을 이(理)라고 하고, 후자에서 말하는 실제 현상으로 나타나는 개개 사물을 기(氣)라고 설명한다. 그러므로 성리학에서는 우주 만물과 현상은 이와 기라는 두 가지의 요소에 의해 이루어졌으며, 이와 기에 의해서 모든 현상이 생성, 존재하게 된다고 본다.

가. 이(理)

(1) 이는 소이연이다: 소이연(所以然)이란 '그렇게 되는 까닭'이다.[3] 봄이 되면 왜 꽃이 피는가? 나무는 열매를 맺고 새는 하늘을 나는가? 성리학에서는 이것이 '이(理)' 때문이라고 설명한다. 이는 사물이나 현상을 존재하게 하며, 운동하게 해주는 법칙이고 이치이다. 모든 현상은 이의 지배를 받고 있으며, 이가 없으면 나타날 수가 없다. 이가 원인이고, 이유이므로 이른바 '그렇게 된 까닭', 즉 '소이연'이라고 한다. 따라서 소이연은 이의 자연과학적 측면의 원리라고 본다.

(2) 이는 소당연이다: 소당연(所當然)은 '~라면 마땅히 해야 하는 것'[4]이다. 이의 작용에 의해 봄에는 마땅히 꽃이 피어야 하고, 솔개는 하늘을 날고, 물고기는 물에서 헤엄치며, 사람이라면 마땅히 사단 사덕으로 착한 본성을 지켜야 한다. 이 모두가 소당연이다. 이는 만물이 저마다 각기 그렇게 되어야 함을 규정하기에 소당연은 이의 윤리적 측면의 원

3) 최윤미, '리' 이해하기, 철학논구 제39집, 130쪽.

4) 최윤미, 전게서, 131쪽.

리라고 볼 수 있다.

(3) 이는 형이상자이다: 형이상자(形而上者)란, 형체를 지닌 만물의 위에 존재하는 것이다. 이는 감각이나 지각으로 인식할 수 없는 오직 사유나 직관에 의해서만 파악되는 초경험적이고 근원적인 영역이다. 이른바 주돈이의 태극, 무극이 그렇다. 성리학에서는 이를 형이상자로 설명한다.

(4) 이는 순선 무악이다: 이는 존재의 근원이다. 이는 태극이고 무극이며, 천명이고 이치이므로 이는 오로지 선하고, 순수하며, 어긋남이 없고 사악함이 없다.

(5) 이는 무형 무위하고 불변성이다: 이는 형체가 없고 작용함이 없다. 이는 소리와 냄새도 없고, 부피도 없고, 겉과 속도 없고, 정의도 없고, 헤아림도 없고, 조작도 없다[5)]고 말한다. 이는 존재의 존재이므로 이 자체는 생성되거나, 변하거나, 소멸함이 없는 존재이며, 불변성, 영원성의 특성을 갖는다.

(6) 이는 기보다 선험적이다: 이가 기보다 항상 선험적, 우월적 존재로 설명한다. 이는 기보다 앞서 존재한다는 이선기후, 기보다 귀하고 중요하다는 이귀기천, 혹은 이가 주인이고 기는 하인(마부)이라는 이주기복 등으로 본다.

(7) 이와 기는 함께 한다: 이와 기는 언제나 함께 존재한다. 이가 발하면 기가 반드시 따르거나(주리론), 기가 발하고 이는 감독한다(주기론)고 본다.

---

5) 김용걸, 이기론[理氣論]. (한국민족문화대백과사전, 한국학중앙연구원)

나. 기(氣)

⑴ 기는 재료이다: 기는 모든 사물, 현상의 특성을 결정짓는 형질이고, 질료이며, 재료이다. 하나의 이에서 만물의 기로 나타난다.

⑵ 기는 유형, 유위이다: 기는 감각이나 지각을 통해서 인식할 수 있는 현실 세계의 영역이다. 형체가 있고, 작용하며, 운동하는 특성이 있다. 냄새, 무게, 감각 등의 특성을 지니고 있다.

⑶ 기는 형이하자이다: 기는 감각이나 지각, 경험으로 파악할 수 있는 형이하자(形而下者)이다. 기는 음양, 오행이며, 남녀와 만물의 실제이다. 맑기도 하고 탁하기도 하며, 순수하기도 하고 순수하지 않기도 하는 양면적 특성이 있다.

⑷ 기는 선과 악이 공존한다: 기 자체는 선하지만, 유형이고 유위한 특성과 맑고, 탁하고, 순수하고, 어긋나는 청탁 수박의 영향을 받아 때로 선할 때도 있으나, 때로 악할 때도 있는 혹선혹악, 가선가악의 특성이 있다.

⑸ 기는 유한성이다: 기는 모였다가 헤쳐지고, 헤쳐졌다가 모이는 존재이다. 기는 생성되기도 하고, 소멸되기도 하는 유한한 특성이 있다.

다. 이·기의 관계

성리학자에 따라 주장의 차이는 있지만, 대개 이와 기는 이론적으로는 각각 별도로 존재하는 개념이지만, 현실적으로 이와 기는 서로 함께하는 존재라고 본다. 말을 교통수단 도구로 볼 때, 사람과 말은 언제나 같이 다니는 둘이면서 하나이고, 하나이면서 둘이 되는 관계이다. 사람과 말은 언제나 서로 떨어질 수 없이 함께 존재하는 관계이지만, 그렇다고 결코 섞일 수도 없는 관계이기도 하다. 사람이 움직이면 말도 움직이고, 사람이 멈추면 말도 멈춘다.

마찬가지로 이와 기도 둘이면서 하나이고(二而一, 이이일), 하나이면서 둘이 되는(一而二, 일이이) 관계로 본다. 또한 사람과 말처럼 이와 기는 결코 떨어져서 존재할 수 없기에 이기불상리(理氣不相離)적 관계가 특성이다. 또한, 이와 기는 결코 함께 섞일 수도 없기에 이기불상잡(理氣不相雜) 관계도 나타난다.

우주 만물에 작용하는 이기의 역할에 대해서 이는 우선이고 작용하는 것이며, 기는 이에 의해서 작용을 받는다는 이생기(理生氣)설과 이선기후를 강조한다. 이러한 관계는 이와 기가 섞이지 않아야 가능하므로 이기불상잡 특성을 중시하며, 나아가서 이기이원론(理氣二元論)적 입장을 갖는다. 다른 한편으로는 이와 기는 결코 떨어져 있을 수 없기에 자연히 이기불상리를 강조하며, 비록 둘이지만 하나로 작용하여 주로 기에 의해서 만물이 생성한다는 이기일원론(理氣一元論)적인 입장을 드러낸다. 여기서는 이가 앞서고 기가 뒤따른다는 선후적 관계나 이가 기를 낳는다는 이생기설을 부정한다. 다만, 기가 발하여 이가 거기에 탄다는 기발이승적 관계를 주장하기도 한다.

라. 사단

사단이란 용어는 맹자 공손추 편에 처음으로 등장한다. 맹자에 의하면 사람은 태어나면서 선한 마음의 단서를 지닌다고 하였다. 그것은 모두 네 가지인데, 타인의 불행을 슬퍼하는 마음인 측은지심, 부끄러워하고 수치스러워하는 마음인 수오지심, 사양하고 양보하는 마음으로 사양지심, 그리고 옳고, 그름을 판단하는 마음인 시비지심이다. 이것이 사단이며, 이는 언제나 선하고 악함이 없는 순선 무악의 형태가 된다. 그리고 이 사단으로 인하여 인, 의, 예, 지라는 네 가지 덕, 사덕이 형성된다고 본다. 사람이 도덕적인 존재가 될 수 있는 것은 바로 이 사덕이 있기 때문이다. 따라서 맹자는 사람으로서 이 사덕을 지니지 않으면 사람이 아니라고 보았다. 맹자의 이 사단, 사덕은 '사가지'로 변하고, 다시 '싸가지'로 변하여 반도덕적인 사람에게 '싸가지가 없다'고 말하기도 한다. 이 사단은 맹자의 성선설의 바탕이 된다.

마. 칠정

칠정은 사람이 나타내는 희, 노, 애, 구, 애, 오, 욕의 일곱 가지 감정을 말한다. 예기 예운 편에 '무엇을 사람의 정이라 이르는가, 희노애구애오욕이니, 이 일곱 가지는 배우지 않아도 능하다'라고 설명하고 있다. 이러한 일곱 가지 감정은 선하기만 하고 악함이 없는 사단과는 달리 마음속에 있는 본래의 순수하고 선한 본성이 밖으로 나올 때, 외부 환경이나 외물의 간여로 인하여 선하기도 하고 악하기도 한 혹선혹악의 형태를 지닌다고 본다.

3. 추만의 천명도와 사단칠정 변론 발단

퇴계와 고봉의 유명한 사단칠정 논쟁의 배경과 발단은 추만 정지운(1509~1561)에게서 비롯되었다. 추만은 지금의 경기도 고양 출신[6]으로 자(字)가 정이이고, 호는 추만거사이며 모재 김안국(1478~1541), 사재 김정국(1485~1541) 형제를 스승으로 모시고 배웠다. 추만은 평생 벼슬을 하지 않고 오직 학문에만 몰두한 처사로 지냈으며 가난으로 고생하였으나, 효심이 깊고 오직 학문 연구로만 생을 마친 성리학자이다.

추만은 자신이 공부한 성리학 지식을 바탕으로 1543년 34세에 천명도해(1543)[7]를 지었다. 그러나 이미 30세에 그는 천명도설[8] 초안을 지었으며 그 서문에서 11세부터 배우던 스승 김정국이 기묘사화에서 파직되고 유배되었다가 신원되어 한양으로 복직되어 올라간 뒤에 "아우 정지림과 함께 천인의 도를 강학할 필요로 주자의 말과 여러 말을 참고하여 한 개의 도를 만들고 문답을 만들어 천명도설이라 하였다"[9]고 스스로 밝혔다. 이 해가 바로 1537

6) 고양시 운봉서원에 '고양8현'으로 모셔져 있다.

7) 추만이 천명도설을 출간한 것은 1543년이지만, 이미 1537년에 천명도를 완성하여 선비들 사이에 알려져 있었다.

8) 박성순, '추만 정지운 저술 천명도설의 사상사적 위상', 동양고전학회, 동양고전연구 제54집, 2014.

9) 추만의 천명도설 自序(직접 쓴 서문).

년이다.[10] 박성순에 의하면,[11] 그가 지은 천명도설은 조선 성리학을 소학과 근사록 수준에 머물던 당시 상황에서 이기심성론을 체계화하는 시도를 함으로써, 조선 성리학 수준을 한 단계 올리고 사상적 지평을 넓히는 계기가 되었다.

추만은 천명도를 완성한 후 두 스승에게 교정을 부탁드렸다. 그가 쓴 글에 의하면, "그러나 도(圖)가 이미 이룩됨에 어른에게 감정을 받지 않을 수 없어 드디어 모재, 사재 두 분 선생께 나가 감정을 청하니 두 분 선생께서 깊이 꾸짖지 않고 또 말씀하시기를 '쉽게 의논할 것이 아니니 뒷날을 기다리자' 하셨더니 불행하게 두 분 선생께서 연이어 돌아가시니 아 슬픈 노릇이다."라고 적었다. 스승의 감정이나 교정을 받지 못한 채 추만의 천명도는 선비들 사이에 차츰 알려지기 시작하였으며, 마침내 퇴계도 이를 보게 된다.

추만의 천명도해를 얻어 본 퇴계는 먼저 추만을 찾아서 만났다.[12] 정지운으로서는 두 스승이 세상을 떠나고 아무에게도 천명도해를 감정 받지 못하다가 퇴계가 찾아와 함께 연구 토론해 보자고 하여 뛸 듯이 기뻤다. 이때부터 퇴계와 추만은 여러 차례 토론과 대화를 나누었으며, 퇴계는 추만의 도해에서 자신의 의견과 고설(古說)을 참고하여 수정하였다. 추만은 퇴계와의 논의

---

10) 추만이 지은 해는 1537년인데, 자서에서 스승 김정국이 복직 후 지었다고 하였다. 김정국이 복직한 해는 1538년이다.

11) 박성순, 상게서, 285쪽.

12) 박성순, 전게서, 284. * 일반적으로 알려진 것과는 다르게 퇴계선생이 먼저 추만을 찾아가 만났음을 알 수 있다.

를 거쳐 1543년에 발간된 1차 천명도해를 수정하였는데, 이것을 1553년 12월 11일 퇴계를 만나 최종 수정을 받았다. 이것이 천명도설이며, 퇴계는 이 정본에 천명도설 후서를 지어서 붙였다.[13] 이후 1차의 천명도는 천명구도로 부르게 되고, 2차의 천명도는 천명신도라고 부르게 되었다. 추만의 천명도의 핵심 설과 퇴계가 수정한 설은 다음과 같다.

◎ 추만의 설: 사단은 이에서 발현하고, 칠정은 기에서 발현한다.
(四端發於理 七情發於氣)

◎ 퇴계의 수정: 사단은 이가 발현한 것이고, 칠정은 기가 발현한 것이다.
(四端理之發, 七情氣之發)

추만과 퇴계의 관점은 차이가 없는 듯하나 실은 큰 차이가 있다. 추만의 설에서는 '~에서 발현하다'인데 비해, 퇴계는 '~가 발현한 것'으로 고쳤다. 이는 곧 이와 기의 주체성 문제이다. 추만의 설에서 사단과 칠정은 각각 이와 기에서 발현되었다고 하였다. 이는 이와 기가 어떤 작용을 해서 사단칠정을 발현시킨 것인지, 사단, 칠정이 스스로 나간 것인지 알지를 못한다. 이와 기의 주체성, 원인이 증명되지 않는 듯하다. 그러나 퇴계는 '~가 발현한 것'으로 고치게 되면서 사단, 칠정이 나타난 원인, 근거를 알 수 있게 되었다. 이가 발현하여 사단이 되고, 기가 발현하여 칠

13) 정석태, 퇴계선생연표월일조록 2권, 퇴계학연구총서 제4집, 사단법인 퇴계학연구원, 2005, 220쪽.

정이 되었다고 설명함으로써 이와 기가 주체적으로 주재하였거나 원인이 되었음을 밝히고 있다. 이는 곧 사단과 칠정은 이와 기의 작용의 결과로 나타난 것임을 드러내 이, 기의 주체성, 중요성을 강조하고 있다.

추만의 처음 주장과 퇴계가 수정한 주장은 곧 선비들 사이에 회자되기 시작하였으며, 고봉 기대승(1527~1572)에게도 알려진다. 고봉은 퇴계의 설명이 자기가 생각하는 것과 다름을 알고, 의문을 제기하기 시작하였다. 바로 이것이 그 유명한 퇴계 고봉 사칠논변이 발단되는 계기가 된다. 따라서 만약 추만의 천명도가 없었다면 퇴계 고봉의 논변도 없었을 것이며, 또한 조선 성리학이 한 단계 업그레이드되는 일도 없었을 것으로 보면, 추만의 기여는 대단한 것이 아닐 수 없다.

결국 추만은 본인도 의식하지 못하는 사이에 조선 성리학 수준을 높이고 중국을 뛰어넘는 발전을 하는 데 주춧돌 역할을 하였으며, 역사에 길이 이름을 남기는 영광을 얻었다. 또한, 이 일로 추만은 퇴계의 제자가 되어 도산급문제현록에 첫 번째 제자[14]로 기록되는가 하면, 추만이 사망하자 퇴계는 그의 묘갈명을 지었다.

4. 사단칠정 변론 왕복 서신

추만의 천명구도는 퇴계에 의해 수정되어 천명신도로 재탄생

14) 도산서원간행, 도산급문제현록, 권지1, 추만 정지운, 갑인년(1914).

되었다. 이는 많은 선비들에게 알려졌고, 고봉 기대승 또한 들어서 알게 되었다. 고봉은 전라도 광주에 살고 있지만 부모 대까지는 경기도 고양에서 살았다. 고봉은 고양을 자주 찾았고, 자신의 호를 고양시 고봉산의 이름을 따서 고봉(高峰)으로 지을 정도로 고양을 좋아하였다. 그런데 추만이 바로 고양 출신이고 그곳에서 살고 있었다.

고봉은 1558년(무오년) 대과시험에 을과 일등으로 합격하였다. 그리고 11월 초순에 퇴계 선생을 찾아뵙고 사단칠정에 대해 논의하였다. 퇴계가 '사단은 이가 발현한 것이고, 칠정은 기가 발현한 것이다(사단이지발, 칠정기지발)'이라고 수정한 내용이 당시 학자들 사이에 널리 알려지고, 의견들이 분분하였던 것 같다. 기고봉은 과거 급제 후 퇴계를 찾아와 인사드리는 자리에서 이 설명에 이의를 제기하고 그 근거에 대해 질문하였다. 그러나 인사 자리이고 초면이기에 논의는 길게 이어지지 않은 듯하다. 고봉은 퇴계를 만난 뒤 바로 부모님께 인사드리기 위해 고향 광주로 내려갔다. 이때가 연말이었다. 해가 바뀌자, 퇴계가 먼저 고봉에게 편지를 보낸다.

가. 1차 편지(1559년 정월 5일, 퇴계가 고봉에게)

퇴계와 고봉이 사단칠정변론을 위해 서신을 주고받은 기간은 1차 토론과 2차 토론 두 기간으로 보아야 한다. 첫째, 퇴계와 고봉은 1559년부터 1566년까지 약 8년간 17회 정도의 서신을 주고

받으며 사칠논변을 펼쳤다. 그러나 실제 순수 토론은 1559년부터 1561년까지 3년간으로 보아야 한다. 이것을 1차 토론으로 볼 수 있다. 그리고 1562년 10월 퇴계는 토론 종결을 알리는 짧은 편지를 보내는데, 그것이 7차 편지이지만 토론이 없었다. 그리고 4년이나 지난 후 1566년 고봉이 총론과 후설을 지어 보내며 토론을 이어가고자 하였으나, 토론은 더 이상 없이 간단한 의견만 주고받는 서신을 주고받았다. 이것이 2차 토론으로 볼 수 있으나, 실질적인 토론 없이 종결되었다.

1559년(己未年) 정월 5일 퇴계가 먼저 고봉에게 첫 번째 편지를 보냈다. 제목이 '기정자[15]의 안부를 묻습니다'였다. 이것이 사칠논변의 시작이다. 58세의 대학자가 33세 갓 벼슬에 임명된 신진 관료에게 먼저 논의를 시작한 것이다. 고봉은 이때, 승문원[16] 부정자(副正子)에 첫 발령을 받아 있을 때이다. 이 편지는 고봉이 퇴계에게 안부 편지를 써서 박화숙[17]의 인편에 보낸 것을 받아보고 답장으로 쓴 것이지만, 사단칠정논변을 시작한 편지이다. 편지에서 퇴계는 이렇게 인사말을 썼다.[18]

---

15) 정자(正子): 교서관, 홍문과, 승문원의 정구품 벼슬을 가리킨다. 고봉은 1558년 32세에 문과 을과에 일등으로 합격하였다. 고봉은 이때 '권지승문원부정자(權知承文院副正字)'로 발령받아 있었다.

16) 승문원(承文院): 조선시대 외교에 관한 문서를 취급하던 관아이다.

17) 박화숙(1523~1599): 이름은 박순, 호는 사암, 화숙은 그의 자이다. 퇴계의 문인이며 후에 영의정을 하였다.

18) 한국고전번역원, 한국고전종합 DB, 퇴계선생문집 제16권, 서(書)2, '기명언에게 주다'.

> 이별한 뒤로 줄곧 소식을 듣지 못한 채 어느덧 해가 바뀌었습니다. 어제 박화숙을 만나 그의 편에 부친 편지를 받고는 애타게 바라던 마음이 매우 위로되었습니다. (중략) 지난번에 서로 만나고 싶은 소망은 이루어졌지만 꿈속에서 잠깐 만난 것 같아 의심나는 것을 깊이 질문할 겨를이 없었는데도 오히려 서로의 의견이 혼연히 부합되는 곳이 있었습니다.

사단칠정 편지 내용이나 성리학적 담론을 떠나서 대학자 퇴계가 신진 관료 고봉에게 표현한 편지글이 우리를 놀라게 한다. 아들보다 어린 상대이지만 그 실력을 인정하고, 앞으로 서로 친하게 지내자고 부탁하고 있다. 불치하문(不恥下問), 후생가외(後生可畏)라고 말하지만, 실제 이렇게 서신 보내기가 쉽지 않음은 누구나 경험으로 알 수 있다. 퇴계 선생께서 고봉을 학문의 동반자로, 망년지교(忘年之交)의 벗으로 여기는 인품의 여유로움과 넉넉하심을 엿볼 수 있는 대목이다. 또한 고봉의 학문과 실력이 퇴계 선생께 인정받을 정도로 빼어났음을 알 수 있기도 한 편지이다.

안부 편지와 별도로 쓴 토론 편지에서 퇴계는 자신이 몇 년 전에 추만의 설을 수정한 것이 다소 오해가 있을 수 있음을 인정하고, 바로 고쳐서 고봉에게 보내어 어떤지 읽어 보기를 바라고 있다. 퇴계의 수정 의견 편지는 아래와 같다.[19]

---

19) 한국고전번역원, 퇴계선생문집 제16권, 서(書)2, '기명언에게 주다'와 같은 편지.

또 사우(士友)들을 통하여 공이 논한 사단 · 칠정에 대한 설을 전해 들었는데, 나의 의견도 이 점에 대해 그렇게 말한 것이 온당하지 못함을 문제로 여기고 있던 터에 공의 지적을 받고는 엉성하고 잘못되었다는 것을 더욱 절감하였습니다. 그래서 곧바로 "사단의 발(發)은 순전한 이(理)이므로 선하지 않음이 없고, 칠정의 발은 기(氣)를 겸하였으므로 선과 악이 있다(四端之發純理 故無不善 七情之發兼氣 故有善惡)."고 고쳤는데, 이렇게 말을 만들면 문제가 없을는지 모르겠습니다.

퇴계는 '사단은 이가 발현한 것(사단이지발)'이라고 설한 것을 '사단의 발현은 순수한 이인 까닭에 언제나 선하고', '칠정의 발현은 기와 겸하기 때문에 선악이 있다'로 수정하여 고봉에게 제시하였다. 추만의 설에서 이와 기의 주관, 주체성을 보다 선명하게 드러내고자 수정하였던 자신의 설을 이번에 두 번째로 고친 것이다. 여기서도 사단은 이가 작용해서 드러난 것이라는 입장은 고수한 채, 칠정은 '기가 발현한 것'이라는 앞의 주장을 거두고 '칠정은 기가 겸하고 있다'고 표현하였다. 그래서 칠정은 선하기도, 악하기도 하다고 하였다. 이는 칠정의 발현을 기가 겸하고 있다고 함으로써 칠정에는 이기가 함께 작용함을 설명해 주고 있다. 사단은 이, 칠정은 기라는 종전의 이분법적 구분을 다소 완화한 설명으로 논란을 피하고자 한 듯하다. 사단과 칠정의 구분을 다만, 사단은 언제나 선하고(이가 원인이 되었으므로), 칠정은 선악이 있다(이기가 겸하기 때문에)고 하여, 사단만은 순수한 이의 작용에 의한다는 종래 주장을 굽히지 않았다. 이러한 수정 과정은 다음과 같다.

◎ 추만의 설: 사단은 이에서 발현하고 칠정은 기에서 발현한다.
(四端發於理 七情發於氣)
◎ 퇴계의 1차 수정: 사단은 이가 발현한 것이고 칠정은 기가 발현한 것이다.(四端理之發, 七情氣之發)
◎ 퇴계의 2차 수정: 사단의 발현은 순수한 이인 까닭에 언제나 선하고, 칠정의 발현은 기와 겸하기 때문에 선악이 있다.
(四端之發純理, 故無不善, 七情之發兼氣, 故有善惡)

나. 2차 편지(1559. 3. 5. 고봉이 퇴계에게)

고봉은 퇴계가 정월 5일 부친 1차 편지를 2월 16일경 받았다. 그리고 3월 5일 고향 광주에서 '사단칠정설'을 논한 서신과 인사 편지 답장을 인편으로 서울로 보냈다. 그러나 이때, 퇴계는 분황(焚黃)을 이유로 휴가를 얻어 3월 9일경 고향 도산으로 돌아왔기에 편지는 전달되지 못하고 광주에 있는 고봉에게 되돌아갔다. 몇 개월 뒤 고봉은 서울로 올라가 3월 5일 편지와 8월 14일 1통, 8월 15일 1통 모두 3통의 편지를 도산에 있는 퇴계에게 보내 드렸다.

고봉은 두 번째. 편지에서 퇴계가 두 번째 수정한 설, '사단의 발현은 순수한 이인 까닭에 언제나 선하고, 칠정의 발현은 기와 겸하기 때문에 선악이 있다.'라는 것이 비록 첫 번째 수정한 설보다는 조금 나은 것 같지만 그래도 불만스럽다고 썼다. 퇴계가 이와 기를 각각 나누어 설명할 수 있음에 대해서 고봉은 이론적으로는 둘이 있지만, 실제 사물에서는 완전히 섞여서 나눌 수 없음을 다음과 같이 주장한다.[20]

> 무릇 아직 발현되지 않은 사람의 마음은 성이라 하고 이미 발현된 것은 정이라 하는데, 성은 언제나 선하고 정은 선악이 있습니다. 이것은 당연한 이치입니다. 다만 자사와 맹자가 강조하는 것이 서로 다른 까닭에, 네 가지 단서인 사단과 일곱 가지 감정인 칠정의 구별이 있을 뿐, 칠정의 밖에 따로 사단이 있는 것은 아닙니다.

고봉의 입장은 자사가 지은 중용에서 '하늘이 명한 것이 성(天命之謂性)'이라는 가르침에 대해 이 성(性)은 아직 마음속에 있을 때는 언제나 선한 것이 맞다고 동의한다. 그러나 성이 밖으로 드러나면 정이 되며, 칠정(희노애구애오욕)으로 드러나는 순간 선악이 공존한다고 본다. 그러면서 다시 이렇게 논설하고 있다.

> 이제 만일 '사단은 이에서 발현되므로 언제나 선하고, 칠정은 기에서 발현되므로 선악이 있다' 한다면, 이것은 이와 기를 나누어 둘이라고 하는 것입니다. 이것은 칠정은 성에서 나오지 않고 사단은 기를 타지 않는다는 말과 같은 뜻입니다. 이렇게 되면 말뜻에 병집이 있고, 따라서 후학들은 의심하지 않을 수 없습니다.

---

20) 김영두, 「퇴계와 고봉, 편지를 쓰다」, 소나무, 2015, 354쪽.

만일 다시 '사단의 발현은 순수한 이이므로 언제나 선하고, 칠정의 발현은 기를 겸하므로 선악이 있다'로 고친다면, 비록 지난번의 설보다는 조금 나은 것 같지만, 제 의견으로는 그래도 불만스럽습니다.[21]

고봉은 사단과 칠정을 상대적인 관계로 설정해 놓고 사단은 순수한 이(純理)로, 칠정은 기를 겸한 것(兼氣)이라고 번갈아 설명할 수 없다고 다음과 같이 결론을 구하고자 한다.

무릇 이는 기의 주재자요, 기는 이의 재료입니다. 이들은 본래 구분이 있지만, 실제 사물에서는 완전히 섞여서 나눌 수 없습니다.[22]

이 두 번째 편지에서 고봉은 사단과 칠정이 이론적으로는 구분이 되지만, 실제로는 사단도, 칠정도 모두 기에 의해서 발현되는 것으로 애초부터 두 가지 뜻이 아니라고 주장한다. 마치 노학자 퇴계는 이렇게 수정하면 되느냐고 허락받는 듯 쓰고, 젊은 선비 고봉은 그래도 마땅치 못하다고, 심사 평가하듯이 썼다. 고봉은 날카로웠으나 송곳 끝을 보는 듯하였고, 퇴계는 겸양이 지나친 듯하였으나, 큰 호수를 보는 듯하였다.

---

21) 김영두, 전게서, 354~355쪽.

22) 김영두, 전게서, 355쪽.

다. 3차 편지(1559. 10. 24. 퇴계가 고봉에게)

고봉의 편지를 같은 해 9월에 받아본 퇴계는 바로 답을 쓰지 않았다가 10월 24일에 썼다. 편지 끝에 '己未(1559년) 양월(陽月, 음력 10월) 24일'이 기록되어 있다. 이 편지는 두 통으로 한 통은 고봉이 벼슬과 학문 사이에서 고민하는 내용이 있어서 공자의 '학우사우(學優仕優)'[23]의 자세로 벼슬을 버리지 말고 벼슬과 학문을 병행할 것을 간곡하게 타이르고 있다. 그리고 다른 한 통에서는 고봉이 주장한 이와 기는 구분은 할 수 있지만, 결코 둘로 나눌 수 없는 완전히 섞여 있다는 것에 대한 변론을 모두 12절로 나누어서 상세하게 논리를 전개하였다.

> 무릇 사단이란 정이며 칠정 또한 정입니다. 같은 정인데 왜 사단과 칠정이라는 다른 이름이 있습니까? 보내주신 글에서 말씀하신 대로 '강조점이 다르기' 때문입니다. 무릇 이와 기는 본래부터 서로 따르면서 본체를 이루고, 서로 기다리면서 작용이 됩니다. 참으로 이가 없는 기란 있을 수 없으며, 기가 없는 이도 있을 수 없습니다. 그러나 강조점이 다르기 때문에 분별하지 않을 수 없습니다. 예로부터 성현들께서 이 둘을 논할 때, 하나로 합쳐서만 말하고 나누어 말하지 않은 적이 언제 있었습니까?[24]

퇴계는 성(性)도 본래 그대로의 성과 기가 주어진 뒤의 성이

---

23) 학우사우: '벼슬하다가 힘이 남으면 학문하고, 학문하다가 힘이 남으면 벼슬하라(仕而優則學 學而優則仕)'는 공자의 말이다.(논어 자장편 13장)

24) 김영두, 전게서, 357쪽.

다르듯이 정에도 사단과 칠정의 구별이 있어야 한다고 주장하면서, 주역의 '계선성성(繼善成性)',[25] 주돈이의 '무극이태극', 그리고 맹자, 정자 등 선현의 여러 설명 등을 인용하면서 이와 기가 같은 것이면서 서로 나누어 설명될 수 있음을 강조한다. 퇴계는 '정추만의 설도 사실 크게 허물이 없는 것으로 고칠 필요가 없을 듯하다.'고까지 말하였으며, 공맹정주[26] 성현들의 구설과 특히 주자가 주장한 '사단은 이의 발현이고, 칠정은 기의 발현이다(四端理發, 七情氣發)'설을 따르는 것이 우리들이 장황하게 논의를 주고받기보다 더 좋겠다고 하면서 마지막 12절에서 이렇게 논변을 마무리하고 있다.[27]

> 주자의 이 말씀(사단이발, 칠정기발)을 보고서야 비로소 나의 소견이 크게 잘못되지 않았다는 것을 믿게 되었고, 당초 정생(鄭生)[28]의 설 역시 병통이 없으니 고칠 필요가 없을 듯하였습니다. 그리하여 감히 나의 변변치 못한 소견을 대략 진술하여 가르침을 청하니, 모르겠습니다만, 공의 생각에는 어떠하신지요. 만약 이가 비록 이와 같지만, 그것을 말하는 사이에 분명하지 못하여 오류가 있을 수 있으니, 선유의 구설을 따르는 것만 못하다고 한다면, 주자의 본설로 대신하고 우리의 설은 버리는 것이 온당할 것

---

25) 계선성성: 주역 계사상에서 '한 번 양하고 한 번 음하는 것이 도이니 이것을 계승하는 것이 선이고 이것을 이루는 것이 성이다(一陰一陽之謂道 繼之者善也 成之者性也)'에서 유래한 용어.

26) 공자, 맹자, 정호와 정이, 주희(주자)를 말한다.

27) 한국고전종합DB, 고봉전서, 양선생 사칠, 이기 왕복서 상편, 퇴계가 고봉에게 답한, 사단, 칠정을 이와 기로 나눈 변론.

28) 정생: 추만 정지운.

으로 생각됩니다. 공의 생각에는 어떠합니까. -이상은 제12절 이다.-

3차 편지에서 퇴계는 고봉이 이와 기가 둘이 아니고 하나라고 하는 주장에 대해 학문을 하면서 분석을 싫어하고 합하여 하나로 말하기를 좋아한다면 '대추를 씨도 바르지 않고 그냥 삼키는' 골륜탄조[29] 격으로 그 병집이 크다고 말하였다. 퇴계는 이와 기가 떨어질 수 없는 불리성(不離性)이면서도, 결코 섞일 수 없는 부잡성(不雜性)이라는 불리불잡(不離不雜)을 강조하였다.

세 번째 편지에서 퇴계는 성에 본연지성과 기질지성이 있듯이 정에도 사단과 칠정으로 나눌 수 있어야 한다고 하였다. 또한, 사단과 칠정은 모두 정으로 이와 기를 겸하지만, 중심되는 것으로 보면 사단은 이에, 칠정은 기에 분속시켜야 한다고 주장한다. 퇴계는 이러한 주장을 통해서 이가 기에 선행하고 우위에 있다는 논리를 거듭 명확히 하고, 이를 근거로 인간은 도덕적 존재이고 성인으로 향할 수 있다는 이론적 틀을 확고히 하고자 하였다.

라. 4차 편지(1560. 경신. 8. 8. 고봉이 퇴계에게)

고봉은 퇴계 선생의 3차 서신에 대한 답장을 바로 보내지 못하고 해를 넘겨 약 10개월 뒤인 1561년 8월 8일에 썼다. 편지는

29) 골륜은 곧 혼륜의 뜻이다. 음식물을 씹지 않고 그냥 넘기는 것을 골륜탄이라 하는데, 대추를 씹지 않고 그냥 삼키면 전혀 맛을 알 수 없듯이 학문을 강론하면서 조리를 분석하지 않고 두루뭉실하게 넘겨 정확한 뜻을 모른다는 말이다. 다른 말로는 '홀륜탄조(囫圇呑棗, 자세히 분석하지도 않고 뜻도 모른 채 받아들임을 비유적으로 이르는 말)'이다.

모두 세 통이었다. 한 통은 안부와 자신의 성격과 근황, 병과 음주로 고생하고 있다는 등의 안부 근황을 적고 있다. 벼슬을 그만두고 고향으로 내려와 자기 집에서 25리 밖에 멀지 않은 장성에 하서 선생[30]이 계셔서 의지하여 옛 학문을 배우고자 하였으나, 그분이 1월 16일 돌아가셔서 크게 낙담한 소회를 적고 있다. 두 번째 편지는 소첩자(小貼子)인데, 자신의 서재 이름을 존재라고 지었는데, 퇴계 선생께 존재 두 글자와 당지 두 폭을 올리오니 '구방심 존덕성(求放心 存德性)'이라고 두 서재의 명(銘)과 그리고 주자가 지은 시 '숙매계관시'를 써 주기를 부탁드리는 글이다.

그리고 세 번째 봉투에 들어 있는 서신이 퇴계의 3차 편지에 대한 사단칠정론 답장이다. 고봉으로서는 세 번째 논변인데, 앞서 퇴계가 12절로 구분하였기에 고봉도 이 편지를 12절로 나누어 조목조목 반박하고, 본격적으로 논변하는 가장 긴 편지이다.

> 보내주신 '사단칠정분이기변' 1편을 받아 보니, 성정 · 이기의 사이에 대해서 널리 인용하고 곡진히 비유하여 반복해 발명한 것이 자세하고 극진하다고 할 만합니다. 완미해 반복하고 사색해 뜻을 찾으니, 감발되는 바가 많았습니다. 그러나 그중에 의심을 갖지 않을 수 없는 바가 있습니다. 이것은 의리는 궁구하기가 어렵고 사람의 소견에는 이동(異同)이 있기 때문에 그런 것이 아니겠습니까. 이것이 바로 강구하고 체찰하여 지당한 귀취를 구하

30) 하서 김인후(1510~1560): 전남 장성 출신으로 문과급제 하였으나, 벼슬보다는 학자로 이름이 높았다. 23세 때(퇴계 33세), 성균관에서 퇴계와 같이 공부하면서 서로 존중하고 가까운 사이가 되었다.

는 이유이므로 감히 보내신 변(辯)에 따라 조목별로 자세히 품고 하여 선생께서 끝까지 가르쳐 주시기를 바랍니다. 선생께서 밝게 오류를 지적하여 후학을 깨우쳐 주시면 천만다행이겠습니다.[31)]

고봉은 정추만이 주장한 '사단은 이에서 발현되고, 칠정은 기에서 발현된다.'는 설은 주자의 말과 다르지 않다고 인정하고 있다. 그러면서도 추만의 설은 "그것을 도설로 만들어 사단을 이의 구역에 놓고 이에서 발현된다고 하고 칠정을 기의 구역에 놓고 기에서 발현된다고 한 것은 그림으로 만들자니 어쩔 수 없었겠지만, 이는 이와 기를 너무 심하게 갈라놓아서 후학들이 보고 이미 결론 났다고 생각하여 둘로 나누어 논한다면 사람들을 크게 그르치는 것이 아니겠습니까" 하며 반문한다.

또한, 추만의 설을 수정하여 "사단의 발현은 순수한 이인 까닭에 언제나 선하고, 칠정의 발현은 기와 겸하기 때문에 선악이 있다고 하신 것은 이전 설명보다 훨씬 분명합니다만, 제 생각에는 그래도 편치 않습니다."라고 이의를 계속 제기하고 있다. 그에 의하면 사람들에게 정이 둘이 있는 것으로 오해하게 할 수 있으며, 그렇지 않다 하더라도, 정속에 두 가지의 선이 있어서 하나는 이에서 발현하고 하나는 기에서 발현한다고 의심할 만하기 때문에 퇴계가 추만의 설을 수정한 설명조차 받아들일 수가 없음

31) 고봉전서, 양 선생 사칠 · 이기 왕복서 상편, '퇴계가 사단 · 칠정을 논한 데 대해 고봉이 답한 편지.'

을 주장하고 있다.

고봉의 이 편지는 논변의 양이 많고 복잡하여 이 분야에 통달한 전문가가 아니면 그 핵심 내용을 파악하기가 쉽지 않아 보인다. 퇴계조차 다음 편지에서 "담고 있는 뜻이 깊고 인용이 해박하여 종횡무진 치달리는 변론을 다 헤아릴 수 없으며, 여러 주장이 서로 얽히고설키어 갈라내기가 쉽지 않았습니다."라고 할 정도로 논지가 복잡하였으며, 고봉 자신도 편지 말미에서 자신의 논설이 다소 장황하였음을 인정한 듯하다.

> 외람되이 엉성하고 아둔한 학문으로 선배를 마구 논했습니다. 주제넘고 경솔한 일인 줄 잘 알고 있습니다만 말씀드리지 않는다면 어떻게 연구할 수 있겠습니까? 그래서 입바르게 드릴 말씀을 다 드린 것입니다. 바라건대 선생님께서 아울러 너그러이 살펴 주신다면 매우 다행이겠습니다. (중략) 삼가 바라건대 헤아려 주십시오. 대승은 삼가 머리를 조아리고 다시 절하며 말씀드립니다.[32]

고봉은 제7절에서

> '사단은 기에 타게 되고 칠정은 성에서 나온다' 하는 의견 때문에, 이기가 서로 따르고 떨어지지 않는다는 견해에 대해서 동의해 주시니 제가 진실로 감당할 수 없습니다. 그러나 제 뜻은 오로지 여기에 있는 것이 아니니 선생님은 이에 있어 잘못 말씀하

32) 김영두, 전게서, 394쪽.

신 듯합니다. 제가 사단과 칠정에는 애당초 두 가지 뜻이 없다고 한 것은, 사단이 칠정 가운데에서 발현하여 절도에 맞음과 실제는 같으면서 이름만 다를 뿐이니, 그 근원을 미루어 보면 진실로 두 가지 뜻이 있는 것이 아니라는 점을 말한 것일 따름입니다.[33]

이론적이든 실제적이든 이와 기 두 가지가 존재한다는 점에서는 두 분의 의견이 일치하고 있다. 그러나 고봉은 이론적으로만 구분될 뿐이라고 보는 대신, 퇴계는 사단, 칠정 발현에 실질적으로 각기 다르게 작용한다고 주장한다. 4차 논쟁에서도 퇴계와 고봉의 의견은 좁혀지지 않았다. 고봉은 여전히 "무릇 사람의 정은 하나입니다. 그리고 정이라고 하는 것은 진실로 이기를 겸하고 선악이 있습니다"라고 설명하고 있다. 이와 기는 다르게 구분할 수 있지만, 현실적으로는 이와 기는 별도로 존재하는 것이 아니고 하나라고 주장한다.

마. 5차 편지(1560. 경신. 11. 5. 퇴계가 고봉에게)

제5차 서신에서 퇴계는 고봉의 4차 편지가 너무 뜻이 깊고 인용이 해박하여 종횡무진 치달리는 변론을 다 헤아릴 수 없었다고 하면서, 앞뒤의 주장들이 서로 얽히고설키어 갈라내기가 쉽지 않았다고 하였다. 따라서 글 하나하나를 차례에 따라 설명하다 보면 산만하고 되풀이되는 형세를 면하기 어렵고, 또한 흐려지고 얽히기만 할 우려를 하였다. 이에 퇴계는 고봉이 전개한 장문의

33) 김영두, 전게서, 382쪽.

변론을 자세히 분석한 뒤 다음의 다섯 가지로 분류하였다.

첫째, 그대의 말에 본래 잘못이 없는데 제가 착각하여 엉뚱하게 논한 것

둘째, 그대의 편지를 받고서 제 말이 마땅하지 않음을 깨달은 것

셋째, 그대의 편지 내용이 제가 들은 것과 근본이 같아서 다름이 없는 것

넷째, 근본은 같지만 다르게 나아간 것

다섯째, 의견이 달라서 끝내 따를 수 없는 것

퇴계 선생의 학문에 대한 열정과 진리 탐구의 집념을 볼 수 있는 사례이다. 대충 정리 논설하거나, 귀찮게 여기는 모습이 전혀 보이지 않는다. 오히려 놀랄 만큼 치밀하고, 논리적이며, 토론 상대자에게 예를 갖추고 있다.

퇴계는 위와 같은 다섯 조목에 대해 차례로 답변이나 논설을 전개하였다. 첫째 조항은 한 가지가 있는데 이미 고쳤다고 하였고, 둘째 조항은 네 가지인데 이 역시 이미 고쳤다고 알린다. 그리고 셋째 조항에서는 열세 가지인데 내가 들은 것과 근본이 같아 더 논하지 않겠다고 정리를 하였다. 네 번째 조항인 '근본은 같지만 다르게 나아간 것'에서는 여덟 가지가 있고, 마지막 다섯번째 조항 '의견이 달라서 끝내 따를 수 없는 것'에서는 모두 아홉 가지가 있다고 분석하였는데, 이들에 대해서만 그 조목별로 자세히 반론하고 설명을 하였다.

무릇 사단에 기가 없는 것이 아니고 칠정에 이가 없는 것이 아니라는 것은 그대가 말했을 뿐만 아니라 저도 말했고, 우리 두 사람이 말했을 뿐만 아니라 옛 유학자들도 이미 말했습니다. 그리고 옛 유학자들이 억지로 그렇게 말한 것이 아니라, 하늘이 부여한 것과 사람이 받은 것의 원류와 맥락이 본디 그러한 것입니다. 그렇다 하더라도 그대와 저의 소견이 처음에는 같으나 마지막에 다른 것은 다른 까닭이 없습니다. 그대는 사단과 칠정이 모두 이기를 겸하여 실질은 같으면서 이름만 다른 것이니, 이와 기에 나누어 붙여서는 안 된다고 여깁니다. 저는 다른 가운데 같은 것이 있음을 보았기 때문에 두 가지를 섞어서 말한 것이 진실로 많으며, 같은 가운데 다름이 있음을 알았기 때문에 두 가지 사이에서 말에 따라 자연히 이를 주로 하고 기를 주로 하는 차이가 있는 것이니 어째서 나누어 붙일 수 없느냐는 생각입니다.[34]

퇴계는 우리 몸을 비유하여 이와 기를 나눌 수도, 합칠 수도 있음을 다음과 같이 설명하고 있다.

대개 사람의 몸은 이와 기가 합쳐서 생겨난 것이기 때문에 두 가지가 번갈아 발현하고 또한 서로 따르게 되는 것입니다. 번갈아 발현한다면 각각 주되는 것이 있음을 알 수 있고, 서로 따른다면 함께 그 속에 있음을 알 수 있습니다. 함께 그 속에 있기 때문에 섞어서 말하는 것이 물론 가능하고, 각각 주되는 바가 있기 때문에 나누어서 말해도 안 될 것이 없습니다.[35]

---

34) 김영두 옮김, '퇴계와 고봉, 편지를 쓰다', 소나무, 2015, 412~413쪽.
35) 김영두, 전게서, 414쪽.

퇴계는 고봉이 하나에 집착하여 다른 하나를 없애려고 하는 것에 대해 비판하고 있다. 고봉이 한결같이, 사단과 칠정은 구별이 있을 뿐, 칠정의 밖에 따로 사단이 있는 것은 아니라고 하고, 따라서 이와 기는 본래 구분이 있지만 실제 사물에서는 완전히 섞여 있기에 결코 나눌 수 없다고 주장하는 것에 대하여 다음과 같이 재차 설명하고 있다.

> 칠정을 사단과 대구로 놓아 각각 나누어 말한 것은 칠정과 기의 관계가 사단과 이의 관계와 같이 발현할 때 각각 나름의 흐름이 있고, 제각기 따로 가리키는 이름이 있기 때문에, 주된 바에 따라 이와 기에 나누어 붙일 수 있다고 한 것뿐입니다. 저도 칠정이 이와 전혀 관계없이 바깥의 사물이 우연히 서로 모이고 붙을 때만 감응하여 움직인다고 말하는 것은 아닙니다. 마찬가지로 사단이 사물에 감응하여 움직이는 것도 진실로 칠정과 다르지 않습니다. 단지 사단은 이가 발현하여 기가 따르는 것이고, 칠정은 기가 발현하여 이가 타는 것일 뿐입니다.[36)]

여기에서 퇴계는 사단과 칠정이 발현할 때, 각각 이와 기가 서로 작용을 하는 점은 인정하고 있으면서, 주된 것이 무엇인가에 유의해야 함을 강조하고 있다. 그러면서 퇴계는 사람과 말의 관계로 비유하고 있다. 사람과 말의 관계를 보면 사람은 말이 아니면 먼 길을 다닐 수가 없고, 말은 사람이 아니면 방향을 잡지 못하게 되는 것을 비유하여 이와 기를 설명한다. 사람이 말을 타고 갈 때,

---

36) 김영두, 전게서, 416쪽.

어떤 이는 '사람이 간다'는 것만 가리켜 말하니, 이 경우 말까지 아울러 말하지 않더라도 말이 같이 가는 것이니, 사단이 그것입니다. 또 어떤 이가 '말이 간다'는 것만 가리켜 말하니, 이 경우 사람까지 아울러 말하지 않더라도 사람이 같이 가는 것이니, 칠정이 그것입니다.[37]

퇴계는 위 설명에서 사단은 이(사람)가 발현한다고 하여도 기(말)가 함께 따라가는 것이고, 칠정은 기(말)가 발현한다고 하여도 이(사람)가 거기에 타고 있는 것이기 때문에 사단과 칠정은 그 주가 무엇인가를 살펴야 한다고 반론한다. 그리고 퇴계는 최종적으로 자신의 논설을 다시금 수정하게 된다.

- 퇴계의 3차 수정: 사단은 이가 발현하여 기가 따르는 것이고, 칠정은 기가 발현하여 이가 타는 것이다(四端理發氣隨之, 七情氣發理乘之).

퇴계는 이 논설을 마치고 나서 다시 '후론에 대해'를 쓰면서 '도가 같으면 한마디 말로도 서로 맞을 수 있고, 같지 않으면 많은 말이야말로 도를 해치게 된다.'고 하면서 '우리 두 사람의 학문이 다르다고 할 수 없습니다. 그런데도 한마디 말로 맞추지 못하고 이처럼 많은 말을 했으니, 진실로 밝히지는 못하고 얽혀서 해치게 될까 두렵습니다.'라고 썼다. 퇴계는 고봉과의 사단칠정 논쟁이 서로 합일점을 찾지 못하고 계속 서로 따지고, 대꾸하다

37) 김영두, 전게서, 418쪽.

보니 오히려 실타래가 얽히어 혼란만 가져오는 것이 아닌가 우려하고 있음을 볼 수 있다.

한편, 사칠논변과는 별도로 퇴계는 5차 편지에서 따로 편지 한 통을 썼다. 제목은 '무이구곡도가에 대해'로 '기정자에게 주다'로 시작하는 편지이다. 서첩과 액자[38]도 갖추어 보냈으며, 또한 고봉이 부탁드린 회암의 '숙매계관시'[39]도 함께 써서 보내었다. 그리고 퇴계는 주자의 무이구곡도가를 차운해서 지은 시를 고봉에게 보내면서 따져보고 논평해 주기를 바란다고 당부하였다. 치열한 토론을 하다 보면 때로는 감정이 섞일 수가 있음에도 퇴계는 고봉이 부탁한 글씨, 액자, 시를 써서 보내주고 있음을 보게 된다. 토론의 전범이라고 하는 이유를 알 수 있을 듯하다.

바. 제6차 편지(1561. 신유년. 4. 10. 고봉이 퇴계에게)

퇴계의 5차 편지에 대해 고봉은 이듬해 1561년 4월에 6차 답장 편지를 써서 보냈다. '여러 가지 글과 편지를 받아보고서'라는 제목으로 쓴 편지에서 고봉은 "손수 쓰신 편지와 아울러 변답서,

---

38) 서첩과 액자: 고봉이 4차 편지에서 퇴계 선생에게 자신의 서재 이름 "존재"와 "구방심", "존덕성" 등의 글씨를 써 주시기를 부탁한 것에 대한 서첩과 액자로 만들어 보내는 것을 말한다.

39) 숙매계관시(宿梅溪館詩): 송나라의 담암 호전이 화의론자인 진회를 죽이라고 주청하였다가 귀양을 갔다. 귀양에서 풀려나 돌아올 때 상담(湘潭)의 매계관에서 하루 숙박을 하면서 기생 여천과 술을 마시고 정을 통하였다. 이튿날 아침 여천의 남편이 알고 말먹이인 콩깍지를 내놓고 '이를 먹지 않으면 죽이겠다' 하여, 호전이 이를 먹는 봉변을 당하였다. 뒷날 주희가 이곳을 지나다가 이러한 이야기를 근거로 지은 시이다. 고봉은 자신이 술을 좋아하기에 퇴계 선생에게 이 시를 써 달라고 부탁하여 스스로 경계하고자 하였다.

도가화운,[40] 여러 폭의 명시를 잘 받아 기쁜 마음 더욱 지극하였다"고 인사를 드렸다. 그리고 사단칠정설에 대한 자신의 변론을 서술하여 책자로 기록하여 본주(本州) 영공[41]의 행차 편에 삼가 부친다고 하였다.

> 변답서를 자세히 보면 모두 서른이 넘는 조목이 있습니다. 이미 의견이 같은 것이 열여덟 조목이고 같지 않은 것이 열일곱 조목입니다. 이미 의견이 같은 것은 모두 큰 절목이고 같지 않은 것은 자잘하게 남은 논의이니, 이미 같은 것으로 같지 않은 것을 파헤친다면 같지 않은 것도 끝내는 같은 데로 귀결될 것입니다.[42]

고봉은 퇴계가 두 사람의 논점을 다섯 가지 조목으로 분류하여 넷째 조목(근본은 같지만 다르게 나아간 것)과 다섯째 조목(의견이 달라서 끝내 따를 수 없는 것)에 대해서 논의한 것에 대해 고봉은 각 조목에 대해 논설을 전개하였다.

> "사단과 칠정 두 가지를 가리켜 말하면 이를 주로 하는 것(主理)과 기를 주로 하는 것(主氣)의 차이가 있다" 하신 말씀에 저는 의심이 갑니다. 맹자가 나누어 이(理) 한쪽만을 가리킨 때에는 이를 주로 말했다고 할 수 있겠습니다. 하지만 자사가 합쳐 이기를 겸해서 말한 때에도 기를 주로 말했다고 할 수 있겠습니까? 다시

40) 퇴계가 주자의 '무이구곡도가' 시를 차운하여 지은 시를 고봉에게 보내어 검토를 부탁한 것을 말한다.

41) 광주목사 류경심(1516~1571)을 말한다. 서애 류성룡의 당숙이다.

42) 김영두, 전게서, 418쪽.

가르쳐 주시면 어떻겠습니까?[43)]

고봉은 다시 퇴계의 편지에서 5, 7, 9, 12, 14조의 가르침이 요점이고 의견이 엇갈린 곳이기에 감히 모아서 논의하고자 하였다.[44)]

5조: 발현에는 각각 흐름이 있고 제각기 따로 가리키는 이름이 있다.
7조: 근원을 미루어 본다면 실로 이와 기의 구분이 있다.
9조: 실로 이의 발현, 기의 발현이 구별되므로 다르게 이름 지었다.
12조: 사단의 연원이 이라면 칠정의 연원이 기가 아니고 무엇이랴.
14조: 맹자의 기쁨(喜), 순자의 노여움(怒), 고자의 슬픔(哀)과 즐거움(樂)은 기가 이를 따라 발현한 것이다.

고봉은 퇴계의 위에서 논한 내용 하나하나를 반박하는 논설을 편지에 썼다.

감히 여쭙습니다만, 기쁨, 노여움, 슬픔, 즐거움이 발현하여 절도에 맞는 것이 이에서 발현하는 것입니까, 기에서 발현하는 것입니까? 그리고 발현하여 절도에 맞아 가는 곳마다 선하지 않음이 없다는 선과 사단의 선은 같습니까, 다릅니까? 만약 발현하여 절도에 맞는 것이 바로 이에서 발현된 것이고 그 선이 같다고 하신다면, 위의 다섯 조항에서 말씀하신 것은 모두 마땅한 논의가 될 수 없을 듯합니다.

43) 김영두, 전게서, 444~445쪽.
44) 김영두, 전게서, 448~449쪽.

> 또 '사단은 이가 발현하여 기가 따르고, 칠정은 기가 발현하여 이가 탄다' 하는 두 글귀는 매우 정밀합니다. 하지만 제 생각에 이 두 글귀의 뜻이 칠정에는 이와 기가 겸해 있고 사단은 이의 발현 한 쪽만 있는 것이 될 뿐이라고 여겨집니다. 그러므로 저는 이 두 글귀를 "정이 발현할 때는 이가 움직여서 기가 갖추어지거나, 또는 기가 감응하여 이가 탄다"라고 고치고 싶은데 이 말이 선생님의 생각에 어떨지 모르겠습니다.

고봉이 반박하고 논쟁하는 주장은 거침이 없었다. 문장 한 줄, 단어 한 마디가 논쟁의 대상이 되고, 말 한마디를 서로 따지게 되니, 퇴계가 표현한 대로 논쟁이 마치 숨바꼭질하듯 흘러가는 듯하기도 하였다. 결론적으로 고봉은 이와 기는 결코 둘이 아니고, 하나라는 관점에서 자신의 설을 전개하고 있었다.

퇴계와 고봉 간의 사칠논변의 종료는 실제로는 여기서 종료된다. 고봉의 이 논설에 대해 퇴계는 다음 해 10월에 시를 한 수 지어 보내며 논쟁을 종료한다. 따라서, 퇴계 고봉의 사칠논변은 실제로는 3년 만에 편지 6차례로 사실상 종료됨을 알 수 있다.

사. 제7차 편지(1562. 10. 16. 퇴계가 고봉에게)

제7차 편지는 논쟁은 없는 퇴계의 답서이다. 이 편지의 제목은 '사단칠정 논변의 어려움'이다. 퇴계는 여기서 사칠논변을 계속하는 것이 더 이상 무의미하다고 판단한 듯하다. 퇴계는 의리를 분석하고 밝히는 일은 더없이 정밀하고 해박해야 함에도, 자신의 논설이 그동안 방만하고, 조예가 미치지 못한 점이 많았다고 반성한다. 그리고 조예가 부족하니 그때마다 이전 유학자들의 학설을 따다가 이리저리 인용하고, 변론하는 자료로 삼은 것에 대해서 '이는 마치 과거 시험 보는 사람이 과장에 들어가서 시제(試題)를 보고 고사를 따다가 조목별로 답을 쓰는 것과 다를 것이 없는 것'이라고 하면서, 이는 '학문 발전에는 도움이 되기는커녕 부질없는 다툼으로 고귀한 학문의 중요한 금기를 범하는 것'이라고 하면서 논쟁을 중단하였다. 퇴계는 다음과 같은 시[45]를 장난삼아 지어 보낸다고 하며, 논쟁을 마무리한다.

짐을 싣는 두 사람 경중을 다투며	兩人駄物重輕爭(양인태물중경쟁)
무게를 헤아려 보면 이미 균평한데	商度低昂亦已平(항도저앙역이평)
을 쪽의 짐을 갑 쪽으로 다 돌리면	更剋乙邊歸盡甲(갱극을변귀진갑)
짐이 어느 때나 균평해질까	幾時駄勢得勻停(기시태세득균정)
하하.	

이 시 뒤에 이어서 퇴계는 고봉에게 주자대전 속집이나 심경부주를 읽다가 의문 나는 점을 포함하여 모두 일곱 가지 질문을 하면서 가르쳐 주기를 청하고 있다. 그중에 첫 번째 질문을 소개해 본다.

> 주자대전속집의 '채계통에 주는 답서'에서 "천지의 곳간을 다 열고자 한다면, '옹치과라'가 손상을 당하게 되는 유감이 없을 수

45) 고봉전서, 양 선생 왕복서 제1권, '명언에게 절하고 물음'.

없다" 했는데, '옹치과라'가 손상을 당한다는 말이 무슨 뜻인지 모르겠습니다.

61세의 대학자가 27세나 어린 후배 선비에게 위와 같은 질문을 일곱 가지나 하였다. 불치하문(不恥下問), 손아랫사람에게 모르는 것을 묻는 일은 부끄럽지 않다고 하지만, 다른 책도 아니고, 주자대전, 심경부주 등을 읽다가 모르거나, 이해가 안 되는 부분을 한참 후배에게 묻고 있는 퇴계의 편지를 보면서 젊은 고봉의 박식함이 어느 정도인지 알 수 있기도 하거니와, 퇴계 선생의 박학하고 심문하는 학문 자세에는 참으로 흉내 낼 수 없는 높음과 깊음이 느껴진다.

아. 제8차 편지(1566년. 병인년. 7. 15. 고봉이 퇴계에게)

이 8차 편지는 1562년 퇴계가 7차 편지로 논쟁을 종료한 후, 4년이 지난 후에 고봉이 논설의 마무리 형식으로 작성한 편지이다. 퇴계와 고봉의 사칠논변 왕복 편지는 1561년 4월 고봉의 논설과 이듬해 1562년 10월에 퇴계가 논쟁을 중단하는 답서를 보냈으며, 이후 4년간 논쟁이 없다가 1566년 고봉이 '사단칠정 후설과 총설을 드립니다'라는 제목으로 마무리 형식의 답장을 다음과 같이 썼다.[46)]

지난번 사단 · 칠정의 설에 대하여 저의 말이 막혀서 통하지 않는

46) 고봉전서, 양 선생 사칠 · 이기 왕복서 하편, '고봉이 퇴계에게 답한 편지.'

다는 것도 헤아리지 않고 좁은 소견을 차례로 개진하여 거의 남김없이 토로했던 것은 오직 가르침을 받아 참으로 옳은 것을 구하고자 했던 것입니다. 그러나 그사이에 더러 서로 다른 의논이 없지 않았던 것은 대개 저의 소견에 따라 발언한 것일 뿐 감히 고의로 어지럽게 하려 한 것은 아니었습니다. 그런데 보내주신 절구 한 수[47]를 받아 보니 망연자실하여 다시 여쭙고 싶은 마음이 없었습니다. 그러므로 오랫동안 감히 여쭙지 못했던 것입니다. 그런데 생각건대 선생께서는 한가한 사이에 깊이 완색하시어 조예가 더욱 정명해졌을 것이고, 저 역시 한적한 틈에 때때로 다시 사색해 보니 자못 지난날의 설에 궁구하지 못한 바가 있음을 알게 되었습니다. 그러므로 감히 '후설' 1편과 '총론' 1편을 기술하여 품달하려 하였으나, 인편이 없어 부치지 못했었는데 이번에 아울러 올립니다. 바라건대 살펴 주심이 어떻겠습니까?

퇴계가 8차 편지에서 갑과 을이 서로 경중을 따지면서 어느 한쪽의 무게 쪽으로 모으고자 하는 것이 부질없는 다툼과 같고, 이는 고귀한 학문의 금기를 어기는 것이라고 하면서 논쟁을 종료한 것이다. 사실 7차까지의 논쟁을 통해서 사단칠정과 이기의 관계에 대한 두 학자의 의견은 거의 확인된 것이며, 더 이상 토론할 것도 없었다고 본 것이다. 근본은 같고 지엽만 다를 뿐이었다. 그런데 4년 후 고봉은 다시 토론을 재개하고자 하였다. 퇴계 선생의 시를 받아 보고 더 이상 토론할 생각을 못 하다가 4년간의 숙면 기간에 다시 생각나는 점을 서술하여 후설 한편과 총설

47) 퇴계가 제7차 편지에서 장난삼아 지어 보낸다고 쓴 시이다.

한편을 지어 보냈다. 이는 그동안 논설한 것을 고봉의 관점에서 최종적으로 마무리한 것이다. 퇴계 선생 서거 4년 전이며, 후설과 총설 모두 분량은 매우 간략하였다.

〈고봉의 사단칠정 후설〉

후설[48]에서 고봉은 큰 전제에서 퇴계와 다르지 않다는 점을 완곡하게 표현하고 있다. 이를테면, 고봉은 "사단은 이가 발현한 것이고, 칠정은 기가 발현한 것이다"라는 주자의 말을 다시금 생각해 보면서 그동안의 자신의 생각에 맞지 않은 부분이 있었음을 논한다. 그는 "보내주신 글에서 정에 사단과 칠정의 구분이 있는 것은 성에 본성과 기품의 다름이 있는 것과 같다고 말씀하신 것은 제 견해와 다르지 않은데 어찌하여 살피지 않으시고, 근본은 같으나 다르게 나아갔다 하시는지 모르겠습니다."라고 하였다. 이는 퇴계가 앞의 편지에서 '근본은 같으나, 다르게 나아갔다'라고 하신 것에 대해 해명하고 있다. 이 후설에서 고봉이 퇴계의 주장에 어느 정도 동의하고 있음을 보여 준다.

그러면서 고봉은 자신의 기존 입장을 버리지 않는 표현 또한 완곡하게 드러내고 있었다. '기질의 성에서 선한 것은 곧 본연의 성이지 따로 하나의 성이 있는 것은 아니라고' 하면서, 자신의 견해로 밝혔던 '칠정이 발현하여 절도에 맞는 것은 사단과 더불어 실제는 같되 이름만 다르다'라는 주장은 아마 이치를 해치지는

48) 한국고전종합DB, 고봉전서, 양선생사칠이기왕복서 하편, 사단칠정 후설.

않을 것이라고 부드럽게 표현하였다. 그러면서 큰 줄기가 같다면, 자잘한 것들은 굳이 억지로 맞추려고 하지 않아도 끝내는 같아질 것이라고 하였다.

〈고봉의 사단칠정 총론〉

고봉의 총론은 더 이상 토론 없이 사칠논변을 어떤 형식으로라도 마무리하고자 하는 뜻으로 보낸 짤막한 편지이다. 원문의 내용이 짧고 간단하며 별도 설명 없이 아래에 그 총론 원문 일부를 소개하고자 한다.

> 대체로 성이 본래 선하다 하더라도 기질 속에 떨어져 있으면 편벽되고 지나침이 없지 않기 때문에 '기질의 성'이라 하고, 칠정이 비록 이 · 기를 겸하였다고 하지만 이는 약하고 기가 강하여 이가 기를 통섭할 수 없어 쉽게 악으로 빠져들기 때문에 기가 발한 것이라고 한 것입니다. 그러나 칠정 중에 발하여 절도에 맞는 것은 이에서 발하여 선하지 않음이 없으니, 그렇다면 사단과 애당초 다른 것이 아닙니다.
> 칠정은 이 · 기의 발함을 겸유하였으나, 이의 발함이 기를 주재하지 못하기도 하고 기의 유행이 도리어 이를 가릴 때도 있는 것이니, 학자가 칠정의 발함에 대해 성찰하여 잘 다스리지 않아서야 되겠습니까? 이것이 또 사단과 칠정의 명의(名義)에 각각 소이연(所以然)이 있는 것이니, 학자가 진실로 이로 말미암아 확충하기를 구한다면 도움이 많을 것입니다.[49] (후략)

---

49) 한국고전번역DB, 고봉전서, 양선생사칠이기왕복서 하편, 사단칠정 총론.

자. 제9차 편지(1566년. 병인. 10. 26. 퇴계가 고봉에게)

퇴계는 고봉의 후설과 총설을 받고, 약 석 달 뒤 두 통의 답장을 썼다. 하나는 '사단칠정 총설과 후설을 받고서'이고, 다른 하나는 '그대의 편지를 깊이 생각하며'이다. 앞의 편지에서 퇴계는 다음과 같이 기록하고 있다. 여기서는 10월의 편지를 9차, 11월의 편지를 제10차로 분류하였다.

> 〈사단 · 칠정 총설〉과 〈사단 · 칠정 후설〉 두 편은 의논이 매우 명쾌하여 트집을 잡아 어지럽게 공격하는 병통이 없고, 안목이 지극히 정당하여 홀로 밝고 광대한 근원을 보았으며, 또한 지난날 견해의 오류를 매우 미세한 부분까지 밝게 분변하여 모두 고쳐서 신의(新意, 퇴계의 설을 가리킴)를 따랐습니다. 이것은 더욱 사람들이 하기 어려운 바인데, 매우 훌륭하십니다.[50)]

차. 제10차 편지(1566년. 병인. 11. 6. 퇴계가 고봉에게)

약 10일 뒤 11월 6일에 보낸 편지에서 퇴계는 고봉이 희노애락을 인의예지에 배속시키는 것의 잘못에 대해 자신 역시 미진한 부분이라고 동의하고 있다.

> 그리고 공의 말에 "이(理)가 발한 것이란 오로지 이만을 가리켜 말한 것이고, 기가 발한 것이란 이와 기를 섞어서 말한 것이다." 하였는데, 내가 일찍이 이 말을 가지고서 근본은 같으나 지엽이

50) 한국고전번역DB, 고전번역서, 고봉전서, 양선생사칠이기왕복서 하편, 퇴계가 고봉에게 준 편지.

다르다고 하였습니다. 그것은 나의 의견이 진실로 이 설과 같은 것은 이른바 '근본이 같다'는 것이지만, 공이 이 설로 인하여 드디어 사단칠정을 반드시 이기에 분속해서는 안 된다고 한 것은 이른바 '지엽이 다르다'는 것이었습니다. 그러나 만일 지난날 공의 견해와 논의가 이번에 보내온 두 가지 설처럼 막힘없이 통하고 시원하였다면 어찌 지엽이 다름이 있겠습니까.

고봉의 사단칠정 후설과 총론에 대한 퇴계 선생께서 보내신 9차, 10차 편지는 내용이 아주 간략하였다. 퇴계는 고봉의 후설과 총론이 지금까지 토론을 잘 정리한 듯하며, 말단을 두고 따지던 병폐가 없다고 강평하였다. 그리고 다음과 같은 글로 마무리하였다.

일찍이 우리 두 사람이 왕복 논변한 글을 가지고 한 권의 책으로 만들어 때때로 보면서 잘못된 곳을 고치고자 하였으나, 간혹 수습해 싣지 못한 것이 있으니 한스럽습니다. 병인년(1566년, 명종 21년) 동짓달 초 6일에 황(滉)은 절하고 올립니다.

퇴계 선생의 10차 편지에 대해 고봉은 이듬해 1567년 1월 24일에 간략한 답장 편지를 썼다. 이 편지는 사단칠정 논의는 없었으며, 고봉은 퇴계의 의견과 같이 오갔던 글을 모아 한 권의 책으로 만들고 싶다고 쓰면서 마무리하였다. 이로써 퇴계 고봉 토론은 1566년 11월 6일 퇴계가 보낸 제 10차 편지로 종료되었다고 볼 수 있다.

카. 퇴계 고봉 간의 사단칠정논변 왕복 서신 일지

지금까지 퇴계 고봉이 사칠논변을 하면서 주고받은 10회의 서신 내용과 주장에 대해 간략히 살펴보았다. 그 서신을 간단한 표로 요약하면 다음과 같다.

〈사단칠정논변 왕복 서신 일지〉

회차	퇴계가 보내다			고봉이 보내다		
1	1559	1.5	사단은 이가 발한 것이고, 칠정은 기가 발한 것이다.			
2				1559	3.5	사단칠정은 애당초 두 가지 뜻이 있는 것이 아니다.
3	1559	10.24	이가 기에 선행하고 우위에 있다.			
4				1560	8.8	이와 기는 하나이다.
5	1560	11.5	사단 칠정 발현에 사단은 이가, 칠정은 기가 주된 것이다.			
6				1561	4.10	정이 발현할 때는 이가 움직여서 기가 갖추어지거나, 또는 기가 감응하여 이가 탄다.
7	1562	10.16	토론 종료			
8				1566	7.15	사단칠정 후설과 총론을 지어 드리다.
9	1566	10.26	'사단칠정 총론과 후설을 받고서'			
10	1566	11.6	'그대의 편지를 깊이 생각하며'			

5. 퇴계 고봉 사칠논변의 정리

가. 퇴계의 주장

퇴계는 사단칠정과 이기 관계에 대한 자신의 설을 모두 3회 수정하여 최종 확정하였다. 최초 추만 정지운이 천명도에서 주장한 설을 보고 1차 수정하기 시작하여, 고봉과의 논쟁에서 두 차례 더 수정하였으며, 그 과정은 다음과 같다.

(1) 추만의 설: 사단은 이에서 발현하고, 칠정은 기에서 발현한다.(四端發於理 七情發於氣)
(2) 퇴계 1차 수정: 사단은 이가 발현한 것이고 칠정은 기가 발현한 것이다.(四端理之發, 七情氣之發)
(3) 퇴계 2차 수정: 사단의 발현은 순수한 이인 까닭에 언제나 선하고, 칠정의 발현은 기와 겸하기 때문에 선악이 있다.(四端之發純理, 故無不善, 七情之發兼氣, 故有善惡)
(4) 퇴계 3차 수정: 사단은 이가 발현하여 기가 따르는 것이고, 칠정은 기가 발현하여 이가 타는 것이다.(四端理發氣隨之, 七情氣發理乘之)

나. 고봉의 주장

(1) 사단과 칠정이 모두 기에서 발현한다. 이는 다만 기를 관리할 뿐이다.
(2) 이와 기는 둘이 아니라 하나이고, 사단, 칠정도 모두 하나

의 정(情)이며, 정은 기로 드러난다. 이론적으로는 이가 존재하나, 실제적으로는 이는 기와 혼합하여 존재한다.

(3) 퇴계의 3차 수정안에 대해 "정이 발현할 때는 이가 움직여서 기가 갖추어지거나, 또는 기가 감응하여 이가 탄다"라고 수정 의견을 제시하였다.

다. 퇴계 고봉 주장의 같은 점과 다른 점

(1) 같은 점: 퇴계와 고봉은 이와 기는 함께 하면서 둘이 존재한다는 점에서 같은 의견이다. 퇴계가 근본은 같다고 한 것이 이를 두고 한 말이다. 따라서 이이이, 일이이, 이기불리, 이기부잡과 같은 근본적 특성에 대해 같은 입장이다.

(2) 다른 점: 퇴계는 이와 기가 사단, 칠정에 모두 작용하고 있으나, 주된 것이 있어야 한다고 주장한다. 따라서 사단은 이가 주가 되며, 칠정은 기가 주가 된다는 입장이다. 그에 비해, 고봉은 이와 기가 이론적으로는 둘이지만, 주되거나 우선하는 것이 없으며, 이와 기는 하나로 작용하되, 다만 이가 기를 관리할 뿐이라는 입장이다.

라. 퇴계 고봉 입장의 발전

퇴계의 입장은 훗날 '이기호발설(理氣互發說)'로 발전하고, 고봉의 입장은 율곡의 '기발이승일도설(氣發理乘一途說)'로 발전한다. 이기호발설은 이와 기는 '하나이면서 둘(一而二)'이라는 측면과, 서로 섞일 수 없다는 불상잡의 관점에 무게를 두고 있다. 따라서 이는 사단 발현의 근원이고, 기는 칠정 발현의 근원으로 보는 설이다. 반면, 기발이승일도설에서는 '모든 대상은 기의 발현에 의한 것이고 이는 기에 타는 한 가지 길'로 이기 관계를 설명하고 있다. 이와 기는 '둘이면서 하나(二而一)'라는 측면과 서로 나눌 수 없다는 불상리의 관점에 무게를 두고 있다. 이는 작용도 형체도 없으므로 이가 주체적으로 무엇을 발현시킬 수는 없다고 보는 관점이다.

마. 사칠논변의 진행 과정

퇴계와 고봉의 사칠논변은 1559년 1월에 1차 편지를 시작으로 하여 1561년 10월에 6차 편지로 사실상 토론은 종료된다. 3년 만에 종결되었다고 보아야 한다. 이것이 1차 사칠논변 종료이다. 1차 논쟁에서 퇴계가 3회 서신을 보냈고, 고봉이 3회 보냈다. 1562년 10월에 퇴계는 7차 편지에서 종결을 하였지만, 깊은 토론이 없었기에 3년 토론으로 종결된 것으로 보아야 한다. 그리고 4년 후인 1566년 고봉이 제8차 서신을 보내고 퇴계가 이에 대해 9차, 10차 서신으로 답을 보냈다. 이것이 2차 사칠논변이다. 사단칠정과 이기의 관계에 대한 치열한 논리 전개는 1차 논쟁에서 거의 이루어졌으며, 2차 논쟁에서는 토론이 없었다. 고봉이 4년간의 침묵을 깨고 1차 논쟁의 내용들을 정리하는 총설과 후설을 지어 퇴계에게 보냈고, 퇴계는 10차 서신에서 토론 없이 간단한 답장 편지로 답하였을 뿐이었다. 퇴계의 10차 답장 서신에 대해 고봉은 11차 서신으로 인사 겸 두 사람의 그동안 논의한 것을 책으로 엮었으면 하는 소망을 담고 있기에 본 논문에서는 왕복 서신 횟수에 포함시키지 않았다.

바. 사칠논변 실제 기간

퇴계와 고봉의 사칠논변 실제 기간은 만 3년(1559.1.5~1561.1.16)이고 서신은 6회이다. 1년 10개월 뒤인 1562년 10월 16일 퇴계가 고봉의 6차 편지에 답을 보내지만, 종결 편지에 불과하였다. 고봉이 1566년 11월에 후설과 총설을 쓴 편지를 보냈기 때문에 '퇴계 고봉 사칠논변'의 전체 기간을 8년으로 말하기도 하나, 실제 논쟁 기간은 3년이다. 따라서 사칠논변은 '실제 3년, 전체 8년' 논쟁으로 정리할 수 있다.

사. 사칠논변 편지 횟수

퇴계와 고봉이 사단칠정논변에 대해 주고받은 편지 횟수는 모두 17회이다.[51] 이는 아주 간단한 서식까지 포함된 횟수이다. 퇴계는 진정한 사단칠정 논쟁 편지는 3회를 썼다. 그리고 논쟁 중단 편지를 1회, 마무리 편지 2회로 도합 6회의 편지를 썼다. 고봉은 같은 기간에 논쟁 편지 3회, 후설, 총설을 합쳐서 1회 써서 모두 4회의 편지를 썼다. 따라서 8년간 10회 서신을 주고 받았다.

---

51) 김영두, '퇴계와 고봉, 편지를 쓰다', 소나무, 2015, 353~485쪽.

이를 종합하면, 8년간 17편의 편지를 썼으나, 주된 토론 편지는 10회 서신으로 볼 수 있다. 그리고 진정한 토론은 1차 논쟁 3년간 6회 서신으로 정리할 수 있다.

아. 퇴계 고봉 사칠논변의 의의

(1) 퇴계 고봉 사칠논변은 중국 성리학의 핵심 의제인 심성론에 이기론을 결합하는 새로운 학설을 창출함으로써 조선의 성리학 수준을 중국과는 차별화한 한 단계 끌어올리는 계기가 되었다.

(2) 성리학을 완성한 주자가 사단칠정과 이기의 관계를 '사단은 이의 발현이고, 칠정은 기의 발현'이라는 단순하고, 지나치게 이분화한 명제를 퇴계는 '사단은 이가 발하여 기가 따르는 것이고, 칠정은 기가 발하여 이가 타는 것'이라고 보다 정밀하게 새로운 설을 주창함으로써 심성과 이기의 관계를 보다 분명하게 규명하였다.

(3) 퇴계 고봉 사칠논변에서 퇴계는 사단에 이가 발한다는 주장을 수정은 해도 결코 포기하지 않음을 보이고 있다. 퇴계는 이의 우월성을 유지함으로써 인간이 도덕적 인격을 갖출 수 있다고 보기 때문이었다.

(4) 고봉은 대선배인 퇴계와의 사단칠정 논쟁을 하면서, 기 일원론적이고 기 중심적인 자신의 생각과 견해를 조금도 굽히지 않았으나, 후설과 총론에 이르러 사단에 이의 작용이

있으며, 성에 본성과 기품의 다름이 있다는 퇴계의 설과 자신의 생각이 근본에서 크게 다르지 않다고 밝히는 유연성을 보여주었다.

(5) 퇴계 고봉의 사칠논변의 전개는 이후 조선의 선비, 학자들이 주체적이고 논리적인 사고와 토론을 함으로써 문제 중심의 학문 탐구와 발전을 가져왔다.

(6) 퇴계 고봉의 사칠논변은 이후 조선 학계에 주리론과 주기론, 인물성동(이)이론 등의 철학적 담론을 나타나게 하였다.

(7) 퇴계 고봉의 사칠논변 서신을 읽다 보면 논쟁이 격렬하여 문자와 언어가 과격하게 드러날 때가 자주 있었다. 그러나 두 분은 이 논쟁 서신을 포함하여 많은 서신을 주고받을 정도로 학문적 동반자와 상호 존중의 인간관계를 끝까지 유지하는가 하면, 아주 특별한 사제지간이 됨으로써 토론과 논쟁의 표준을 보여 주었다.

6. 나가며

지금까지 퇴계와 고봉 간의 '사단칠정논변'에 대해 살펴보았다. 주돈이의 무극이태극이라는 이(理)에서 음양, 오행이라는 기(氣)가 태어나 이로부터 우주 만물이 생성되고, 작용한다는 태극도설에서부터 시작되어 주자의 '사단은 이가 발현한 것이고, 칠정은 기가 발현한 것이다'라는 명제가 던져지면서 조선 성리학의 담론은 곧 이와 기가 사단, 칠정과 어떤 관계가 있는가에 대해 따지기 시작하였다.

조선에서는 16세기 중반 추만 정지운의 천명도가 그 논쟁의 단초를 열었다. 추만은 전국적으로 이름이 알려지지 않은 재야 학자이었으나, 그는 조선 성리학 발전에 크게 공헌한 숨은 학자이었다. 추만의 천명도에서 '사단은 이에서 발현한 것이고, 칠정은 기에서 발현한 것이다'라는 명제에서 시작된 퇴계 고봉의 3년간의 논쟁은 비록 6회의 편지로 종결되었으나, 퇴계에게서 '사단은 이가 발현하여 기가 따르는 것이고, 칠정은 기가 발현하여 이가 타는 것'이라는 새로운 독창적인 학설을 창출하게 되는 큰 결과를 가져왔다.

토론에서 퇴계는 자신의 설을 몇 차례나 수정하면서까지 학문적 담론을 지속하였으며, 고봉은 31세 젊은 학자임에도 때로는 다소 과격한 용어를 사용하면서까지 자신의 생각과 주장을 굽힘이 없이 치열하게 토론하였다. 그러나 퇴계 고봉은 편지에서 토론은 뜨겁게 하면서도 서로 낮추며 겸손과 예의를 지키고 상호 존중하였다. 퇴계는 따뜻하게 품어 안듯 사랑하였고, 고봉은 저돌적이나 깍듯이 존경하였다.

조선 학계에서 많은 학자들이 서신으로 토론을 주고받았다. 회재 이언적은 망기당 조한보와 태극론에 대해 서신 토론을 하였고, 우계 성혼과 율곡 이이는 25차례나 서신을 왕복하면서 이기와 심성 문제를 토론하였다. 그러나 퇴계 고봉 간의 서신 토론은 두 토론자의 사회적 지위, 연령, 벼슬, 지역 등 여러 측면에서 다른 학자들의 서신 토론과는 파격적이라고 할 수 있을 만큼 특이

한 사례가 아닐 수 없다.

퇴계와 고봉은 이 토론을 통해서 서로 학문의 발전을 가져온 것을 넘어서 인간관계에서 더없이 끈끈한 관계를 형성하였다. 스승과 제자 관계가 되고, 학문의 동반자가 되었으며, 벼슬살이나 집안 대소사까지도 서로 의논하고 상담하는 막역지우가 되고 망년지교가 되었다. 이기설과 사단칠정과의 관계를 논하는 토론은 철학적이고 추상적인 담론이다. 일반 독자들로서는 이 토론의 내용 자체보다 퇴계와 고봉이 보여준 토론의 방법, 겸양과 상호 존중, 그리고 문제를 파고드는 학문적 열의에서 더 큰 가르침을 얻었다고 생각한다. 오늘날 지역, 세대, 계층 등 다양한 관계에서 일어나는 갈등이 큰 사회적 문제로 대두되는 것을 보면서 퇴계 고봉 간의 학문 토론과 그 방법, 자세는 우리에게 많은 시사점을 주고 있으며, 지금 일어나고 있는 갈등을 해소하는 데도 퇴계 고봉 사칠논변은 또한 의미 있는 처방전이 될 수 있을 것으로 생각한다.

제2장. 퇴계의 청량산 사랑[52)]

1. 들어가며

안동 도산에 있는 도산서원선비문화수련원에는 해마다 수많은 사람들이 찾아온다. 그리고 그 수는 해가 거듭될수록 증가하고 있다. 초, 중, 고등 및 대학교 학생들을 비롯하여 교원, 기업인, 유림 등 각계각층에서 찾아오는가 하면 몇 년 전부터는 일본, 중국 등 외국인들까지도 수련원을 찾아온다. 이분들이 찾아오는 목적은 관광이나 구경 때문이 아니다. 퇴계 선생의 선비정신을 배우기 위해서다. 그리고 단순히 배우고 아는 데 머무는 것이 아니라, 체험하고 수련하여서 한 가지라도 일상생활에서 퇴계처럼 살아가고자 하는 데 목적이 있다.

2001년도 퇴계 선생 탄신 오백 주년을 맞아 설립된 수련원은 2020년 누적 수련 인원이 100만 명을 넘어섰다. 참으로 놀라운 현상이 아닐 수 없다. 무엇이 글로벌 시대를 살아가는 사람들로 하여금 오백 년 전 살았던 퇴계의 선비정신을 체험하도록 하는가. 그것은 퇴계의 심오한 성리학 이론이나 수많은 저서, 학설 때문이 아닐 것이다. 바로 퇴계가 어디서 태어나서 어떻게 자랐

52) 이 글은 '열화(悅話)'(진성이씨 대종회 회지, 제30호, 대보사, 2016)에 실었던 글이다.

으며, 무엇을 배우고, 사람과의 관계는 어떠하였는지 알고자 한다. 강의실이나 도서관이 아니라 퇴계 선생의 숨결이 묻어있고, 체취가 남아 있는 퇴계의 평생 삶의 터전이었던 현장에서 배우고자 찾는 것이다.

퇴계 선생께서 태어난 태실인 노송정, 거처하던 살림집인 한서암을 탐방하고, 퇴계 종택에서 노종손[53]과 대화를 통해 삶의 지혜를 얻는다. 퇴계의 학문과 교육의 전당인 계상서당, 도산서당 앞에서 수련생들은 크게 감동하고 변화의 기운을 느낀다. 도산서원 사당에 들어가 한 번도 체험해 보지 못한 전통 의례를 통해 퇴계 선생의 위패 앞에서 분향하고 알묘[54] 드리면서 퇴계의 학행을 본받고자 한다.

이러한 역사적 현장 가운데 또 한 곳 수련생들의 가슴을 적시고, 감동을 일으키는 소중한 유적이 있다. 바로 청량산이고 청량정사이다. 그래서 수련원에서는 청량산과 청량정사를 수련 프로그램의 주요 장소로 정하고 수련생들이 직접 현장에 가서 퇴계 선생을 배우도록 한다. 여기서는 청량산과 청량정사를 알아보고 퇴계와는 어떤 관계가 있으며, 퇴계는 왜 그토록 청량산을 사랑하고 아끼셨는지, 또 거기서 무엇을 공부하고자 하였는지 알아보고자 한다.

---

53) 찾아온 수련생들에게 참선비의 모습을 보여주고 감동을 주었던 퇴계 선생 16대 이근필(李根必: 1932~2024) 종손은 2024년 봄에 별세하였다.

54) 알묘(謁廟): 사당에 들어가 선현을 뵙고 인사 드리는 의식.

2. 청량산은 어떤 산인가?

청량산[55]은 행정구역상으로는 경상북도 봉화군에 속하지만, 퇴계 선생이 태어난 온혜마을에서는 자동차로 십여 분 거리에 있는 매우 가까운 산으로 해발 870m에 지나지 않는 작은 산이다. 그리고 국립공원도 아닌 도립공원이다. 산이 높지도 않고, 골이 깊지도 않은 작은 산에 불과하지만, 청량산은 명산 중의 명산이다. 산이 많은 우리나라에는 자연이 명산이 적지 않다고 하지만 산이 명산인 것은 그 산이 높다거나 골이 깊어서만은 아니다. 명산은 신선한 기운을 풍기는 선기(仙氣)가 넘치는 산이어야 한다. 그러면서도 명산은 역사에 훌륭한 인물을 길러낸 산이어야 한다. 청량산은 바로 퇴계 이황(李滉, 1501~1570) 선생을 품어낸 산이기 때문에 명산으로 꼽히고 있다.

청담 이중환(1690~1756)은 택리지에서[56] "낙동강은 청량산을 지나면서 비로소 강이 된다"고 했다. 낙동강의 발원지가 저 멀리 강원도 태백의 황지이지만 청량산까지는 작은 개울물의 흐름과 다름없다. 그러다가 청량산을 지나면서 비로소 커지고 골짜기 어구에 이르러 큰 시냇물이 되었다. 이에 사람들 가운데에는 낙동강의 시작은 청량산이라고 말하기도 한다.

앞에서 말한 것처럼 청량산은 높지도 않고 깊지도 않지만, 선

---

55) 이치억에 의하면, 청량산은 퇴계의 5대조 자수(子脩)가 송안군으로 책봉되면서 나라로부터 받은 봉산이었다.(이치억, '퇴계와 산, 그리고 청량산', 사람과 산, 2021년 11월호.)

56) 이중환 지음, 이익성 옮김, 택리지, 을유문화사, 2017, 209쪽.

풍(仙風)이 넘치는 산이라고 하였다. 그래서 청량산에는 예부터 많은 현인들이 찾았다. 역사를 거슬러 올라가면 멀리 신라시대 때, 원효대사(617~686)가 여기 와서 청량사를 지었고, 통일신라 시대 서예가 김생(711~?)이 10년간 서도에 정진하였던 김생굴과 고운 최치원(857~?)이 도를 닦던 풍혈대, 마시던 샘물인 총명수 등을 볼 수 있다. 고려시대에는 이 산에 수 많은 불교 암자가 있었으며, 고려 공민왕(1330~1374)이 2차 홍건적 난(1361)을 피해 청량산으로 찾아왔을 때, 직접 쌓은 오마대와 청량산성 등이 보존되고 있다. 조선시대에 풍기 군수 신재 주세붕(1495~1554)은 청량산을 유람하고 열두 봉우리(육육봉) 이름을 불교식에서 유교식으로 고쳤다. 그러나 청량산이 명산의 반열에 오르게 된 것은 무엇보다도 퇴계 선생이 거기에 있었기 때문이다. 청량산에서 퇴계는 학문하였고, 뜻을 세웠다. 직접 찾아와서 공부하던 청량정사(淸凉精舍)가 있고, 오지 못해도 항상 그리워하고 사랑하며, 아끼었던 산이기 때문이다. 그래서 청량산은 명산이며, 퇴계는 그 산에 대해 이렇게 시를 지었다.

청량산을 바라보다(望山, 망산)

어디엔들 구름 없는 산 있으리오만	何處無雲山(하처무운산)
청량산 더욱 맑고 빼어나다네	淸凉更淸絶(청량갱청절)
정자에 앉아 하루 종일 바라보노라면	亭中日延望(정중일연망)
맑은 기운이 사람 뼛속까지 스며든다네	淸氣透人骨(청기투인골)

세상의 많고 많은 산에는 저마다 흰 구름이 걸쳐있어 아름답지만, 어느 것도 청량산만 한 산이 없다고 하였다. 산의 이름 '청량(淸凉)'처럼 맑고 서늘한 산, 그러한 청량산을 정자에 앉아 바라보기만 해도 그 산의 맑고 신선한 기운이 내 몸 뼛속까지 스며든다고 하였으니, 청량산은 곧 퇴계를 품어냈고, 퇴계는 사랑으로 되갚아준 산이 아닐 수 없다.

이렇게 청량산이 바로 퇴계 선생을 있게 한 명산이기에 예로부터 수많은 선비, 유생, 시인, 묵객들이 이 산을 찾아왔다. 청량산은 '16세기 사림파의 등장 이후 산수 경치를 사랑하고 유교와 퇴계를 숭상하는 선비들의 유교적 순례지가 되어 왔으며'[57] 많은 유산록을 남긴 산이 되었다. 옛날의 선비들은 산을 찾으면 반드시 유산록을 남겼다. 오늘날로 치면 기행문이다. 조선시대 우리나라 산 가운데 선비들이 남긴 유산록이 가장 많은 산은 물론 금강산이지만, 작은 산에 불과한 청량산은 유산록이 650편으로[58] 지리산에 이어 세 번째로 많은 산이 되었다. 그럼 왜 이토록 선비가 많이 찾아왔을까? 바로 퇴계 선생이 거기에 계시기 때문이다. 청량산과 퇴계는 어떠한 관계가 있는가?

3. 청량산과 퇴계

퇴계 선생께서는 청량산을 지극히 사랑하였다. 청량산에 자

57) 국가유산청, 국가유산포털, 국가유산종목별 검색, '봉화 청량산'.
58) 월간 산, 2021년 4월호.

리 잡고 싶어 하였고, 언제나 찾아오고 싶어 하였다. 15세 되었을 때, 처음으로 숙부 송재 이우(1469~1517)공, 중형 온계 이해(1496~1550)와 함께 청량산을 찾아 공부하고 유산하였다. 10년 뒤인 25세 때, 청량산 보문암에서 공부하였고 28세 때, 청량산을 찾아 유산하면서 백운암 중수기를 지었으며 33세 때, 처남 허사렴(1508~1558)과 함께 다시 청량산을 찾아 유산을 하였다. 그 뒤 약 20년간 관직에 있으면서 청량산을 찾지 못하고 지내다가 벼슬에서 물러나고 55세 때, 손자 몽재 안도(1541~1584) 등과 함께 약 보름간 청량산에 입산하여 김생굴과 연대사에서 독서 유산하였으며, 마지막으로 64세 봄에 조카, 손자, 제자들과 함께 청량산에서 사흘간 머무는 등 모두 여섯 차례 청량산을 찾았다. 비록 횟수는 여섯 차례에 불과하지만, 늘 청량산을 사랑하고, 시를 지으며, 마음의 이상향으로 삼았다.

퇴계는 스스로 호를 청량산인이라고 지어 청량산이 나를 길러준 산이라고 하였다. 그리고 "숙부께서 여기서 공부하셨고, 중형(온계 이해)이 여기서 공부하셨으며, 나 또한 여기서 공부하니 이 산은 우리 집 산이다(吾家山)." 하시며 청량산 때문에 집안이 설 수 있었음을 고백하고 있다. 한 집안에서 숙부, 형, 퇴계 자신 등 세 분이 양대에 걸쳐 대과 급제하고 학문과 인품이 세상 사람들에게 우러름을 받을 수 있었으니, 이 산이 아니면 이룰 수 없었으리라 생각하였다. 청량산에 대한 감사의 마음이 깊었으며 또한 그만큼 진정으로 아끼고 사랑한 산이다. 오가산이라 한 것은 청량산을 차지하겠다는 소유의 개념이 아니라 우리 집 모든 사람이 유학의 이상을 꿈꾸며 이를 실현하기 위하여 힘써 노력하고 공부하던 산이라는 의미라고 볼 수 있다. 그 외에도 퇴계는 도산서당을 건축할 때, 지금의 서당 터와 청량산 두 곳을 두고 어디로 정할지 고민을 많이 하였다. 청량산에 서당을 짓고 싶은 마음은 간절하였으나, 그렇게 하지 못한 이유를 그의 '도산기'[59]에서 다음과 같이 밝히고 있다.

> 청량산은 만 길이나 높이 솟아서 까마득하게 깊은 골짜기를 내려다보고 있기 때문에 늙고 병든 사람이 편안히 살 곳이 못 된다. 또 산을 즐기고 물을 즐기려면 어느 하나가 없어도 안 되는데, 지금 낙천이 청량산을 지나기는 하지만 산에서는 그 물이 보이지 않는다. 나도 청량산에서 살기를 진실로 원한다. 그런데도 그 산을 뒤로하고 이곳을 우선으로 하는 것은, 여기는 산과 물을 겸하고 또 늙고 병든 이에게 편하기 때문이다.

위의 글을 볼 때, 시냇물 등 몇 가지 조건만 갖추었다면 지금의 도산서당은 아마도 청량산에서 사람들을 맞이하고 있었을지도 모른다.

그 외에도 퇴계 선생은 주세붕이 쓴 유산록 '청량록'에 청량산록발이라는 발문을 썼으며, 청량산을 소재로 한 한시를 51편이나 남겼다. 망산, 망청량산 등의 시를 통해서 통해서 청량산을 노래

---

59) 도산기: 퇴계 선생이 도산서당을 완공한 1561년에 도산서당을 지은 사정과 소회를 자세하게 기록한 글로서 명문(名文)으로 많은 사람이 애독하는 글이다.

했고, 깊은 애정을 표현하였다. 퇴계는 청량산에 관한 시조[60] 청량산가(淸凉山歌)를 남겼는데, 이 시조를 보면 그의 청량산 사랑이 어떠한지를 잘 알 수 있다. 시조는 본서 제1부 (163)번 문항에 이미 소개되었지만, 여기서 그 의미를 다시 살펴본다.

청량산 육륙봉을 아는 이 나와 백구
백구야 헌사하랴 못 믿을 손 도화로다
桃花야 떠가지 마라 魚舟子[61] 알까 하노라

육육봉은 곱하기가 아니고 더하기를 하여서 모두 열두 봉우리[62]를 말한다. 퇴계는 청량산 열두 봉우리는 나와 백구만이 알고 있다고 하였다. 산 아래에서 바라다보는 사람들 누구나 알 수 있는 열두 봉우리인데, 왜 나와 백구만이 안다고 하였을까? 눈으로 보이는 외형이 아니라 마음으로 볼 수 있는 진정한 가치를 의미하는 표현이다. 진정한 가치를 아는 사람이 얼마나 있을까 하는 생각이 묻어있는 문구이다. 백구는 선비를 표상하는 새이다. 그러므로 이리저리 다니면서 함부로 청량산에 대한 이야기를 아무렇게나 하지는 않겠지만, 도화(桃花)가 문제이다. 도화는 복사꽃이다. 복사꽃이 믿을 수 없어서 걱정이다. 복사꽃이 떨어져 강 따라 흘러가면서 마을마다 자랑을 늘어놓을 것이기 때문이었다. 그래서

60) 이 시조는 퇴계문집에 보이지 않기 때문에 퇴계 작품이 아니라고도 하며, 정확한 저자는 알지 못한다. 그럼에도 이 시조는 퇴계의 작품으로 널리 소개되고 있다.
61) 魚舟子(어주자): 어부.
62) 육육봉: 장인봉, 선학봉, 자란봉, 연적봉, 탁필봉, 자소봉, 탁립봉, 경일봉, 향로봉, 연화봉, 금탑봉과 도로 남쪽 건너편에 축융봉을 포함하여 열두 봉우리이다.

복숭아꽃 더러 물길 따라 내려가지 말라고 당부한다. 강 아래쪽에서 그것을 본 어부와 뭇사람들이 무릉도원이 그곳에 있겠구나, 믿고 너도나도 몰려와서 함부로 대할까 걱정하고 있는 것이다. 그렇다면 퇴계는 청량산을 숨겨두고 혼자 독차지하려 하였을까. 신선의 기운을 풍기는 명산을 아끼고 사랑하는 마음 때문이다. 우리는 자신이 진정으로 사랑하는 사람이나 대상에게 남이 함부로 대하는 것을 용납하지 않는다. 내가 사랑하는 사람이나 소중히 여기는 물건을 남이 함부로 대해도 좋다면 그건 사랑이 아니기 때문이다. 퇴계에게 있어 청량산은 바로 그러한 대상이었다.

4. 자연으로 돌아와 서당을 짓다

그렇다면 퇴계는 청량산만 사랑한 것일까. 그렇지 않다. 퇴계는 자연 자체를 사랑하였다. 관직에 머무르면서도 마음은 언제나 강과 산, 구름과 하늘이 있는 자연을 그리워하였다. 산수은거를 꿈꿨고, 고향 산천을 그리워하였다. 내가 태어나고 자라난 향리로 돌아가 초가삼간 지어놓고 살고 싶어 하였다. 벼슬을 칠십여 차례나 사직한 이유가 거기 있었다. 그런 퇴계는 마침내 49세에 이르러 풍기 군수를 마지막으로 관복을 벗고 고향으로 돌아온다. 서른한 살 재혼할 때, 온혜에 지어서 살던 달팽이집 지산와사 대신에 토계리 개울가에 터를 잡고 한서암이라는 세 칸짜리 집을 짓고 거처를 정하였다. 장차 원대한 사업을 하고자 하는 터전으로는 믿기지 않을 정도로 작고, 소박한 집이었다.

퇴계가 그토록 자연으로 돌아오고 싶었던 이유는 어디 있었을까? 퇴계가 산수은거를 바라는 것은 도가나 불가를 따르는 사람들처럼 세상에서 탈출하고 속세와 절연한 채 혼자 고고하게 살아가고자 하거나 혼자 깨닫고자 하는 그런 은거가 아니었다. 그렇다고 자연으로 돌아와 산천경개 구경하며 하는 일 없이 노후에 일신의 편안함을 추구하고자 하는 그런 은거는 더욱 아니었다. 퇴계는 산수은거를 통해서 하고 싶은 공부를 계속하고 싶었고, 제자들을 교육하여 인재를 기르고 싶었으며, 착한 사람이 많아지는 세상을 만드는 데 기여하고 싶어 하였다. 너무도 뚜렷하고, 절절한 목표가 있었다. 높은 벼슬에 오르는 것도, 깊은 산속에 숨어서 은자처럼 고고하게 사는 것도, 그리고 시골에 묻혀 편하게 남은 여생을 보내는 삶도 모두 퇴계의 바람이 아니었던 것이다. 그러한 자신의 심정을 다음의 오사(나의 할 일) 시에서 잘 나타내고 있다.

나의 할 일(吾事, 오사)

높은 지위는 내 하고자 하는 일 아니네	高蹈非吾事(고도비오사)
흔들리지 말고 향리에만 있고 싶어	居然在鄕里(거연재향리)
내 소원은 착한 사람 많아지는 것	所願善人多(소원선인다)
이것이 천지의 기강이기에	是乃天地紀(시내천지기)

황룡유회란 말이 있다. 너무 높이 올라가 내려올 줄 모르는 용이 후회할 때가 있다는 말로 흔히 벼슬이 높아지기만을 추구하다

가 낭패를 당하는 경우를 비유한다. 퇴계 선생의 위 시는 황룡유회와는 정반대이다. 자신의 능력과 인품이 한계를 드러낼 때까지 때로는 그 한계를 숨기면서까지 높은 지위에 오르고 또 오르고 싶어 하는 우리 현대인들이 한 번쯤 깊이 새겨보아야 할 퇴계의 정신이다. 권오봉은[63] 여기서 고도란 고거와 같은 뜻으로 '속세에서 탈출하여 은거하다' 또는 '높은 자리에 오르다'는 뜻을 지니고 있다고 설명하였다. 어느 쪽이든 퇴계가 원하는 것은 아니었다. 학문과 교육을 하면서 '선인다(善人多)'의 세상을 세우는 데 자신의 사업을 설정해 두고 있었던 것이다. 실제 퇴계 선생의 위대한 저술이나 독창적인 이론들은 대부분 60세 전후에 이루어진 것이 많다. 향리로 돌아온 오십 세부터 세상을 떠날 때까지 이십 년간 쉬지 않고 자신의 목표를 향해 뚜벅뚜벅 걸으며, 정진하였다.

퇴계는 자연으로 돌아와 제일 먼저 착수한 일이 서당건축이었다. 초가삼간 살림집 한서암을 짓고, 그 아래 개울가에 서당을 지었는데, 방 한 칸, 마루 반 칸짜리 집이었다. 부엌도, 방구들도 없다. 이것이 대학자 퇴계가 오십일 세에 건축한 계상서당이다. 지금 보아도 도저히 서당이라고 할 수 없을 정도로 초라한 규모였다. 그렇지만 이 초라한 서당 앞에 서보면 누구라도 옷깃을 여미게 되고 스스로 한없이 작아지는 느낌을 받는다. 퇴계는 그래서 위대한 분임을 느끼게 한다. 이 한 칸 반짜리 서당에 제자 학

63) 권오봉, 퇴계선생일대기, 교육과학사, 2013, 324쪽.

봉이 찾아오고, 율곡이 가르침을 받고자 와서 사흘을 머물다 갔으며, 숱한 선비들이 제자 되고자 찾아들었다. 후세인들은 퇴계 탄생 오백 주년이 되는 2001년에 이 서당과 자택 한서암, 기숙사인 계재를 복원하여 계상학림(溪上學林)이라고 이름 붙였다. 마땅한 호칭이다. 아니 오히려 율곡이 계상서당에 와서 선생을 뵙고 '공자, 맹자의 학문으로부터 흘러나와 주자와 같이 빼어난 봉우리를 이루었네'[64]라고 고백한 것처럼 이곳은 조선 성리학의 성지라고 해도 과언이 될 수 없는 곳이다. 도산서당과 도산서원을 찾는 사람이라면 계상서당도 한번 찾아보고 한서암 마루에 한번 앉아보기를 권하고 싶은 곳이다.

약 십 년간 계상서당에서 제자들을 가르치니 점점 제자 수가 많아지게 되자 좀 더 큰 집을 짓고자 하여 찾다가 발견한 곳이 지금 도산서당 자리이다. 퇴계 자신도 놀랄 정도로 아름답고 딱 맞는 곳이었다. 여기에 퇴계는 두 번째 서당을 짓는데 곧 도산서당이다. 세 칸, 여덟 평짜리이다. 그것도 사 년이나 걸렸다. 직접 설계하였지만, 짓는 도중마다 퇴계는 크지 않을지 걱정하였다. 확장한 서당이라고는 하지만 육십 세에 지은 서당치고는 검소하고, 소박하다. 당시 퇴계는 벼슬도 고위직을 지냈고, 재산도 이때는 적지 않았으며, 특히 전국에서 수많은 제자들, 문인들이 찾아올 정도로 지명도가 높은 사림의 종사로 추앙받는 때인데도 지

64) 율곡은 23세 되던 1558년 처가인 성주에 들렀다가 강릉 외가로 가면서 도산에 계시는 퇴계 선생을 찾아뵙고 3일간 머무르며, 가르침을 받았다. 그때, 율곡은 퇴계에게 오언율시를 지어 드렸는데, 그 시 1, 2구의 내용을 번역한 글이다. 원문은 '계분수사파, 봉수무이산(溪分洙泗派 峯秀武夷山)'이다.

금 보는 것처럼 세 칸 규모의 작은 집에 불과하였다. 배울 수 있는 공간이면 충분하고, 가까이 함께 할 수 있는 아름다운 자연이 주위에 있으면 족한 것이지 집이 크다고 학문, 교육이 더 잘되는 것이 아니라는 것을 퇴계는 몸으로 가르쳐 주고 있었다. 물질 탐욕의 늪에서 괴로워하는 현대인들에게 분명한 메시지를 주고 있다. 서당을 찾아오는 사람들은 모두 그 메시지를 알아차린다. 그리고 느끼고, 감동한다.

이처럼 퇴계는 나이 오십에 처음 서당을 지으면서 온혜 넓은 들판도 아니고, 예안이나 안동 읍내 도시도 아닌 토계 개울가에서 십 년, 낙동강가 산골짜기에서 다시 십 년을 살다가 떠났다. 산수은거를 실천하였고, 착한 사람 많은 세상을 위해 스스로 행하면서 살았다. 제자 학봉 김성일이 지은 '퇴계선생 실기'[65] 마지막 부분에서 '위로는 끊어진 성리학의 학통을 잇고 아래로는 뒤에 오는 학자들의 길을 열어서 공맹정주의 도로써 불꽃처럼 환하게 이 세상을 밝혔으니, 우리 동방에서는 기자 이후로 이 한 분이 있을 뿐이었다.'라고 퇴계 선생을 기록하였다.

5. 퇴계의 인간적 면모와 자연 사랑

퇴계는 배산임수의 개울가, 강가에 거처를 정하여 살았다. 그 속에서 자연을 사랑하고, 자연 속에서 소요하면서 자신의 목표를 향해 차근차근 실천하였다. 학문을 벗 삼고, 교육을 하며, 저서

65) 한국고전종합 DB, 퇴계집, 언행록 6, 부록, 실기(김성일).

를 집필하고, 시를 지었다. 그러면서도 또 한편으로는 집안 대소사뿐만 아니라 처가와 외척의 길흉사까지도 살피면서 사람의 도리를 하나도 소홀히 하지 않았다. 옛날 조선시대에는 흔히 학문에 몰두하는 선비들은 집안 살림이나 인간관계에는 매우 소홀하거나, 무심한 경우가 많았으나 퇴계는 그렇지 않았다. 제자, 지인, 아들, 손자 등에게 보낸 편지를 보면 퇴계는 놀랄 정도로 세세하고, 치밀하게 주변을 챙기고 관리하였다. 편지를 통하여 제자, 지인들과 학문을 토론하고, 시를 지었으며, 편지로 집안 대소사 처리나 아들, 손자를 가르치기도 하면서 보통의 아버지, 할아버지의 모습을 보여주고 있다. 그러한 편지글만 수천 통이나 된다. 오늘날 컴퓨터 자판기만 두드리면 금방 수십 장 쓰고, SNS로 온갖 소식들을 실시간으로 주고받을 수 있는 시대에도 퇴계 선생의 편지글 수만큼 쓴다는 것은 작가가 아니면 거의 불가능한 일이 아닐까 생각된다.

그런 속에서도 퇴계는 산을 찾아 유산을 즐겼다. 소백산을 올라 유산록[66]을 남기고, 안동 풍산의 학가산을 찾았으며, 서후 봉정사 명옥대에서 강론을 하고 시판을 남겼다. 자택을 나서 반나절이면 닿는 청량산을 다닐 때는 낙동강 강변길을 따라다녔다. 주변의 아름다운 자연을 즐기고 완상하며 그 속에서 호연지기를 기르고 수양과 마음을 닦았다. 그 길을 걸으며 공자, 맹자, 주자

66) 퇴계는 풍기군수 시절인 49세(1549년) 때, 4일간(4.23~4.26) 소백산을 유산하였으며, 그 과정을 상세하게 기록한 '유소백산록(遊小白山錄)'을 남겼다.(정석태, 퇴계선생년표월일조록 1권, 636~644쪽 참조)

같은 고인(古人)을 회상하며 성현이 걸었던 길 '여던길'[67]을 따라 걸었다. 그러면서 어김없이 자연을 사랑하는 시를 남겼다.

다음 시는 64세 때 벽오 이문량(1498~1581)[68] 등의 일행과 청량산에 가기로 하면서 새벽에 약속 장소에 벽오가 나오지 않자 먼저 출발하면서 읊은 시이다.

천사에 도착해서 이대성을 기다렸으나 아직 오지 않다(到川沙待李大成未至)

안개 낀 산봉우리 봉긋봉긋 물소리 졸졸졸	烟巒簇簇水溶溶(연만족족수용용)
새벽 여명 걷히고 붉은 해 솟아오르려 하네	曙色初分日欲紅(서색초분일욕홍)
강가에서 기다리나 님은 오지 않아	溪上待君君不至(계상대군군부지)
내 먼저 고삐 잡고 그림 속으로 들어 가네	擧鞭先入畵圖中(거편선입화도중)

제1구, 제2구에서 새벽안개와 흐르는 개울물 소리, 새벽 여명이 걷히며 동쪽 하늘이 붉게 물들여지는 아름다운 자연환경을 마치 한 폭의 수채화처럼 묘사하였다. 제3구와 제4구는 본론이다. 무슨 사연인지 약속 시간에 오지 않는 친구를 더 기다리지 못하고 먼저 떠나는 장면이다. 기승구는 자연과의 관계, 전결구는 사람과의 관계를 묘사하고 있는데, 여기서 '그림 속으로 들어가네' 라는 표현이 참으로 놀랍다. 퇴계 선생의 문학적 표현의 대단함을 알 수 있는 대목이다. 퇴계가 성리학자이지만 또한 대단한 시

67) 여던길: 퇴계의 '도산십이곡' 제9곡과 10곡에 나오는 옛 성현(고인)이 걸었던 길, 즉 옛 성현의 말씀, 가르침을 배우며 따르는 길이라는 의미가 있다.

68) 이문량: 농암 이현보(1467~1555)의 둘째 아들로 자가 대성이고 호가 벽오이다. 퇴계 선생과 이웃에 살면서 절친한 친구였다.

인으로 인정받는 이유를 느낄 수 있다. 이렇게 퇴계는 자연 속에서 소요하면서 사랑하고, 그리워하면서 글로, 시로 대화도 하고 교훈도 남겼다.

청량산으로 향하면서 낙동강 강변을 따라 자연을 감상하고, 자연 속에서 천리의 이치와 사람의 도리에 대해 사색하고 수양하는 시를 지었다. 그 길은 지금 퇴계 여던길로 복원되어 사람들이 많이 찾고 있는 길이다. 그리고 그 여던길에는 퇴계가 지은 시들이 곳곳에 시비로 새겨져 전해오고 있다. 그중에 한 편을 소개하면 다음과 같다.

메네 긴 소(彌天長潭, 미천장담)[69]

한참 동안 기억해 보네 어릴 적 여기서 낚시하던 일	長憶童時釣此間(장억동시조차간)
삼십 년 세월 동안 속세에서 자연을 등지고 살았네	卅年風月負塵寰(삽년풍월부진환)
내 돌아와 보니 알아볼 수 있네 옛 시내와 산모습	我來識得溪山面(아래식득계산면)
시내와 산은 늙은 내 모습 결코 알아보지 못하리	未必溪山識老顔(미필계산식노안)

어릴 때, 노닐던 고향의 시냇가에 늙어서 돌아와 보니 감회가 없을 수 없다. 철없던 시절 생각에 잠겨서 읊은 시이다. 함께 뛰어놀며 지내던 시내와 산은 그대로여서 나는 금방 알아보겠는데, 속세에 부질없이 돌아다니다 늙어서야 돌아온 나를 친구인 저 산과 시내는 알아보지 못할 것을 안타까워하는 심정을 느낄 수 있는 시로써 퇴계의 자연에 대한 동경과 사랑을 짐작할 수 있는 시이다.

69) 미천장담: 여던길 중간쯤에 있는 지명으로 좌우 협곡 사이에 흐르는 강물의 깊은 곳.

6. 유산은 독서이다

퇴계는 산을 오르는 유산을 독서와 동일시하였다. 퇴계에 있어 산과 자연은 바로 학교이고 도서관이며, 학문의 전당이었다. 그러한 생각을 잘 나타내고 있는 시가 다음의 시이다. 현재 청량산 도립공원 입구에 시비로 새겨져서 드나드는 사람들로 하여금 '책을 읽음이 곧 산을 오르는 것'임을 말해주고 있다.

독서는 산을 오르는 것과 같다(讀書如遊山, 독서여유산)

사람들 말하기를 독서가 유산과 같다지만	讀書人說如遊山(독서인설여유산)
이제 보니 유산이 독서와 같구나	今見遊山似讀書(금견유산사독서)
공력을 다 했을 땐 원래 스스로 내려오고	工力盡時元自下(공력진시원자하)
얕고 깊음 아는 것 모두 저로부터 말미암네	淺心得處摠由渠(천심득처총유거)
앉아서 피어오르는 구름 보며 묘미를 알게 되고	坐看雲起因知妙(좌간운기인지묘)
발길이 근원에 이르러 비로소 처음을 깨닫네	行到源頭始覺初(행도원두시각초)
높이 절정을 찾아간 그대들에게 기대하며	絕頂高尋勉公等(절정고심면공등)
노쇠하여 중도에 그친 나를 깊이 부끄러워하네	老衰中輟愧深余(노쇄중철괴심여)

사람들은 산을 많이 찾는다. 찾는 이유도 가지각색이다. 운동과 건강, 여가 활용, 친구와 어울림, 사진 촬영, 질병 치료 등등의 이유를 말한다. 심지어는 '산이 거기 있어서 산을 찾는다'는 다분히 철학적이거나 도가적인 이유를 말하기도 하고, 등산 후 내려와서 하산주 한잔하는 재미로 찾는다고 하기도 한다. 그러나 퇴계에게 있어서 산을 오르는 것은 곧 책을 읽는 것이었다. 방에서 책을 펴 들고 글자 행간의 의미를 깊이 파고드는 독서도 좋은 공

부이지만, 나무와 숲이 있고, 하늘과 구름이 떠 있으며, 새와 산짐승이 노니는 산에서 천지 생물이 나고 자라고 죽는 천리의 변화를 사색하는 것이 곧 공부이며, 천리의 운행을 느끼고, 함께 오르는 사람과의 인간관계에서 배우는 공부가 유산에서 할 수 있는 독서와 같다는 것이다. 그래서 퇴계는 학문과 교육 틈틈이 유산을 즐겼고, 강이나 자연을 찾아 사색하고, 명상하면서 시를 짓고, 성찰하였다. 어떻게 하면, 세상 사람들이 착하게 살아갈 수 있는가, 하늘에서 명한 성품대로 살아갈 수 있는가 하는 인간학도 유산에서 얻는 공부이었다. 즉 자연을 공부의 장소로 생각하였다.

7. 퇴계의 자연 속의 공부

퇴계가 산수 은거를 그토록 바랐으며, 자연에 돌아와서 개울가에 집과 서당을 짓고 살면서 자연을 교실, 강당으로 삼으면서 하였던 공부는 무엇보다도 인간 존중, 인간에 대한 사랑이었다. 다음의 시를 살펴보자.

청량산을 찾아 숙부님을 생각하며 1

청량사 속에서 모시고 노닐던 옛일을 생각하니	淸凉寺裏憶陪遊(청량사리억배유)
총각 머리였던 것이 이제 백발이 되었네	丱角如今雪滿頭(관각여금설만두)
학 등에서 굽어보니 산천은 몇 번이나 변했던고	鶴背幾看陵谷變(학배기간능곡변)
남긴 시를 거듭 외며 눈물짓네	遺詩三復涕橫流(유시삼복체횡류)

제1구에서 어린 시절 청량산에 숙부님을 따라와 모시고 공부

하며 놀던 옛일을 회상하고 있다. 이때가 15세 되던 해로서 넷째 형(온계)과 함께 숙부 송재 이우공을 따라와서 공부하였던 때이다. 제2구에서는 당시 총각 더벅머리였던 내가 이제 백발이 되어 이 자리에 서 있는 것이다. 오십 년의 세월 간극을 회상하는 중심에 숙부가 계신다. 제3구에서 학의 등에 올라 바라본 산천은 많이도 변했다. 나만 변한 것이 아니라 산천도 세월도 변했음을 읊고 있다. 학의 등에서 굽어본다는 표현은 시적 언어이지만 실제 청량산 입석대에서 청량정사로 올라가는 길에서 산 아래 산천을 바라보면 마치 자신이 학의 등을 타고 구름 속에 있는 듯한 느낌을 받을 수 있다. 그 길은 오백 년이 지난 지금도 거의 옛 모습 그대로이기 때문에 퇴계 선생을 느낄 수 있는 길이기도 하다. 제4구에서 퇴계의 인간 사랑에 대한 깊은 마음을 느낄 수 있는 부분이다. 남긴 시는 곧 숙부께서 열다섯 조카와 머물면서 지으셨던 시이다. 퇴계는 이 시를 여러 차례 거듭 외우고 읊으면서 흐르는 눈물을 주체하지를 못한다. 그래서 '체횡류'라고 표현하였다. 눈물이 가로로 흐른다고 함은 흐르는 눈물을 소맷자락에 묻히며 옆으로 닦는다는 의미이다.

숙부 송제공은 아버지 없이 자란 퇴계에게는 곧 아버지이고 스승이었다. 퇴계는 열두 살에 논어를 배웠고, 열다섯 살에 청량산에서 작은아버지를 따라와 모시고 글을 배웠으며, 그해 안동부사로 부임하신 숙부를 따라 안동에서 공부를 배우기도 하였다. 그러나 안타깝게도 숙부 송제공이 퇴계 17세 되던 해 병으로 안동 관아에서 돌아가신 후 퇴계는 누구에게도 배울 수 있는 스승이 없어서 자칫 학문을 포기할 정도로 숙부의 위치는 퇴계에게는 크나큰 언덕이었다. 60이 넘어 청량산에 찾아온 퇴계는 그런 숙부를 생각하며 주체할 수 없는 눈물을 시로써 닦아내고 있다. 너무도 감동적인 인간 사랑의 모습이다. 오늘날 삼촌은 고사하고, 부모, 형제간에도 인륜이 무너지는 현상을 너무나도 많이 볼 수 있는데, 퇴계는 숙부에 대해 이토록 애절한 감정을 시로써 노래하고 있을 정도로 인간애가 깊었으며, 자연을 통해서 퇴계는 인간 사랑의 뜨거운 감정을 드러내고 있다. 다시 또 한 수를 읽어보자.

청량산을 찾아 숙부님을 생각하며 2

거듭 찾으면 내가 사람임을 깨닫네	重尋唯覺我爲人(중심유각아위인)
흐르는 물과 복숭아꽃은 몇 번째 봄이련가	流水桃花幾度春(유수도하기도춘)
너희들도 훗날 내 느낌을 알게 되리	汝輩他年知我感(여배타년지아감)
그때 너희처럼 소년의 몸이었음을	當時同汝少年身(당시동여소년신)

퇴계는 오십오 세, 육십사 세 때, 청량산을 찾아서 보름간이나 혹은 며칠씩 머물렀다. 그럴 때마다 손자, 조카들을 데리고 왔었다. 위 시는 숙부를 그리워하는 마음을 동행한 조카, 아들, 손자 등에게 보이면서 인간 사랑의 공부를 가르치는 내용을 표현하였다. 자신이 숙부에게 그렇게 인간 사랑을 배웠고, 자신 또한 늙어서 조카, 손자들에게 이러한 인간 사랑을 노래하였으니, 이렇게 자란 조카, 손자들 또한 인간을 사랑하고, 존중하는 마음을 갖

지 않을 수가 없을 것이다. 퇴계는 말로써 가르치는 교육 방법보다 스스로 행동으로 실천하면서 몸으로 가르치는 교육 방법을 더 많이 활용하였다. '말로 가르치면 싸우고, 몸으로 가르치면 따른다'는 성현의 가르침을 익히고 있었기 때문이다. 그러한 퇴계의 가르침은 생애 전반에 걸쳐 나타나고 있다. 이 시 또한 그 단면을 보여주고 있는 것이다. 우리는 청량산과 청량정사를 찾으면서 퇴계의 자연과 인간 사랑의 면모를 느낄 수 있고 배울 수가 있다.

8. 청량정사

청량정사(淸凉精舍)는 퇴계 선생이 어릴 때 공부하였던 자리에 후학들이 건립한 건물이다. 선생의 후손 이중봉(1871~1907)이 쓴 「오산당중건기」에 의하면 "이 건물은 선생이 남기신 뜻을 받들어 후학과 사림이 힘을 모아 조선 순조 32년(1832년)에 창건되었다"고 한다. 이후로 이곳은 퇴계 선생을 기리는 수많은 후학들의 학문과 수양의 장소가 되었으며 성리학, 유학을 공부하는 선비들의 성지가 되었다, 건립된 후 이 자리에서 여러 차례 유학, 성리학에 대한 강론이 개최되기도 하였다.

임노직에 의하면,[70] 1850년 당시 도산서원 원장이던 이한응(1778~1864)이 주관한 오산당 강록에는 영남 유림 600여 명이 참석하였다. 3월 26일부터 28일까지 3일간 지속된 강록에서 교재로 '대학'이 사용되었으며, 참석한 유림은 동, 서반으로 편성되어 강

70) 임노직, '오산당강록', 한국국학진흥원, 국학연구 제5집, 2004.12. 259~328쪽.

독자가 강독하고 질의자가 질의하면 다시 강독하는 오늘날의 학술대회 형식으로 진행되었다. 이 좁은 정사에 600여 명의 유림이 참석하였다고 할 정도이며, 더구나 27일에는 큰비가 내렸다고 하는 상황에서도 3일간 대학 삼강령 팔조목을 다 읽고 질의를 하였으며, 읽은 유생과 질문, 대답한 진사, 판서 등의 문답 내용들이 '오산당강록'에 빠짐없이 기록되어 있는 것을 보면 영남 유림 사회에 청량정사의 위상과 기능이 어떠하였는지 짐작할 수 있다.

1896년에는 이곳에 예안 지역 의병 단체인 청량의진이 조직되어 항일 의병 투쟁의 근거지가 되기도 하였는데, 곧바로 그해 일본군이 방화하여 소실되었다. 현재의 건물은 1901년에 중건한 것이다. 강당 이름은 퇴계의 '오가산'을 취하여 '오산당'이라 하였고, 마루는 운서헌, 방은 지숙요, 문은 유정문이라고 이름 지었다. 현판 글씨는 조선 말기의 문신이자 서예가인 해사 김성근(1835~1919)이 썼다.

청량산에 올라 청량사 들르고, 하늘다리 구경하는 것도 의미 있을 것이지만, 산을 오르는 것이 놀기만 하는 것이 아니라고 생각한다면, 청량정사를 찾아 운서헌 마루에 앉아보고 퇴계를 생각해 보는 시간을 갖는 것이 의미 있는 공부가 될 수 있을 것이다.

9. 마치며

지금까지 퇴계 선생께서 사랑하였던 산, 정신적 안식처였던 산, 청량산에 대해서 알아보았다. 청량산은 퇴계라는 현자를 품었고, 키워낸 산이다. 그래서 명산이 되었다. 봉화 청량산은 선비들이 즐겨 찾고자 하는 산이 되었고, 그 중심이 청량정사이다. 퇴계가 자랐고, 현인이 되게 한 청량산, 퇴계의 형체가 아니라 숨결이 있고, 자취가 있으며, 시가 있고, 가르침이 있다. 퇴계의 자연 사랑, 인간 존중의 철학이 그곳에 남아 있다. 조선 후기 사회 선비들이 생전에 한 번은 찾고 싶어 하던 유학의 성지이었고, 오늘날에도 도산서원선비문화수련원을 찾는 수많은 교육생들이 이곳을 찾아서 퇴계를 본받고자 한다. 하물며 학문하고자 하는 사람이라면, 인생의 길을 선택하는 기로에 있는 사람이라면 어찌 청량산을 찾아보지 않을 수 있으랴. 일반인 누구라도 청량산에 왔을 때, 어찌 산만 바라보고 사찰만 둘러보고 갈 수 있으랴. 마땅히 청량정사 유정문을 열고 들어가 오산당 운서헌 마루에 앉아 보기를 권한다. 발아래에서 솟아오르는 청량산의 맑은 정기가 뼛속까지 스며드는 기운을 받으며, 명상과 사색으로 자신을 성찰하는 시간을 가질 수 있다면 어찌 다행이 아니겠는가.

제3장. 선인다 세상을 향한 퇴계의 여정[71)]

1. 들어가며

퇴계 선생은 어떤 분이신가 하고 묻는다면 참 우문이 아닐 수 없다. 너무나도 널리 알려진 분이기 때문이기도 하지만, 또 한편으로는 한 마디로 규정할 수 없는 성현이기 때문이다. 그러나 나는 퇴계 선생을 말할 때, 철학자, 큰선비, 교육자, 시인, 건축가, 그리고 자상한 고을 어른 이 여섯 가지로 이해하고 있었다. 그 이유는 여러 서적이나 논문에서 많이 소개된 것이기에 여기서 별도로 설명하지 않고자 한다.

2. 퇴계의 여정

조선의 대학자 퇴계 선생의 평생 소원은 오로지 이 세상에 '착한 사람이 많아지는 것'이었다. 소원은 선인다(所願善人多)일 뿐, 높은 벼슬자리도 아니고 전원에 묻혀 유유자적하며 혼자 즐기는 삶도 아니었다. 세상 속에서, 사람들과 함께 어울려 살면서 다 함께 착한 사람이 되는 선인다 세상의 실현이 퇴계 선생의 최대

71) 이 글은 '열화(悅話)' 제34호(진성이씨 대종회 회지, 대보사, 2022.1.30.)에 실었던 글이다.

소원이고 일생일대 소망이었다. 그러한 소망을 담은 시가 '오사(吾事)'이다.

선인다 세상은 착한 사람이 많은 세상, 좋은 사람이 많은 세상을 의미한다. 그리고 착한 사람, 좋은 사람은 하늘로부터 부여받은 본성대로 살아가는 사람을 의미한다. 어질고, 의로우며, 예의 바르고, 지혜롭고, 신의를 지키는 인의예지신 오상(五常)을 실천하며 살아가는 사람이 착한 사람이고 좋은 사람이다. 그런 사람이 많은 세상은 지극히 좋은 세상이며 대학(大學) 책에서는 큰 학문의 궁극적인 목적을 지극히 좋은 곳에 머물기 위해서라고 하였다.

선생께서는 선인다 세상을 위해 이미 어릴 때부터 자신의 인생 여정에 대해 무수히 고뇌하였을 것이라고 생각한다. 고뇌하고 사색하여 얻은 결론은 몇 가지 선택으로 나누어지는 것을 볼 수 있다.

가. 학문의 길

선인다 세상을 실현하기 위한 퇴계 선생의 인생 여정의 첫 번째 선택은 학문이었다. 하늘에서 부여받은 착한 본성대로 살아가기 위해서는 자신부터 철저히 배워야 한다고 생각하였다. 남에게 보이기 위한 공부인 위인지학을 하는 것이 아니라 자신의 인격적 완성을 위한 공부인 위기지학에 인생을 바치기로 선택한 것이다. 6세에 천자문, 12세에 논어, 19세에 주역을 차례로 독파해 나가면서 선생의 학문은 깊어지고 높아졌다. 학문에 뜻을 둔 선생의 공부는 참으로 치열하고 정밀하였다. 그리고 배운대로 독실하게 실천함으로써 착한 세상으로 이끄는 등불을 밝히고자 하였다. 18세, 19세에 지은 야당(野塘), 심사(心事)와 같은 오언절구 한시를 통해 선생의 원대한 의지를 엿볼 수 있다.

들판의 연못을 읊다(野塘, 야당)

이슬 맺힌 풀 아리땁게 물가에 둘러 있고	(露草夭夭繞水涯)(노초요요요수애)
작은 못 맑고 깨끗해 티끌조차 없네	(小塘淸活淨無沙)(소당청활쟁무사)
구름 날고 새 지나감이야 원래 정해진 이치	(雲飛鳥過元相管)(운비조과원상관)
다만 두렵기는 때때로 제비 물결 차는 것이라네	(只怕時時燕蹴波)(지파시시연축파)

소회를 읊다(心事, 심사)

홀로 초당의 만 권 책을 사랑하여	(獨愛林廬萬卷書)(독애임려만권서)
한결같은 심사로 지내온 지 십여 년	(一般心事十年餘)(일반심사십년여)
근래에 근원의 시초를 깨달은 듯	(邇來似與源頭會)(이래사여원두회)
내 마음 전체를 태허[72]로 여기네	(都把吾心看太虛)(도파오심간태허)

퇴계 선생의 공부 특징은 독학과 독실이었다. 아버지를 일찍 여읜 선생께서는 가난한 집안 사정으로 스승을 모시지 못했으며, 천자문은 이웃집 노인에게 배우고, 논어는 숙부이신 송재 이우공에게 배운 외에는 평생 독학으로 정주학(程朱學)[73]을 넘어서는 높

72) 태허: 우주의 본체 또는 기의 본체. 장자(莊子)는 태극과 같게 보았다. 송나라 장횡거(1020~1077)는 기일원론(氣一元論) 입장에서 기가 태허에서 생기고 모여서 만물이 생성되며, 기가 흩어지면 만물도 소멸하나 기는 다시 태허로 돌아간다. 즉 기가 흩어진 모습이 태허라고 하였다,

73) 정주학: 중국 송나라 때 일어난 신유학. 장횡거, 정호, 정이가 기초를 세우고 주희가

은 학문의 경지를 이룩하였다. 그리고 독실하게 공부한 것이 특징이다. 누구보다도 성실하고 지극하게 공부를 하였다. '남이 열 번을 노력하면 나는 천 번을 노력한다.'는 인십기천(人十己千)이 퇴계 선생의 공부법이었다. 한 번 읽은 책은 반드시 통째로 외웠고, 의문 나는 곳이 생기면, 나이 불문하고 물어서 파헤쳐 나갔다. 지나친 공부로 병을 얻어 평생 고생한 것은 널리 알려진 사실이다. 제자 학봉 김성일의 기술에 의하면,[74] 선생께서는 자신의 독학, 독실과 관련하여 다음과 같이 말씀하였다.

> 내가 젊을 때부터 학문에 뜻을 두기는 하였으나, 계발하여 줄 스승이나 벗이 없었다. 그래서 수십 년간을 헤매면서도 어디로 들어가야 할지 어느 곳부터 손을 대야 할지 알 수가 없어서, 심사를 헛되이 낭비하면서 탐색하기를 그만두지 않아 밤새도록 정좌하여 잠을 자지 않았다. 결국 심양(心恙, 마음의 병)을 얻어서 배우는 일을 폐지한 것이 여러 해였다. 만약 스승이나 벗을 얻어서 미로를 헤쳐 나갈 길을 지시받았더라면, 어찌 이처럼 심력(心力)만 허비하고 늙도록 아무 소득이 없는 지경까지야 이르렀겠는가?

나. 출사의 길

선인다 세상을 위한 선생의 두 번째 여정은 관료의 길이었다. 배운 것에 그치지 않고 배운 것을 나라와 백성을 위해 활용해야

집대성한 학문. 성리학의 다른 이름이다.

74) 홍승균, 이윤희 공역, 퇴계선생언행록, 김성일, 퇴계학연구원, 2007, 11쪽.

한다고 분명 생각하였을 것이라고 본다. 그것이 선비의 마땅한 도리라고 생각한 것이다. 만약에 선비가 평생 홀로 공부하기만 할 뿐 세상에 도움을 주지 않는다면, 이는 자기애(自己愛), 자기 만족일 뿐 만권 독서가 무슨 소용이 있을까, 이것이 청년 퇴계의 생각이었다고 생각한다. 퇴계는 본시 벼슬에 뜻을 두지 않았는데 어머니와 형님(온계 이해)의 권고를 받들기 위해 과거를 보았다는 설명은 틀린 말은 아니다. 그러나 내 생각에는 대철학자 퇴계가 단지 자신의 의지에 반하여 어머니 말씀에 따르기 위한 한 가지 이유만으로 벼슬길에 나서지는 않았다고 본다. 그런 생각은 퇴계 선생을 한쪽 측면으로만 보는 편협된 시각이라고 본다. 퇴계는 19세부터 34세 과거 합격할 때까지 10회 과거에 응시하였다. 그 중 19세에서 24세까지 세 번은 연이어 낙방까지 경험하였다. 15년간 10회의 과거 시험 도전이 단지 어머니 뜻에 따르기 위한 것은 아니었을 것이다. 자신의 의지와 열망에 따른 것이다.

퇴계는 과거 공부에 대하여 상반된 듯한 견해를 보여서 독자들로서는 혼란스러울 때가 있는 것은 사실이다. 정사성[75]은 선생께서 선비들이 학문보다는 과거 공부에만 매달리는 것을 못마땅하게 생각하신 말씀을 다음과 같이 전해주고 있다.

> 세간의 허다한 영재들이 세속의 학업에 섞이어 골몰하니 다시 어떤 사람이 있어서 이 과거라는 절구통에서 도망쳐 나올 수 있

75) 정사성(1545~1607): 안동인. 호 지헌. 양구현감. 퇴계 선생의 제자이며, 그의 부친이 도산서당 옆 역락서재 건립에 공헌하였다.

겠는가?[76]

그러나 또 한편으로는 아들, 손자, 조카를 비롯하여 고향 예안의 여러 제자에게 과거 공부를 게을리하지 않기를 바랐으며, 등과를 시키고 싶은 간절한 바람이 있었음을 알 수 있다.

> 우리 고을 사람들이 근년에 과거 시험에 많이 떨어져서, 혹자들은 이제 '예안 선비들은 학업을 게을리한다'는 말을 하니, 내 이 말을 듣고 까끄라기를 등에 지고 있는 것(芒刺在背, 망자재배) 같았습니다.[77]
> 조카 재(宰)가 병오년(1546년)에 사마시에 합격했을 때, "일찍 과거에 급제하여 돌아가신 형님을 위로해 드렸으니, 더없이 기쁘다."고 하셨고, 손자 안도가 신유년(1561년)에 경시(京試)[78]에 합격하자 '새끼 그물로 호랑이를 잡은 격(藁網捉虎, 고망착호)'이고, '나막신 굽이 꺾어질 정도로 기쁘다(折屐之喜, 절극지희)'라고 하셨다.[79]

퇴계는 과거의 폐단을 비판했지만, 당시 유자(儒子)로 살아가기 위해서는 과거를 등한시할 수 없었던 시대적 상황도 무시하지 않았던 것으로 보인다. 그리고 출사를 통해서 자신과 가문의 입지를 확고히 함은 물론 치국을 위해 봉사하는 것은 학문하는 선

76) 홍승균, 이윤희 공역, 퇴계선생언행록, 퇴계학연구원, 2007, 247쪽.
77) 조목, '사문수간', 안동문화원, 2008, 13쪽.
78) 경시: 3년마다 한 번씩 한양에서 치루는 小科의 초시.
79) 권오봉, '가서로 본 퇴계의 삶과 사상', 삼보문화재단, 2020, 597쪽.

비가 마땅히 걸어야 할 길임을 깊이 인식하고 있었다고 본다. 때문에 자신과 아들, 조카, 손자의 과거를 통한 출사를 그토록 기대한 것도 사실이다. 말하자면, 퇴계는 분명 자기가 배운 것으로 나라와 백성을 위해 봉사하는 길을 오랫동안 모색하였다고 보며, 이것이 퇴계가 관료의 길을 선택한 이유라고 생각한다.

선생께서는 관료의 길을 일찍 서두르지 않았다. 치국은 함부로 나서는 것이 아님을 대학(大學)에서 분명하게 가르쳤지만, 역사에서 배워서 알고 있는 바와 같이 많은 선비들이 자신들의 뛰어난 재주만 믿고 너무 일찍 과거를 통해 관료 사회로 진출하였다가, 그러한 출사가 그 선비 개인이나 나라를 위해서 안타깝고 불행한 결과로 이어진 사례를 수없이 보아 왔던 터였다. 선생께서도 역시 보았고 누구보다 예리하게 보았기에 결코 그렇게 하지 않았던 것이 아닐까 생각한다. 수신과 제가를 거치고 비교적 늦은 나이인 34세에 출사와 치국의 길로 나아갔다. 선인다를 위한 두 번째의 선택이 이래서 관료의 길이라고 보는 것이다.

관료가 되신 후 퇴계 선생의 초기 약 10년간의 관료 생활은 매우 적극적이었고 열정적이었다. 일은 대충하면서 권력의 근처나 기웃거리는 소인배 관료들과는 달리 나라와 백성을 위해 봉사 헌신하러 들어왔기 때문이다. 35세 6월, 호송관에 임명되어 왜노를 동래로 이송하였으며, 42세에 충청도 어사가 되어 민정을 살피고 흉년 구제를 소홀히 한 공주 판관 인귀손(印貴孫)에게 벌을 내리게 하였다. 타고난 인품과 성실, 그리고 능력으로 탄탄한 승진의 코스를 밟고 있었던 것이다.

그러나 퇴계는 좌절하고 만다. 잘못 선택한 길임을 곧 깨닫게 된 것이다. 선생께서 살았던 당시는 사대사화 한복판의 가장 흉흉하고 암울한 시대였다. 관료 봉직 10년이 될 즈음 마침내 벼슬길을 떠나기로 마음을 바꾸게 된다. 42세 되던 해 봄에 옥당(玉堂, 弘文館)에서 숙직하다가 읊은 매화 시에 관료의 길이 잘못된 선택이었음을 고백하는 듯한 선생의 소회를 다음의 시 2, 3구에서 느낄 수 있다.

옥당의 매화를 생각하며(玉堂憶梅, 옥당억매)

뜰에 핀 매화 한 그루 가지에 눈이 만발한데	一樹庭梅雪滿枝(일수정매설만지)
세상 풍진에 품었던 꿈이 어긋났구나	風塵湖海夢差池(풍진호해몽차지)
옥당에 앉아서 봄밤의 달을 대하니	玉堂坐對春宵月(옥당좌대춘소월)
기러기 우는 소리에 생각되는 바 있도다	鴻雁聲中有所思(홍안성중유소사)

고대 초나라의 굴원(BC. 344~277)은 어부사에서 '창랑의 물이 맑으면, 갓끈을 씻고, 창랑의 물이 탁하면 발을 씻는다'[80]라고 노래하였다. 선비가 나라에 도가 서 있으면 출사하여 나아가고, 나라에 도가 무너지면 물러나 자신을 가꾸는 것임을 시에서 은유한 것이다. 퇴계 역시 도학의 지식을 치국에 적용하고자 한 노력이 현실적으로 받아들여지지 않으면서 선인다를 위한 여정을 바꾸기로 결심하고 만다. 맑고 깨끗한 일급수에서만 살아갈 수 있는 어진 선비가 온 나라가 탁해진 삼급수에서 호흡을 할 수 없었

80) 굴원의 어부사(漁父辭) 마지막 구절이다. 滄浪之水清兮 可以濯吾纓 滄浪之水濁兮 可以濯吾足(창랑지수청혜 가이탁오영 창랑지수탁혜 가이탁오족).

을 것이다. 사직서를 제출하기 시작하였다. 그러나 사직이 어렵게 되자 우선 중앙의 요직을 떠나 지방의 한직으로 나가기로 하고 외직 발령을 희망하였다. 우여곡절 끝에 원하던 곳은 아니지만 외직인 단양 군수로 발령을 받았다. 그러나 그것은 원대한 사업 계획을 위한 징검다리일 뿐 정말로 지방 수령으로 벼슬을 계속할 뜻은 전혀 없었다고 본다.

당연히 단양, 풍기 군수 자리를 각각 1년도 채우지 않고 물러났다. 나 같은 속인으로서는 산수(山水)가 빼어난 단양과 풍기에서 유산과 풍류를 벗 삼아 몇 년간 고을 원님 직을 누려볼 것 같기도 하지만, 선생께서는 관복을 기꺼이 벗어 던지고 말았다. 그것도 사표를 받아주지 않으니까 세 번째에는 무단 귀향해 버린다. 참으로 위험하기 그지없는 아슬아슬한 결행이다. 혹자들은 퇴계 선생이 소심하고, 결단력이 없거나 강직한 면이 적어 보인다고 하나, 결코 그렇지 않음을 이 사실 하나만으로도 알 수 있으며, 다른 많은 사례에서도 퇴계는 대단히 강직하고, 결단력과 의지가 굳은 선비임을 볼 수 있다. 이때의 근무지 무단이탈로 실제 두 계급이나 강등되는 처벌을 받기까지 하였지만 선생께서는 처벌을 감수하더라도 관료의 길에서 하루라도 빨리 벗어나고 싶은 자신의 결의를 실행하고 싶었던 것뿐이었다. 자신이 하고 싶고, 해야 할 사업(吾事)을 위한 결행이었다.

다. 교육자의 길

단양, 풍기 군수직을 버리고 귀향한 선생께서는 선인다를 위한 세 번째 여정으로 교육자의 길을 걷는다. 학교를 세우기 시작하였다. 학교 건립 사업은 투 트랙으로 시작하였다. 바로 서원과 서당 건립이다. 각기 기능과 목적이 다르기 때문이다. 우리나라 최초의 사액서원인 소수서원은 이미 선생께서 풍기 군수 시절에 시작되었으며, 이후, 영주의 이산서원(1559), 안동의 역동서원(1570) 등을 비롯하여 모두 10여 개의 서원 창설에 직간접으로 참여하면서 우리나라 서원은 이때부터 창성해지기 시작한다. 과거시험 대비 학원으로 추락해 버린 향교만으로는 참다운 인재 양성이 어렵다고 본 선생의 교육철학이 반영된 것이다.(훗날 어리석은 후학들이 인재 양성의 전당 서원을 위세와 파당의 기지로 삼는 우를 범하고 말았지만...)

퇴계 선생의 교육 사업을 위한 다른 한 도장은 서당이다. 고향으로 돌아온 선생께서는 50세에 토계(兎溪) 개울가에 계상서당을 먼저 건축하였다. 그리고 다시 60세에 도수(陶水, 도산서당 앞 낙동강) 가에 도산서당을 직접 설계하고 건립하였다. 풍기 군수에서 물러난 50세 이후 계상서당 10년, 도산서당 10년간 퇴계는 경향 각지의 숱한 제자들을 육성하면서 20년간 한결같이 교육 활동을 펼쳤다. 70세 7월에 역동서원에서 심경을 강론하고, 8월에 역동서원 낙성식에 참여하며, 10월에 고봉 기대승(1527~1572)에게 편지를 보내어 심성정도(心性情圖)를 논하였으니 돌아가시기(음력 12월 8일) 한 달 전까지 제자들과 마주 앉아 강론하고 토론하였다. 당시 70세 연세이면 지금 시대 100세에 버금가는 데도 강의와 토론을 하고 편지로 문답하였으니 참으로 놀라지 않을 수 없는 교육 열정을 떠나는 순간까지 보여 주었다.

라. 학문 연구와 집필

선생께서는 교육자의 길을 선택하면서 제자 육성과 더불어 저술과 집필 활동을 병행하였다. 성리학의 줄기를 바로 세우고 배우는 학자들에게 성리학 길을 밝혀줄 수 있는 교재를 집필하고자 진력한 것이다. 이때, 주자서절요(1556), 계몽전의(1557), 자성록(1558), 고경중마방(1559), 송계원명이학통록(1559), 고봉 기대승과의 사단칠정 변론 완성(1562), 심경후론(1566), 무진육조소(1568), 성학십도(1568) 등의 불후의 저술을 세상에 남겼다. 세상 사람들이 부러워하는 군수직을 버리고 권세도, 재물도 안 되는 산골 작은 서당 훈장(교육자)의 길을 선택한 것은 오직 선인다를 향한 집념이고 세상에 대한 헌신의 길이라고 생각하였기 때문이다.

마. 노래로 세상 변화

학문, 출사, 교육, 집필로 소원선인다 사업을 삼으면서 선생께서는 또다시 생각에 잠긴다. 나라 안의 만백성들이 모두 착한 사람이 되어야 하는데, 글을 모르는 사람들이 걱정이었다. 당시 조선 사회에서는 글은 양반의 전유물이었지 일반 서민들은 글을 알지 못하였다. 글을 모르는 약자들도 다 같이 착한 사람으로 살아가야 하는 소중한 백성들인데, 어떻게 해야 하는가. 인구의 절반이나 되는 서민, 천민들은 짐승처럼 그냥 방치한 채 글을 배운 양반 계층만 착한 사람이 될 수 있는 세상이 어찌 성리학적 규범이 추구하는 이상 사회라고 할 수 있을까 하는 문제를 두고 당연히 퇴계는 깊이 고민하고 고뇌하였다고 본다. 한문을 모르는 일반 서민, 어린아이, 여성, 천민 모두를 포용하는 사회를 퇴계는 꿈꾸고 있었던 것이다.

퇴계 선생의 네 번째 여정은 바로 음악이었다고 본다. 글을 모르는 서민들이 착한 사람으로 살아가도록 도와줄 수 있는 노래가 필요하다고 생각한 것이다. 여기서 퇴계 선생은 어쩌면 음악가도 아니실까 하는 생각을 가져본다. 65세에 지은 도산십이곡 때문이다. 선생께서는 돌아가시기 5년 전 세상 하직이 가까운 시기에 노래 가사 한 곡도 아니고 무려 열두 곡을 지으시고 왜 이 노래를 지었는지도 소상하게 밝혔다. 평소 신중하고 철두철미한 선생께서 그냥 어느 날 갑자기 노래 가사나 한번 지어볼까 하고 도산십이곡 노랫말을 지었을 리는 천만부당한 생각이다. 글을 모르는 상민, 어린아이, 여성, 하인이나 천민들도 이 사회의 소중한 구성원들인데 사서삼경을 읽을 수 있는 상류계층만 착한 사람이 되는 사회는 정상적인 사회, 모두가 잘 사는 대동 사회가 아니라고 보신 것이다. 그러한 고민으로 나타난 결론이 노래를 통한 교육 방법이었다고 생각한다. 퇴계의 인간 존중, 휴머니즘이 깃든 거룩한 정신의 발현이 아닐 수 없다. 근엄한 도학자이자 철학자 퇴계는 노래, 음악의 기능과 효과에 대해서도 음악가적인 안목과 식견을 지니고 있었음이 틀림없어 보인다.

음악은 사람을 가장 사람답게 존재하게 한다고 한다. 음악을 하는 순간만큼은 악한 마음이 결코 일어날 수가 없다는 생각은 동서고금에서 이미 밝혀진 사실이다. 예를 들면, 폴란드 철학자이자 미학자 타타르키비츠는 이렇게 음악을 규정하였다.

> 음악은 어린이들을 즐겁게 하고, 어른들에게는 근심을 잊어버리게 도와주며, 휴식을 주고 즐거움을 주며, 전쟁과 평화 시에 필요하고, 종교적이고 도덕적인 기능을 가지고 있으며, 분노한 마음을 가라앉혀서 숭고한 마음으로 고양시켜 주고, 성격을 개선시키는 효과를 가지고 있다.[81]

음악이 사람의 인성 형성에 영향을 끼친다는 타타르키비츠의 주장보다 이미 2,500년 전에 공자는 음악의 중요성을 설파하였다. 논어 태백편에서 공자는 이렇게 말하고 있다.

> 시를 통해 일어나고, 예를 통해 서며, 음악을 통해 이룬다.
> (興於詩, 立於禮, 成於樂)

공자는 사람은 시를 통해서 성정이 발현되고, 예를 통해서 인간 사회에서 타인과 조화를 이루며, 음악을 통해서 인격적 완성

81) 손현주 역, '인간의 음악과 그 효과', W. 타타르키비츠, 미학사, 2006.

을 이룬다고 하였다. 이는 곧 사람이 착하고 어질지 않으면 음악을 할 수 없기 때문이라고 보았던 것이다. 역시 공자이다. 공자 외 다른 어느 동양 철학자도 이런 생각을 하지 못하였다.

공자 이후에도 마찬가지이다. 공자를 따르고 배우는 유학자는 넘쳐 나지만, 음악의 효과와 기능을 알려고 한 유학자는 들어보지 못하였다. 그러나 퇴계는 그렇지 않았다. 음악의 중요성을 놓치지 않았으며, 음악으로 사람들을 착하고, 아름답게 만들 수 있을 것이라는 믿음을 가진 학자였다. 소원선인다 사업이 너무나 절실하였고, 만민 평등의 휴머니즘이 깊었기 때문이라고 본다. 그래서 나타난 노래가 바로 '도산십이곡'[82]이다. 그 발문에 퇴계는 이렇게 말하고 있다.

> 이 노래를 아이들로 하여금 조석으로 익혀서 노래하게 하여 안석에 기대어 듣기도 하고, 또한 아이들이 스스로 노래하고 춤추고 뛰기도 하게 한다면 거의 비루한 마음을 씻어버리고, 감화되어 분발하고 마음이 화락해져서 노래하는 자와 듣는 자가 서로 유익함이 있을 것이라 본다.

음악, 노래의 효과를 어찌 이토록 꿰뚫고 있는지 놀라지 않을 수 없다. '노래하는 자와 듣는 자가 서로 유익함이 있을 것이다'라고 한 것만 보아도 '도산십이곡'은 일반 유행가처럼 단순히 즐기고, 놀기 위한 도구로 지은 것이 아닌 것이다. 대중을 위한 가

82) 이원집 편저, 퇴계 선생과 도산십이곡, 도서출판 동방, 2010.

요이지만, 욕심 없이 자연 속에서 착한 본성으로 근본을 삼고 부지런히 배우고 실천하며 살아가자고 간절히 가르쳐 주는 '사람되게 하는 가요'이다. 그러나 겸손하고 조심스런 선생께서는 곡을 붙이지 않았다. 작곡가는 아니었기 때문에 자신이 곡까지 만드는 것은 능력 밖의 일이고, 세상 사람들의 비웃음을 받을 수 있는 것임을 너무도 잘 알기 때문이다. 퇴계는 작곡은 후세에 미루면서 "후세에 열람해 보는 자의 취사선택을 기다릴 뿐이다"라고 하였으며, 그로부터 곡이 없이 가사로만 450여 년간 전해져 오다가 최근에 이르러 마침내 충청도 한 후학인(後學人) 김종성 교수에 의해 거의 반 천 년 만에 선생의 간절한 기다림이 실현되었다.

김종성 교수는 음악가도 유학자도 아니다. 충남대학교 의과대학 교수로서 알콜 중독 환자를 치료하는 과정에서 퇴계 선생의 경(敬)의 정신을 도입하여 좋은 효과를 경험하다가 본격적으로 퇴계학을 공부하는 의사 선비이다. 도산십이곡은 "대학자가 간절한 소망을 담아 국민에게 전달하는 노래 선물"이라고 말하는 김종성 교수는 대학 시절부터 취미로 배운 음악 실력을 살려 곡을 붙이는 역사적인 작업을 한 것이다. 그러다가 2019년 멋진 곡을 붙여 세상에 햇빛을 보게 하였다. 학생용, 성인용과 영어 노래까지 만들어 TV방송 출연, 특강, 유튜브, 논문 발표 등을 통해 열심히 세상에 전하고 있다. 퇴계학 책 몇 권을 쓴다 한들 이보다 더 퇴계의 뜻과 정신을 전할 수는 없을 것으로 생각한다.

노래, 음악이 사람들의 심성과 행동에 유익한 효과를 주고 있음을 공자가 이미 밝혔었다. 그러나 공자를 배우고 따르며 논어를 수 없이 읽고 외운 유학자 누구도 노래에 관심을 두지 않았다. 천주교, 기독교 신자들은 성당에서 성가를 열심히 부른다. 불자들 또한 법당에서 불가를 부른다. 하지만, 유학자, 선비들은 서원이나 향교에서 노래를 부르지 않는다. 공자, 퇴계를 존숭하고 본받고자 하면서도 악을 천하게 취급하고, 도산십이곡은 알지도 못한다.

현대사회는 물질문명과 과학기술의 눈부신 발전에도 불구하고 사람들은 오히려 그 물질과 기술의 노예가 되어 사람이 지닌 본래의 아름다운 향기는 점차 사라지고 선한 인성은 거칠고 사나워지는 위기의 사회라고들 한다. 이를 극복하고 회복하기 위해서는 퇴계 선생의 소원대로 모두가 '착한 사람', '좋은 사람'이 되어야 한다. 그러한 사람이 많은 사회가 대학(大學) 책에서 학문의 궁극적인 목적으로 밝힌 '지극히 좋은 사회에 머무는 것'일 수 있으며, 행복한 공동체 낙원이 될 수 있을 것이다. 이를 위한 한 가지 수단으로 사백 오십여 년 전 위대한 휴머니스트 퇴계가 작사하고, 455년 뒤 퇴계를 따르는 한 의사 선비가 곡을 붙인 도산십이곡이 사회 곳곳에서 유행가처럼 널리 퍼지고 불리는 것은 어떨까 생각해 본다.

3. 마치며

지금까지 퇴계 선생의 평생소원이었던 선인다(善人多)를 위해 선생께서 선택하고 걸어온 여정을 살펴보았다. 학자의 길, 관료의 길, 교육자의 길, 연구와 집필의 길, 그리고 음악을 통한 휴머니스트 길 다섯 가지를 '오사'로 삼아 살아온 대학자께서는 제자 고봉 기대승이 꿈에서 선생을 뵙고 지은 한시에서 읊은 것처럼 '분명 선생의 일념은 아직도 세상 걱정'을 하고 계실 것으로 보인다. 더 분명한 것은 오백 년 지난 오늘날에도 착한 사람이 많은 세상이 되기를 염원하고 계시리라 생각한다.

제4장. 퇴계는 왜 매화와 시를 주고받았나?[83]

1. 퇴계 매화시

동진의 도연명(365~427)은 국화를 사랑했고, 북송의 주염계(1017~1073)는 연꽃을 좋아했다면 조선의 퇴계는 매화를 사랑하였다. 보통 사랑이 아니라 혹애, 혹호하였다. 강철 같은 심장을 지녔으면서도 감성어린 매화시를 짓고, 매화를 그토록 사랑했던 당나라 명재상 송경(663~737)은 물론이고, 매처학자인 중국 송나라 임포(967~1028)에도 뒤지지 않을 정도이다. 퇴계는 매화 시를 모두 107수 지었다. 최초의 매화시[84]는 1533년 퇴계 선생 33세 때, 의령 처가에 있으면서 지은 제목이 '매화시'이고, 마지막 매화시는 70세 때 작품인 '서울에 있는 분매를 호사자 김이정이 손자 안도에게 부탁하여 배에 실어 부쳐왔다. 기뻐서 한 절구를 지었다.'[85]라는 긴 제목의 시이다. 퇴계의 '매화시첩'의 마지막 시이

83) 이 글은 성균관 유도회 대구광역시지부 '유도(儒道)'(2024년 제13호)지에 실었던 글이다.

84) 정석태, 퇴계선생연표월일조록 1권, 113쪽.

85) 이 시는 퇴계의 마지막 영매(詠梅) 시이다. 또한 '매화시첩'의 마지막 시이기도 하다. 69세 3월 한양에서 도산으로 돌아오는 마지막 귀향길에서 서울 집의 분매를 가지고 오지 못해 미안하다는 시를 주고받았던 바로 그 분매이다. 제자 김이정(金而精)이 이듬해 경오년(1570년)에 퇴계 손자 이안도 편에 보낸 이 분매를 받은 퇴계가 다시 재회한 기쁨을 노래한 것인데, 생애 마지막 매화 시가 되었다. 내용은 다음과 같다. '脫

기도 하다.

퇴계의 매화시 107수는 제목으로는 72제이다. 같은 제목으로 2수, 3수, 6수(도산월야영매), 10수(재방도산매십절), 11수(추회십일수) 등이 있기 때문이다. 퇴계는 이 가운데 62제목 91수를 가려서 직접 손으로 쓰고 별도로 책을 묶어 남겼다. 이것이 바로 퇴계 '매화시첩'이다. '추회십일수'는 한 수만 매화시첩에 실었다. 고대 이후 중국을 비롯한 조선의 많은 선비들이 매화를 사랑하고 시로 읊어 남겼지만, 매화시첩을 따로 만들었다는 이야기는 잘 듣기 어렵다. 이를 보면 퇴계의 매화 사랑이 얼마나 지극한지 짐작할 수 있다. 매화를 매군, 매형, 매선 등으로 표현하였다. 때로는 공(公)이라는 존칭어를 쓰기도 한다.

퇴계는 많은 매화 시를 지으면서 생애 마지막 약 3년 사이에는 전에 없던 매화와 시를 주고받는 증답시를 남겼다. 66세 봄, 69세 봄에 각각 네 수씩 모두 여덟 수를 지었다. 그리고 70세 되던 해 2월 20일 예안 오천의 제자 김부필 집(후조당) 매화와 주고받는 증답시 4수를 지어 김부필(1516~1577)에게 보낸 것이 있다. 퇴계는 왜 평소와는 달리 매화와 시를 주고받는 증답 형식의 시를 지었는가? 그리고 왜 생의 마지막 시기에 증답시를 지었는가? 여덟 수의 증답시를 감상하며 알아보고자 한다. 그리고 김부필의 집(후조당) 매화와 주고받은 증답시 4수는 매화와 직접 대면

却紅塵一萬重, 來從物外伴濯翁, 不緣好事君思我, 那見年年氷雪容(붉은 티끌 일만 겹을 초연히 벗어나, 속세 아닌 이곳 찾아 이 늙은이와 벗하니, 일을 좋아하는 그대가 나를 생각하지 않았더라면, 빙설 같은 그 얼굴을 어찌 볼 수 있으리오)'.

하고 지은 시가 아니므로 제목만 소개하고 시 내용은 여기서 다루지 않고자 한다.

2. 매화 증답시

퇴계는 107수 매화시 가운데 매화를 의인화하여 대화를 주고받는 증답시를 모두 12편 남겼다. 첫 번째 증답시는 66세 병인년에 예천 관아에서 지은 두 수이다. 퇴계는 66세 정월 명종 임금의 부름을 받고 예안에서 서쪽으로 길을 나섰으나, 영주에서 병이 나서 상소를 올리고 풍기, 예천, 풍산 학가산, 서후 봉정사 등으로 다니다가 3월 초에 도산으로 되돌아왔다. 이때, 영천(영주)에 있으면서, 쌍청당[86]에서 조송강의 운에 차운하여 지은 오언절구 '쌍청당조송강운' 시를 남겼다. 사직 상소를 올리고 예천으로 돌아와 임금의 허락을 기다리며 머물렀다. 여기서 두 수의 매화시를 지었는데, 하나는 칠언절구 '매화를 꺾어와 책상 위에 꽂아두다'이고, 다른 한 수는 칠언율시 '이십일일에 우연히 쓰다'이다. 그리고 역시 예천 관아 동헌에 머물면서 뜨락의 매화와 주고받는 증답시 두 수를 지었다. 이것이 퇴계가 지은 최초의 매화 증답시이다. 이 시기는 퇴계로서는 명종 임금의 부름에도 지금 불려 올라가면 고향 귀신이 되지 못할 것이라는 아주 절박하고 참담한 심정으로 올라가기를 버티고 있던 시기였다. 최초의 매화 증답시는 이렇게 탄생한 것이다.

86) 쌍청당은 영천군(지금의 영주) 객관 동편에 있으며, 군수 김세훈이 지었다. 퇴계는 병인년(1566년) 정월 왕명으로 올라가다가 병이 나서 여기서 머물렀다.

가. 최초 증답시: 병인년(1566년) 예천 관아에서

정자중[87]의 서한을 받고 진퇴가 어려움을 더욱 한탄하며 시를 읊어
매화에게 묻다(得鄭子中書 益歎進退之難 吟問庭梅)

매화의 고절함은 고산을 일컫거늘	風流從古說孤山[88](풍류종고설고산)
무슨 일로 이 관가에 옮겨 와 있나	底事移來郡圃間(저사이래군포간)
역시 명성과 이익에 잘못 얽혀으니	畢竟自爲名所誤(필경자위명소오)
이 늙은이 명리 때문에 곤욕을 당한다고 속이지 마오	莫欺吾老困名關(막기오로곤명관)

퇴계의 최초 매화 증답시는 66세 봄에 예천 관아에서 퇴계가 먼저 지었고 매화가 답한 것이다. 명종 임금은 공조판서 발령을 내면서 상경을 독촉하는데, 퇴계는 길을 나섰다가 병을 만나기도 했지만, 병을 핑계 삼아 올라가지 않는다. 약 두 달간 풍산, 예천, 풍기, 영주를 맴돌다가 예천 관아에서 머물며, 사표가 수리되기만 학수고대하며 전전긍긍하고 있었다. 이때, 뜰에 핀 매화를 보자 자신의 신세와 비교되어 말을 걸게 된다. 동병상련의 심정이었을까. 고고한 군자이자 신선이기도 한 매화가 어찌 권력과 속세의 상징인 관아 뜰에서 피고 있는가. 고산에서 살아야 할 그대가 부귀의 상징인 이곳 관아 뜰에 와 있는 것은 혹시 명리(名利) 때문은 아닌지? 그렇다면 이 늙은이가 명리 때문에 지금 이

87) 정자중은 퇴계의 문인 정유일(1533~1576)이다. 임금이 퇴계에게 공조판서 임명을 하였다는 편지를 보내왔다.

88) 고산은 송나라 은자 임포(967~1028)를 가리킨다. 임포는 서호의 고산에 은거하며 20년 동안 산 아래에 내려오지 않았다고 한다. 서화와 시에 능하였고 특히 매화시가 유명하다. 평생 결혼을 하지 않고, 매화를 심고 학을 길러 짝을 삼았다고 하여 사람들은 그를 '매처학자'로 불렀다. 사후에 화정선생이란 시호를 받았다.

곤욕을 치른다고 탓하지 마시라고 한다. 퇴계 선생의 시 내용이 참 재미도 있고, 발상도 상상을 뛰어넘는다. 매화 자네도 고고한 은자가 사는 고산이 아니고 화려한 관아 뜰에 와 살면서 내가 지금 도산에 있지 못하고 길에서 헤매는 모습을 마치 명리 때문이라고 비웃을 수 없을 것이라고 한다. 공조판서 발령을 사양하느라고 애를 쓰고 있지만, 남들은 이런 나를 명리에 엮이어 곤욕을 치른다고 생각하리라는 심정을 매화를 빗대어 읊었다. 처지가 비슷한 벗이 만나 서로 한 번 웃는다. 퇴계는 이토록 섬세하고, 유머스럽다. 예천 관아 매화가 다음과 같이 답하였다.

매화가 답하다(梅花答)[89]

나는 관가에 있으면서 고산 생각 간절하고	我從官圃憶湖山(아종관포억호산)
그대는 구름 시내에 나그네 꿈 짓는구나	君夢雲溪客枕間(군몽운계객침간)
서로 만나 한번 웃으니 하늘이 도와줌이라	一笑相逢天所借(일소상봉천소차)
선학이 사립문을 함께 할 필요가 없으리라	不須仙鶴共柴關(불수선학공시관)

예천 관아 뜰의 매화가 답을 한다. 나 역시 부귀영화 찾아온 것이 아니라 타의에 의해 여기 왔음을 하소연하고 있다. 고산 생각이 간절하다고 한 것이기 때문이다. 그리고 퇴계에게 그대 역시 타의에 의해 구름 따라 떠돌면서 도산을 그리워하는 모습이 안쓰러워 보인다고 한다. 고산에서 머물고 싶은 나는 이끌려 관

89) 매화시첩에는 '매화답'으로 되어 있으나, 퇴계집에는 '대매화답(代梅花答)'으로 되어 있다.

아 뜰에 와 있고, 퇴계 그대 역시 도산에 머물고 싶어 하나 임금에 이끌려 이런 고생을 하고 있다고 위로하고 있다. 비슷한 처지의 아픔이 있는 두 신선과 학이 서로 만나 웃을 수 있음이 하늘의 도움이라고 하였다.

이 최초의 증답시를 통해 퇴계는 서울로 올라가지 않으려고 안간힘을 쓰는 모습을 볼 수 있다. 고향 인근 영주, 예천, 안동 등의 관아, 사찰 등으로 두 달이나 길 위에서 풍찬노숙하듯이 하며 임금의 부름에 버틴다. 자신의 심경을 누구에게도 밝히지 못한 채 최초로 예천 관아 뜰에 핀 매화와 대화를 주고받으며 심란한 심사를 매화와 증답시를 통해서 애처롭게 토로하는 모습이다.

나. 두 번째 증답시: 병인년(1566년) 도산에서

두 번째 증답시도 퇴계가 먼저 지었다. 예천 관아에서 머물면서 최초의 매화 증답시를 짓고 있을 때, 마침내 명종 임금도 물러서고 만다. 대신 임금은 도산을 그림으로 그리게 하고는 처남인 여성군 송인(1517~1584)을 시켜 도산기와 도산잡영을 그 위에 쓰게 하여 병풍을 만들어서 처소에 펼쳐 놓게 하였다.[90] 퇴계는 마침내 고향 도산으로 돌아왔다. 3월 초이다. 1월에 집을 나서 두 달간 길에서 떠돌다가 겨우 도산으로 돌아왔다. 퇴계로서는 하늘에 오를 듯한 심정이었을 것이다. 도산에 이르니 산 매화가 처음 핀 것을 보게 된다. 상경 길에 병으로 중간에서 고생하다가 겨우

90) 퇴계연보 제2권, 병인년 66세 기록.

귀가 허락을 받고 돌아와 막 피어난 산 매화와 다시 상봉한 것이 너무나 기뻐서 다음과 같은 두 번째 증답시를 지었다.

병인년 늦은 봄에 소명을 사양하고 산에 돌아와 매화에게 묻다 (丙寅季春 辭召命 還山問梅)[91]

묻노라 이 산중에 두 그루 백옥 신선이여	爲問山中兩玉仙(위문산중양옥선)
어이 봄빛 기다리어 온갖 꽃 필 때 이르렀나	留春何待百花天(유춘하대백화천)
서로의 만남이 양양관[92] 객사 같지 않으니	相逢不似襄陽館(상봉부사양양관)
한바탕 웃음으로 추위도 아랑곳없이 내 앞에 다가오네	一笑凌寒向我前(일소릉한향아전)

이에 대해 도산의 산 매화는 다음과 같이 화답한다.

매화를 대신하여 답하다(代梅花答)

나는 바로 포옹이라 환골한 신선인데	我是逋翁換骨仙(아시포옹환골선)
그대는 요동에 돌아온 학이라 하늘에서 내려왔네	君如歸鶴上遼天(군여귀학상료천)
서로 만나 한 번 웃음 하늘이 이미 허락하니	相逢一笑天應許(상봉일소천응허)
양양관의 매화와 전후를 비교하지 마시게	莫把襄陽較後前(막파양양교후전)

첫 구의 포옹은 임포를 말한다. 임포의 시 '산 동산의 작은 매화(山園小梅)'는 매우 유명하다. 두 번째 구의 '요동에 돌아온 학'은 정영위[93]를 말한다. 도산 매화가 자신은 고산의 임포이고, 퇴

91) 퇴계집에는 제목이 '도산방매(陶山訪梅)'로 되어 있다.

92) 양양관(襄陽館)은 예천의 관아 객사 건물이며, 양양은 예천의 옛 이름이다.

93) 정영위는 도연명의 '수신후기'에 설명이 나온다. 정영위는 본래 요동 사람으로 영호산에서 도를 배워 신선이 되었으며, 뒤에 학으로 변하였다. 그래서 요학, 즉 요동의 학이라고 불렀다. 중국과 조선의 시에 많이 등장하고 있다.

계 그대는 요동의 신선이자 학으로 하늘(임금)의 허락으로 오늘 이렇게 웃음으로 만날 수 있었음을 노래하고 있다. 도산 매화는 양양(지금의 예천) 관아에서 만났던 매화와 비교가 되지 않는다고 말하며 위로한다. 예천에서는 절박하고 곤혹스러운 상황에서 매화와 만나는 때이었고, 지금은 벼슬에서 풀려 귀향하여 날아오를 듯한 상황에서 만난 장면인데 어찌 비교하랴. 병인년(1566년) 연초 두 달간의 곤혹스러운 상황이 잘 정리되고 해피엔딩으로 끝난 매화 증답시이다. 괴롭고 절박할 때도 매화와 대화하였고, 즐겁고 기쁠 때도 퇴계는 매화와 이렇게 자신의 속마음을 나누고 대화하였음을 볼 수 있다.

이후 퇴계는 예문관 대제학, 지중추부사 등 각종 관직에 대한 사직 상소를 계속 올리면서 10월에는 회재 이언적 선생의 행장을 짓고, 또 문집을 교정하였으며, 심경후론을 지었다. 그러나 퇴계를 그리워하는 명종의 마음이 그냥 넘어가지 않는다. 또다시 이듬해 67세 정묘년(1567년)에 퇴계는 부름을 받고 6월에 상경하였다. 매번 사직하곤 하지만 지나친 사양은 겸양이 아니고 예에서 벗어나는 일이기도 하기 때문이었다. 그런데 서울 도착 사흘 만에 갑자기 명종이 승하하고 만다. 퇴계는 명종 행장 편찬 책임자로 행장을 찬술하고 내려진 예조판서까지 사직한 뒤 8월에 귀향한다. 그리고 이듬해 68세 무진년(1568년) 여름까지는 도산서당을 떠나지 않다가 무진년 가을에 결국 새 임금 선조에게 또다시 부름을 받고 상경을 한다. 곧 돌아오겠다고 생각하였다. 올라가서 선조에게 국정 운영의 방향을 밝힌 '무진육조' 상소를 올리고, 11월에는 '성학십도'를 지어 드렸다. 그리고 서너 차례 귀향을 간청했으나, 선조는 보내주지 않고 해를 넘겨 1월에는 도리어 이조판서 발령을 내린다. 퇴계에게는 기쁨도 영광도 아니었다. 말 그대로 낭패불감, 아주 난감할 뿐이었다. 다시 연일 사직과 귀향을 간청하였다. 마침내 선조 임금은 3월 초에야 간신히 허락해 주었다. 다만, 잠시 다녀오시라고 단서를 붙였다. 이 두 달 사이에 서울 집과 도산의 매화에게 자신의 심경을 읊은 매화시가 네 수 있으나, 증답시가 아니므로 여기서는 생략하고 증답시만 살펴보기로 한다.

다. 세 번째 증답시: 기사년(1569년) 3월 마지막 귀향길을 떠나며

퇴계의 세 번째 매화 증답시는 선생께서 69세 3월 생애 마지막이 되는 귀향길에 한양을 떠나면서 지은 두 수이다. 퇴계가 먼저 지어주었고 받았다. 3월 4일 간신히 귀향 허락을 받은 퇴계는 급히 서둘렀다. 아침에 허락받고는 임금에게 하직 인사를 올리고는 정오에 행장을 꾸려 길을 나섰다. 천천히 짐 정리하고, 서울 제자, 벗을 만나고 며칠 늦추다가는 그새 임금의 마음이 변하면 끝장날 수 있기 때문에, 어서 서울을 벗어나야 했다. 이 긴박한 순간에 매화와 시를 주고받았다. 바로 다음의 두 수이다.

한성 집에서 분매와 주고받다(漢城寓舍盆梅贈答)

고맙게도 매화 신선께서 나의 쓸쓸함을 벗 해주니	頓荷梅仙伴我涼(돈하매선반아량)
객창은 맑아지고 꿈속의 혼조차 향기롭구나	客窓蕭灑夢魂香(객창소쇄몽혼향)
고향으로 돌아가며 그대 데리고 가지 못해 한스러운데	東歸恨未携君去(동귀한미휴군거)
서울의 티끌 속에서도 아름다움 잘 간직해 주시게나	京洛塵中好艶藏(경락진중호염장)

이 칠언절구시가 퇴계의 마지막 귀향길을 나서면서 지은 시이다. 바로 두 달 전 정월달까지도 귀향을 허락하지 않고 오히려 이조판서로 승진 발령까지 내리던 선조는 그 뒤 계속되는 노대신의 읍소를 마냥 거절할 수 없었던 것 같다. 하는 수 없이 잠시 다녀오시라고 허락한다. 귀로의 지방 관아마다 퇴계의 귀향길을 도와드리라는 지시까지 내린다.

퇴계는 음력 3월 4일 정오경에 선조에게 하직 인사를 드리고 경복궁 대궐을 나와 서울 집에 들러 서둘러서 짐을 꾸린다. 퇴계 생애 마지막 귀향길을 나서는 것이다. 워낙 급히 서두르다 보니 집에 있는 매화분을 함께 챙겨서 가지고 갈 수가 없었다. 나중에 보자하고 떠나는 데 마음이 편할 퇴계가 아니다. 그동안 서울의 풍진 속에 쓸쓸하게 지내던 자신에게 유일하게 벗해 주던 매화 화분에게 고마운 마음과 이번 귀향길에 동행하지 못하는 미안함을 함께 나타낸 시를 지었다. 참 아름다운 시이다. 내가 없더라도 부디 맑고 아름다운 그 모습 잘 간직해 달라고 당부하고 떠난다. 이 매화분은 이 해 말에 제자 김이정에 의해 도산의 퇴계에게 돌아가 선생을 상봉하게 된다. 한 편의 시이지만 슬프고 아름다운 지우(知友)의 관계가 어떠한지 보여 주는 스토리이다.

1행의 '돈하'는 '황공하게도', '고맙게도'라는 의미이다. 퇴계가 50세에 토계 개울가에 한서암을 지었다. 이때, 농암 이현보(1467~1555) 선생이 방문하였고, 다녀간 뒤 퇴계가 지은 시[94]에 '황송하게도 한서암에 노선백께서 왕림하셨다'라는 구절이 있다. 농암 대선배께 사용한 '돈하' 두 글자 단어를 매화에게 썼으니, 매화를 얼마나 높이 대우하고 있는지 알 수 있는 대목이다. 그리고 3행의 '동귀(東歸)'는 매우 중요한 단어이다. 퇴계는 이 시 아래에 동귀에 대해 자세한 주를 달아두었는데 바로 다음과 같다.

> 나의 고향 예안은 영남 최북단에 있는데, 육로로 조령을 거쳐 오는 것을 곧 남행이라 하고, 수로로 죽령을 거쳐 돌아오면 동행이라 하니, 모두 예안을 가리키는 말이다(吾禮安在嶺南最北 陸路由鳥嶺而卽日南行, 水路由竹嶺而歸卽日東行 皆指禮安而言也).

퇴계는 도산 서울을 생애 모두 18회[95] 내왕하였다. 그중 과거시험 보러 갈 때와 그 외 한 차례를 제외하고는 대부분 수로를 통해 죽령으로 내려오는 길을 걸었다. 즉 동행을 택하였다. 아마도 뱃길을 이용할 수 있는 편리함 때문인 것 같다.

---

94) "이 선생께서 한서암에 왕림하시다", "맑은 시내 서쪽 가에 오막살이 지었으니, 속객이야 사립문을 두드릴 일 있으리오, 황공하게도 산 남쪽에 살고 계신 늙은 선백, 견여 타고 꽃숲 속을 뚫고서 오셨다오(淸溪西畔結茅齋 俗客何曾款戶開 頓荷山南老仙伯 肩輿穿得萬花來)".

95) 21세 때, 초시를 보았는데, 초시가 서울이면 19회이고 지방이면 18회이다.

분매가 답하다(盆梅答, 분매답)

듣자니 도산 매화 신선도 우리처럼 쓸쓸하다는데	聞說陶仙我輩凉(문설도선아배량)
임 오시길 기다리며 하늘 향기 피우겠지요	待公歸去發天香(대공귀거발천향)
바라건대 마주하는 곳에서나 그리워하는 곳에서나	願公相對相思處(원공상대상사처)
옥설 같은 맑고 순결함을 함께 고이 간직해 주오	玉雪淸眞共善藏(옥설청진공선장)

임금의 허락을 받고 급히 한양을 떠나면서 자신을 데려가지 못하여 미안한 마음을 노래하자 서울 집의 분매가 대답하는 시이다. 들려오는 소문에 도산의 매화께서도 하늘 높이 향기 피우면서 그대의 귀향을 애타게 기다리고 있다고 한다. 나는 괜찮으니 어서 가서 도산 매화를 위로하여 주시라고 하고 있다. 그러면서 우리 서로 만나서나 헤어져 있을 때나 똑같이 맑은 옥과 흰 눈 같은 깨끗함을 잃지 않는 고결한 선비로 지내자고 당부한다. 기가 막히는 시이다. 부부, 연인도 이렇게 서로 알뜰히 걱정해 줄 수 있을까? 이 시에 더 이상 설명을 붙이는 것이 결례이고 사족(蛇足)이다. 퇴계와 매화의 주고받은 대화이지만 명리의 유혹을 떨쳐내고 옥설청진 같이 살겠다는 퇴계 자신의 다짐을 우리는 보고 있다.

라. 네 번째 증답시: 마침내 도산에 도착하여 매화와 상봉하면서

늦은 봄 도산의 산매화와 주고받다(季春至陶山山梅贈答)

매화가 지어 주인에게 주다(梅贈主, 매증주)

부귀와 명리가 어찌 그대와 어울리랴	寵榮聲利豈君宜(총영성리기군의)
풍진 쫓은 지난 삶에 백발이 다 되었구려	白首趨塵隔歲思(백수추진격세사)

지금은 다행히도 낙향 윤허 받았으니	此日幸蒙天許退(차일행몽천허퇴)
하물며 오심이 내가 활짝 꽃필 때였던가	況來當我發春時(황래당아발춘시)

네 번째 매화 증답시는 마지막 귀향길 여정을 마치고 도산에 돌아와서 지은 두 수인데, 네 번의 증답시 중 유일하게 매화가 먼저 지었다. 69세 음력 3월 4일 한양을 출발하여 13일 만인 3월 17일 마침내 퇴계는 도산에 도착하였다. 첫째 날은 정오에 출발하고 행장을 꾸리느라 8킬로 정도 걸어서 지금의 동호대교 위치에 있던 몽뢰정에서 하룻밤을 유숙하였다. 다음날은 역시 8킬로 정도밖에 걷지 못하였다. 봉은사에 도착하자 전송 나온 대신들과 후배, 제자들과 이별의 모임이 있었기 때문이다. 떠나는 퇴계와 아쉬워하는 제자, 관료들이 서로 시를 주고받으며 봉은사에서 하룻밤을 유숙한다. 3일째부터 뱃길을 이용하여 청풍까지 내려오며 오는 귀로에 마중 나온 지방 수령들과 주고받은 시가 또한 명시이고 가르침이다. 옛 선비는 서로 뜻있는 사람 간에 만나면 시를 남겼다. 시 한 수로 세월과 천리(天理)를 논한다. 술 한잔은 양념이다. 오늘날 세상 사람들의 만남은 어떠한가. 퇴계 마지막 귀향길은 시를 만나는 길이기도 하다. 퇴계는 물길 따라, 나귀 타고, 산 넘고 걸어서 마침내 죽령재를 넘어 도산에 이르게 된다.

당시 도산 온혜에는 괴질이 떠돌았다고 한다. 그래서 퇴계는 한서암 자택으로 가지 않고 바로 도산서당으로 갔다. 그러자 기다리고 있던 도산 매화가 반갑게 맞이하면서 먼저 시를 읊는다. 서울의 높은 벼슬이나 녹봉이 그대에게 어울리지 않는데, 임금의 부름에 어쩔 수 없이 올라가 서울의 풍진을 뒤집어쓰느라고 백발이 다 되었다고 안타까워한다. 그래도 다행히 임금님의 허락이 있어(天許退) 지금이라도 오셨으니 얼마나 다행인가. 거기다가 때마침 내가 활짝 꽃 피울 때 오시니 고맙고 또 고맙다고 환영하는 모습이다. 멀리 길을 떠난 임이 돌아와 반갑고 기쁜 아내의 속삭임을 매화가 들려주는 듯하다.

1행의 '총영'은 '천자로부터 은총을 입어 영달함'이라는 뜻이다. 이조판서, 판중추부사 같은 높은 벼슬을 임금이 내렸지만, 세상 사람들에게는 영광이 되어도 퇴계 당신에게는 어울리지 않는다는 매화의 한 마디가 퇴계에게 딱 들어맞는 멋진 글귀이다. 매화가 군자로 불리는 것이 그냥 얻은 이름이 아닌 것 같다. 2행은 서울 생활의 고달픔이다. 3행의 행몽천허퇴는 임금이 다행스럽게도 귀향 허락을 하였다는 표현이다. '천허(天許)'는 임금의 허락을 의미한다. 4행의 '발춘'은 봄이 되어 뭇꽃들이 봉오리를 가득 채워 터질 듯 있으면서 아무 날이나 함부로 피우지 않고 있다가 개화 시기를 맞추어 일시에 활짝 피우는 모습을 말한다. 도산매화가 꽃의 만개를 참고 또 참고 기다리다가 퇴계가 올 때를 맞추어 활짝 피어남을 의미한다. 주자의 감춘부(봄을 느낌) 시에 '모두 꽃 숨겼다가 봄에 피우네'라는 표현이 있다.

어렵게 임금의 허락을 얻어 69세 노구를 이끌고 700리 귀향길을 걸어 도산에 이르니 도산 매화가 반갑게 환영시로 맞이한다. 쌓였던 피로가 일순간 사라질 만큼 고마웠다. 퇴계는 고마운 마음을 담아 다음의 시로 답하였다.

주인이 답하다(主答, 주답)

화정이 탐나서 그대 사랑함이 아니라	非緣和鼎得君宜(비연화정득군의)
맑은 향이 좋다 보니 사모하여 절로 읊는다네	酷愛淸芬自詠思(혹애청분자영사)
나 이제 기약대로 그대 앞에 왔으니	今我已能來赴約(금아이능내부약)
꽃 핀 시절 놓칠망정 허물은 말아 주오	不應嫌我負明時(불응혐아부명시)

도산에 도착하여 도산 매화로부터 환영의 시 한 수를 받자, 퇴계가 답을 한 시이다. 선비들이 시를 주고받는 것은 선비문화의 기본 윤리이다. 시를 받고 답하지 않으면 글 빚을 지게 되고 글 빚은 돈빚보다 더 무섭다던 시절이었다. 매화라고 해서 답을 하지 않을 퇴계가 아니다. 1행에서 보면 내가 그대를 사랑하고 좋아하는 것이 혹시라도 매실 열매를 얻어 요리에 쓰고자 하는 욕심 때문이 절대 아니라고 하였다. 화정(和鼎)이 그러한 의미이다. 어떤 사람들은 매화보다 매실에 더 관심이 있을 수도 있을 것이다. 옛날이라고 다르랴. 퇴계는 매화에게 그 점을 늘 미안하게 생각하였던 것 같다. 혹시라도 매화 그대께서 나까지도 꽃 때문이 아니라 매실 열매를 탐하여 그대를 좋아하는 것으로 오해하지 않기를 고백하고 있다. 말 그대로 혹애이다. 지독한 사랑이 아니면 토해낼 수 없는 표현이 아닌가.

작년 국화 필 때, "상경하면서 곧 돌아오겠다고 다짐한 약속을 이제야 지켰으니, 조금 늦었다고 나를 꾸짖지 말아 주시게"라고 한다. 아마 만개 시기가 조금 지나서 도착한 것 같다. 실제 퇴계 귀향길 재현 행사에서 보면 해마다 기온의 차이에 따라 도산 매화 개화 시기가 차이가 있는 것을 볼 수 있다. 아무튼 도산에 도착한 퇴계에게 기다리던 매화가 축하 인사를 하고, 퇴계가 감사의 답장을 보내는 네 번째 증답 시 두 편은 이렇게 탄생하였고, 오늘날 메마른 감정으로 무심하게 살아가는 우리에게 전하는 메시지가 너무나 분명하다. 시를 읽는 독자의 몫일 뿐이지만.

퇴계의 마지막 귀향은 여기서 끝나게 된다. 더 이상 서울에 가지 않았고, 이듬해 70세(경오년) 섣달 초여드렛날 마침내 긴 인생 여정을 마치고 돌아가시게 된다. 고종명[96]을 하셨다. 참으로 드라마틱한 마지막 귀향길이었고, 매화 증답시가 화룡점정이었다. 그리고 이상하게도 증답시도 여기서 그친다. 물론 70세 2월에 아래와 같은 증답시가 있기는 하지만, 실제 증답시는 여기까지가 마지막이라고 보아야 한다. 퇴계의 매화 증답시는 이래서 그 수는 비록 12수이지만, 가장 절박할 때, 가장 기쁠 때의 속마음을 나누는 8수를 주고받았음을 알 수 있다.

마. 다섯 번째 증답시

퇴계는 70세 되던 해 1월에 교서관과 활인서라는 두 기관의 책임자 직분을 사임하는 상소를 올렸으나, 2월 15일 선조 임금으로부터 불허 교지를 받게 된다. 아래는 선조의 교지이다.

경의 나이 비록 70이나 다른 사람과 같지 아니하기 때문에 이에

96) 고종명: 태어난 명대로 살다가 편안히 죽는 것을 말한다. 오복(수명, 재물, 건강, 유호덕, 고종명)의 하나이다.

> 허락하지 아니하노라. 그 관직을 체차하지 않는 것은, 경의 어진 덕을 생각하여 우선 갈망하는 것을 이루어 준 것이지 사면하고 물러갈 것을 허락한 것이 아니기 때문이다. 조정으로 돌아오는 기일을 내가 날마다 바라노니, 역마를 타고 올라와서 나의 바람에 부응하라.[97]

이에 앞서 퇴계는 안동의 선조 묘에 한식 성묘를 올리고 오는 길에 오천의 제자 김부필의 집(후조당)에 들러 매화를 감상하는 모임을 하기로 언약이 되어 있었다. 그러나 선조의 교지를 받고 임금의 명령을 지키지도 못하면서 한식 성묘와 제자 집에 매화 감상을 다닐 수가 없어서 모든 일정을 취소하였다. 이에 퇴계는 김부필에게 미안한 마음으로 후조당의 매화와 증답하는 시를 4수 지어서 보내주었다.[98] [99]

퇴계의 시 2수와 후조당 매화의 시 2수 제목만 아래에 소개하고 내용은 생략하였다.

- **퇴계가 지어준 시(2수)**: '경오년 한식날 장차 안동에 있는 선조의 묘에 가서 (중략) 후조당 매화와 서로 증답하는 것처럼 하여 언우에게 보내어 한번 웃음을 짓게 한다(庚午寒食 將往展先祖墓於安東 (중략) 若與後凋梅相贈答者 寄呈彥遇 發一笑也).'
- **후조당 매화가 지은 시(2수)**: '후조당 매화가 답하다(後凋梅答).'

---

97) 퇴계집, 퇴계선생연보 2권 참조.

98) 정석태, 퇴계선생연표월일조록 4권, 500쪽.

99) 기태완 역주, '퇴계 매화시첩', 보고사, 2007, 166~171쪽.

3. 나가며

퇴계는 도학으로 세상이 아름다워지기를 바라며 자기 자신 철저한 도학자의 길을 걸었다. 그는 권세가가 불러도 가지 않았고, 사람도 함부로 사귀지 않았다. 절개가 높고 아름다운 향기를 내는 매화 같은 사람들을 좋아하였다. 이런 그에게 매화는 좋은 벗이고 지우였다. 매화를 사랑하고, 매화와 대화하였으며 매화시를 많이 읊었다. 그중에서 증답시 12편을 남겼다. 이 글에서는 퇴계가 왜 매화와 시를 주고받았는지 살펴보았다. 다음과 같은 몇 가지 점에서 그 의미를 찾을 수 있을 것 같다.

(1) 퇴계의 최초 매화 증답시는 66세 1월이다. 예천 관아에서 가장 절박하고 곤혹스러운 심정일 때 지은 2수이다. 두 번째는 같은 해 3월 벼슬길에서 풀려 도산에 돌아와서 상봉의 기쁨을 나눌 때 지은 2수이다.

(2) 세 번째 증답시는 69세 3월에 마지막 귀향 허가를 받고 한양을 떠나면서 매화를 함께 데려가지 못해 미안한 마음을 주고받은 2수이다. 네 번째 증답시는 13일 뒤 도산에 도착하여 상봉의 기쁨을 도산 매화와 주고 받은 2수이다. 그리고 마지막 증답시는 70세 2월에 오천의 후조당 매화와 나눈 증답시 4수이다.

(3) 공간적으로 퇴계의 매화 증답시가 나타난 장소는 1차 예천, 2차 도산, 3차 한양, 4차 도산, 5차 도산이다. 모두 도산 귀

향이라는 목적과 관련될 때만 나타남을 볼 수 있다. 다만, 5차 증답시는 예외적인 증답시이다.

(4) 시간적으로 1차 66세 1월, 2차 3월, 3차 69세 3월, 4차 3월이다. 1, 2차 증답시가 있은 뒤 3년 후 3, 4차 증답시가 보인다. 자신의 감정을 꼭 남겨두고 싶을 때 한해서만 증답시를 지었음을 볼 수 있다. 5차는 70세 2월인데, 후조당과 약속을 지키지 못해 미안한 마음으로 지었다.

(5) 정서적으로 퇴계는 남에게 드러낼 수 없는 희비의 감정일 때, 증답시를 지었다. 앞의 8수만 보면, 심정이 가장 곤혹스러울 때(예천) 2수, 미안할 때(서울) 2수, 기쁠 때(도산) 4수로 모두 8수이며, 5차 4수는 매화 주인인 후조당에게 미안해서 지었다. 전체 107수 중 12수이므로 약 11%이다. 이는 퇴계가 희노애락의 감정 표현을 최대한 절제함을 보여준다.

(6) 최초 증답시 4수에서는 매화가 답할 때, '매화가 대신해서 답하다(대매답)'라는 반의인화 표현을 썼으나, 마지막 증답시 4수에서는 '매화가 답하다(분매답)'라고 하여 직접 의인화하는 화법을 사용하였다.

(7) 첫 번째부터 세 번째까지는 퇴계가 먼저 시를 지어주고, 매화가 답을 하였으나, 네 번째만은 매화가 먼저 시를 지어주고, 퇴계가 답하였다.

(8) 퇴계는 매화를 자신의 절의 염퇴, 청렴 질박의 삶의 붕우로, 동반자로 삼았으며, 특히 증답시에서 두드러지게 볼

수 있다.

(9) 퇴계는 벼슬에서 사직이 허락되지 않는 답답한 심정을 주변 지인보다는 매화에게 토로하고, 대화하면서 마음을 달래었다. 이는 자신의 속마음을 함부로 주변에 털어내지 않는 퇴계의 신중한 정신세계를 엿보게 한다.

이상으로 퇴계가 매화와 대화를 주고받은 증답시를 감상하고 전해주는 메시지를 정리해 보았다. 이러한 정리가 퇴계 매화시를 이해하는 데 조금이라도 참고가 될 수 있기를 바란다.

제5장. 도산서당에 초대받은 성현은 누구인가?

1. 서당

서당(書堂)[100]은 '글 읽는 집'이다. 책 읽고 공부하는 집이니 곧 학문을 닦는 곳을 말한다. 서당에서는 가르치는 훈장이나 스승이 있고, 배우는 어린 동자나 유생들이 있으니 형식면에서는 오늘날의 학교이다. 교육 내용 면에서는 배우는 대상에 따라 천자문에서부터 사서오경 같은 최고 경전까지 다루기 때문에 초등학교에서 대학교 수준까지 다양하지만, 실제 등급에 따른 명칭은 따로 없이 모두 서당으로 통칭하였다. 그리고 설립 주체 면에서는 국가가 아니라 문중이나 마을, 개인이 설립하였으므로 사립학교와 같다.

우리나라는 예부터 글을 숭상하고 학문하기를 좋아하는 군자의 나라였다. 공자는 구이족이 사는 나라에 가서 살고 싶다고 하였는데,[101] [102] 그 구이족은 바로 우리나라 고대 조선이다. 또한, 중

---

100) 서당이란 용어는 북주(北周, 557~581)의 학자이자 문인이었던 유신(庾信, 513~581)이 지은 글에 처음으로 사용되었으나, 우리나라에서 처음 사용된 것은 분명치 않다.

101) 이기동, '유학 오천년', 성균관대학교 출판부, 2022, 36쪽.

102) 논어 자한(子罕)편 13장, 공자께서 구이(九夷)에 살려고 하시자, 어떤 사람이 말하기를 "그곳은 누추하니, 어찌 사실 수 있겠습니까?" 하자, 공자께서 대답하셨다. "군자(君子)가 산다면 어찌 누추하겠는가?"

국의 사료인 신당서와 구당서의 기록에 의하면, '고구려 사람들은 책을 사랑하여 벼슬아치 집에서 평민의 집에 이르기까지 저잣거리에 큰 집을 지어 이를 경당이라 부르고, 혼인하기 전의 자제들이 여기에서 밤낮으로 책을 읽고 활쏘기를 익혔다'라고[103] 하였다. 실제 고구려에서는 427년 장수왕(15년) 때, 평양으로 수도를 옮긴 이후 전국 각지에 경당이 세워지기 시작하였는데, 이것이 사학의 효시이다.

글을 숭상하는 우리 민족의 배우고자 하는 열기는 조선시대에 들어와서 유교를 국가 통치 이념으로 삼으면서 더욱 뜨거워지게 되고, 따라서 서당의 수도 급격하게 불어나기 시작하였다. 조선시대에 전국의 서당 수에 대한 통계 기록은 보이지 않으나, 일제 총독부의 통계에 의하면[104] 1911년 3월 말 현재 서당 수는 1만 6,540개이며, 학동 수는 14만 1,604명이었다. 그리고 1918년 8월 총독부가 '서당 규칙'에 따라 각 서당이 보고한 것을 수합하여 발표한 서당 상황 자료에 의하면, '당시 서당 수는 2만 4,294개, 학동 수는 26만 4,835명이었으나, 1921년 서당 수가 2만 5,482개, 학동 수가 29만 8,067명으로 증가되었다.'고 기록하고 있다. 1922년 이후 서당 수는 신학문의 영향으로 감소하기 시작하여 1940년에는 4,105개가 남아 있었다고 한다.

통계청에 의하면,[105] 우리나라 마을(리, 里)의 수는 35,735개이

103) 한국학중앙연구원, 한국민족문화대백과, 서당편.
104) 한국학중앙연구원, '앞의 책' 서당편.
105) 통계청, 전국 행정구역 총괄표(1993~2000).

다. 따라서 가장 많을 때인 1921년 서당 수는 마을 세 개에 서당 두 개가 있음을 볼 수 있다.[106] 거의 마을마다 서당이 있었다. 여기에 서원과 향교를 모두 합한다면, 국토나 인구수에 비해 이렇게 학교 수가 많은 나라는 세계에서도 그 유례를 찾기가 어렵지 않을까 생각된다. 고을마다 향교 하나씩 있고[107] 마을마다, 촌락마다 서당이 있었고, 서원이 세워졌다. 우리 민족의 배우고자 하는 교육열과 알고자 하는 지적 욕구는 이처럼 강렬하였고 치열하였다.

여기서는 우리나라 수많은 서당 중에서 가장 대표적이라고 볼 수 있는 안동 도산에 있는 도산서당에 대해 알아보고자 한다. 도산서당은 퇴계 사상의 산실이자 조선 선비들, 특히 영남 선비들의 성지와 같은 곳이었다. 퇴계는 도산서당을 짓고 서당과 제자들 숙소인 농운정사에서 당(堂), 헌(軒), 재(齋) 등 10곳과 그 주변의 명소 8곳을 정하여 절구시 18수를 지었다. 그 시들은 모두 교훈적 내용이나 유교적 고사를 중심으로 창작되어 있어 읽는 사람으로 하여금 자신을 돌아볼 수 있는 수양시이고, 가르침을 받을 수 있는 교훈시이다. 특히 도산서당에서는 집, 마루, 방, 사립문, 연못, 그리고 동산 여섯 곳에 모두 여섯 수의 시를 지었다. 퇴계는 이 여섯 수의 시마다 성인이나 현인의 고사나 가르침을 인용하여 시를 지었다. 즉 도산서당에 성현을 초대한 것이다. 도산서

106) 25,482(서당 수)/35,735(마을 수)=0.7이므로, 마을 3개에 서당이 2개씩 존재하였다.
107) 조선시대에는 중앙에 성균관과 4학이 있고, 전국 234개 고을에 공립학교인 향교 한 개씩을 두었다.

당에 찾아온 제자들이 옷깃을 여미고 경전에 침잠하지 않을 수 없게 하는 뜻이 숨어져 있다고 본다. 서당을 찾는 일반인도 서당 집만 보는 것이 아니라 거기에 계시는 성현을 찾아보도록 권유하고 있는 듯하다. 이 글에서는 도산서당 한시 여섯 수에 대해 살펴보고, 그 시에 초대된 성현과 전해주는 메시지에 대해 알아보고자 한다.

2. 도산서당

도산서당은 퇴계 이황(1501~1570) 선생께서 생전에 직접 설립한 서당이다. 지금은 안동호가 들어선 서당 앞은 건축 당시에는 낙동강 상류이었다. 퇴계는 57세부터 이 강변 산자락을 올라가는 골짜기 위 언덕에 터를 닦고 부엌 반 칸, 방 한 칸 반, 마루 한 칸의 작은 서당을 직접 설계하고, 건축하여 61세에 완공하였다. 서당에서 내려다보면 골짜기 아래 낙동강 물이 유유히 흐르고, 하얀 백사장과 그 너머 푸른 송림이 길게 펼쳐져 있어 그 뒤에 이어지는 들과 마을을 바람으로부터 보호하고 있는 정겹고 아름다운 풍경이 펼쳐지는 곳이었다.[108] 이징(1581~?)의 도산서원도, 겸재 정선(1676~1759)의 계상정거도, 그리고 강세황(1713~1791)의 도산서원도 등을 보면 위에서 말한 정경이 한 폭의 산수화로 잘 드러내 주고 있다. 퇴계는 이 서당에서 생애 마지막 10년간을 생활하였다. 학문을 연마하고, 저술과 강론을 하였으며, 서원 창설 사

108) 도산서당 앞의 옛 정경은 1975년 안동댐 준공으로 모두 사라지고, 지금은 호수로 변하였다.

업을 펼쳤다. 그 사이사이 천연대, 천운대에 올라 흰 구름과 함께 산수 소요하며 사색과 명상을 자주 하였으며, 때로는 제자들과 탁영담에서 뱃놀이하며 자연을 즐겼다. 그때마다 많은 시가 창작되어 3,000수 넘는 시가 남아 전해지고 있다.

퇴계 선생이 벼슬에서 물러나 처음 세운 서당은 자택 옆에 세운 계상서당이었다. 이 서당은 50세에 세워 61세 도산서당이 완공될 때까지 10년간 운영되었다. 규모가 한 칸 반 되는 말 그대로 서당이라고 부를 수도 없을 정도의 작은 건물이었다. 그러나 퇴계 선생이 벼슬에서 물러나 고향으로 오셨다는 소문이 퍼져나가자 많은 선비, 유생들이 이 서당으로 제자가 되고자 몰려들기 시작하였다. 학봉 김성일(1538~1592)은 19세(1556년)에 아우 남악 김복일(1541~1591)과 함께 찾아와 집지[109] 제자가 되었고, 잠재 김취려(1526~?), 겸암 류운룡(1539~1601), 율리 이요신(1542~1580) 등이 계상서당에 입문하였으며,[110] 또한 율곡 이이(1537~1584)가 23세(1558년)에 이곳으로 찾아와 당시 58세 되신 퇴계 선생을 사흘간 뵙고 가르침을 받기도 한 곳이 계상서당이다.

계상서당이 장소가 협소하여 제자들을 수용할 수 없게 되자 퇴계는 새로운 장소를 찾아 여러 곳을 물색하다가 마침내 강가 산비탈에 터를 구하여 집을 지으니 바로 지금의 도산서당이다.

109) 집지: 예전에 제자가 스승을 처음 뵐 때, 예폐를 가지고 가서 경의를 표하던 일. 논어 술이편 제7장에서 공자는 "포 한 묶음 이상을 예물로 가지고 와서 배우기를 청한 자에게는 내 일찍이 가르쳐 주지 않은 적이 없었다."라고 한 것이 집지의 예이다.

110) 권오봉, '가서로 본 퇴계의 삶과 사상' 〈중〉, 삼보문화재단, 2020, 441쪽.

도산서당 집지 제자로 대표적 인물인 서애 류성룡(1542~1607)은 21세(1563년) 9월에 도산서당으로 찾아와 제자가 되었다.[111] 이 서당 역시 세 칸이 겨우 되는 작은 집이지만, 10년간 수많은 제자와 저술이 태어난 역사적인 학교가 되었다. 그리고 퇴계 사후 제자와 후학들은 1574년 서당 뒤편에 도산서원[112]을 건립하고 사액서원으로 지정을 받았다. 이후 조선시대에는 물론이고 지금까지 도산서당을 포함한 도산서원은 조선의 선비, 문인들이 한 번씩 찾고자 하는 유학과 성리학 학맥의 중심지로 자리를 잡고 있다. 또한 2019년에는 다른 서원 여덟 곳과 함께 유네스코 문화유산으로 등재되기도 하였다.[113] 도산서원이 이토록 특별한 서원이 될 수 있었던 것은 바로 퇴계 선생이 생애 마지막 10년간을 거처하였던 도산서당이 있기 때문이었다고 해도 과언이 아닐 정도로 도산서당이 끼친 유학사의 영향은 적지 않았다.

퇴계 선생께서는 도산서당을 준공한 후, 서당 준공 기문을 짓고, 서당 앞, 강을 바라보는 좌우에 대를 세웠다. 도산서당과 학생들의 기숙사인 농운정사 등을 비롯하여 주변 18곳을 택하여 각각 칠언절구 한 수씩을 지었는가 하면, 오언절구 28수를 또 지어 이들을 모두 이름하여 도산잡영이라고 하였다. 이 중에 칠언절구

---

111) 서애는 21세 되던 해(1563년), 9월에 처음 도산서당으로 퇴계 선생을 찾아뵙고 몇 개월간 근사록을 배웠다.(서애연보 참조)

112) 서원의 유래: 퇴계는 "일찍이 남당 시대에 이발이 은거지인 여산의 백록동에 학궁을 창립하고, 스승과 생도를 두어 가르치며 이를 일러 국상이라 하였으니, 이것이 서원의 유래입니다." 하였다.(퇴계선생문집 제9권/서(書)1, 심방백 통원에게 올리다.)

113) 유네스코 문화유산에 등재된 한국 9개 서원: 소수서원, 남계서원, 옥산서원, 도산서원, 필암서원, 도동서원, 병산서원, 무성서원, 돈암서원.

18수는 퇴계의 성리학적 삶과 철학의 정신과 사상을 담고 있는 시들이며, 특히 도산서당에 있는 6수에는 여러 성인과 현자들을 초대하여 함께 모시고 있다. 왜 도산서당을 지으면서 여섯 곳 한 시에 성현들을 초대하였으며, 그분들은 누구인가? 이 성현들을 살펴보는 것은 곧 퇴계의 사상적 지향과 도산서당의 건립 목적을 판단해 볼 수 있는 자료가 될 수 있을 것으로 생각된다. 이제 여섯 곳에 지은 한시를 먼저 살펴보고, 그 시에 초대된 성현은 어떤 분들인지 알아보고자 한다.

3. 도산서당에 초대받은 성현

가. 도산서당

순임금은 친히 도자기 구우니 즐겁고도 편안하였고	大舜親陶樂且安(대순친도낙차안)
도연명은 몸소 농사지으니 또한 기쁜 얼굴이었네	淵明躬稼亦歡顔(연명궁가역환안)
성현의 마음과 일을 내 어찌 알리오만	聖賢心思吾何得(성현심사오하득)
백발이 다 되어 돌아와 고반에서 따라 해 보네	白首歸來試考槃(백수귀래시고반)

도산잡영의 첫 시 '도산서당'이다. 순임금과 같은 성인과 도연명 같은 현인이 직접 도자기를 굽고, 몸소 농사를 짓는 그 깊은 속마음을 비록 잘 알지는 못하더라도 나도 노년에 도산으로 돌아와 그렇게 살아보고 싶다는 뜻을 밝히고 있다. 이제 도산서당이 완공되었으니, 성현의 삶을 본받으며 실천하고자 하는 뜻이다.

이 시 1구에서 순임금이 등장하고 있다. 순임금은 중국 삼황오제 역사에서 오제의 네 번째인 전설상의 임금이다. 유학에서는 정치의 근본은 덕으로 다스리는 것이다. 덕으로 정치를 펼칠 때, 백성들은 나라에 임금이 있는지도 모르는 상태에 이르게 되고, 아무 근심 걱정 없이 자신의 삶을 영위할 수 있게 된다고 본다. 이렇게 덕으로 다스린 가장 대표적 임금이 순임금이다. 모두가 다 같이 서로 존중하고, 함께 도우며, 다투지 아니하고 길에 물건이 있어도 내 것이 아니면 줍지 않는 그런 사회를 대동 사회라고 한다. 순임금은 바로 대동 사회를 정치 목표로 삼았다. 그 정치 수단으로 순임금은 중용을 실천하였다. 공자는 이렇게 말하였다.

> 순은 크게 지혜로운 분이다. 순은 묻기를 좋아하시고 평범한 말을 살피기 좋아하시며 악을 숨기고 선을 드러내시며 그 두 끝을 붙잡아 그 가운데를 백성에게 쓰시니 이로써 순이 된 것이다.[114)]

순임금은 자신의 후계자로 우(禹)를 세웠다. 왕위를 아들에게 세습하지 않고 나라 안에서 가장 어진 사람을 골라 후계자로 삼아 선양하였다. 서경 대우모 편에서 순임금과 우와 익 세 사람의 대담에서 순임금은 양위하는 우에게 나라를 맡기면서 이렇게 가르침을 주었다.

> 인심은 오직 위태롭고 도심은 오직 미미하니, 오직 정밀하게 하고 오직 한결같이 해야 진실로 중용의 도를 붙잡을 것이다.[115)]

---

114) 중용 제6장.

115) 서경, '인심유위 도심유미 유정유일 윤집궐중(人心有危 道心有微 惟精惟一 允執厥中)'이 원문이다.

공자가 지적한 대로 순임금은 중용의 도로 정치를 펼쳤고, 후계자에게도 중용의 도를 중시할 것을 유언처럼 가르쳤다. 그 결과 역사에서 순임금 시대에 가장 태평 성대한 대동 사회를 이루었다고 평가하고 있다. 우임금 역시 하(夏)나라를 덕으로 다스렸다. 퇴계가 도산서당 시에서 첫 번째로 순임금을 초대한 것은 바로 중용사상의 실천에 집중하고자 한 의도라고 보아야 한다. 순임금은 비록 전설상의 인물이지만, 동양 유학의 가장 근원, 발원지에 있는 인물이라는 점도 도산서당에 초대된 연유이기도 하였다.

둘째 구에서 도연명(365~427)이 초대되었다. 도연명은 중국 동진의 인물로 학자, 시인이었으며, 중국과 우리나라의 수많은 선비로부터 존경을 받고 있다. 그는 25세부터 십여 년 하급 관료로 지냈으며, 마지막에는 평택현 현리를 지냈다. 이때, 군의 상급 관리가 새로이 부임하면서 거만스러운 모습으로 시찰을 오자 "내 어찌 오두미(五斗米) 녹봉 때문에 향리의 소인에게 허리를 굽히고 절을 해야 하느냐?" 하면서 현령의 자리를 버리고 고향으로 돌아와 버렸다. 가난했던 도연명은 이 때문에, 가족은 더더욱 가난 속에 허덕이게 되었지만, 가난 때문에 소인배에게 좌고우면했다면, 도연명이 아니었다.

이때, 전원으로 돌아가는 심경을 읊은 것이 저 유명한 귀거래사이다. 오두미라도 받던 벼슬에서 물러나니 경제적으로는 자식 교육시키기에도 어려울 만큼 곤궁한 처지에 있었지만, 권세나 부리는 소인배 같은 상관에게 굽신거리는 대신 벼슬을 던졌다. 도연명의 '오두미' 발언은 만고의 명언으로 남아 전해지고, 그의 귀거래사는 이후 선비들의 필수 암송 노래가 되었다. 전원으로 돌아가 논밭을 갈고 자연의 아름다움 속에서 은일 선비로 지내면서 쉽고, 맑고 깨끗한 시를 많이 지었다. 최고의 전원시인으로 추앙받는 도연명은 한편으로는 절의, 염퇴 선비로 세상에 이름을 남겼다.

퇴계가 도산서당 시에서 순임금과 함께 도연명을 초대한 것은 바로 녹봉에 매달려 자신을 팔지 않고자 하는 고결한 정신과 맑은 지조를 높이 평가하였기 때문이다. 퇴계가 49세에 풍기 군수직을 사직서 세 번째 만에 처벌을 감수하면서도 물러난 결단과 사정은 다르지만, 정신은 닮았다. 도연명이 마지막 현령 3개월을 합쳐 모두 약 13년을 벼슬살이하다가 물러났는데, 퇴계가 34세에 관료로 출사하여 관직에서 물러나기로 굳힌 시기가 약 10년이 지난 43세 무렵이었다. 행정을 맡아보는 벼슬로는 마지막인 48세에서 49세에 단양 군수, 풍기군수 2년을 합하면 퇴계의 벼슬 기간과 도연명의 벼슬 기간이 거의 비슷하다. 도산서당을 완공하고, 도연명을 롤모델로 하여 선비의 도리를 지키고 도학에 충실하고자 하였다.

〈도산서당 시에서 초대된 성현〉

- 순임금: 중용사상과 어짐
- 도연명: 고결한 삶과 절의, 염퇴

나. 암서헌

암서헌(巖栖軒)은 도산서당의 마루이다. 정면과 측면이 각 한 칸 되는 공간으로 서쪽은 완락재 방이고, 동, 남은 개방된 마루 공간이다. 다만, 북쪽은 문이 달려 있다. 이십여 명이 앉을 수 있는 작은 마루이지만, 이 마루가 서당의 교실이기도 하고, 손님을 맞이하는 거실이 되기도 하는 곳이다. 또는 토론장이기도 하고, 서당 아래 낙동강을 바라보는 누각의 구실도 할 수 있다. 이름 암서는 바위와 돌 틈 사이에 깃들어 산다는 의미이다. 화려한 도시가 아니라 척박한 산골짜기이다. 퇴계는 물러나 그런 곳에 서당을 지었고, 주 공간인 마루 이름을 암서헌으로 지었다. 강에서 골짜기를 한참 올라와서 바위와 돌이 있는 산비탈 옆에 터를 닦아지어서 암석 위에서 살아가겠다는 의지의 표현이고, 산림에 은거하고자 하는 선비의 굳은 결심이 묻어나는 이름이다. 암서헌의 제목으로 지은 시는 다음과 같다.

증자는 안자를 일컬어 실하면서 허한 듯하다 하였고	曾氏稱顔實若虛(증씨칭안실약허)
병산은 이를 처음으로 회옹에게 깨우쳤네	屛山引發晦翁初(병산인발회옹초)
늘그막에 바위에 깃들어 사는 뜻을 알았으니	暮年窺得岩棲意(모년규득암서의)
박약하고 연빙하는 공부 소홀할까 두렵네	博約淵氷恐自疏(박약연빙공자소)

암서헌 시에 초대된 성현은 모두 다섯 분이다. 우선 암서헌 이름에서 중국의 남송 시대(1127~1279) 성리학자인 회암 주희(1130~1200)를 초대하고 있다. 주자는 퇴계가 가장 존숭하는 성현

이다. 이 시 제목에 나오는 '암서'라는 마루 이름도 주자의 시에서 빌려왔다. 주자가 지은 시[116]에 '오랫동안 할 수 없음을 스스로 믿었더니, 산속에 깃들어 작은 효험 바라노라.'라는 구절에서 퇴계는 '산속에 깃들어(암서, 巖棲)'라는 말을 빌려 이 마루의 이름을 암서헌으로 삼고, 자신도 힘써 그렇게 하고자 함을 스스로 밝히고 있다.

두 번째와 세 번째로 초대된 성현은 증자(BC. 505~436)와 안자(BC. 522~483)[117]이다. 시 첫 구에서 '증자는 안자를 일컬어 실하면서도 허한 듯이 처신한다.'고 하였다. 안자는 삶에서 '있으면서도 없는 듯이(유약무, 有若無)' 행동하였고, '실하면서 허한 듯이(실약허, 實若虛)' 처신한다고 하였다.[118] 안자는 무척 가난하였기에 여기서 말하는 '있는 것'은 '지식과 인품, 실력과 도덕'이었다. 어떤 사람들은 없어도 있는 체, 몰라도 아는 체하기를 좋아하는 경우도 많지만, 안자는 그 반대로 처신하였다. 그만큼 안자는 묵묵히 스승의 가르침을 따라 학문과 실천에 힘을 쏟을 뿐 드러내거나, 나서기를 좋아하지 않았다. 공자는 그런 안자를 제자 중에서 가장 사랑하고, 좋아하였다. 안자는 공자의 첫째가는 제자로

116) '회암시, 자신구미능 암서기미효(晦庵詩, 自信久未能 巖棲冀微效)'.

117) 안자의 성은 안(顏)이고 이름은 회(回)이다. 자(字)는 자연, 안연이다. 안회의 출생에 대해서는 BC. 14년으로서 32세에 요절한 것으로 알려져 있으나, 혹자는 BC. 522년에 태어나서 40세에 사망하였다고 밝히고 있다. 이때, 스승 공자는 70세였다. 여기서는 후자를 따랐다.

118) 논어 태백편 8장: 증자가 말하였다. "능하면서 능하지 못한 이에게 물으며, 많이 알면서 적게 아는 이에게 물으며, 있어도 없는 것처럼 하고, 가득해도 빈 것처럼 하며, 남이 잘못을 범해도 따지지 않는 것을, 옛날에 나의 벗 안연이 일찍이 이런 일을 실천했었다."

공문십철(孔門十哲)[119]에 속하며, 덕행으로 이름이 나 있었다. 퇴계는 이러한 안자를 도산서당에 초대하였다.

증자는 이름은 증삼이고, 자는 자여이다. 증자는 아버지 증점과 함께 공자의 제자가 된 특수한 제자이기도 하다. 스승인 공자와 나이 차이가 많았고, 가장 어린 제자였으며 또한 초기에는 다른 제자에 비해 뛰어나지 못하였던 탓에 공문십철에는 속하지 못하였지만, 훗날 꾸준한 노력과 성실함으로 공자 문묘에 안자 다음 자리에 모셔져 있을 정도로 공자의 뛰어난 제자가 되었다. 공자 손자인 자사를 가르치고, 자사가 맹자를 가르치는 유학의 학통을 잇는 중요한 역할을 하였다.

바로 그 증자가 안자의 인품을 정확히 표현해 준 말이 유약무이고 실약허이다. 이 가르침을 네 번째 초대된 현자인 유자휘가 제자인 주자에게 가르쳐 주었으며, 퇴계는 시 둘째 구에서 이를 소개하고 있다. 안자의 이러한 겸양, 겸손의 인품을 주자의 스승이었던 병산 유자휘(1101~1147)가 어린 주자의 자를 원회로 지어주면서 안자의 인품을 따르도록 가르쳤다. 주자는 이러한 스승의 가르침을 실천하기 위해 여산의 높은 산골 운곡에서 초당을 지어 살면서 학문을 닦았다. 병산은 제자 주자의 자(字)를 지어주면서 '나무는 뿌리가 감추어져 있지만 봄날 아름다운 잎과 꽃을 피우고, 사람 몸속이 겉으로 보이지 않지만, 신명이 안으로 살쪄야

119) 공문십철: 공자의 수많은 제자 중에서 가장 뛰어난 열명의 제자들이다. 논어 선진편 제2장에서 공자는 열명의 제자를 '덕행에서는 안연, 민자건, 염백우, 중궁이고, 언어에서는 재야, 자공이며, 정사에는 염유, 계로(자로)이고, 문학으로는 자유와 자하이다'라고 하였다. 후인들은 이를 공문(孔門) '사과십철(四科十哲)'이라고 불렀다.

한다.'라고 가르치면서 겸손하고, 삼가야 함을 강조하였다.

퇴계는 57세에 도산서당 공사를 시작하여 61세에 완공하였다. 시에서 밝힌 대로 주자의 바위에 깃들어 사는 깊은 뜻을 알고 나서 자신도 늘그막에 강가 산자락 바위 옆에 서당을 지었다. 비록 주자가 살았던 여산 꼭대기 운곡처럼 깊은 산골짜기는 아니지만, 낙동강 물가의 도산골 척박한 산자락이다. 이곳에서 박약하고 연빙하는 공부를 소홀히 하지 않도록 다짐하고 있음을 볼 수 있다.

박약이란 '학문을 널리 배우고 예로써 갖춘다(博學於文 約之以禮)'[120]의 줄임말이다. 안자는 스승 공자께서 자신을 바로 위와 같이 이끌어 주었다고 말하여 박약은 곧 안자의 공부하는 자세를 의미하기도 한다. 안자 스스로도 "선생님께서는 차근차근히 사람을 잘 이끌어 주시어, 문(文)으로써 나의 지식을 넓혀 주시고, 예(禮)로써 나의 행동을 단속하게 해 주셨다"고 말하였다.

연빙은 여림심연(如臨深淵) 여리박빙(如履薄氷)의 줄임말이다. 곧 '깊은 연못에 다다른 것과 같이 하고, 얇은 얼음 위를 걷는 것과 같이 한다'는 의미로, 몸을 사리어 몹시 조심하거나, 항상 근신하며 학문을 연마한다는 뜻을 의미한다. 원래 시경의 소민편에 나오는 글귀로 공자가 제자 증자의 공부하는 태도를 표현한 것이다. 증자 자신도 '두려워하고 조심하여 깊은 못에 임한 듯이, 얇은 얼음판을 밟는 듯이 한다 하였는데, 죽음에 이르러 이러한 근심을 면하게 되었다.'고 하였다.

120) 공자는 논어 옹야편에서 "군자가 널리 학문을 배우고, 예로써 갖추면 도에 어긋나지 않을 것이다(君子 博文於文 約之以禮 亦可以弗畔矣夫)"라고 하였다.

암서헌은 도산서당에서 완락재와 함께 핵심 공간이다. 아마도 그러한 연유로 퇴계는 암서헌에 다섯 분의 성현을 초대하고 있는 듯하다.

〈암서헌에서 초대된 성현〉

- 주자: 성리학 창설과 학문으로 자득
- 유자휘: 주자에게 실약허 깨우침
- 증자: 연빙의 삶으로 덕을 쌓음
- 안자: 박약과 중용의 삶
- 공자: 유학의 조종, 큰 스승

다. 완락재

완락재(玩樂齋)는 도산서당의 하나뿐인 방 이름이다. 퇴계는 이 방에 경서 천여 권을 쌓아두고 학문과 강론, 독서와 집필 등의 활동을 하였다. 그러므로 완락재는 곧 퇴계의 연구실이고, 침실이며, 때로는 접견실이 되기도 하는 다기능 공간이었다. 경서는 방 북쪽 벽에 붙여 보관하였다. 그 경서에는 성현들이 계시기 때문에 뒤에 책을 두고 방에서 잠을 잘 수가 없다고 하며, 방 서쪽 벽에 사람 몸 하나 누울 수 있는 좁은 공간을 만들어 거기서 잠을 잤다. 완락재 방을 한 번 들여다보면 다른 어떤 방에서도 볼 수 없는 퇴계만의 독특하고 그의 경의 정신을 대변하는 공간이 바로 이 좁은 잠자리 공간이다. 그리고 완락재 시를 지어 즐기고 완상하고자 하는 자신의 숨은 뜻을 밝히고 있다.

경 공부 으뜸으로 하되 의 공부도 해야 하니	主敬還須集義功(주경환수집의공)
소홀히 하지도 조장하지도 않아야 점차 융통해지리	非忘非助漸融通(비망비조점융통)
반드시 주렴계 태극도의 묘리에 다다라야	恰臻太極濂溪妙(흡진태극염계묘)
비로소 천년토록 이 즐거움 함께 함을 알게 되리라	始信千年此樂同(시신천년차락동)

완락재에 초대된 성현은 두 분이다. 주자와 주돈이이다. 우선 완락재라는 방의 이름을 주자에게서 빌려왔다. 주자가 지은 명당실기에 "당(堂) 양쪽에 협실이 있어 여가마다 그곳에서 묵묵히 앉아 독서하였으니, 그 왼쪽이 경재(敬齋)이고 오른쪽이 의재(義齋)이다. 대개 내가 일찍이 주역을 읽고서 두 구절을 얻었으니 바로 '경으로써 안을 곧게 하고 의로써 밖을 방정하게 한다.'라는 것이다. 학문함에 있어서의 요체로서 이만한 경구가 없는데 아직 어떻게 힘써야 하는지 방법을 알지 못하였다."라고 하면서 경과 의를 학문의 요체로 삼았다.

그리고 주자는 '이것을 완미하고 즐기면 내 평생 하더라도 물리지 않기에 충분한데, 어느 겨를에 이 밖의 것을 흠모하겠는가'라고 하였는데, 퇴계는 주자의 이 '즐기며 완상한다'는 낙이완지(樂而玩之)에서 도산서당의 방 이름을 완락재로 명명하였다. 자신도 주자처럼 경 공부를 으뜸으로 삼아 집중하면서 또한 의 공부도 함께 하고자 다짐하고 있다. 여기서 퇴계 철학의 중심 사상이 경에 있음을 다시 확인할 수 있다.

두 번째 초대 주인공은 주돈이다. 주돈이는 우주 만물의 생성원리를 밝힌 태극도설을 지었다. 서양철학에서 존재에 대한 의

문을 다루는 존재론의 명제를 주돈이는 서양보다 더 일찍 사색하고 발표하였다. 주돈이는 삼라만상의 모든 존재는 무극과 태극이라는 근원에서 시작된다고 보았다. 이 한마디는 당시까지만 해도 공자, 맹자의 유학은 어떻게 살아야 하는가에 대한 가르침을 주는 윤리학, 생활철학 수준에 있던 학문을 사유를 바탕으로 존재의 근원을 파고드는 이론철학의 수준으로 끌어올린 혁명적 발상이었다. 주돈이의 태극설은 주자를 비롯한 성리학자들이 탐구하는 이(理)가 주돈이의 무극이태극과 동일한 개념으로 연결되게 함으로써 성리학이라는 신유학의 이론적 틀을 제공하였으며, 퇴계는 완락재 시에서 주돈이의 공헌을 높게 평가하고 그의 이론을 배우고자 초대하고 있음을 볼 수 있다.

〈완락재에 초대된 성현〉

- 주자: 경과 의에 집중하는 공부
- 주돈이: 태극도설로 성리설 기초 이론 세움

라. 유정문

유정문(幽貞門)은 도산서당의 출입문이다. 도산서당에는 동서쪽으로 작은 쪽문이 하나씩 있고, 정면의 출입문이 유정문으로 대문 구실을 하지만, 대문은커녕 소문(小門)도 안 되는 한 사람이 드나들 수 있는 작은 사립문이다. 퇴계가 도산서당을 지을 때는 60세 전후이다. 이때는 사회적 지위와 명망이 높을 때이고,

재산도 적지 않을 때이지만, 서당은 물론 출입문마저 작고, 초라한 모습으로 일반 서민들의 초가집 사립문과 조금도 다를 바 없이 만들었다. 퇴계의 낮춤과 검소, 겸손의 철학이 드러나는 표징이 아닐 수 없다.

유정이란 '그윽하고 바르다'는 뜻으로 주역에서 유래되고 있다. 주역 이괘 편에 '이도탄탄 유인정길(履道坦坦 幽人貞吉)'이란 구절에서 따온 것인데, '가는 길이 넓고 평탄하니 그윽한 곳에서 은거하는 사람이야말로 바르고 길할 것이다'라는 의미이다. 퇴계가 지은 도산서당이 강가 산자락이고 바위에 깃든 한적한 곳이다. 바로 '그윽한 곳에 터를 잡아 살아가는 은자(유인복거, 幽人卜居)'와 다름없다. 유정문 시는 다음과 같다.

한공처럼 큰 거북을 빌리지도 않았는데	不待韓公假大龜(부대한공가대구)
새로운 거처가 어렴풋이 사립문에 비쳤네	新居鰾紗映柴扉(신거표묘영시비)
산길에 띠풀 막힐까 걱정할 것 없으리니	未應山徑憂茅塞(미응산경우모색)
길이 유정한 데에 있어 평탄함을 알겠노라	道在幽貞覺坦夷(도재유정각탄이)

유정문에 초대된 성현은 두 분이다. 한유(768~824)와 맹자(BC. 372~289)이다. 첫 구에서 보면 '한공처럼 큰 거북을 빌리지 않았는데'라고 하였다. 한공은 당나라 학자이자 정치가, 문인이었던 한유이다. 당송 8대가의 한 사람으로 자(字)가 퇴지, 호가 창려로 더 알려져 있다. 그는 유명한 시인이고 정치가이었지만, 당시 성행하던 불교를 비판, 배척하고, 침체되고 무너진 채 관학으로만 명맥을 겨우 유지하던 유학을 다시 일으키기 위해 부단히 노력한

학자였다. 학자들은 한유의 이러한 유학 부흥 노력들이 뒷날 성리학 창설에 기초적인 바탕을 제공하였다고 보았다. 퇴계가 이 시에서 하필이면 한유를 초청한 이유를 짐작해 볼 수 있다. 거북점 보는 학자나 선비들이 어디 한유 한 사람뿐이었을까마는 퇴계는 한유의 문장이나 시보다도 그가 꺼져가는 유학의 명맥을 다시 이었는가 하면, 뒤이어 나타나는 성리학의 기초를 닦은 유학의 정통 학자로 보았기에 이곳 도산서당에 초대한 것이다.

옛 선비들은 다가오는 앞날의 일을 예측해 보고자 점을 활용하였는데, 그중 하나가 거북점[121]이었다. 한유가 새로 거처를 옮기면서 거북점을 보아 새 거처의 길흉을 본 것을 여기서 인용하였다. 퇴계는 도산서당 터를 찾으면서 한유처럼 거북점을 보지 않았다. 그럼에도 퇴계는 자신의 오업을 실현하기에 너무도 적합한 곳을 얻었다고 좋아하였다. 2구에서 '새로운 거처가 아득하고 어렴풋하게' 이곳에 비친다고 하였다. 바라고 원하던 서당 터를 발견한 기쁨과 이곳에서 은거하며 '그윽하고 바르게' 살아갈 수 있음을 읊고 있다. 실제 퇴계는 도산서당 터를 구하고는 사는 집(한서암)에서 가까운 곳에 이토록 마음에 드는 터가 있는 줄을 몰랐다고 말할 정도이었다.

두 번째 초대된 성인은 맹자이다. 3구에서 '산길에 띠풀 막힐까 걱정할 것 없으니'라고 하였는데, 이 말은 맹자에게 연원이 있다.

121) 고대 중국 사회에서 앞으로의 길흉을 점치기 위해 거북을 이용하여 점을 보았다. 초기에는 거북의 등껍질을 태워 그 균열을 보고 점을 보았으며, 나중에는 거북 형상을 만들어 시초(蓍草: 점칠 때 쓰는 톱풀)나 막대를 꽂아두고 그것을 뽑아내어 길흉을 판단하였다.(한국민족문화대백과사전 참조)

맹자 진심장구 하편에서 맹자는 고자에게 이렇게 가르치고 있다.

> 산에 난 작은 길이 한동안 사람들이 사용하면 길을 이루지만, 한동안 사용하지 않으면 띠풀이 자라서 길을 막는다네, 지금 띠풀이 자라나 그대의 마음을 막고 있구나!

맹자는 산길의 띠풀을 비유하여 제자인 고자의 마음에 띠풀이 자라고 있음을 걱정하고 있다. 맹자의 이 문장은 매우 유명하다. 우리는 마음에 띠풀이 자라는 것을 알고 있을까? 무성한 띠풀이 내 마음을 뒤덮어 착한 내면의 본성이 밖으로 나올 길을 찾지 못하여 우리는 혹시 아파하지 않는가?

퇴계의 띠풀은 학문에 소홀하고, 수양에 게으름이라고 본다. 깊은 산골 자락에 서당을 짓고 은둔하며 살아가니 스스로도 그렇고, 남들이 보기에도 사람이 내왕하지 않는 산길에 띠풀이 자라 길을 막으리라 걱정할 수 있을 것 같다. 학문과 성인의 가르침에 소홀하여 유유자적하고 한가히 소일하는 것과 같은 마음의 띠풀이 자랄까 걱정하는 모습이다. 그러면서 퇴계는 그윽하고 곧은길을 걸으니 평탄하여 띠풀 걱정을 하지 않는다고 스스로 다짐하고 있다. 즉, 은거하여 바깥과 소통이 없더라도 자신은 도학과 성인의 가르침을 그윽하고 곧은 길로 삼아 소홀함이 없으리라고 다짐하고 있다. 따라서, 맹자의 가르침을 3구에서 빌려와 자신의 도산서당 생활에서 지켜야 할 계명으로 삼고자 하고 있음을 볼 수 있다.

〈유정문에 초대된 성현〉

- 한유: 유학 부흥 운동에 기여한 학덕
- 맹자: 마음에 띠풀이 생기지 않도록 가르침

마. 정우당

정우당(淨友堂)은 도산서당 마당에 있는 작은 네모난 연못이다. 가로, 세로 각 넉 자 정도 되는 아주 작은 연못인데, 퇴계 선생께서 도산서당 건축 시 마당에 직접 만든 것이다. 정우는 '맑고 깨끗한 벗'이다. 그 벗은 연(蓮)이었다. 그래서 연을 심었다. 연은 군자를 상징하는 꽃이다. 도산서당에 드나드는 제자들과 더불어 자신도 연을 닮고 연과 같이 깨끗하고, 곧게 살아가고자 하는 결의의 꽃으로 삼고자 하였다. 이 연못에 다음과 같은 시를 지었다.

사물마다 오묘한 이치 한 가지씩 다 품었거늘	物物皆含妙一天(물물개함묘일천)
주염계는 어인 일로 홀로 그대만 사랑했던가	濂溪何事獨君憐(염계하사독군련)
향기로운 덕 생각하면 벗하기엔 어렵고	細思馨德眞難友(세사형덕진난우)
깨끗함 한 가지로만 일컬으니 치우칠까 두렵다네	一淨稱呼恐亦偏(일정칭호공역편)

정우당에 초대된 성현은 한 분이다. 북송의 학자 주돈이(1017~1073)이다. 자는 무숙이고 호가 염계이다. 위 완락재 시에서 한 번 초대되었는데, 다시 초대되었다. 주염계는 성리학 발전의 이론적 근거를 마련한 학자이다. 공자의 유학이 '이렇게 행동해야 한다, 저렇게 말해야 한다.'는 일종의 윤리학이고, 일상생활의 도

덕론이었다. 그래서 유학보다는 유교로 더 불린다. 공자의 한마디가 모두 금은처럼 귀한 윤리 지침이지만, 먹고 살기에 급급한 일반 서민들에게는 그렇게 와 닿지 못하였다. 맹자 왈, 공자 왈을 읽어 벼슬하는 관료, 사대부 중에서 오히려 논어 한 줄도 읽지 않은 서민들보다 더 타락하고, 비윤리적인 인물들이 적지 않았음을 그들은 보아왔다. 서민, 천민 계층에서는 오히려 사대부와 관료의 학정과 권세에 시달리는 현세보다 사후 세계를 약속하는 내세주의가 더 와 닿았다. 현대사회에서도 신앙의 힘은 내세주의에 있다고 볼 수 있다.

이러한 서민, 천민들의 의식 세계에 찾아 들어온 사상이 도교이고, 불교이었다. 서민들에게는 현실에서도 사후에서도 의지할 위안처가 되었다. 사람들은 논어를 읽거나 말씀을 따르기보다 옥황상제에게 빌거나 부처 앞에 가서 절하는 것이 더 편안하였고, 다음 세계를 위해서도 가장 든든한 보험이 될 수 있었다. 성인은 고사하고 군자, 선비가 되지 않아도 배고품과 세금과 부역, 차별과 전쟁이 없는 세상을 원할 뿐이었다. 공자의 유학은 여기에 시원한 대답을 주지 못하였다. 유학은 껍데기만 유행하였고, 공자 이후 거의 천 년간이나 유학은 일반 백성들로부터 외면당한 채, 관학으로만 겨우 명맥을 유지할 뿐이었다. 정통 유학자들로서는 역부족을 느끼며, 어떤 새로운 혁신과 변화가 절실할 때였다. 바로 이러할 때, 주돈이의 이론이 발견되었다.

주돈이의 태극도설은 인간 존재의 원천을 밝혀 설명하였다. 도가에서는 고난한 현실의 도피처로 인기가 있었고, 불가에서는 죽어서 극락세계가 의지처이었는데, 유가에서 존재의 근원이 하늘(무극이태극)에 있다는 새로운 주장을 함으로써 일반 평민들에게도 자신이 하늘의 자손임을 인식하게 해 주었다. 만물이 모두 형제이고, 동기간이 되었다. 천자도, 천민도 같은 뿌리에서 뻗어 나온 다른 가지일 뿐이었다. 천자도 하늘의 자식이고, 무지렁이 신분인 나도 하늘의 자식이란 설명은 서민들에게는 듣기만 해도 기분이 좋았다. 비록 공리공담으로 그쳐 버렸지만, 주돈이의 태극도설은 유학에 새로운 기풍을 불어넣기에 충분하였다. 무극에서 태극으로 내려가서 만물이 형성된다는 설명은 당시에는 아무도 관심 두지 않았다. 장재, 정호, 정이, 주자라는 동시대에 함께 꽃을 피우듯이 태어난 현인들에 의해 그의 설은 새로운 유학, 신유학의 기초로 결정적인 자리를 제공하였다. 유학은 이제 그에 의해서 단순한 윤리학, 도덕학이 아니라 철학이 되었고, 심리학과 논리학으로 발전하였다.

퇴계는 도산서당을 짓고, 마루, 서재, 대문 등에 성현을 초대하여 서당이 유학, 성리학의 성전이 되는 데 손색이 없도록 하고자 하였다. 그런 이유로 마당 연못에 또다시 성현을 초대하였는데, 바로 위의 주돈이였다. 왜 주돈이였는가, 첫째는 위에서 살핀 대로 그가 유학을 성리학으로 발전시킨 절대적 현자라는 점이었다. 다음 이유로는 바로 주염계가 가장 사랑하였던 연꽃이 있기 때문이다.

주염계는 당나라 사람들은 목단을 좋아하였고, 도연명은 국화를 사랑하였는데 자신은 오직 연꽃을 사랑한다고 하였다. 그 이유를 그는 자신이 지은 '애련설'에서 밝혀주고 있는데, 한마디로 요약하면 군자다운 꽃이기 때문이다. 거기서 그는 왜 자신이 연꽃을 사랑하는가 하는 이유를 일곱 가지로 설명하였다. 그리고 그중에서 가장 첫째 이유가 깨끗함[122]이었다. 그리고 연꽃을 친구로 삼으니 정우(淨友)이었다.

퇴계는 바로 이러한 이유로 도산서당 작은 마당에 연못을 파서 연을 심었고 주돈이를 초대하였다. 주돈이의 성리학 발전에 이론적 토대를 마련한 공로를 생각하며, 자신의 주요 관심사인 이와 기, 즉 이기이원론의 원천적 논거를 제공해 준 태극도설에 대한 감화, 그리고 스스로 도학자로서 청렴, 고결한 삶을 지향하면서 함께 지낼 벗으로 연꽃을 택하였기 때문이다.

〈정우당에 초대된 성현〉

- 주돈이: 연꽃 같은 깨끗하고 곧은 삶

바. 절우사

절우사(節友社)는 도산서당 동쪽 담장 밖 골짜기 작은 개울이 흐르고, 그 산비탈에 작은 터를 닦아 정원을 조성하였는데, 이름이 절우사이다. '절의가 강한 벗들의 모임'이다. 이 정원에 소나무, 대나무, 국화, 매화를 심었다. 퇴계는 도산서당을 준공할 무렵인 1561년 절우사 정원도 함께 완성하고 시를 남겼는데, 다음과 같다.

---

122) 주돈이는 '애련설'에서 연을 사랑하는 일곱 가지 이유 중에서 첫째로 '진흙에서 태어나도 더럽힘이 없기(出於於泥而不染)' 때문이라고 하였다.

도연명의 동산에는 송, 국, 죽 셋이 함께인데	松菊陶園與竹三(송국도원여죽삼)
매화 형은 어이하여 함께 하지 못하였던고	梅兄胡奈不同參(메형호나부동참)
내 이제 함께 어울려서 풍상계를 만드노니	我今併作風霜契(아금병작풍상계)
곧은 절개 맑은 향기 너무나도 잘 알기에	苦節淸芬儘飽諳(고절청분진포암)

절우사를 조성하면서 퇴계는 도연명의 동산에서 아이디어를 빌렸다. 1구에서 읊은 도원은 바로 도연명(365~427)이 농사지으며 살던 전원을 말한다. 앞에서 첫 번째 시 '도산서당'에서 도연명이 초대되었으니, 여기서 두 번째로 초대되고 있다. 도연명은 벼슬을 버리고 고향으로 돌아와 귀거래사를 지었다. 전원에서 은거하며 농사를 직접 짓고 학문과 글, 술을 벗 삼으며 맑고 자유로운 신선 같은 삶을 지향하였다.

도연명은 자신의 전원에 세 갈래 길을 만들고 거기에 소나무, 대나무, 국화 세 가지를 심었다. 퇴계가 도연명의 도원에서 뜻을 빌렸다면, 도연명의 이 세 가지 길, 삼경의 원조는 전한[123] 시대 유방의 신하 장후(?~?)이다.[124] 이 세 가지는 모두 절개와 절의를 상징하는 초목이다. 예로부터 선비들로부터 군자의 대접을 받고 있다. 소나무는 더울 때나 추울 때 사철 변함없이 그 푸르름을

123) 전한(前漢, 기원전 202년~기원후 8년): 유방이 항우와의 전쟁 승리 후 세운 중국의 두 번째로 통일된 국가. 수도 장안이 뒤에 세워진 후한(後漢, 25년~220년)의 수도 낙양보다 서쪽에 있어서 서한(西漢)이라고도 한다.

124) 도연명은 장후(蔣詡, ?~?)에게서 아이디어를 빌렸다. 청렴, 강직하였던 장후는 한나라 인물로 벼슬을 사직하고 고향 두릉으로 돌아와 문을 가시덤불로 막고 출입하지 않은 채 은둔생활을 하였다. 그는 집에 소나무길(松徑), 대나무길(竹徑), 국화길(菊徑)을 만들어 거닐었는데, 이것이 '장후삼경'(三逕: 세 갈래 오솔길)이다. 도연명은 자신의 전원에 같은 삼경을 만들었다.

잃지 않으며, 대나무 역시 풍상 뇌우에도 꺾이지 않고 사철 곧고 푸르게 자란다. 국화는 모든 꽃이 다 지고도 홀로 늦가을까지 아름다운 꽃과 향기를 피운다. 매화 역시 엄동설한에 눈 속에서 피어나니 혹한에도 그 향기를 잃지 않는다. 이 사군자 중에서 도연명의 동산에는 어찌하여 매화가 함께 하지 못하고 있는지 퇴계로서는 아쉬움이었다.

도산서당에서 학문 탐구와 인간 본성에 대한 궁리를 과업으로 삼아 지내고자 하는 퇴계로서는 도연명이 그러하였고, 거슬러 한나라의 장후가 그러하였듯이 또 다른 벗으로 절의, 절개 군자를 가까이 두고자 하였던 것 같다. 퇴계는 도연명과 장후의 전원에 함께 하지 못한 매화를 심었다. 송죽국매 네 벗과 자신을 합쳐 풍상계를 만들었다. 풍상계는 '거칠고 힘든 세상을 서로 의지하며 함께 헤쳐 나가고자 하는 모임'을 뜻한다. 퇴계 역시 도산서당을 건립할 당시만 해도 뜻을 나눌 벗이 없었다. 벼슬은 아무리 사직해도 벗어나지 못하고, 거기에다가 일부 벼슬아치들로부터 산금(山禽)이라는 비난까지 받고 있었다. 성인을 본받고, 주자를 따르며 학문에 매진하고 싶은 간절한 소망으로 서당을 새로 짓고 있었지만, 서당을 짓는 사이에도 퇴계는 서울에 불려 다니느라 공사 감독도 직접 할 수 없었다. 심중을 함께 할 수 있는 벗으로 어쩌면 사람보다 네 벗이 더 필요하였으리라. 그래서 절우사를 조성하였고, 다시 도연명을 초대하였다.

〈절우사에 초대된 성현〉

• 도연명: 절개와 맑고 그윽한 삶

사. 초대받은 성현과 내용

지금까지 도산서당 여섯 곳의 한시에서 퇴계가 초대한 성현과 현자를 살펴보았다. 모두 13성현이었으나, 두 번 초대된 인물을 제외하면 10성현이다. 이를 정리하면 아래 표와 같다.

〈도산서당에 초대된 성현〉

순	장소	수	성현 이름	연대	나라	초대 이유
1	도산 서당	1	순임금			중용사상과 어짐
		2	도연명	365~427	동진	고결한 삶과 절의, 염퇴
2	암서헌	3	주자	1130~1200	남송	성리학 창설과 학문으로 자득
		4	유자휘	1101~1147	남송	주자에게 실약허 깨우침
		5	증자	BC. 551~BC. 479	노	연빙의 삶으로 덕을 쌓음
		6	안자	BC. 521~BC. 490	노	박약과 중용의 삶
		7	공자	BC. 505~BC. 435	노	유학의 조종, 큰 스승
3	완락재	8	주자	1130~1200	남송	경과 의에 집중하는 공부
		9	주돈이	1017~1073	북송	태극도설로 성리학 기초 이론 세움
4	유정문	10	한유	768~824	당	유학 부흥 운동에 기여한 학덕
		11	맹자	BC. 372~BC. 289	추	마음에 띠풀이 생기지 않도록 가르침
5	정우당	12	주돈이	1017~1073	북송	연꽃 같은 깨끗하고 곧은 삶
6	절우사	13	도연명	365~427	동진	절개와 맑고 그윽한 삶

4. 퇴계의 메시지

퇴계는 도산서당을 세우고, 건축하게 된 내력과 이유를 밝힌 도산기를 지었다. 이 도산기에서 퇴계는 '옛날 산림을 즐기는 사람은 두 종류가 있었다. 첫째는 현허[125]를 그리워하고 고상함을 즐기는 사람이고, 둘째는 도의를 즐겨하며 심성 기르기를 좋아하는 사람이다.'라고 하였다. 전자는 출사하지 않고 재야에 묻혀 지내거나, 벼슬에 물러나 귀향하여 산수에 은거하면서 세상과 단절하고자 하는 사람들이다. 북송 때, 은거 시인으로 서호 고산에서 매처학자로 살았던 임포(967~1028)가 대표적인 인물이고, 노장학파나 도가를 따르는 사람들의 자연관이었다. 후자는 산수에 은거하지만, 세상과 교류하며 사람과 세상을 위해 스스로를 닦아나가고자 한다. 중국 남송 시대 복건성 무이산 운곡에 회암이라는 초당을 짓고 산수에 은거하면서 성리학을 일으키고, 자신과 세상을 돕고자 노력한 주자가 대표적 인물이고, 유가적 자연관이다.

퇴계는 후자의 길을 걸었다. 그의 시 오사(吾事)에서 '높은 벼슬이나 깊은 산속에 은거하여 고고하게 살아가는 것이 나의 일이 아니네'라고 읊었다. 비록 천석고황[126]의 고질병이 자신에게 있다고 도산십이곡 첫 곡에서 밝히고 있지만, 퇴계의 자연 사랑은 그

125) 현허(玄虛): 노자, 장자의 무위자연, 허무주의 학문을 이르는 말.

126) 천석고황(泉石膏肓): 천석은 자연을 의미한다. 고황은 심장과 명치(횡경막)로 이 사이에 병이 들면 고칠 수 없었다. 따라서, 천석고황은 자연을 지독히 좋아하고 사랑하는 것을 말한다. 퇴계는 도산십이곡 제1곡에서 자신이 천석고황 병이 들었는데, '고쳐 무삼하리오(고치고 싶지 않다)'라고 하였다.

속에서 묻혀 홀로 고상하게 살고자 함이 아니라, 도학으로 사람의 심성을 계발하고 세상을 개선하고자 하는 데 있었다. 오사 시에서 '나의 소원은 이 세상에 착한 사람이 많아지는 것', 즉 소원선인다라고 밝혔다.

위와 같은 관점에서 볼 때, 퇴계는 도산서당 건립 목적을 '도의를 즐기고 심성을 기르고자' 하는 데 두었다. 그 방법은 학문, 교육, 수양이었다. 경치 좋고 고요한 자연이면 더욱 바람직하기에 낙동강이 흐르는 강가 산자락에 서당을 지은 것이다. 이미 십 년 전, 오십 세에 지은 계상서당 역시 개울가에 터를 잡았지만, 도산서당 또한 낙수(낙동강)가 바라보이는 산골짜기 언덕에 터를 잡았다. 퇴계는 '혹 어떤 사람이 꼭 산과 물이 있어야만 즐거움을 얻는가?'라고 말할지도 모른다는 생각을 하였던 것 같다. 그는 다시 도산기에서 "공자는 제자 중에서 '기수에서 목욕하고 무우에서 노래하겠다.'는 증점[127]의 생각을 가장 바람직한 것으로 선택하였으며, 안자가 비록 누항[128]에서 살면서도 안빈낙도를 할 수 있었지만, 만약 안자가 경치 좋은 산수에서 살았다면, 어찌 자신보다 더 즐거워하지 않았으랴?"라고 하였다. 산수 은거의 유익함을 강하게 주장하면서 자신이 이러한 곳에 도산서당을 건립한 것을 자문자답으로 설명해 주고 있다.

따라서 퇴계는 도산서당을 단순히 자신만의 공간으로 두고 싶

127) 증점(曾點): 자(字)는 자석(子晳), 이름이 증점으로 공자의 제자이다.
128) 누항(陋巷): 더럽고 누추한 거리나 마을. 안자의 집이 시장 저자 거리, 누추하고 가난한 마을에 있었다.

지 않았다. 도산기에서 밝힌 서당 건립의 첫째 목적이 '도의를 즐기고'이다. 도와 의는 요순우탕문무주공[129]으로 이어지는 도학의 연원에서 모든 성인이 추구하고 지키고자 하였던 핵심 사상이었다. 퇴계는 바로 그 연원을 도산서당에서 이어받고 싶었으리라고 본다. 퇴계는 도산잡영 46수를 지으면서 제일 먼저 도산서당의 여섯 장소의 이름을 붙이고, 각각의 절구시를 지었다. 모두 여섯 수이다. 그 여섯 수 시에 퇴계는 도학의 연원을 거슬러 성인으로 추앙받거나 현인으로 존중받는 유학자, 성리학자들을 초대하였다. 바로 위에서 살펴본 바와 같다. 퇴계의 생각을 정리해 보면 다음과 같다.

첫째, 도산서당에 여섯 곳 이름을 짓고, 절구시 여섯 수를 지었다. 차례대로 도산서당(집), 암서헌(마루), 완락재(방), 유정문(출입문), 정우당(연못), 절우사(동산)이다. 건물의 주 공간은 집 한 채, 방 한 칸, 마루 한 칸 외에는 더 없으니 이름도 당, 헌, 재 세 개와 문밖에 없다. 나머지 못, 동산은 부속적 공간이나 퇴계에게는 꼭 필요한 곳이어서 의도적으로 조성하고, 꾸민 곳이다.

둘째, 도산서당을 지은 것은 '도의를 즐기고, 심성을 기르기 위함'이다. 즐기는 것은 곧 실천하는 것이다. 그렇다면, 누구의

129) 요순우탕문무주공(堯舜禹湯文武周公): 중국 고대 역사에서 유학의 도통을 이어온 대표적 성군(聖君)과 정치가. 요순은 중국 상고사 삼황오제에서 오제의 마지막 두 임금이다. 우탕은 상나라의 우임금, 하나라의 탕임금이며, 문무는 주나라를 일으킨 문왕과 그 아들 무왕이다. 주공은 문왕의 아우로 성인의 반열에 오른다. 이 일곱 성현이 유교의 도통을 이었다고 본다.

도의와 심성인가, 필자는 세 부류의 사람들의 도의와 심성이라고 생각한다. 즉, 퇴계 자신과 제자, 일반인이다. 60세의 퇴계는 이미 큰 학자로 우뚝해졌지만, 성현이 전해준 도의를 도산서당에서 계속 발전시키면서 자신만의 과제로 삼지 않고 제자와 일반 백성에게까지 모두가 도의를 실천하고, 심성을 기르기를 지향하였다.

셋째, 퇴계는 도산서당에 10성현(十聖賢)을 초대하였다. 도산서당에 순임금, 도연명, 암서헌에 주자, 유자휘, 공자, 안자, 증자, 완락재에 주자, 주돈이, 유정문에 한유, 맹자, 정우당에 주돈이, 절우사에 도연명 이렇게 13분의 성현이 초대되었다. 주돈이, 주자, 도연명은 각각 두 차례 초대되었으므로 실제는 10성현이다. 초대받은 성현들이 도산서당에서 퇴계와 함께 도의와 심성을 논하고, 제자들이 또한 배우며 따르게 하였다.

넷째, 초대받은 성현은 모두 성군이고, 유학자, 성리학자이었다. 순임금과 공자, 안자, 증자, 맹자를 비롯하여 모두 동양 유학자들이 한결같이 존경하고 따르고자 하는 스승이자 군자이었다. 이백이나 두보 같은 천재적 시인은 물론이고 장자와 노자, 묵자 같은 한 시대를 주름잡던 사상가들마저 한 사람도 초대하지 않았다. 이는 우연이 아니다. 도학을 꽃피우고자 하는 곳에 아무나 초대하지 않고자 하는 치밀한 계획과 의도에 따른 초대였다.

다섯째, 이 중에 암서헌을 도산서당의 중심으로 삼았다. 완락재는 서재 겸 침실이다. 말 그대로 서책을 보관하고, 그 속에서 독서를 완상하며 즐기는 공간으로 주로 퇴계 개인적인 낙의 공간이 완락재이다. 세상과의 교류와 담론은 완락재 문지방에서 나와 암서헌 마루에서 이루어진다. 강론하고, 서원 창설을 의논하며, 외부의 손님들과 소통하는 곳이 암서헌이다. 여기에 퇴계가 가장 존숭하는 주자와 그의 스승인 유자휘, 그리고 만세의 스승인 공자와 공자의 수제자 안자와 증자를 초대하여 모셨다. 암서헌에 앉은 제자와 손님들이 공자, 안자, 증자, 주자, 그리고 퇴계가 함께하는 자리에서 어떠한 생각을 할 것인가? 어찌 우연히 읊은 시이고, 어찌 막연히 이루어진 초대인가?

5. 나가며

지금까지 도산서당에 초대된 성현에 대해서 살펴보았다. 그를 위해 퇴계 선생께서 도산서당 안에 지은 한시 여섯 수를 차례로 읽어 보고 그 시를 통해서 초대된 성현을 파악하고, 분석하였다.

퇴계는 도산서당, 암서헌, 완락재, 유정문, 정우당, 절우사 여섯 곳에 모두 열셋 성현을 초대하였다. 중복 초대된 인물을 제외하면 모두 10성현이다. 초대된 성현은 유학자의 표상인 성군 순임금과 공자, 안자, 증자, 주돈이, 주자 같은 유학의 성인이자 대현이며, 도연명 같은 절의와 염퇴의 표상, 그리고 한유, 유자휘 같은 군자들이 초대되었다. 이백, 두보 같은 천재 시인들은 물론 노자, 장자, 묵자 같은 유가적 사상과 견해가 다른 현자나 철학자들은 단 한 명도 초대하지 않았다. 이는 도산서당을 도학이 꽃피고, 도의와 심성을 즐기고 가꾸는 도장으로 삼고자 하는 퇴계 선생의 치밀한 계획과 의도에 의한 초대라고 보아야 한다.

도산서당은 퇴계 선생의 도학의 세계에 이르고자 하는 원대한 뜻과 중단함이 없는 학문 열의, 그리고 치열한 삶의 실천이 녹아 있는 곳이다. 퇴계 당시에도 이미 도산서당은 조선 유학과 도학의 중심이 되고 있었으며, 사후에는 조선 유학자들의 일생에 한 번 찾고자 하는 성지가 될 수 있었다. 이러한 연원은 지금에도 중단되지 않고 이어지고 있다.

도산서원을 찾는다면, 서원에서 퇴계 선생 사당에 인사를 드리고 도산서당을 찾아보아야 한다. 거기에 퇴계와 초대받은 10성현이 계시기 때문이다. 어디에 계시며, 왜 그곳에 있는지 알아보고 암서헌 마루에 올라 잠시 사색과 명상을 해 본다면 퇴계를 만날 수 있지 않을까 생각한다.

제6장. 퇴계의 삶에서 귀향이란 무엇인가?[130)]

1. 귀향과 낙향

귀향은 고향으로 돌아가거나 돌아온다는 의미이다. 그에 비해 낙향은 시골로 거처를 옮기거나 이사하는 것이다.[131)] 두 개념이 비슷해 보이지만, 전혀 다른 의미를 내포하고 있다. 특히, 옛 선비들에게 있어서는 국어학적 개념 이상의 다의적 의미를 지닌다. 귀향[132)]은 고향의 집을 떠났다가 고향 집으로 돌아오는 것이라면, 낙향은 시골로 내려가는 것으로 그 시골은 고향일 수도 있으나 타향이나 낯선 곳일 때가 더 많다. 귀향은 대개 자의적이고, 희망적인 움직임이다. 정든 고향 산천, 그리운 부모 형제를 만날 수 있는 기회이다. 이에 비해 낙향은 대개 타의적이고 비관적인 상황에서 이루어진다. 관직에서 파직되거나, 사화나 난세를 피하여 낯선 산촌으로 은거하는 전 가족 거주 이전의 경우가 많다. 한번 낙향하면 죽을 때까지 은거하여 산다. 귀향은 스스로 높은 벼슬을 그만두는 것이었고, 부귀 권세를 떠나는 것이기도

---

130) 이 글은 진성이씨 대종회 '열화(悅話)' 제36호(2025년)에 실었던 글이다.

131) 두산동아, '표준국어대사전 상권', 1999, 788쪽, 1084쪽.

132) 고려시대에는 관리가 죄를 지었을 때, 본관으로 유배시키는 형벌을 '귀향형'이라고 하였으며, 고려 말부터 사라졌다. '귀양을 보내다'라는 말은 귀향형에서 비롯되었다.

하였으며, 편리하고 화려한 도시 생활을 청산하는 것이었다. 봉록이 없어지고, 권력이 사라지며, 불편한 시골 생활을 찾아가는 귀거이다. 특히, 선비들은 세상에 도가 무너지거나, 절의와 지조를 지키고자 할 때, 주로 귀향을 택하였다. 그러므로 귀향은 곧 염퇴[133]나 다름없다.

중국을 비롯한 조선에서 선비들 삶의 큰 흐름은 판에 박은 듯 일정한 양상을 보인다. 선비는 우선 학문을 한다는 점에서 모두 공통적이다. 학문 이후에는 대개는 과거를 통해 출사하고자 한다. 과거에 성공하여 출사하면 관료 사회에 진입하여 관료로 성공하기도 하지만 중도에 스스로 그만두거나, 아니면 타의에 의해서 내려오기도 한다. 즉, 과거-출사-귀향 혹은 낙향이다. 귀향하느냐, 낙향하느냐의 차이만 있을 뿐이다. 동진 도연명의 귀향은 귀거래사로 유명하며, 많은 선비들의 선망이 되었다. 유방을 도와 천하를 제패한 한신은 고향 강소성 회음으로 낙향하였고 죽음을 당하였다. 염퇴를 바라는 선비 중에는 귀향이 많았다. 퇴계 이황 선생이 바로 그러한 선비였다. 퇴계 역시 학문-출사-귀향의 정해진 코스를 걸었다. 퇴계에게는 낙향이 없었다.

귀향과 낙향은 조선시대 한 인물을 연구하는 중요한 단서나 내용이 될 수 있다. 귀향이나 낙향에는 그 인물의 역사와 삶이 들어있기 때문이다. 이에 여기서는 퇴계 선생의 귀향에 대해 살펴보고자 한다. 퇴계의 삶에서 귀향은 무엇이며, 또한 그의 마지막 귀향은 오늘날 우리에게 어떤 의미를 지니는지 알아보고자 한다.

133) 염퇴(恬退): 명예나 이익을 좇을 마음이 없어 벼슬을 내놓고 물러남.

2. 퇴계의 귀향

가. 귀향 연보

퇴계 선생의 귀향 연보를 만들었다. 선생께서 공적이거나 사적으로 고향 도산과 서울을 왕복한 경우만을 귀향 1회로 삼았다. 33세에 남도 여행[134)]은 서울이 빠져서 귀향이 아니며, 43세 의령 다녀온 것은 도산이 없기에 귀향 연보에 제외하였다. 49세에 풍기 군수 재직 중 고향 다녀온 것 역시 서울이 없어서 제외하였다. 이러한 조건을 기준으로 하여 퇴계 선생의 연보와 언행록, 연표월일조록(정석태 편저) 등을 중심으로 퇴계의 귀향 연보를 정리하였으며, 그것은 다음과 같다.

(1차, 19세) 선생은 1519년 9월 15일 전후 조광조가 실시한 현량과[135)]에 응시하기 위해 생애 최초로 서울에 올라갔으나 실패하고 이듬해 20세에 귀향하였다.[136)] 이때, 서울에 올라가다가 주막에 묵게 되었는데, 하인이 남의 밭에서 푸른콩을 따다가 밥에 놓아 올리자 물리치고 먹지 않았다. 그리고 이듬해 20세 내려올 때, 풍기에서 일가 윤정씨를 만나 시조와

134) 퇴계는 33세(1533년) 1월 29일부터 4월 초까지 약 두 달간 한 해 전(32세 때) 곤양군수 어득강이 지리산 쌍계사를 유람하자고 한 약속에 따라 남도 여행을 하였다.

135) 조선 중종 때, 조광조의 과거제도 혁신책으로 대과 응시자를 천거받은 자와 1차 시험 합격자를 대상으로 한 특별한 과거 시험. 1519년에 처음 실시되었으나, 몇 달 후 기묘사화 이후 폐지되었다.

136) 정석태, 퇴계선생연표월일조록 I, '19세, 9월, 생애사실' 중종 14년, 기묘, 1519, 60~61쪽.

관련된 이야기를 처음으로 듣다.[137] 퇴계집 '퇴계선생연보'에는 19세에 상경하여 과거 응시한 기록이 없으나, 위 기록과 훗날 퇴계 자신의 언급에서 상경과 과거 응시를 확인할 수 있다.

(2차, 23세) 처음으로 태학(성균관)에 유학하였다. 학문에 대한 열의가 대단하여 동행하는 친구도 없이 여윈 종이 끄는 지친 말을 타고 혼자 서울로 올라갔다. 이때, 성균관에는 기묘사화의 여파로 유생들의 학습 분위기가 천박하고 경솔하였으며, 선생은 겨울에 올라가 두 달간 머물다가 24세 초에 귀향하였다.[138]

(3차, 24세) 서울에 올라가 과거에 응시하였으나, 낙방하고 귀향하였다. 이번까지 과거에 세 번 낙방하기는 했으나, 합격 여부에 마음을 두지 않아 크게 상심하지 않았다.[139]

(4차, 28세) 무자년(1528년) 봄에 사마복시(회시)에 응시했다가 2등으로 합격했으나, 방(합격자 명단)이 나붙기를 기다리지 않고 시골로 돌아왔다. 한강을 건너기 전에 발표가 되어 합격되었다는 소식을 듣고도 남행길을 계속하였다.[140]

---

137) 퇴계 선생께서 20세에 서울에서 귀향하신 기록은 퇴계 자신이 기록한 전의(傳疑)에도 보인다. "滉於正德庚辰歲自京東還見同宗允貞氏於豐基允貞氏言五世祖諱碩始自縣吏中司馬試"에서, '내가 경진년에 서울에서 동쪽으로 돌아오다가 풍기에서 일가 윤정씨를 만났다.'고 하였는데, 경진년은 1520년이고 선생 20세이다.

138) 정석태, '앞의 책', 73~74쪽.

139) 정석태, '앞의 책', '24세, 7월, 생애 사실', 중종 19년, 갑신, 1524, 79쪽.

140) 김성일, 퇴계선생언행록, 퇴계학연구원, 1999, 137쪽.(저자주: 연보에 도산 귀향 기

(5차, 32세) 서울에 올라가 문과 별시 초시에 2위로 합격 후 고향으로 돌아왔다. 오는 길에 촌사(村舍)에 도둑이 들어 모두 놀랐으나, 선생은 태연한 모습을 보였다.

(6차, 33세) 1월에 남행하다가 4월에 고향에서 온 편지를 받고 급히 돌아와 4월 22일에 형 해와 함께 서울로 올라가 5월에 반궁(성균관)에 유학하였다. 하서 김인후(1510~1560)와 만남이 이때, 처음 있었고, 얼마 후 고향으로 돌아왔다. 이때, 봉화 닭실의 고향 선배인 충재 권벌(1478~1548)이 밀양부사로 부임하면서 동행하였다. 여주를 지나는 길에 이천에서 모재 김안국(1478~1543)을 뵙게 된다.[141]

* 33세: 1월 29일부터 4월 초까지 약 두 달간 경남 지역 의령, 함안, 창원, 마산, 진주, 곤양 6개 지역을 여행하였다.(귀향 연보에서 제외)

(7차, 34세) 1월에 서울로 와서 윤이월에 대과 회시에 2등으로 합격하고, 3월에 대과에 급제하였다. 과거 급제 후 바로 귀향한 기록이 없다. 4월 20일[142]에 임관, 춘추관 기사로 임명되

록은 없으나, '봄에 진사시 회시 2위에 입격하다' 기록이 보인다. 회시는 초시에 합격한 사람이 이차로 서울에서 보는 시험이다.)

141) 퇴계는 17세 때, 당시 경상도 관찰사로 있던 모재 김안국이 온계를 지나다가 불러서 형 해와 함께 가서 만났다. 모재는 칭찬과 함께 책과 식량을 주며 산사에 가서 책을 읽게 하였다.(정석태 위 책 1권 52쪽 참조)

142) 퇴계선생연보에는 4월 20일로 기록되어 있으나, 정석태의 '앞의 책'(150쪽)에서는 4월 9일로 기록되어 있다.

고 다시 승문원 부정자로 전보되었다.[143] 7월에 휴가를 얻어 고향으로 내려왔다. 10월에 저작으로 승진되어 서울로 돌아왔다.

(8차, 35세) 6월에 왜인 호송관으로 차출되어 동래까지 가게 되었다. 동래로 내려가는 길에 고향에 들러 어머니를 뵙고 갔다.

(9차, 36세) 3월, 선무랑이 되었다. 3월에 지은 감춘 시에서 고향을 그리워하는 심정을 읊었다.[144] 6월, 성균관 전적에 오르고, 중학 교수를 겸임하였다. 7월, 휴가를 얻어 근친하였는데, 이때, 의정부 검상으로 재직하던 넷째 형 온계도 휴가를 받아 형제가 함께 내려왔다. 죽령재에서 형 온계가 말 위에서 시 한 수를 지었다. 휴가를 마치고 서울로 돌아왔다.

(10차, 37세) 10월에 어머니의 별세로 고향으로 내려갔다. 39세 12월 삼년상을 마칠 때까지 2년간 모친 시묘로 고향에 머물렀다. 40세 1월에 사간원 정언으로 서울로 올라왔다. 41세에서 42세 사이 다음과 같이 공무로 지방 출장 4회와 사적 볼일로 단성을 한 차례 다녀왔다.

* 41세: 〈영남 출장〉 4월에 안태사 관원이 되어 영남에 다녀

---

143) 권신 김안로의 개입으로 인한 좌천 발령.

144) 퇴계가 36세 3월에 서울 집에서 지은 이 '감춘' 시를 통해 정석태는 앞의 책(162쪽)에서 퇴계가 이때, 이미 벼슬에 환멸을 느끼고 있었다고 하였으나, 시 내용을 보면 고향을 그리워하는 심정을 읊고 있는 것으로 보이며, 환멸까지는 아니라고 보인다.

왔다. 날짜, 장소 등에 관한 자세한 내용은 알 수 없으나, 퇴계의 형 온계 이해의 시[145]에 기록되어 있다.

* 41세: 〈의주 출장〉 5월(5.1~6.14)에 홍문관 수찬으로 있으면서 의주에 출장을 다녀왔다.
* 41세: 〈경기 어사〉 9월(9.1~9.24)에 경기도 재상어사로 출장을 다녀왔다.
* 42세: 〈충청 어사〉 3월과 4월(3.19~4.4) 사이 충청도 '구황적간어사'로 다녀왔다.
* 42세: 〈강원 어사〉 가을(8.21~9.6)에 강원도 재상어사로 관서 지역을 다녀왔다.
* 42세~43세: 42세 12월 20일 둘째 아들 채(寀)의 혼사 때문에 휴가를 얻어 단성(현 경상남도 산청군 단성면)에 갔다가[146] 43세 1월 16일에 서울에 도착하였다.

(11차, 43세) 봄에 병으로 고생하면서 여러 벼슬을 거치며 근무하였다. 사직서를 2차례 제출했다. 10월 2일 휴가로 고향 가서 성묘하였다. 11월 29일 예빈시 부정, 승문원 참교에 임명되었으나, 부임하지 않았다.

(12차, 44세) 2월 19일에 도산을 출발하여 3월 6일 서울에 도착하

145) 이해 지음, 황신기 옮김, '온계 선생 일고', '경호가 안태사의 일로 떠남을 전송하며', 76쪽.

146) 이때 둘째 아들의 혼인은 성사되지 않은 듯하다. 퇴계는 43세 1월 5일, 의령에 있던 장인 권질의 회갑연에 참석하고, 6일에는 안음의 수송대(愁送臺) 이름을 수승대(搜勝臺)로 고쳤다.

였다. 3월 10일 동호 독서당에서 사가독서를 시작했다. 9월에 휴가를 얻어 고향에 내려갔다가, 10월에 서울로 왔다. 11월에 중종이 승하하였다.

(13차, 46세) 2월에 장인 장례로 휴가를 받아 3월 1일 고향으로 출발하여 3월에 풍산가곡의 장인 묘소에 참배하였다. 귀향하여 월란암에 기거하였다. 4월 10일 휴가기간 종료로 서울로 가다가 영주에서 병이 나서 용수사에 머물렀다가 집으로 돌아 왔다. 이때, 토계 동암에 양진당을 짓기 시작하였다. 7월에 계취 부인 권씨가 출산 중 사망하였다.

(14차, 47세) 하명동, 죽동 등으로 집터를 옮겼다. 7월 6일 안동부사에 제수되었으나, 나아가지 않았다. 8월, 홍문관 응교로 임명되고, 부름을 받고 9월 20일경 조정에 돌아왔다. 48세 1월 단양 군수에 부임하여 9월에 휴가로 고향에 갔다. 10월에 단양으로 돌아왔다. 10월 21일 풍기 군수로 전임했다.

(15차, 55세) 52세 4월에 홍문관 교리 임명으로 서울에 왔다. 53세 10월 추만 정지운을 만나 그가 지은 천명도설을 고쳐 주었다. 52세부터 55세 2월까지 3년간 서울에서 벼슬에 있다가 2월에 세 번의 사직 끝에 고향으로 왔다.

(16차, 58세) 2월 6일 율곡이 계상서당으로 찾아와 3일간 머물다 갔다. 3월 천연대를 조성했다. 9월에 왕명으로 상경하여,[147]

---

147) 정석태, '앞의 책' 504쪽에서 퇴계는 "몇 년 전부터 명종이 벼슬을 내려 불렀으나,

10월 1일 도착하였다. 11월 초순에 기대승이 찾아와 사단칠정에 대해 토론하였다. 이듬해 59세 2월에 분황[148]을 이유로 휴가를 얻어 귀향하였다. 이후 67세까지 약 10년간 도산에 머물렀다.

(17차, 67세) 명나라 새 황제 등극으로 사신이 조선에 오게 되자 6월 왕명으로 상경 25일 도착하였다. 상경 사흘 만에 명종이 승하했다. 예조판서 발령받으나, 사직하고 8월 10일 귀향길에 올랐다.

(18차, 68세) 7월 19일 새 임금 선조의 명으로 상경, 8월 7일 무진육조소, 12월 16일 성학십도와 차자를 올렸다. 69세 1월 6일 이조판서 발령을 사직하고 여러 차례 간청 끝에 3월 4일 대궐에 들어가서 성은에 감사하고, 야대청에 입대하여 물러갈 것을 빌어서 허락됐다. 오정 때에 하직하고 성을 나와 동호에 있는 몽뢰정에서 잤다. 5일 배를 타고 동쪽으로 향하여 봉은사에서 잤다. 6일 양주 무임포에서 자고, 3월 17일에 도산에 도착하였다. 이후 서울 상경은 더 이상 없었으며, 이것이 마지막 귀향이 되었다.

나아가지 않아 명종의 노함이 매우 컸고 여론도 비등하였기 때문에 부득이 상경하지 않을 수 없었다."고 하였다.

148) 분황: 퇴계의 벼슬이 높아져 귀하게 되자 아버지는 가선대부 이조참판으로 추증되고 *前母* 의성 김씨, 친모 춘천 박씨가 정부인으로 추증되어 분황을 하게 되었다. 분황은 벼슬을 추증할 때, 교지와 함께 황지로 된 부본을 주는데, 자손들이 이를 무덤 앞에 고하고 그 황지를 태우는 의식이다.

나. 귀향의 시대 구분

위의 귀향 연보에 따르면, 퇴계는 생애에 걸쳐 고향 도산과 한양을 모두 18차례 내왕하였다. 한양에서 공무로 지방 출장을 다녀온 5회와 남도 여행, 사적 용무로 경남 단성을 다녀온 경우를 포함하면 모두 25회의 한양–지방 출입 횟수가 된다. 퇴계의 귀향 18회는 그 내용이나 성격상 몇 가지의 시기로 구분이 될 수 있다. 퇴계는 19세에 생애 최초로 과거 응시차 서울을 올라가게 된다. 이때부터 34세 대과시험 이전까지의 상경은 모두 유학과 과거 응시 때문이었다. 그러므로 이때 귀향은 이후 출사하여 벼슬에 있으면서 다니던 귀향과는 심리 정서적으로 그 특성이 다르기에 이 시기를 1기 '과거 이전 시기'라고 보아야 한다. 그리고 34세에 대과 급제하여 관료로 나아가 열정적으로 임무에 충실하게 지낸다. 이 시기에 이루어지는 귀향은 43세경 벼슬에 환멸을 느끼며 물러나고자 할 때까지로 퇴계는 이 시기에 출장을 제외하면 모두 5회의 서울–도산 상경 귀향을 반복하였음을 볼 수 있다. 이 시기를 2기 '관료 출사 시기'라고 분류한다.

퇴계가 벼슬에서 벗어나기로 마음을 굳힌 때는 43세 전후로 보아야 한다. 43세 이후 69세 마지막 귀향까지는 사직과 임명이 반복되는 시기이다. 그러나 43세 이후를 세 시기로 구분해서 설명해야 한다. 44세부터 58세까지 퇴계는 임명과 사직을 반복하면서 상경과 귀향을 모두 5회 하게 되며, 이 시기를 3기 '임명 사직 반복 시기'로 부른다. 그리고 59세에서 67세까지는 임명이 되어도 나아가지 않고 도산에 머물게 되고 자신이 원하는 곳에서 원하는 사업에 집중할 수 있었기에 '행복한 도산 시기'라고 할 수 있다. 다만, 귀향은 한 차례 일어난다. 마지막으로 68세와 69세 사이 단 한 차례이자 마지막 상경 귀향은 5기 '마지막 귀향 시기'로 구분하여 설명되어야 마지막 귀향의 의미와 가치를 제대로 조명할 수 있다. 귀향 연보에 따른 귀향의 시기를 정리하면 다음과 같다.

(1기) 과거 이전 시기, (2기) 관료 출사 시기, (3기) 임명 사직 반복 시기, (4기) 행복한 도산 시기, (5기) 마지막 귀향 시기

3. 시대별 귀향 상황

퇴계의 귀향 연보에 따른 1기부터 5기까지 귀향을 구체적으로 살펴보고자 한다. 19세부터 69세까지 50년간 귀향 횟수만 18회임을 볼 때, 매 3년에 1회씩 이루어진다. 지방 출장 5회, 개인 용무 지방 여행 2회를 포함하면 25회로 평균 약 2년에 한 번씩으로 늘어난다. 그리고 4기 '행복한 도산 시기' 약 10년을 빼면 더욱 잦아진다. 당시의 교통 상황, 도산-서울 거리, 소요 시간 등을 생각할 때, 퇴계는 생애 적지 않은 시간을 길 위에서 보냈음을 알 수 있다. 결코 적잖은 귀향 횟수이고, 삶에도 긍정이든, 부정이든 어떤 영향을 끼쳤다고 볼 수 있다. 시기별 귀향 의미를 아래에서 살펴보았다.

가. 과거 이전 시기(1기)

퇴계는 대과 응시하여 관료로 출사하기 전까지 개인적 신분으로 모두 여섯 차례 도산–한양을 왕복하였다. 나이로는 19세에서 34세 과거 합격 전까지 15년 사이이므로 평균 2.5년에 1회 귀향하였다. 주로 과거에 응시하거나 성균관 유학이 목적이었다. 6차례 귀향은 다음과 같다. 다만, 21세 때, 봄에 김해허씨와 결혼하고 가을에 진사 초시에 응시하였다는 기록이 있으나, 한성시인지 향시인지를 알 수가 없어 여기서는 제외하였다.

> (1) 19세 현량과 응시 (2) 23세 성균관 유학 (3) 24세 진사 시험 응시 (4) 28세 사마복시 응시 (5) 32세 문과 별시 초시 (6) 33세 성균관 유학
>
> * 33세 남도 여행은 제외

첫 번째 귀향은 19세 때 서울에 상경하여 조광조의 개혁 정책의 일환으로 시행된 현량과에 응시하기 위해서 다녀온 경우이다. 현량과는 1차 시험 합격자와 함께 천거로도 응시할 수 있었기에 아직 초시 합격 경력이 없는 퇴계도 추천받으면 응시할 수 있었다. 전국에서 100명을 추천하였는데, 누구에게 추천을 받았는지는 알 수 없으나, 퇴계가 이 시험을 보았다는 것만으로도 퇴계의 능력은 이미 영남에서 두각을 나타냈음을[149] 알 수 있다. 그런데 퇴계선생연보에는 19세에 현량과 응시 상경 기록이 없다. 그러나

149) 이장우, '이퇴계 선생의 생활과 시', 명문당, 2022, 309쪽.

훗날 김성일이 전하는 선생 자신이 술회한 언급[150]과 또한 이장우[151]가 19세 현량과에 응시한 것으로 기록하고 있는 것, 그리고 퇴계 자신이 지은 전의(傳疑)에서 20세(경진년)에 서울에서 동쪽으로 돌아오다가 영주에서 일가를 만나 시조에 관한 이야기를 들었다는 것 등으로 볼 때, 19세에 상경하여 과거에 응시한 것은 사실임을 확인할 수 있다. 현량과 시험 한 달 뒤, 조광조는 기묘사화에서 참화를 당하게 된다.

두 번째 상경 귀향은 10월에 맏아들 준이 출생하던 23세 때이다. 퇴계는 이 해 최초로 태학(성균관)에 유학하였다. 이때 태학 유생들의 학습 분위기는 엉망이었다. 몇 해 전(1519년)에 있었던 기묘사화 여파로 선비들은 공부 의욕이 사라지고 놀기에 급급하며 풍습이 경솔하고 천박하여 오히려 퇴계의 법도 있는 행동을 보고 서로 비웃을 정도였다. 최초의 상경과 성균관 유학은 기대에 못 미쳤지만, 희망과 꿈이 있었던 상경과 귀향이었다.

세 번째 귀향은 24세 때이다. 퇴계선생연보에는 24세는 아무 기록도 보이지 않는다. 그러나 정석태에 의하면,[152] 퇴계 선생은 이 해에 서울에 올라가 과거에 응시하였으나, 낙방하고 귀향하였다. 이번까지 과거에 세 번 낙방[153]하기는 했으나, 합격 여부

150) 퇴계집, 언행록 5, 유편, '인물 논평', 김성일의 기록에서 퇴계는 '중종을 뵈올 때 정암을 유심히 본일이 있는데, 그 걸음걸이가 마치 날개를 편 듯하고 위의(威儀)가 본받을 만하였다. 한번 보자 그 사람됨을 알 수 있었다."라고 하여 19세에 서울에서 조광조를 만났음을 알 수 있다.

151) 이장우, 상게서, 307쪽.

152) 정석태, 상게서 1권, 79~80쪽.

153) 정석태, 상게서 1권, 71쪽. 〈저자주: 세 번의 시험은 ① 서울에서 19세 현량과 응시

에 마음을 두지 않아 크게 상심하지 않았다. 네 번째 귀향은 28세에 사마복시에 응시차 상경하였고 합격하여 귀향한다. 이렇게 20대에 성균관 유학 1회와 과거 3회로 한양을 다녀왔다. 다시 32세에 5회째 상경과 귀향을 하게 된다. 서울에 올라가 문과 별시의 초시에 2위로 합격하고 고향으로 돌아왔다. 서울에서 고향으로 돌아오는 길에 길가의 촌사에서 자다가 밤중에 도둑이 들었는데, 일행들은 모두 놀라 어쩔 줄을 몰랐으나 선생은 태연히 앉아서 동요하지 않았다.[154] 6회째 상경-귀향은 33세이었다. 퇴계는 이해 1월에 남쪽 지방으로 여행을 떠났다. 1년 전에 곤양 군수 어득강(1470~1550)으로부터 쌍계사 유람을 초대받았었는데, 이번에 출발하였다. 1월 29일부터 약 두 달간 경상남도의 6개 지역을 여행하였다. 그러나 목적지인 쌍계사에 가기 직전에 3월 말 고향에서 온 편지를 받고 4월 초순 급히 돌아왔다. 내년에 있을 과거에 대비하여 서울로 가야 한다는 노모와 형(온계)의 편지였을 것으로 보인다. 4월 22일에 형 해(瀣)와 함께 서울로 올라가 5월에 성균관에 유학하였으며, 가을에 귀향하였다. 성균관 유학은 두 번째이며 귀향은 6회째이다.

이때, 성균관에서 하서 김인후(1510~1560)와 첫 만남이 있었으며,[155] 퇴계와 하서는 서로 높이 평가하였다. 퇴계가 대과 향시에

---

② 21세 초시(장소를 알지 못함) ③ 24세 서울에서를 말한다.〉, 이장우, '앞의 책', 309쪽.

154) 퇴계집, 퇴계선생연보 1권.

155) 퇴계선생연보 1권에는 선생이 23세(1523년, 계미년) 때 성균관 유학에서 하서 김인후를 만났다고 기록되어 있으나, 하서는 1510년생이므로 이때, 13세가 되기에 성균

응시하기 위해 경상도 고향으로 돌아오게 되자 하서가 작별시를 지어 주었는데, '그대는 영남의 수재요, 이백과 두보의 문장에 왕희지와 조맹부의 글씨라.'[156]라고 칭찬하였다. 이때, 고향의 선배인 봉화 유곡(닭실)의 충재 권벌과 동행하며 내려왔다. 오는 도중에 여주를 지나면서 여주 이호촌에 살고 있던 모재 김안국이 권벌을 만나는 자리에서 퇴계도 김안국을 뵈었다. 이렇게 과거 응시 전까지 여섯 차례의 귀향이 있었음을 알 수 있다. 이는 성균관 유학 2회, 과거 4회이다. 이 6회의 귀향은 청운의 부푼 꿈을 지니고 과거에 도전하기 위해 서울을 오르내린 귀향이었다. 퇴계가 스스로 결단한 선택이었다. 퇴계가 처음부터 과거나 벼슬에는 생각이 없었는데, 어머니의 뜻을 받들기 위해 출사하였다는 일간의 주장은 반은 맞고 반은 틀렸음을 과거 이전 시기의 6차례 귀향 연보를 통해서 알 수 있다. 이렇게 1기 귀향은 가정사의 여러 어려운 상황에도 엘리트 청년으로서 과거 응시와 성균관 유학에 도전하는 불굴의 의지에 따른 거사였으며, 이장우도 같은 생각을 보여주고 있다.[157] 이 시기 귀향은 '도전적 귀향'이었다고 볼 수 있다.

관에서 퇴계를 만났다는 것은 오류이다. 정석태 역시 '앞의 책'(135쪽)에서 계사년(1533년)에 성균관 유학에서 만난 것을 잘못 기록한 것이라고 밝혔다.

156) 퇴계선생연보 1권, '河西以詩贈別 有云夫子嶺之秀 李杜文章王趙筆(하서이시증별 유운부자영지수 이두문장왕조필)'.

157) 이장우, 상게서, 303~304쪽.

나. 관료 출사 시기(2기)

이 시기의 귀향은 34세 8차에서 43세 11차까지 모두 5회이며, 다음과 같다.

> (7) 34세 대과 급제와 출사 휴가 귀향 (8) 35세 왜노 동래 호송 중 귀향 (9) 36세 휴가 근친 (10) 37세 모친 별세 귀향 (11) 40세 1월에 상경, 43세 10월 귀향 성묘
>
> * 41세 의주 출장, 42세 충청 어사, 42세 강원 어사 등 3회 출장과 43세 경남 단성에 개인 용무로 다녀온 것은 귀향 연보에서 제외함

퇴계는 34세에 과거를 위해 상경을 하였다. 그리고 과거 합격 후 바로 고향으로 돌아오지 않았던 것으로 보인다. 퇴계 연보에도 기록이 보이지 않는다. 3월 20일에 시험이 있었고 당일 합격자 발표가 있은 후, 4월 20일에 첫 발령을 받는다. 그리고 7월에 휴가를 얻어 귀향한 것을 보면 어머니께 과거 급제 인사는 이때 드린 것으로 보이며, 7회 차 귀향이다. 10월에 저작으로 승진 발령을 받고, 상경을 하게 된다.

다시 1년 후 35세 6월에 왜노를 인솔하여 동래까지 출장을 가게 된다. 이때, 동래로 가는 도중에 고향에 들러 어머니를 뵙는다.[158) 이것이 8회째의 귀향이다. 비록 출장 여정이었지만, 고향

158) 퇴계선생연보에는 '이번 길에 고향에 들러서 어머니를 뵙고 갔다.' 하였고, 정석태의 '앞의 책'(158쪽)에서는 내려가는 길에 뵈었다고 하였다. 동래에 공무 출장이지만 고향 도산에 들렀기에 귀향 횟수에 포함하였다.

에 들렀기 때문에 귀향 횟수에 포함하여야 한다. 이듬해 36세 7월에 휴가를 얻어 귀향하여 어머니를 뵙는다. 9회 귀향이다. 휴가를 마칠 무렵 9월에 호조좌랑으로 임명되어 서울로 다시 올라가게 된다. 연보에는 상경 기록은 없으나, 37세 10월에 어머니의 별세로 서울에서 급히 달려 내려갔다는 기록이 있다. 10회째의 귀향은 어머니 장례로 인한 공적 특별 휴가였다. 2년간의 삼년상을 마친 후 40세 1월에 상경하였다. 41세 의주 출장, 42세 충청도, 강원도 어사로 공무 출장을 다녀온다. 그리고 43세 10월에 휴가로 고향에 다시 내려오니 11회째 귀향이다. 이처럼 그의 관료 출사 시기에는 5차례의 귀향이 있었다.

퇴계는 34세 과거 합격 후 첫 관직인 승문원 권지부정자에서 42세 12월, 사헌부 장령에 임명되기까지 약 37차례 승진, 전직 등의 발령을 받았다. 그 기간에 사직서 제출은 단 1회 있었을 뿐이다. 41세 12월 병으로 사헌부 지평직을 사임하였으나 허락되지 않았다. 십 년의 이 시기는 퇴계가 과거에 급제한 후 관료로 출사하여 그동안 닦은 도학적인 지식을 임금과 백성을 위해 실천하고, 베풀고자 하는 의욕의 시기였고, 기대가 컸던 세월이었다. 이때까지는 벼슬에 크게 환멸하지 않았던 시기로 볼 수 있다. 퇴계 자신이 "나의 진퇴는 전후가 서로 다른 것 같다. 전에는 명을 들으면 곧장 나갔었는데, 뒤에는 부름이 있으면 반드시 사퇴하였으며 비록 나가더라도 감히 머물러 있지 않았다."[159]라고 한 것으

---

159) 사단법인 도운회, 퇴계선생언행록 1권, 김성일의 기술, 도서출판 보고사, 2021, 222쪽.

로도 확인할 수 있다.

또한, 기묘사화로 인한 사림의 충격과 위축도 어느 정도 회복되고 정국도 안정되고 있는 때이었다. 이런 평온한 때에 이제 갓 출사한 퇴계가 굳이 사직하고 물러갈 이유가 없었을 것이며, 무엇보다 자신의 도학 지식과 성리학적 이념을 임금과 백성을 위해 봉사 헌신하고자 하였던 시기였다. 따라서, 관료 출사 시기의 다섯 번의 귀향은 심리적으로 매우 안정되고, 정신적으로도 즐겁고 보람을 느끼는 귀향이었으며, '희망적 귀향'이었다고 볼 수 있다.

다. 임명 사직의 반복 시기(3기)

3기인 이 시기는 43세에서 58세까지 약 15년간으로 보아야 한다. 이 시기의 귀향은 모두 5회이며 다음과 같다.

> (12) 44세 9월에 휴가를 얻어 귀향, 중종 승하, (13) 46세 장인 장례로 귀향, 부인 사망, (14) 48세 단양 군수 부임, 9월 휴가로 귀향, (15) 52세 홍문관 교리, 상경, 55세 사직, 귀향, (16) 58세 윤칠월 왕명으로 상경, 59세 분황으로 휴가 귀향

퇴계가 관직에서 떠나기로 마음을 굳히기 시작한 때를 43세 전후로 보아야 한다. 41세 12월에 병으로 사직서를 제출하였으나 금방 재발령 되었다. 42세 윤오월 26일에 사직서를 제출하였고, 6월 6일에 두 번째 사직원을 제출하였다.[160] 또한 42세에 들어서

160) 정석태, '앞의 책', 279쪽, 281쪽.

면서 마음에 미묘한 움직임이 있었음을 볼 수 있다. 바로 42세 2월에 옥당에서 숙직 중 지은 매화시[161]에서 귀향의 심중을 읽을 수 있다. 이 시는 두 가지 점에서 의미가 크다. 첫째는 퇴계 매화시 107수 가운데 생애 두 번째의 시이고, 두 번째는 처음으로 벼슬에 나선 것을 후회하는 듯한 감정이 엿보이기 때문이다. 퇴계는 훗날 남명 조식에게 보낸 편지[162]에 다음과 같이 적었다. 이를 통해서 퇴계는 43세 되던 1543년(계묘년)부터 벼슬에서 물러나야겠다는 생각을 확고히 한 것으로 볼 수 있다.

> (전략) 사직을 청해 벼슬자리를 떠나서 옛 서적을 안고 고향으로 돌아가 아직 미처 이르지 못한 것을 구하고자 하는데, 혹시라도 하늘의 도움을 얻어서, 차츰차츰 조금씩 쌓은 끝에 만에 하나라도 보탬이 된다면, 이 일생을 헛되이 보내지 않게 될 것입니다. 이것이 나의 10년 이래의 뜻이요 소원이나, 성은이 하찮은 자를 포용하시고 헛된 명예가 사람을 몰아붙여서 계묘년(1543년, 중종 38년)부터 임자년(1552년, 명종 7년)에 이르는 동안 세 번 물러났으나 세 번 불려 돌아오게 되었습니다. (후략)

또한, 정유일이 쓴 선생의 언행록에도, "선생은 본래 벼슬할 마음이 적었고, 또 그때의 시국이 크게 어려운 사정이 있음을 보

---

161) 옥당억매(옥당의 매화를 생각하다). '뜰에 매화 한 그루 가지에 눈이 만발한데, 세상 풍진에 품었던 꿈이 어긋났구나, 옥당에 앉아서 봄밤의 달을 대하니, 기러기 우는 소리에 생각되는 바 있도다(一樹庭梅雪滿枝, 風塵湖海夢差池, 玉堂坐對春宵月, 鴻雁聲中有所思).' 여기서 옥당은 홍문관을 말한다.

162) 퇴계집, 퇴계선생연보 제1권.

고, 계묘년부터 벼슬에서 물러나 쉬기로 뜻을 정하고, 그 뒤에는 여러 번 불려 돌아와도, 항상 조정에 오래 있지 않았다."고 하였다. 계묘년은 1543년이고 선생 43세 때이다. 그리고 43세 가을에 퇴계가 김후지(金厚之, 김인후)에게 보낸 시[163] 등을 통해서 확인할 수 있다. 뿐만 아니라, 42세에 고향 예안의 대선배인 농암 이현보가 벼슬에서 물러나 귀향하였는데, 농암은 이때, 퇴계 형제에게 고향으로 돌아가라고 권유한 일이 있다. 정석태도 "43세 11월 29일 예빈시 부정, 지제교 겸 승문원 참교에 임명되었으나, 부임하지 않았다. 물러날 뜻을 굳히고 실제 물러나기 시작한 것은 이때부터이다."라고 하였다.[164] 그리고 퇴계 자신이 고봉에게 보낸 편지[165]에서, "저는 마흔셋에 이미 이것(물러나야 할 이유)을 알고 물러나기를 꾀했는데, 그러고 나서 지금까지 25년이 흘렀습니다"라고 하였다. 이러한 일련의 자료에 의해 퇴계가 벼슬에 나선 것을 후회하고 떠나고자 한 시기가 43세 때임을 알 수 있다. 또한 이 무렵 이미 조정과 정국의 분위기는 2년 뒤에 닥칠 을사사화와 그 2년 뒤의 양재역 벽서 사건을 예고라도 하는 듯 심상치 않았고, 암울한 기운마저 감돌고 있었다. 퇴계는 학문으로 닦은 지혜로 임금과 백성을 위해 출사해 보고자 한 자신의 기대가 잘못된

163) 퇴계가 43세에 수찬 김후지(金厚之, 김인후)가 휴가를 얻어 귀성하는 것을 전송한 칠언율시를 지어 주었는데, 1, 2구와 5, 6구의 내용은 다음과 같다. "내가 지난날 그대와 더불어 반궁(성균관)에서 노닐 적에(我昔與子遊泮宮), 한마디로 도가 맞아 기꺼이 서로 사귀었지(一言道合欣相得), 부귀영화가 나에게는 뜬구름과 같은 것(富貴於我等浮雲), 우연히 얻었을 뿐 내가 구한 바 아니었네(偶然得之非吾求).

164) 정석태, '앞의 책', 349쪽.

165) 김영두, '퇴계와 고봉, 편지를 쓰다', 소나무, 2015, 199쪽.

것임을 10년 만에 깨닫게 된다.

퇴계는 다시 해를 넘겨 44세 2월에 홍문관 교리가 되어 조정으로 돌아왔다가 9월에 휴가를 얻어 고향으로 귀향한다. 12차 귀향이다. 한 달 후, 10월에 서울로 상경하여 11월에 중종이 승하하고, 이듬해 7월 인종이 승하하고 명종이 왕위에 오른다. 46세 2월에 휴가를 얻어 고향으로 돌아가서 장인 권질의 장사를 치렀다. 13회째의 귀향이다. 5월에 병으로 조정에 돌아오지 못한 이유로 관직에서 해임되고 7월에 재취 부인 권씨가 사망한다. 이해에 처음으로 퇴계 개울 아래쪽에 집을 빌려 살면서, 동쪽 바위 옆에 작은 암자를 짓고, 양진암이라 이름하였다. 시내 이름을 토계를 자신의 호 퇴계로 고쳤다.[166] (본서 제1부, 199번 문항 참조) 고향에 은거하고자 하는 뜻을 완전히 굳힌 일련의 거사가 아닐 수 없다.

47세 7월, 안동부사에 제수되었으나, 나아가지 않다가 8월에 홍문관 응교로 임명되어 서울로 올라오게 되지만, 이미 물러날 기회만 찾던 퇴계는 48세 1월에 외직인 단양 군수로 부임하였다가 10월에 휴가를 얻어 고향으로 왔다. 이것이 14회째의 귀향이다. 단양에서 왔지만, 서울–단양–도산으로 여정이 이루어져 횟수에 포함되어야 한다. 48세 10월에 풍기 군수로 임명되고 49세 봄 한식에 선영에 성묘를 하였다. 그러나 이 귀향은 도산–풍기–

166) 퇴계라는 호를 46세에 토계를 퇴계로 고치면서 처음 사용한 것으로 알려져 있으나, 정석태에 따르면, 퇴계는 이미 계묘년(1543년) 어느 때 '퇴계' 호를 사용하였다고 설명하였다. 퇴계가 1543년 3월 23일 '탁청정 주인 김유에게 지어서 보내다(寄題金綏之濯淸亭主人)'라는 시에서 끝에 '퇴계경호(退溪景浩)'라고 쓰면서 퇴계라는 호를 사용하고 있음을 볼 수 있다.

도산이므로 전체 횟수에서 제외하였다. 12월에는 풍기 군수 사직서를 세 번이나 제출했으나, 답이 오지 않자, 퇴계는 기다리지 않고 무단 귀가하여 버린다. 이 죄로 벼슬이 2단계 강등되는 처벌을 받았지만, 퇴계의 염퇴 의지는 오히려 더 굳어진다. 고향 온혜 토계 개울가에 한서암 집과 계상서당을 지어 지내다가 52세 4월에 부름을 받고 다시 상경한다.

53세에 성균관 대사성에 임명되고 정지운의 천명도를 수정한다. 55세 2월에 병으로 세 번 사직서를 내어 체직되자 배를 구입하여 도산으로 돌아왔다. 15번째의 귀향이었다. 퇴계가 53세에서 55세까지 약 3년간 서울에서 벼슬한 시기는 퇴계에게는 훗날 중요한 역사적 사건을 만들어주는 시기가 된다. 바로 이때 추만 정지운의 천명도를 고쳐 준 것이 인연이 되어 뒷날 고봉 기대승과의 유명한 사칠논변이 이루어지기 때문이다. 퇴계는 55세부터 58세까지 고향에서 3년 정도 머물렀다. 58세 3월에 천연대를 지었고,[167] 4월에 오담에서 놀기도 하였다. 이때 좨주[168] 우탁을 위해 오담 근처에 서원을 세우고자 하여[169] 그 터를 둘러보았다.

58세 윤7월에 상소하여 치사(벼슬에서 물러남)하기를 빌었으

167) 처음에는 이름이 창랑대(滄浪臺)이었으나, 후에 천연대(天淵臺)로 고쳤다.

168) 고려 국자감, 조선 성균관의 종3품 벼슬직.

169) 우탁은 충북 단양 출신인데, 퇴계는 안동, 예안 지역에서 최초 서원으로 우탁을 위한 역동서원을 세웠다. 우탁은 고려 말 성균관 좨주를 마치자 단양에서 예안으로 이주하여 생을 마칠 때까지 살았다. 안동과 예안 지역의 선비들을 가르쳤고, 이 지역의 교화에 힘을 쏟았다. 퇴계로서는 그의 학문과 인품과 더불어 인물이 없는 안동 예안에 와서 큰 역할을 해 준 우탁에게 최초의 서원으로 보답하고자 한 뜻도 숨어있었을 것으로 생각해 본다.

나, 임금이 윤허하지 않는다는 비답을 내려 부름을 받고 9월에 다시 상경하였다. 10월에는 다시 성균관 대사성이 되고, 12월까지 연이어 사직서를 내지만 벼슬만 높아지고 허락되지 않는다. 이듬해 59세 2월에 휴가를 얻어 귀향하여 분황(焚黃)하였다. 16차 귀향이다. 이렇게 43세부터 58세에 상경하여 이듬해 2월에 내려오기까지 약 15년은 퇴계에게 있어서 임명과 사직의 반복 시기라고 보아야 한다. 이 시기의 5회의 상경과 귀향은 퇴계에게는 타의에 의한 불가피한 상경 귀향이었다. 벼슬에 나아가지 않으려는 퇴계와 계속 벼슬을 내리면서 올라오도록 부르는 임금과의 줄다리기였다. 그러므로 퇴계는 부름에 응하더라도 금방 내려오곤 하지만, 그 과정에서 임금에게 미안한 마음과 조정 대신들로부터 비난이 따름을 감수하지 않을 수 없는 귀향이었다. 마음은 괴롭고, 심사는 불안정하였을 것이며, 때로는 절망감에 젖어 힘든 귀향 시기였을 것으로 보인다. 따라서 이 시기의 귀향은 '좌절의 귀향'이라고 부를 수 있다.

라. 행복한 도산 시기(4기)

(17) 67세 명나라 새 황제 등극으로 사신이 조선에 오게 되자 유월 상경, 명종 승하로 귀향

이 시기는 59세에서 67세까지 약 9년간의 시기이다. 이 시기에는 귀향이 마지막에 단 한 차례 있을 뿐이다. 이때에도 벼슬은 계속 내려오지만, 퇴계는 확고하였다. 더 이상 상경하지 않는다.

59세부터 67세 17차 귀향까지 약 9년간은 퇴계의 도산 황금 시기가 아니었을까 생각된다. 도산서당을 완공하고(61세), 도산기와 도산잡영, 이산서원기, 송계원명이학통록, 사단칠정 변론, 정암 조광조, 회재 이언적의 행장을 지었다. 도산십이곡 가사와 성학십도 등 활발한 저술이 이때 이루어진다. 예안 부포에 안동 예안 지역에 최초의 역동서원 건립을 추진하며, 여러 곳의 서원 창설에도 직간접으로 참여한다. 제자들과 강학 활동, 서원 창설 주도 등 교육 사업과 수많은 시가 이 시기에 집중된다. 64세에는 제자와 손자, 조카 등 일행과 청량산을 마지막으로 유산(遊山)하였으며, 탁영담에서 뱃놀이를 하였다. 60세에 맏손자 안도의 결혼과 집안 대소사 등 다양한 활동들을 한 시기이다.

퇴계의 4기 시기에 가장 역사적인 업적은 도산서당 준공이다. 3칸짜리 작은 집이지만, 퇴계의 상징이고, 도학의 정맥이다. 도산서당이 있었기에 퇴계는 어떠한 위험도, 비난도 감수하고서도 물러나고자 할 수 있었다. 그의 마지막 혼을 쏟아부은 성지이다. 퇴계 이후 오늘날까지 안동과 영남의 정신문화 혈맥에는 그 중심에 도산서당이 있다. 도산서당의 존재 가치를 다음의 사행시로 표현해 보고자 한다.

도산서당[170)]

(도)학의 거문고 줄 끊어지지 않고자　(산)아래 글방 하나 작게 세우셨네

(서)울의 임금은 거듭 높여 불렀지만　(당)신은 한사코 山堂[171)]을 닦으셨네

---

170) 이 사행시는 저자가 지은 것임.

171) 산당: 도산서당, 산당을 닦으셨네: 학문을 닦으셨다는 의미임.

이렇게 도산에서 행복한 시간을 보내던 끝 무렵 66세에 퇴계는 다시 상경해야 하는 상황에 놓이게 된다. 그것이 66세 병인년(1566년)의 일이다. 병인년 1월 명종의 부름을 받은 퇴계는 한양을 향하여 길을 나섰다. 몇 차례 부름에 나가지 않아 죄송한 마음에 올라갔다가 곧 내려오리라 생각하고 나선 상경 길이다. 1월 27일 영천(현 영주)에 이르렀는데, 그만 병이 심하여[172] 사직서를 올리고, 2월 9일경 풍기에 가서 머무르면서 왕명을 기다렸다. 그러나 명종은 유지(임금의 명령)[173]를 내리며 거듭 불렀다. 임금이 오지 않는 신하에게 애원하는 모양새다. 퇴계는 병에 약간의 차도가 있게 되자 죽령은 길이 얼어붙고 위험하여 조령 쪽으로 길을 돌렸다. 2월 13일 양양(예천)으로 거처를 옮기고 다시 사직서를 올린다. 역시나 명종은 윤허하지 않고 오히려 자헌대부 공조판서 겸 예문관제학으로 승진 임명한다. 퇴계는 절박하였다. 이때, 퇴계는 예천 관아에서 매화와 대화하는 증답시 두 수를 지었다.[174] 머물던 예천 관아 뜰에 핀 매화를 보면서 자신의 절박한 신세를 한탄하는 심정을 매화에게 토로하는 시이다. 이 시가 퇴계의 매화 시 107수 가운데 최초의 증답시이다. 그리고는 예천에

---

172) 정석태, '앞의 책' 3권, 66세 기록, "2월 7일 어제처럼 해소가 드문드문 나고, 입이 마르며, 오른쪽 옆구리가 결렸다. 원기가 몹시 약해져서 찾아오는 손님을 한 사람도 만날 수 없었다.", 459쪽.

173) 명종의 유지에 "경의 사장을 보니, 내 마음이 섭섭하다. 사직하지 말고 잘 조리해서 올라와서 여러 번 부르는 나의 정성을 저버리지 말라." 하였다.

174) 예천에서 명종의 하교를 기다리던 중 정유일이 보내온 편지에 공조판서로 승진되었다는 소식을 받고, 진퇴가 어려움을 더욱 한탄하며 시를 읊어 매화에게 묻다(得鄭子中書 益歎進退之難 吟問庭梅) 시와 '매화가 답하다(梅花答)'라는 증답시 두 수를 지었다. 이것이 퇴계 선생의 최초의 매화 증답시이다.

서 세 번째 사장을 올리고는 다시 거처를 옮겨 풍산 학가산 광흥사로 들어갔다. 그래도 계속 올라오기를 재촉하는데 퇴계는 3월 8일 다시 봉정사로 옮기면서 네 번째의 사장을 올린다. 그러다가 끝내는 3월 15일 퇴계는 명종의 허락을 기다리지 못하고 고향으로 돌아와 버리고 만다.

앞에서도 기술한 바와 같이 명종은 하는 수 없이 병이 낫거든 올라오라고 하고는 선생이 사는 도산을 그림으로 그리게 한 뒤, 여성군 송인(1516~1584)을 시켜 도산기와 도산잡영을 그 위에 쓰게 하고, 병풍을 만들어서 처소에 펼쳐 놓게 하였다. 참으로 드라마틱한 장면이다. 임금은 원로대신에게 최고 예우를 갖추어 거듭 오시기를 청하고, 신하는 병든 몸으로 올라가지 못하기도 하고, 가지 않으려는 마음도 깊어 관아로, 절간으로 풍찬노숙하듯 빙빙 돌면서 버티는 모습이다. 두 달간 네 번의 사직서를 올리면서 퇴계는 완강하였다. 병인년(1566년) 초의 이 사건은 퇴계가 한양 벼슬길에 더 이상 몸담지 않으려는 절박한 몸부림이지만 염퇴의 동기가 아무리 순수하여도 군주의 심기를 건드릴 수 있기에 퇴계에게는 보기에 따라 참으로 위험한 사건이 아닐 수 없다. 이때의 상황을 이율곡은 다음과 같이 기술하였다.[175]

> 병인년(1566년) 4월에 이 선생이 병으로 사퇴하고 올라오지 않았다. 이때 위에서 권념(돌보아 생각함)함이 매우 중하였으며 비록 길거리의 아이들까지도 그 이름을 사모하여 모두들 한번 얼굴을

175) 홍승희, 이윤희 공역, 퇴계선생언행록, 142쪽.

보고 싶어 했으나 선생은 끝내 나오지 않았으므로 식자들이 걱정하였다.

도산으로 돌아와 마침 도산서당 매화가 피어 있는 것을 보고 두 번째 매화 증답시[176]를 지었다. 또한 소명을 받고 길을 떠난 1월부터 3월 집으로 돌아온 직후까지 지은 시 40제 56수를 묶어서 병인도병록이란 이름으로 수본 시집을 엮었다.[177] 이렇게 퇴계는 58세에서 67세까지 도산에서 행복한 생활을 보낼 수 있었다.

그러나 이듬해 67세 정묘년(1567년) 명종 임금은 다시 퇴계를 부른다. 명나라의 사신을 접대하기 위해 부르기 때문에 퇴계는 몸이 불편하여도 올라갔다. 이번 부름은 국제외교를 다루는 국가 중대사이기 때문이다. 6월 25일 서울에 도착하였다. 그런데 상경 사흘 만에 명종이 승하하였다. 명종 인산(국왕의 장례) 기간에 약 두 달간 서울에 머물면서 명종 행장 편찬 등의 일을 수행할 때, 예조판서로 발령받는다. 퇴계는 사직서를 올리고는 체직되자 아직 명종의 장례도 끝나지 않은 상태에서 곧바로 8월 10일 귀향길에 올랐다. 17차 귀향이다. 퇴계로서는 예조판서 직은 자신과 같은 사람에게는 결코 어울리지 않는 자리이며, 녹봉을 도둑질하는 것에 불과하기에 여기 머무르는 것이 오히려 아껴주던 임금에게 대한 의리가 아니라고 판단한 것이다. 그러나 세인들은 귀향 그 자체만 보고 비판하였으니, 퇴계로서는 감수하는

176) '병인년 늦은 봄에 소명을 사직하고 도산으로 돌아와 매화와 문답하다'와 '매화가 대신 답하다'이다.

177) 정석태, '앞의 책', 492쪽.

수밖에 없었다. 그러한 심정을 퇴계는 고봉의 편지에 답장하면서 토로하였다.[178)]

> 제가 이번에 고향으로 돌아와 버린 것에 대해 온 세상이 비웃고 욕을 합니다. 어떤 이는 저를 산새에 비유하기도 하고 어떤 이는 이단이라 배척하기도 하면서, (중략) 저의 처신 역시 이해하기 어렵습니다. 왜 그렇습니까? 큰 어리석음, 심한 병, 헛된 명성, 그리고 과분한 은혜의 네 가지 번거로움이 제 몸에 모두 모여 있으니, 그것들이 간섭하고 모순되어 함께 저를 방해합니다. (후략)

네 가지 부적함에도 주어진 높은 자리를 감당할 수 없어 임금의 장례가 끝나지도 않았어도 물러나는 것이 의리라고 보는 것이 퇴계 선생의 신념이었다. 그러나 퇴계의 심정만이야 어찌 편하였을까. 퇴계는 집으로 오지 않고 온혜 용수사에 머물렀다. 병으로 사직하였고, 능력이 자리(예조판서)를 맡을 수 없어 국장 중에도 귀향한 죄인이므로 집에서 편히 있을 수 없다는 퇴계의 의리관 때문이었다. 그러나 이 17차 귀향으로 퇴계는 제자 고봉을 비롯하여 많은 조정 대신들로부터 비난[179)]을 받았다. 따라서 이 귀향은 매우 '위험한 귀향'이라고 볼 수 있다.

---

178) 김영두, '퇴계와 고봉, 편지를 쓰다', 소나무, 2015, 199쪽.

179) 김영두, '앞의 책', 205쪽에서, 퇴계는 "요사이 듣건대 남시보가 '무릇 이황이 자신을 위한 학문을 하지는 않았지만, 그의 행적을 보면 마치 자신을 위하는 듯했다.'라고 하여 땀이 나서 옷을 적실 정도였다."라는 말을 하였다.

마. 마지막 귀향 시기(5기)

마지막 귀향은 18차 귀향이다. 이것은 단 한 차례의 귀향이지만 별도의 시기로 분류한 것은 매우 의미 있는 역사적 귀향이기 때문이다.

(18) 68세 7월 새 임금 선조의 명으로 상경, 69세 1월 이조판서 발령, 사직, 3월 귀향

68세 무진년이 되자 이번에는 새 임금(선조)이 다시 부른다. 적장자가 아닌 신분으로 왕위에 오른 17세 어린 선조는 퇴계 같은 어진 대현을 옆에 모셔 두고 싶었다. 국정 운영의 가르침을 받고 싶은 이유와 함께 아직 기반이 허약한 왕위에 오른 선조가 사림의 큰 어른을 옆에 모시고 안전을 확보하고 싶은 내심이 더 큰 이유이었을 것이다. 어떤 이유이든 퇴계 또한 이런 경우에는 거절하지 않는 성품이다. 나이 어린 새 임금의 등극이니, 새 세상이 오도록 하는 데 자신의 전공 분야를 활용할 일이 분명히 있었기 때문이다. 68세 7월 퇴계는 다시 힘든 노구를 끌고 한양으로 올라갔다. 할 일은 바로 두 가지였다. 하나는 8월에 국정 운영의 길잡이로 무진육조 상소를 지어 올렸다. 다른 하나는 12월에 성군이 되어 태평성대를 이루시도록 성학십도와 차자를 지어 바쳤다. 이 성학십도는 퇴계의 평생 학문의 결실이고, 성리학을 실천하는 요체였다. 지금까지도 우리나라는 물론 중국에서까지 명저로 평가받는 편저이다. 퇴계는 자신의 역할을 마치자, 12월에

고향으로 돌아갈 수 있도록 허락을 구했으나, 선조로서는 허락할 수 없는 간청이었다. 거듭 허락받지 못하게 되고[180] 해를 넘겨 69세가 된다. 고향 도산서당에서 할 일이 쌓인 퇴계로서는 두려움과 초조함이 몰려오는 시기였다.

해가 바뀌고 69세 1월 6일 선조는 오히려 이조판서 발령을 내면서 퇴계를 붙잡아 두고자 하였다. 남들에게는 감읍할 판서직이지만, 퇴계로서는 절망적인 승진 발령이었다. 연이어 네 차례의 사직서를 제출하여 1월 14일 간신히 이조판서직은 벗어났다. 그러나 다른 벼슬을 내리며 귀향은 윤허하지 않자, 퇴계는 귀향 허가를 거듭 간청하였다. 마침내 3월 4일 선조는 잠시 다녀오시라고 허락하여 준다. 실로 지난해 12월부터 석 달간 약 10차례 간청한 끝에 얻어낸 귀향 허락이었다. 이 기간이 퇴계에게는 가장 가슴 졸이는 시기가 아니었는가 생각된다. 자칫하다가는 고향과 영영 이별 될지도 모르는 불안감과 초조함으로 밤잠을 이루지 못하였을 것으로 짐작된다. 나이는 고희가 눈앞인데 역동서원 건립 등 도산에 펼쳐두고 온 일들은 아직 너무도 많다. 얼마나 간절하고 다급하였으면, 허락받은 그날 정오에 한양을 떠났겠는가. 혹시라도 임금의 마음이 변하지 않을까 걱정된 나머지 빨리 한양을 벗어나고자 귀향길을 서둘렀다. 그 와중에 퇴계는 그동안 한성 집에서 쓸쓸하게 지내던 자신을 벗해 주고 위로해 주던 매화분을 함께 데려갈 수가 없었다. 미안한 퇴계는 떠나면서 매화분에

180) 퇴계선생연보에는 '12월, 두 번 세 번 사면해 줄 것을 청하였으나, 다 허락되지 않다.'라는 기록이 있다.

게 함께 데려가지 못해 미안하다는 이별시를 한 수 지어 준다.[181] 그러자 한성 집에 남아 있게 된 분매가 답시를 한 수 지어서 떠나는 퇴계에게 드린다. 내 걱정은 하시지 마시고 도산에서 기다리고 있는 매화를 빨리 가서 위로해 주시라고 하는 이 시는 마치 멀리 길을 떠나는 남편에게 부인이 다정히 위로해 주는 듯한 시로서 퇴계의 매화 증답시 세 번째이다.

마침내 1569년 음력 3월 초나흘 날 퇴계는 생애 마지막 귀향길을 나선다. 그리고 14일 뒤인 3월 17일에 도산에 도착한다. 그러자 기다리고 있던 도산서당 매화가 도착한 퇴계 선생을 환영하고 반갑게 인사하는 시를 한 수 지어 준다. '늦은 봄 도산의 산매화와 주고받다'[182]라는 시로 네 번째 매화 증답시이다. 그리고 이 증답시에서 유일하게 매화가 먼저 퇴계에게 시를 지어 주고 퇴계가 답하였다. 5기의 귀향은 '마지막 귀향'이다.

4. 퇴계의 귀향과 의미

가. 퇴계 귀향길 구간과 거리

퇴계가 다닌 귀향길은 어떤 코스였을까? 2019년 퇴계 선생 마지막 귀향(1569년 3월) 450주년이 되던 해에 도산서원과 도산서원 선비문화수련원 및 안동시 등 관계 기관에서 퇴계 선생이 걸었던 길을 그대로 재현하는 행사를 개최하였다. 퇴계는 18회 귀향에서

181) '한성 집 분매와 주고받다(漢城寓舍盆梅贈答)'와 '분매가 답하다(盆梅答)'이다.
182) '매화가 주인에게 주다(梅贈主)'와 '주인이 답하다(主答)'이다.

약 2~3회를 제외하고는 대부분 길을 서울에서 남한강의 배를 이용하여 죽령길을 넘어오는 길을 걸었다. 이 길의 구체적인 실제 구간을 퇴계학 및 지리학 등 전문가들의 고증과 답사를 통해 완전하게 밝혀내었다.

퇴계는 서울 경복궁 사정전에서 안동 예안 도산까지 13박 14일을 소요하였다. 말을 타기도 하고, 배를 이용하기도 하였으며, 때로는 걷기도 하였다. 퇴계가 다닌 귀향길의 구간별 지명과 거리는 다음과 같다.[183)]

(1) 서울 경복궁(사정전) $\overline{\text{8Km}}$ (2) 두뭇개나루터(동호대교) $\overline{\text{7Km}}$ (3) 봉은사 $\overline{\text{19Km}}$ (4) 미음나루(주차장) $\overline{\text{29Km}}$ (5) 한여울(국수역) $\overline{\text{23Km}}$ (6) 배개나루(이포) $\overline{\text{31Km}}$ (7) 흔바위나루(강천섬) $\overline{\text{29Km}}$ (8) 가흥창(가흥초) $\overline{\text{20Km}}$ (9) 충청감영(관아공원) $\overline{\text{25Km}}$ (10) 청풍관아(청풍문화재단지, 9Km+선편, 13Km) $\overline{\text{22Km}}$ (11) 단양향교 $\overline{\text{22Km}}$ (12) 풍기관아(풍기초) $\overline{\text{20Km}}$ (13) 영주 이산서원 $\overline{\text{21Km}}$ (14) 도산서원

전체 구간 거리가 276Km이다. 우리나라 거리 단위로는 690리에서 700리 길이다. 충주호, 청풍호에서는 배를 타고 이동하므로 실제 걷는 거리는 33Km를 제외한 243Km, 약 610리 길이다. 그렇더라도 마지막 귀향 시 퇴계는 69세이었다. 당시와 오늘날의 평균 연령으로 대조해 보더라도 69세는 지금 100세가 넘는 최고령이다. 말도 타고 배도 타지만 그 귀향길 자체가 얼마나 힘들고

183) 경북문화재단, "퇴계의 길 미래를 잇다", 제5회 퇴계선생 마지막 귀향길 재현 행사 자료, 2024.

어려운가를 쉽게 생각되는 길이다. 그 길을 퇴계는 노구를 이끌고 걷고 또 걸었다. 무슨 생각을 하셨을까 생각해 본다.

나. 퇴계 귀향 의미

지금까지 퇴계 선생의 생애 귀향에 대해 알아보았다. 19세부터 69세까지 50년간 퇴계는 한양과 도산을 18회 왕복하였으며, 그 외에 7차례나 서울과 지방을 왕복하면서 길 위에서 많은 시간을 보냈다. 과거 시험 응시하러 가기도 하였고, 성균관에 유학하러 상경도 하였다. 과거에 급제한 후에는 벼슬하면서 고향에 휴가차 왕복하였는가 하면, 때로는 왕명을 거역할 수 없어서 하는 수 없이 상경, 귀향하기도 하였다. 퇴계의 삶에서 한양 도산 왕복 귀향길은 자신과 싸우는 극기의 길이었다.. 아래에서 퇴계 귀향의 내용과 의미를 정리해 보고자 한다.

첫째, 퇴계 귀향길은 퇴계 인격 완성 길이다. 퇴계는 19세부터 69세까지 50년간 귀향 18회, 기타 7회로 25회 서울과 고향 혹은 지방을 왕복하였다. 이 길을 걸으며 퇴계는 과거, 출사, 사직, 귀향의 여정을 이 길 위에서 이루었으며, 영광도 좌절도 겪었다. 세상 이치와 도리가 무엇인지 사색과 궁리에 깊이 빠지며 걸었다. 마침내 이 귀향길을 통해서 퇴계는 인격적 완성을 이루고 만인의 사표가 되는 위치에 설 수 있었다.

둘째, 이 길은 퇴계가 자신의 경(敬) 사상을 완성한 길이다. 청운의 푸른 꿈을 지닌 도전적 귀향, 열정적이고 청렴한 관료로서 희망적 귀향, 임명과 사직이 반복되는 좌절의 귀향, 산금(山禽)의 비난을 감수한 위험한 귀향을 거쳐 마지막 귀향까지 걷고 걸으며, 퇴계는 어떤 유혹과 비난에도 흔들림 없이, 언제나 깨어 있으면서 자신의 할 일을 위해 스스로 단속하며 엄숙하게 나아갔다. 그의 경 철학은 길 위에서 옥처럼 굳어졌다.

셋째, 퇴계 귀향길은 개울가로 물러나는 길이었다. 퇴계는 임금이 높은 벼슬로 붙잡는데도 화려한 대궐을 기어코 떠났다. 대신에 물 건너고 재 넘어서 황토길 따라 걸어 흰 구름과 억새풀, 갈대숲이 덮인 고향 개울가로 향하였다. 퇴계는 염퇴의 길을 택하였다. 그가 물러남은 경치 좋은 곳에 은거하여 여생을 편히 지내기 위함이 아니었다. 좋은 세상을 만드는 일에 자신을 바치기 위한 귀향길을 걸었으며, 그 길의 종착지는 개울가 계상서당과 도산서당이다.

넷째, 이 길은 퇴계로 하여금 인간과 자연 사랑을 키워준 길이다. 길을 걸으며 농촌과 산촌 농가의 척박한 삶의 실상을 볼 수 있었고, 아낙네와 민초들의 한 많은 빈곤의 고달픔을 느낄 수 있었다. 사람에 대한 연민과 사랑이 솟아나지 않을 수 없는 귀향길이었다. 또한 이 길은 물길이 있고, 꽃길이 있으며, 산새와 구름과 바람이 늘 퇴계와 함께 동행하는 길이었다. 서울의 대궐 안에서는 결코 볼 수 없는 길이었다. 퇴계의 인간사랑, 자연사랑은 이 귀향길이 키워주었다.

다섯째, 이 길은 퇴계 '건도길'이다. 건강에 도움을 준 길이기 때문이다, 퇴계는 276Km 길을 18회 왕복하였고, 기타 7회 길도 비슷한 거리로 볼 때, 모두 25회를 왕복하여 약 13,800킬로미터를 걸었다. 이는 안동 도산서당에서 독일 베를린까지 가는 거리보다 멀다. 자신은 태어날 때부터, 병약하였다고 스스로 말했던 퇴계가 당시의 평균 수명보다 높은 70세까지 장수한 바탕에는 이토록 기나긴 귀향길을 걸어 다녔던 때문이라고 생각한다.

5. 나가며

퇴계는 과거에 응시하여 출사하였고, 벼슬길에 나서 관료로서 업무에 충실하였다. 도학자로서 세상의 인심이 순박해지고, 도리와 염치를 아는 아름다운 도덕 사회가 되기를 꿈꾸었다. 성리학적 이념과 유교적 생활 윤리를 통해 퇴계는 가능할 것으로 기대하였고, 그것이 과거와 출사의 명분이었다. 어머니의 권유가 있었으나, 그것만이 퇴계로 하여금 출사의 길을 걷게 하지 않았다. 자신의 의지와 비전에 따른 결행이었다.

퇴계의 귀향 연보로 볼 때, 퇴계는 고향 도산과 서울을 왕복하는 귀향 횟수가 적지 않았다. 길 위에서 보낸 세월이 적지 않았고 그것은 그의 삶에 어떤 형태로든 영향을 주었다. 19세부터 20대의 과거 시기의 귀향은 도전이었고, 30대의 관료 시절에 있었던 귀향은 희망이었다. 40~50대에서는 절망이었는가 하면 60대 말 한 차례의 귀향은 위험하였다. 그러나 그 어떤 경우에도 퇴계는 자신이 원하는 곳에서 원하는 일을 하고 싶어 하였다. 이를 위해 어떤 위험도 감수하였으며, 어떤 비난도 두려워하지 않았다. 퇴계는 부드러우면서도 강직하였고, 겸손하면서도 굽힘이 없었다.

고대 중국 초나라의 굴원은 창랑의 물이 맑으면 갓끈을 씻고, 흐리면 신발을 씻는다고 하였다. 퇴계는 관료 생활 10년이 지날 무렵 신발을 씻고자 하였다. 을사사화라는 마지막 사화가 잉태되고 있었을 무렵에 퇴계는 염퇴를 도모하기 시작하였다. 퇴계가 많은 사화와 정쟁으로부터 안전할 수 있었던 것은 바로 이와 같은 그의 신묘(神妙)한 염퇴 시기와 의지 때문이라고 보고 싶다. 그 염퇴가 있었기에 그는 50세 전후에 조선 사림의 종사로, 지도자로 추앙받을 수 있었다. 그러나 이후의 귀향은 험난한 굴곡의 연속이었다. 69세 병든 노구를 이끌고 마지막 귀향을 하였을 때, 도전과 보람의 귀향에서 좌절과 위험의 귀향으로 굴절된 그의 여정은 비로소 마침표를 찍는다. 퇴계의 귀향 연보를 정리하고, 귀향 스토리를 엮어 나가면서 알 수 있었다. 그것은 비록 억새와 갈대가 우거진 개울가로 물러났지만, 그 물러남으로 퇴계는 만세사표로 우뚝할 수 있었다.

참고문헌

(고전과 문집)

간재집艮齋集, 고봉집高峯集, 논어論語, 도산급문록陶山及門錄, 맹자孟子, 매화시첩梅花詩帖, 몽재선생문집蒙齋先生文集, 서경書經, 서애집西厓集, 율곡전서栗谷全書, 중용中庸, 진성이씨온혜파세보眞城李氏溫惠派世譜, 진성이씨온계파세보眞城李氏溫溪派世譜, 퇴계선생문집退溪先生文集, 학봉선생문집鶴峯先生文集, 한강집寒岡集, 회재집晦齋集.

(논문)

권시용, 「16-17세기 초반 퇴계 문인의 서원건립 활동」, 한국서원학보 제8호, 2019.

권오봉, 「퇴계 선생에 관한 전언 설화 고론」, 퇴계학 논총 제1집, 1996.

기태완 역주, 「퇴계 매화시첩」, 보고사, 2007.

김문식, 「교남빈흥록, 정조의 명으로 편찬된 도산별시의 기록」, 단국대학교, 2016.

김세종, 「퇴계 이황과 율곡 이이의 윤리관 연구」, 한국철학논집 제83집, 한국철학사연구회, 2024.

김언종, 「퇴계의 행적과 일화의 여러 양상」, 퇴계학연구원, 퇴계학보 제138집, 2015.

김의완, 「영주 이산서원의 건립과 퇴계 이황 제향의 의미」, 한국서원학회, 한국서원학보, 15권, 2022.

김윤수, 〈특별기고〉「남계서원과 남계오현」, 유교신문, 2023.

김종석, 「도산급문제현록과 퇴계 학통 제자의 범위」, 퇴계 문하의 인물과 사상, 예문서원, 2000.

김현영, 「퇴계의 향촌 사회관」, 한국국학진흥원, 『도산서원을 통해 본 조선 후기 사회사』, 새물결, 2014.

김형찬, 「퇴계의 양명학 비판과 조선 유학의 성립」, 퇴계학 연구원, 퇴계학보, 제148호, 2021.
박균섭. 「단양 1548 –단양 군수 퇴계 이황을 논함–」, 동국대학교 동서사상연구소, 『철학 · 사상 · 문화』, 제44호, 2024.
박성순, 「추만 정지운 저술 천명도설의 사상사적 위상」, 동양고전학회, 동양고전연구, 제54집, 2014.
윤사순, 「월천(조목)의 주자학적 심학」, 퇴계학과 유교문화, 경북대학교 퇴계연구소, 1996.
이미진, 「한시로 그려 낸 19세기 남계서원의 풍경」, 영남학, 제8호, 2023.
이선경, 「퇴계학파의 역학계몽 이해」, 한국양명학회 논문집, 양명학, 제28호, 2011.
이은식, 「시인 어득강, 곤양(昆陽) · 사천(泗川)을 노래하다」, 뉴스 사천, 2017.
이장우, 「퇴계 부자와 과거 시험, 가서를 중심으로」, 대동한문학, 제38집, 2013.
이치억, 「퇴계와 산, 그리고 청량산」, 사람과 산, 2021.
이태희, 「관기 두향을 보는 두 가지 시선」, 한국여성사학회, 여성과 역사, 32권, 2020.
이해임, 「이황의 양명학 비판 양상과 그 영향 –전습록변을 중심으로–」, 『유교사상 문화 연구』, 제94집, 2023.
임노직, 「오산당 강록」, 국학연구 제5집, 한국국학진흥원, 2004.
정석태, 「도산서원의 위상 정립과 퇴계 후손의 역할」, 한국국학진흥원, 『도산서원을 통해 본 조선 후기 사회사』, 새물결, 2014.
정우락, 「개암 강익의 심학과 그의 시가 문학」, 퇴계학 논집, 32호, 2023.
최윤미, 「리 이해하기」, 철학 논구, 제39집, 2012.

(도서)

계승범, 『우리가 아는 선비는 없다』, 역사의 아침, 2011.
권오봉, 『예던길』(퇴계 선생의 생활 실사), 우신출판사, 1988.
_____ , 『퇴계선생 일대기』, 교육과학사, 2013.
_____ , 『가서로 본 퇴계의 삶과 사상』, 삼보문화재단, 2020.
기원봉, 『말이 되는 주역』, 큰봉출판사, 2020.

김동욱, 『도산서당, 선비들의 이상향을 짓다』, 돌베개, 2012.
김영두, 『퇴계와 고봉, 편지를 쓰다』, 소나무, 2015.
김용걸, 『이기론[理氣論]』, 한국민족문화대백과사전, 한국학중앙연구원.
김병일, 『퇴계처럼』, 글항아리, 2012.
김종성, 『내 소원 착한 사람 많은 세상』, 충남대학교출판문화원, 2022.
_____, 『음은 사람의 마음에서 생겨나는 것이며, 악은 마음의 움직임이다』, 충남대학교출판문화원, 2019.
마르티나 도이힐러, 김우영, 문옥표 옮김, 『조상의 눈 아래에서』, 너머북스, 2018.
도산서원, 『일기로 보는 도산서원』, 고종기, 한국국학진흥원, 2024.
도운회, 『퇴계선생언행록』, 1권, 보고사, 2021.
_____, 『퇴계선생언행록』, 한빛, 2014.
두산동아, 『표준국어대사전 상권』, 1999.
손기원, 이명순 역해, 『한글본 성학십도』, 주식회사 부크크, 2020.
손오규, 『퇴계 시와 미학』, 제주대학교 출판부, 2012.
손현주 역, 『인간의 음악과 그 효과』, W. 타타르키비츠, 미학사, 2006.
이광호, 『퇴계와 율곡 생각을 다투다』, 홍익출판사, 2013.
_____, 『성학십도』, 사단법인 도운회, 2022.
이기동, 『유학 오천 년』, 성균관대학교 출판부, 2022.
이동건, 『조선시대의 성학십도 유포, 확산에 대한 연구』, 인문사, 2014.
이동구, 『도산서원 이야기』, 도산서원 관리사무소, 2024.
이동기, 『퇴계 서찰과 인성교육』, 퇴계선생, 권23, 영남퇴계학연구원, 2020.
이동희, 『유교문화의 전통과 미래』, 문사철, 2011.
이동한 편역, 『활인심방』, 교육과학사, 2011.
이성원, 『선생』, 학자원, 2024.
이원집 편저, 『퇴계 선생과 도산십이곡』, 도서출판 동방, 2010.
이장우, 『이퇴계 선생의 생활과 시』, 명문당, 2022.
_____, 전일주, 해제 번역, 『선조유묵 가서』, 한국국학진흥원, 2011.
이중환 저, 이익성 옮김, 『택리지』, 을유문화사, 2017.
이 황, 『도산잡영』, 도산서원, 2017.
_____ 편, 『고경중마방』, 성균관유도회 안동지부, 도서출판 한빛, 2019.
이 해 지음, 황신기 옮김, 『온계선생일고』, 디자인 판, 2023.

정만조 외, 『도산서원과 지식의 탄생』, 한국국학진흥원 국학연구실, 2012.
정비석, 『명기열전』, 7권 제22화 '단양기 두향', 한국문화사, 1982.
_____ , 『퇴계소전』, 국제퇴계학회 경북지부, 1988.
정시열 외, 『조선 서원을 움직인 사람들』, 한국국학진흥원, 2013.
조 목, 『사문수간(師門手簡)』, 안동문화원, 2008.
지성용, 『단양과 퇴계 이황』, 단양문화원, 2008.
최종호 외, 『간재 이덕홍의 학문과 사유 세계』, 한국국학진흥원, 2018.
홍승윤, 이윤희 공역, 『퇴계선생언행록』, 퇴계학연구원, 2007.

(기타)

중종실록 77권, 중종 29년 3월 9일, 1534.
중종실록 93권, 중종 35년 6월 20일, 1540.
명종실록 9권, 명종 3년 1월 13일, 1548.
명종실록 14권, 명종 8년 4월 24일 1553.
선조수정실록 10권, 선조 9년 12월 1일, 1576.
정조실록 34권, 정조 16년 3월 2일, 1792.
정조실록 35권, 정조 16년 5월 7일, 1792.
[네이버 지식백과], 국역 국조인물고.
[네이버 지식백과], 정약용. 도산사숙록[陶山私淑錄].
[네이버 지식백과], 진성이씨[眞城李氏], 한국향토문화전자대전.
[위키백과], 대한민국 서원 목록.
[나무위키], 진성이씨.
[우리역사넷], 도산서원.
[네이버 블로그], 전국 서원 현황, 水西散人, ajr3308.tistory.com, 2023.
[네이버 블로그], 정만순, 대한민국 서원 목록, 2018.
[네이버 블로그], 퇴계 이황의 학문 세계(上).
[네이버 블로그], 「인문학의 이유-천원짜리 지폐에 담긴 퇴계 가짜 이황」, 2017.
경북문화재단, 『퇴계의 길 미래를 잇다』, 제5회 퇴계선생 마지막 귀향길 재현 행사 자료, 2024.
국가유산청, 국가유산 포털, 국가유산 종목별 검색, 「봉화 청량산」.

대구광역시 홈페이지, 대구역사 문화 대전, 대구 향토 문화 백과, 연경서원.
도산서원 관리사무소 홈페이지, 도산서원, 서원 소개.
성주군 홈페이지, 디지털 성주 문화 대전, 영봉서원.
영남대학교, 민족문화연구소, 아카이브(동아시아 서원 문화와 글로컬리즘).
통계청, 전국 행정구역 총괄표(1993~2000).
한국은행 홈페이지, 은행권의 변천, 1,000원권의 변천.
한국학중앙연구원, 한국민족문화대백과, 서당편/국조방목(國朝榜目)/이기론.
함양군청 홈페이지, 함양문화관광 포털, 사적지, 함양 남계서원.

| 지은이 소개 |

몽천 이동원(교육학 박사)

1946년 경상북도 안동에서 태어나 교육대학교를 졸업하고 초등학교 교사로 재직하면서 1992년 계명대학교에서 협동학습 연구로 교육학 박사학위를 받았다. 대구에서 40여 년 교직에 종사하면서 교사, 겸임 교수, 장학관, 초등학교장, 대구교육연수원장을 마지막으로 2009년 8월 말 정년 퇴임하였다. 2010년 1월부터 4개월간 하와이대학교 내 CAPE에서 영어를 공부하였으며, 2012년부터 10년간 도산서원선비문화수련원에서 퇴계 선생의 선비정신을 배우고 전하는 일에 참여하고 물러나서 무위도식과 소일을 벗 삼고 있다.

〈저서〉

- 인지 학습의 이론과 적용(1987, 번역서, 우신출판사)
- 인간교육과 협동학습(1995, 성원사)
- 수업의 이론과 실제(1996, 공저, 중앙적성출판사)
- 창의성 교육의 실천적 적용(2009, 교육과학사)
- 정년 기념 논문집(2009, 서경출판사)
- 살며 생각하며(2018, 교육과학사)
- 석병 선생 문집(2024, 보고사)

개울가로 물러난 퇴계

2025년 11월 20일 1판 1쇄 인쇄
2025년 11월 25일 1판 1쇄 발행

지은이: 이 동 원
펴낸이: 한 정 주
펴낸곳: 교육과학사

경기도 파주시 광인사길 71
전화:(031) 955-6956~8　팩스:(031) 955-6037
Home-page: www.kyoyookbook.co.kr / E-mail: kyoyookbook@daum.net
등록: 1970년 5월 18일 제2-73호

정가 27,000원

ISBN 978-89-254-1955-8

Printed in Korea.